Caroline Michaelis-Böhmer-Schlegel-Schelling (1763–1809)
Gemälde von Johann Friedrich August Tischbein 1798

Brigitte Roßbeck

Zum Trotz glücklich

Caroline Schlegel-Schelling

Biographie

Pantheon

Verlagsgruppe Random House FSC-DEU-0100
Das für dieses Buch verwendete FSC-zertifizierte Papier
Munken Premium Cream liefert Arctic Paper Munkedals AB, Schweden.

Der Pantheon Verlag ist ein Unternehmen der
Verlagsgruppe Random House GmbH.

Erste Auflage
Juli 2009

Umschlaggestaltung: Jorge Schmidt, München
Satz: Ditta Ahmadi, Berlin
Druck und Bindung: GGP Media GmbH, Pößneck
Printed in Germany 2009
ISBN 978-3-570-55085-4

www.pantheon-verlag.de

Inhalt

Caroline Schlegel (1796–1803)

Caroline Schelling (1803–1809)

Doch bleibt der feste Wille Sieger – er hat ja das Begehren
nach Freude mit in sein Intereße gezogen.
Göttern und Menschen zum Trotz will ich glücklich seyn –
also keiner Bitterkeit Raum geben, die mich quält …

Caroline an Friedrich Ludwig Wilhelm Meyer,
11. Juli 1791

Vorwort

»Eine Schar junger Männer und Frauen stürmt erobernd über die breite träge Masse Deutschlands …, mit übermütiger Verachtung die alte, morsche Kultur über den Haufen werfend« – so sah die Dichterin, Philosophin und Historikerin Ricarda Huch die romantische Avantgarde.[1] Mittendrin Caroline – gebildet, geistreich, kultiviert. Und: unerschütterlich selbstgewiss! Ungeachtet herber Schicksalsschläge, existenzieller Bedrohungen und böswilliger Verleumdungen.

Schiller soll der geborenen Michaelis, verwitweten Böhmer, geschiedenen Schlegel, wiederverheirateten Schelling das mehrdeutige Etikett »Dame Lucifer« angeheftet haben. Hegel wünschte die scharfzüngige Kritikerin wortwörtlich zum Teufel. Fichte fand Carolines Lebenswandel inakzeptabel, um nicht zu sagen: skandalös. Goethe hingegen nötigte die Souveränität der Freundin allerhöchsten Respekt ab.

Erstaunlicherweise setzte sich das Schubladendenken bis in unsere Tage fort. Von nachgeborenen Moralisten zur Liebesabenteurerin herabgewürdigt und von frauenbewegten Geschlechtsgenossinnen zur Galionsfigur erhoben, wurde Caroline außerdem, sofern und solange dies politisch opportun erschien, das Image einer heldenmütigen Freiheitskämpferin aufgezwungen.

An nahezu fünfzig Schauplätze und Fundstellen führte mich meine Wissbegier bei der Suche nach wahrheitsgetreuen Antworten auf bis dato offengebliebene Fragen: zur Göttinger Kindheit und Jugend, zur Persönlichkeit ihres ersten Ehemannes und zu ihren Jahren in Clausthal; zur Rolle der erlebnishungrigen

Witwe in der kurzlebigen Mainzer Republik und den Hintergründen von Carolines Verfemung; zu den Haftbedingungen auf der Festung Königstein; zum Versteck der ungewollt Schwangeren und zur Inkognitogeburt ihres vierten, außerehelichen, Kindes; zu Carolines strittigem Verhalten als Mutter; zu ihrem Aufstieg zur Führungspersönlichkeit im Jenaer Frühromantikerkreis; zu ihrer Bedeutung als Rezensentin sowie als Mitarbeiterin an August Wilhelm Schlegels Shakespeare-Übersetzungen; zu ihrem Einfluss auf Friedrich Wilhelm Joseph Schellings Philosophie.

Beim Schreiben dieser Biografie Caroline Schlegel-Schellings lag mir – mit Blick auf meine Leserinnen und Leser – noch etwas anderes am Herzen: die Umwandlung der Ergebnisse meiner ebenso aufwändigen wie aufregenden Detektivarbeit in eine spannende Lektüre.

Brigitte Roßbeck

Caroline Michaelis

1763 – 1784

KAPITEL I

Göttingen

Selbstfindung

Ich müsste meinen Charakter verleugnen,
um so stoisch zu sein.[1]

Wie anfangen? Mit einer zukunftsweisenden Begebenheit vielleicht. Sie fiel in das Jahr 1782. In Göttingen, wie allerorten, machten Pikanterien rasend schnell die Runde. Egal, ob es sich um Tatsachen, Halbwahrheiten oder Übertreibungen handelte. Steckte aber in einer Anzüglichkeit bereits der Keim der Ehrverletzung, dann war, damals wie heute, die anhaltend negative Wirkung von Klatsch und Tratsch direkt vorhersagbar. Besonders, wenn die betroffene Person dem weiblichen Geschlecht angehörte.

Auch im Fall der neunzehnjährigen Göttingerin Caroline Michaelis zog, in Umkehr eines Sprichworts, der Spott den Schaden nach sich. Schlimm für sie, dass Konkurrenzneid und angestauter Groll der üblen Nachrede noch Vorschub leisteten. Mit dem Satz »Ich will Ihnen zum Zeitvertreib eine scandaleuße Geschichte erzählen« leitete die fast gleichaltrige Therese Heyne ihren brieflichen Beitrag zu der Rufmordkampagne ein. Danach ging die spitzzüngige junge Dame genüsslich ins Detail. Man stelle sich vor: »die Michaelis« und ihre jüngere Schwester in studentischer Begleitung auf dem Rückweg von einem Spaziergang nach Kerstlingerode.[2] Unterwegs verschwinden die drei, verbürgt durch einen Augenzeugen, »in einer Offnen Scheune wo viehl Heu liegt«, »da wälzen sie sich auf eine unanständige Art herum«. Ein weiterer Beobachter nähert sich, schließt das Tor und blockiert es flugs mit einem Holzklotz. Drinnen wütendes Pochen, draußen wachsendes Gejohle. Am nächsten Tag ist der ertappte junge Mann vor den schlüpfrigen Andeutungen seiner Kommilitonen kaum mehr sicher. »Ach Gott! Ach Gott!«, jammert er und bittet, ganz im Sinne auch seiner kompromittierten Gespielinnen, »es nur nicht weiter zu sagen«. Aber daran war überhaupt kein Denken.[3] Dabei gehörten sowohl ihre falsche Freundin Therese als auch Caroline zum exklusiven Kreis der Göttinger »Unversitätsmamsellen«. Eine etwas irreführende Bezeichnung für jene Töchter gelehrter, aufgeklärter Väter, die sich, nach wie vor eingezwängt ins enge Korsett aller sonstigen gesellschaftlichen Konventionen, mit Bildung vollstopfen durften. Aber nur im privaten Rahmen. Und leider »zu ihrem Unglück«, hatte Professor Michaelis' hochbegabte Älteste mit dem ihr eigenen Scharfblick schon mit siebzehn erkannt. Denn letztendlich, merkte Caroline ergänzend an, würde »ein Frauenzimmer nur nach dem, was [es] als Frauenzimmer ist« geschätzt.[4]

Was das hieß und wie die weitaus meisten Ehekandidaten sich ihre Lebensgefährtinnen im ausgehenden 18. Jahrhundert idealtypisch wünschten, hat Clemens Brentano festgehalten: sanft, frei von jeglicher Unverträglichkeit, biegsam, belesen ohne literarisch glänzen zu wollen und genial ausschließlich in Bezug auf Handarbeiten und Hauswirtschaft.[5]

Als Dorothea *Caroline* Albertine Michaelis am 2. September 1763 in der Universitätsstadt Göttingen im Kurfürstentum Hannover[6] auf die Welt kam, ging ihr Vater auf die fünfzig zu, und ihre Mutter war Mitte zwanzig. Nur sieben Monate nach dem Tod seiner ersten Frau war Johann David Michaelis die Ehe mit Louise Philippine *Antoinette* Schroeder eingegangen. Mit ihr habe er die personifizierte Vernunft geheiratet, lautete sein höchstes Lob für die Tochter eines wohlhabenden Göttinger Oberpostdirektors mit einflussreicher Verwandtschaft. Von den neun Kindern aus zweiter Ehe erreichten nur Caroline und drei ihrer

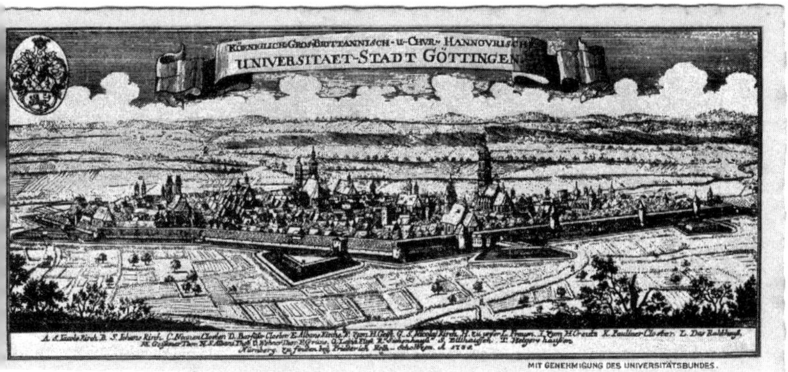

Göttingen im 18. Jahrhundert

Geschwister das Erwachsenenalter: *Charlotte* Wilhelmine, Lotte genannt, Jahrgang 1766, Gottfried *Philipp*, er kam 1768 auf die Welt, und die 1770 geborene *Luise* Friederike.[7] Die sprunghafte Lotte hatte das Zeug zur Sorgenschwester; Philipp besetzte die familiäre Nische des Außenseiters; größerer Begeisterung Carolines für die Jüngste, Luise, stand deren ausgeprägt mädchenhaftes Getue entgegen. Ihrem neun Jahre älteren Halbbruder Christian *Friedrich* hing sie in schwärmerischer Verehrung an. Im Gegenzug entwickelte Fritz, wie der Sohn aus des Vaters erster Ehe gerufen wurde, eine romantisch überhöhte Beziehung zu Caroline.

Das Bild von Antoinette Michaelis kam nur als Schemen auf die Nachwelt. Unnachgiebige Strenge, übergroßer Ordnungssinn und kritiklose Religiosität sollen die Mutter, im Urteil Außenstehender, bestimmt haben. Ihre Kinder beklagten im Rückblick den Mangel an herzlicher Zuwendung und wahrer Anteilnahme. Einer der Gründe für die Verweigerung größerer menschlicher Nähe könnte Madame Michaelis' Furcht vor jeder Art Aufregung gewesen sein, denn schon die kleinste Anomalität verstärkte ihren Hang zu Nervenschwäche und Pessimismus. Trotzdem waren die Söhne und Töchter gerecht genug, in Bezug

Johann David Michaelis (1717–1791), Carolines Vater, Kupferstich von Johann Georg Ziesenis, 1761

rechts: Louise Philippine Antoinette Michaelis (1739–1808), Carolines Mutter

auf die Herrschernatur und den »heftigen Charakter« des Vaters, die kühle Distanziertheit der Mutter als »ein Glück« für den Familienfrieden anzusehen.[8] Dem Eheglück stand sie allerdings im Wege. Was Johann David Michaelis daheim vermisste, fand er während sommerlicher Kuraufenthalte. Aus Pyrmont kehrte er, so Carolines korrekter Eindruck, stets sehr »vergnügt« und »verjüngt« zurück.[9] Den Vater 1780 in dem Modebad besuchend, fand dann auch sie die außergewöhnliche Attraktivität und Zugänglichkeit mancher weiblicher Badegäste bemerkenswert.[10]

Frühe briefliche Selbstanalysen Carolines – für »lebhaft« hielt sie sich und für »aufgeweckt« – dokumentieren Lernbereitschaft. Ihre Antwort auf die mütterliche Nervenschwäche hieß »schöne festgesezte Heiterkeit«.[11] Väterlichen negativen Erbteilen wollte

sie mit pragmatischer Zurückhaltung begegnen: »[Ich] bin keine Schwärmerinn, keine Enthousiastinn, meine Gedanken sind das Resultat von meiner, wens möglich ist, bei kaltem Blut angestellten Überlegung.«[12] Starke Worte für eine Halbwüchsige. Zu starke Worte eventuell. Ein paar Monate später, im Frühjahr 1779, kam es Caroline wohl selbst so vor, als habe sie den Mund ein wenig voll genommen, denn: »Ich müsste meinen Charakter verleugnen, um so stoisch zu sein.«[13]

Und so stellt sich uns Johann David Michaelis insgesamt dar: 1717 in Halle geboren, hörte er an der Universität seiner Heimatstadt medizinische, dann mathematische und historische Vorlesungen, ehe er zum Studium der Theologie und der orientalischen Sprachen überging. Er war des Hebräischen, Arabischen, Syrischen und Chaldäischen (Aramäischen) mächtig und »ein leidenschaftlicher, wenngleich arg weitschweifiger Schriftsteller«. Als sein Hauptwerk gilt das sechsbändige ›Mosaische Recht‹. 1745, nach Promotion und einer Bildungsreise durch England, »ohne System und Endzweck«[14], war dieser »Mann von wahrhaft enzyklopädischer Bildung und von drastischer Lebendigkeit« als außerordentlicher Professor an die Göttinger Georgia Augusta,[15] die in deutschen Landen führende kurhannoversche Universität, berufen worden. Die berühmte königlich-dänische Arabien-Expedition ging auf seine Anregung zurück. Gern hätte der junge Goethe als Student »zu Füßen« des angesehenen Wissenschaftlers gesessen, wäre nicht Vater Goethe strikt dagegen gewesen.[16] Michaelis distanzierte sich vom Pietismus und gilt als ein typischer Vertreter der Spätaufklärung. Wegen seiner Belesenheit berühmt, wegen seiner Eloquenz geachtet, wegen seiner Erregbarkeit, Ruppigkeit und Kampfeslust gefürchtet, übernahm er in Göttingen bald die Rolle eines, wie man heute sagen würde, führenden Universitätsmanagers. Könige und Fürsten lasen seine Schriften. In Aufsätzen und Journalartikeln bekämpfte er die Todesstrafe, warb für die Verbesserung der Rechtsstellung der jüdischen Minderheit, zeigte Wege zur Bekämpfung von Diebesbanden auf, plädierte für eine sinnvolle Beschäftigung von Soldaten in Friedenszeiten, forderte die Einrichtung von Witwenkassen sowie die Einführung der obligatorischen Pockenimpfung. 1746, noch bevor seine Ernennung zum Ordinarius beschlossen war, legte Michaelis dem preußischen König Friedrich II. eine Bittschrift »um Anlegung einer Universität für das schöne Geschlecht« vor, die im Jahr darauf ohne Hinweis auf den Autor in Druck ging. Hörsäle und Seminarräume blieben den Frauen zwar weiterhin verschlossen, doch macht sein mutiger Vorstoß deutlich, in welchen Kategorien Carolines Vater dachte.[17] Intellektuell war er ihr Vorbild. Ohne ihn hätte sie sich in Kindheit und Jugend »verloren« gefühlt.[18]

Brieflich stand Michaelis mit aller Welt in Verbindung. Seinetwegen machte der amerikanische Schriftsteller, Naturforscher und Staatsmann Benjamin Franklin 1766 in Göttingen Station. Europaweit wurden dem Professor Ehrungen zuteil. Beispielsweise beriefen ihn die Regierungen von England und Frankreich zum Mitglied der im jeweiligen Land elitärsten Akademie.

In seiner Freizeit ein passionierter Reiter, durchstreifte er mit Vorliebe die Göttinger Umgebung, und wer ihn auf der städtischen Reitbahn antraf, fand ihn besonders gut aufgelegt. Aber auch als Hochschullehrer pflegte er seine Eigenart. Gestiefelt und gespornt, den Degen an der Seite, in »bunt besetzten Kleidern«, »pathetisch im Gange, mit hoher Miene und feurigen Augen«, »die Bibel unterm Arm«, betrat Michaelis gewöhnlich das Auditorium. Er sprach frei, löste sich vom Katheder, galt als gründlich und würzte seine Vorlesungen mit Scherzen »nicht immer der keuschesten Art«. Die einen dankten es ihm mit »brausendem Beifall«, andere stießen sich daran, »daß er bei Erklärung biblischer und ernsthafter Stellen so viel unanständiges Zeug« von sich gab.[19] Noch in seinen späten Jahren, als die Humboldt-Brüder bei ihm hörten, waren seine Ausführungen reich an Zoten. Dieser »freie ungenirte Ton« soll auch bei ihm daheim, das überlieferte Wilhelm von Humboldt, an der Tagesordnung gewesen sein.[20] Dennoch: Von der Jovialität des Hochschullehrers Michaelis war beim Familienvater Michaelis nahezu nichts zu spüren.

Der Vater hatte seinen Schlaf- und Arbeitsraum im Obergeschoss, Mutter und Kinder hielten sich vorwiegend im Hochparterre auf. Nur in Ausnahmefällen traf man sich beim Essen. Dem Nachwuchs wurden im Regelfall die Mahlzeiten auf den Zimmern serviert. Anregende Unterhaltungen bei Tisch als Quelle von Belehrungen ergaben sich darum selten. In letzter Konsequenz werden ihre Fähigkeit zur Selbsterziehung und ihre ausgeprägte Lesewut Caroline zur Bildungsaristokratin machen. Dazu ein Hinweis am Rande: Nicht einmal ein Viertel der Einwohner Göttingens beherrschte damals die »Kunst« des Lesens und Schreibens. Caroline verschlang Bücher regelrecht, allerlei Lesefrüchte wurden zunächst exzerpiert und dann ins Gedächtnis überführt. Unter ihren Geschwistern galt Caroline – ihre natürliche Sprechstimme wird als ein warmer Alt beschrieben – als eine geübte und begnadete Rezitatorin. Sie las, erinnerte ihre Schwester Luise, zum Weinen schön. Wenig konnte das Mädchen mehr erregen als wohl gesetzte Worte. Auf die Wiedergabe von Schillers ›Die Räuber‹ reagierte sein Körper mit Fieber. Ansonsten nahm Caroline von der Sturm-und-Drang-Dramatik in ihrer Göttinger Zeit kaum Notiz. Epische Dichtung stand ihr näher. Voller Begeisterung beschäftigte sie sich mit den Werken des Meisters aus Weimar, ohne auf selbstbewusste Kritik zu verzichten: »Schade, daß Göthe, der so ganz herrlich, so hinreißend schön schreibt, so sonderbare Gegenstände wählt; und doch kan ich weder seinen Werther, noch Stella, noch die Geschwister unnatürlich nennen, es ist so romanhaft und liegt doch auch so ganz in der Natur, wenn man sich nur mit ein bischen Einbildungskraft hineinphantasirt.«[21] Das Rezensieren lag ihr anscheinend im Blut. An den literarischen Versuchen einer Altersgenossin[22] störten Caroline »Empfindeley« und »Wiederholungen«. Und wenn sie die verbalen Höhenflüge der Dilettantin mit der Bemerkung »Sie hat sich in den sehr poetischen Schwung geworfen« kommentierte, dann kündigte sich bereits die erbarmungslos ironische Kritikerin späterer Jahre an.[23]

Schon früh hatte Caroline Zugang zur Hoch- und zur Trivialliteratur. Werke aus des Vaters Bücherschränken deckten den Bedarf an Klassikern. Vom Geschmack der Eltern, insbesondere dem der Mutter, weit entfernte Herz-Schmerz-Geschichten schwatzten die Göttinger Universitätsmamsellen den großzügigeren Universitätsbibliothekaren ab. Darüber hinaus gab es Magazine, deren Hauptzweck in der Korrektur kindlicher und jugendlicher Abweichungen vom Tugendpfad bestand. Voll mit guten Beispielen ungemein braver Buben und Mädchen, hielten sie weniger Wohlgeratenen den Spiegel vor. Gewissenserforschung, Reue, Besserung, auf dieser erzieherischen Dreieinheit basierte auch das von Caroline dennoch heiß geliebte Wochenblatt ›Der Kinderfreund‹.

Ein anderes Kapitel war ihre formale Bildung durch Hauslehrer. Häufig wechselnde übrigens. Zwar existierten in Göttingen »höhere« Privatschulen für »höhere« Töchter; zwei wären für die Michaelis-Mädchen in Frage gekommen. Das Institut der Madame de la Port und das der Madame de la Pont.[24] Beide boten, nomen est omen, vorzugsweise Unterricht in Französisch an, aber auch in anderen »diensamen« Fächern. Auf Unterweisungen in »Christenthum« legte eine Frau Eberharten allergrößten Wert und stand damit der vom Göttinger Magistrat begünstigten »besonderen Mädgenschule« einer Pastorenfrau namens Heringen vermutlich in nichts nach. Im Hause Michaelis setzte man, wie gesagt, auf individuelle Wissensvermittlung. Als ein vortrefflicher Privatlehrer und ein freundlicher Mensch erwies sich Herr Bernstein aus Gera. Der Student der Theologie machte im Elementarschulsektor keinen Unterschied zwischen ›männlichen‹ und ›weiblichen‹ Unterrichtsgegenständen: Religion, Geschichte, Geographie, Arithmetik, neue Sprachen. Caroline lernte gern und leicht. Fast ohne Hilfe übersetzte sie, nur zur Übung, Goldoni-Komödien aus dem Italienischen ins Deutsche.[25] Französisch sprach sie schon bald sehr gut. Zur Festigung ihrer Englischkenntnisse las sie »mit exzessiver Freude« »Pope, Young, Milton, Hume etc. und Shakespeare« im Original.[26] Verbürgt ist auch die intensive Beschäftigung mit der reimlosen Naturpoesie eines James Thomson. Rein weibliche, häusliche Arbeiten fand die Heranwachsende fade. Trotzdem kam Caroline um sie nicht herum. Müßiggang von Mädchen war verpönt, ein Laster geradezu.

Alles in allem befähigte das ungewöhnlich umfangreiche Michaelissche Töchter-Curriculum zu weitaus größeren Leistungen, als sie einem tüchtigen Frauenzimmer üblicherweise abverlangt wurden, nämlich nicht mehr und nicht weniger als »daß es seinen Gatten zu seinen Geschäften aufheitert, gesunde Kinder gebieret und sie zur Rechtschaffenheit erziehet«.[27]

Eigentlich gab es an der Förderung Carolines kaum etwas auszusetzen. Die wirtschaftlichen Rahmenbedingungen stimmten ebenfalls.

Nicht zuletzt dank der guten Kontakte zu wissenschaftlich ambitionierten Besatzungsoffizieren hatten Göttingens Geistesgrößen unter den Folgen des Siebenjährigen Krieges wenig zu leiden. Und die exorbitanten Preissteigerungen, vor allem bei Getreide sowie Fleisch aufgrund von Missernten in jener Zeit, federte ein Professorensalär inklusive Nebeneinnahmen eben besser ab als die kärglichen Einkünfte eines Tagelöhners. Auch dass die Mehrzahl neu gegründeter Manufakturen erfahrungsgemäß schon bald wieder zugrunde ging, raubte einem Staatsdiener in sicherer Position nicht einmal ansatzweise den Schlaf.

Jedoch, Lärm gab es draußen vom frühesten Morgen an. Lange bevor übermütige Studenten die Straßen Göttingens lautstark bevölkerten, hatte der Hirte unter heftigem Klingeln Schafe, Schweine, Ziegen der Kleinbürger eingesammelt; wenig später folgte der Zug der Kühe auf die Gemeindewiesen vor den Toren. Ohne Unterlass ratterten untertags Fuhrwerke und Kutschen durch Straßen und Gassen des Sechstausend-Einwohner-Ortes. Große, wohlgestaltete Häuser wechselten ab mit windschiefen Katen, deren Dachüberstand ein Vorbeigehender mit der Hand greifen konnte. Wer den Wohn- und Freizeitwert von Göttingen lobte, führte in erster Linie die Universitätsbibliothek, den Reitstall, die Reitbahn, den Botanischen Garten oder den seit Schleifung der Befestigungsanlagen begrünten, die Stadt umgebenden »Poussirwall« an. Vielleicht wurde auch auf einen Italiener verwiesen, der eine »Auswahl fremder und rheinischer Weine«, dazu Südfrüchte, Oliven, Sardellen, Kapern, Parmesankäse, Trüffeln, Pistazien, Maronen und Galanteriewaren feilbot. Gasthöfe gab es in Göttingen reichlich. Nur die »London-

Die Allee in Göttingen, Stahlstich von Georg Daniel Heumann
Das Gebäude am rechten Bildrand ist die ›Londonschänke‹; 1764/65 etwa umgebaut, wurde es zu Carolines Elternhaus

schänke«,[28] einst sehr beliebter Treffpunkt und Schauplatz »studentischer Exzesse«, existierte nun nicht mehr. Das Gebäude im klassizistischen Stil war um Carolines ersten Geburtstag herum vom Vater für viertausenddreihundert Taler erworben und für noch einmal so viel Geld auf den neuesten baulichen Stand gebracht worden. »Wüsteney« hatte der zukünftige Eigentümer das arg mitgenommene Haus – wohl auch, um den Preis zu drücken – vor dem Kauf geschimpft; es hatte zwischenzeitlich als Militärhospital gedient. Zum Wintersemester 1765/66 zog die Familie ein. Beste Innenstadtlage, zweihundert Schritte bis zur Paulinerkirche. Noch stand Professor Michaelis auf der Höhe seines Ruhmes – mit einem repräsentativen Eckhaus mit großem Hof und Garten als unübersehbarem Statussymbol. Der an der Mühlenpforte[29] gelegene Trakt mit Blick auf das Kollegien- und Bibliotheksgebäude der Universität – ihn bewohnten die Michaelis' selbst – imponierte mit zwölf Fenstern in einer Reihe; hier befand sich auch der Hörsaal des Hausherrn. Gar eine Dreizehn-Fenster-Front hatte der dem Leinekanal zugewandte Gebäudeteil vorzuweisen! Freitreppen führten ins Haupthaus beziehungsweise in den zweiten Flügel, wo auf zwei Etagen bis zu einem Dutzend wohlhabende Studenten teuer wohnten. Stets wurde die Qualität des Quartiers hervorgehoben. Trotzdem: Im April 1766 kam es auf einer der Studentenstuben zu einem Duell, dem einzigen in Göttingen mit tödlichem Ausgang.[30]

Am häufigsten kamen die Michaelis-Kinder mit der zahlreichen Nachkommenschaft des Rechtswissenschaftlers Georg Ludwig Böhmer und seiner Frau Henriette *Philippine* Elisabeth zusammen. Die Gärten der Elternhäuser grenzten aneinander, getrennt nur durch einen schmalen Weg. Am besten harmonierte Caroline mit der Böhmer-Tochter Friederike.

Seit jeher bildeten die etwa vierzig Göttinger Professorenfamilien eine relativ geschlossene soziale Einheit. Vorwiegend blieben die Michaelis', Böhmers, Heynes, Schlözers, Loders, Kästners, Gatterers … unter sich. Anders ausgedrückt, man war aufeinander angewiesen. Das machte sogar manche privaten oder dienstlichen Misshelligkeiten vorübergehend vergessen.[31]

Den haushälterischen und gesellschaftlichen Feinschliff erhielt Caroline in Gotha. So sehen wir die noch nicht Zwölfjährige in der Osterzeit des Jahres 1774 auf dem direkten Postkutschenweg in die »Heimat ihres Herzens«. Zur Charakterisierung von Pensionsvater Justus Carl Schläger, einem geborenen Hannoveraner, hoch angesehenen Direktor des berühmten Münzkabinetts, Professor für Griechisch und orientalische Sprachen, wird bis in die Gegenwart ein vernichtendes zeitgenössisches Urteil herangezogen: hochfahrend, griesgrämig, übellaunig, pedantisch und an Unausstehlichkeit seiner höchst widerwärtigen Gattin ähnlich. Nur vergaß und vergisst man darauf hinzuweisen, dass der Schreiber dieses Verdikts mit beiden Schlägers spinnefeind war.[32] Die Wirklichkeit sah anders aus. Wie sonst erklärte sich Carolines große Anhänglichkeit an »Mutter« Sarah Elisabeth

Schläger, die wissenschaftlich interessierte und überdurchschnittlich gebildete Frau mit den ausgezeichneten Verbindungen zum Hofstaat und: zu gutbürgerlichen Familien mit heiratsfähigen Söhnen. Caroline bevorzugte, noch, weiblichen Umgang. Dem Gothaer »Mädchenbund« gehörte auch Luise Stieler an, Tochter des amtierenden Bürgermeisters. Solange die um drei Jahre Ältere ihr als Rettungsanker zur Verfügung stehe, würde sie nie ganz »unglüklich« sein, das spürte Caroline sofort.[33] Nur Briefe an diese uneingeschränkt vertrauenswürdige Freundin zeichnen, gleich einem Seismographen, hart erkämpfte Gleichmutsphasen genau so nach wie heftige seelische Erschütterungen. Von weitaus kürzerer Dauer war Carolines in französischer Sprache geführte Korrespondenz mit Julie von Studnitz, deren Vater Ernst August von Studnitz in Gotha das Amt des Kanzlers innehatte.[34]

Vermutlich lag das Haus der Schlägers und damit Carolines Heim für die nächsten Jahre in der Großen Sieblebergasse,[35] damals eine der schönsten der streng geometrisch angeordneten Straßen der Stadt am Hang des von Schloss Friedenstein und seinen weitläufigen Gartenanlagen gekrönten Hügels. Vogelschießen, Kirchweih und Brunnenfest sorgten für sommerliche Kurzweil, Theateraufführungen, Konzerte oder Redouten mit und ohne Maskierung machten den Winter zum Vergnügen. Mehrere Leihbibliotheken und eine Sortimentsbuchhandlung kamen Carolines Leselust entgegen.

Galt Göttingen als ein Dorado deutscher Studenten, so rühmte Gotha sich, das Mekka höchster »geistiger und moralischer Bildung der jüngeren Jugend« zu sein.[36] Die Aufstockung und Vervollkommnung ›typisch‹ weiblicher Qualifikationen war Chefsache des Direktors des örtlichen Lehrerseminars: »Die Töchter werden in allen Handarbeiten unterrichtet und ihre Sitten gebildet.« Auf Verlangen konnten auch Tanz-, Musik- und Zeichentalent weiterentwickelt werden. Unterbrochen von einer Mittagspause, dauerten die Unterweisungen von neun Uhr morgens bis sechs Uhr abends. Ob Caroline sich zum Beispiel im

Fach »ökonomische Technologie und Waarenkenntniß« hervortat oder bereitwillig die »Klugheitsregeln der städtischen Haushaltungskunst« beherzigen lernte, können wir nicht mehr sagen, wohl aber feststellen, dass sie letztlich über das Rüstzeug zu effektiver Wirtschaftsführung verfügte, ihre geschmackvolle Garderobe eigenhändig fertigen und sich die Hutmacherin ersetzen konnte, ausreichend gut strickte und bewundernswerte Stickereien zuwege brachte.[37]

War ein Alter von etwa vierzehn Jahren erreicht, hatte, von Ausnahmen abgesehen, jegliche schulische Mädchenbildung ein Ende.

Im Spätsommer 1777 nachweislich zurück in Göttingen, litt Caroline unter schrecklichem Heimweh nach Gotha. Ihr fünfzehnter Geburtstag zu Hause? Entsetzlich langweilig! Zum Vergessen! Unausgeglichenheit und Unzufriedenheit sprechen aus jedem ihrer Briefe, die in jener Zeit an die nun viel zu fernen Herzensschwestern Luise Stieler und Julie von Studnitz gingen. Die Pubertät hielt Caroline fest im Griff. Dem krassen Wechsel von Hochs und Tiefs schutzlos ausgeliefert, hatte sie die psychische Balance verloren: »mein Herz ist sich keinen Augenblick selbst gleich, es ist so unbeständig«,[38] »meine Melancholie ist oft stärker als meine natürliche Fröhlichkeit«.[39] Aus dem Gothaer Freundinnenkreis herausgerissen, vom heiß geliebten älteren Bruder verlassen (Stabsarzt Fritz Michaelis war als Kriegsfreiwilliger mit den hessischen Hilfskorps in den englisch-amerikanischen Krieg gezogen) und der Mutter mehr denn je entfremdet,[40] suchte sie nach emotionalem Ausgleich. Ihren schriftlichen Andeutungen zufolge machte jugendliche Unerfahrenheit Caroline hier und da sittlich angreifbar. Nichts Gravierendes genau genommen, aber »ein wenig wild« war Demoiselle Michaelis bereits.[41] Sie bekam die Folgen zu spüren. Denn leider wurden schon leichte Verstöße gegen die goldenen Regeln des Heiratsmarktes, und zugleich natürlich des Katechismus, streng geahndet. Mit Höllenstrafen drohten philiströse Pfarrer im Konfirmationsunterricht. Caroline war an einen besonders unnachsichtigen kirchlichen Gesetzeshüter geraten, noch nie, klagte sie im Brief an Julie von Studnitz, habe sie »so gelitten«.[42] Eine Zeitlang zeigten die Einschüchterungsmaßnahmen Wirkung: »Mein Leichtsinn und meine Gedankenlosigkeit werden mich in einen Abgrund von Unglück stürzen.« Aber Bußfertigkeit hatte ihre Grenzen – »bei meinem lebhaften Temperament«. Irgendwann kam Caroline darauf, dass das neue Testament mehrheitlich frohe Botschaften enthält. Demgemäß sagte sie zu sich, »der gute Gott« habe die Menschen nicht geschaffen, damit sie »unglücklich seien bis zum höchsten Grade«.[43] Ergo: »Ich will meinen Frühling genießen.«[44]

Allerdings nicht auf die gleiche wahrlich kritikwürdige Art, wie ihre nächstgeborene Schwester. Wir erinnern uns an die eingangs erwähnte Heuschobergeschichte, die ursächlich, genau genommen, auf das Konto der sträflichen Taten der drei Jahre Jüngeren ging. »Kleiner Teufel« war eine in Göttingens gesellschaftlichen Zirkeln gängige, auf Lotte Michaelis bezogene Titulierung. »Ach«, setzten Insider, denen Geschichten dieser Art zu Ohren kamen, gern noch eins drauf, »Sie sollten erst die Ältere sehen«. Dabei wollte Caroline partout nicht mit Lotte, ihrer Meinung nach »ohne Gefühl für Schicklichkeit« (»welch eine äußerst gefährliche Mischung, für ein junges Mädchen, das nicht ohne Schönheit ist«), in einen Topf geworfen werden.[45] Und konnte es doch nicht verhindern. Wenn die frühreife Lotte den unter ihrem Zimmerfenster auf und ab patrouillierenden Studenten ganz offen eindeutige Zeichen machte oder ihnen vollkommen ungeniert Handküsse zuwarf, anstatt, wie es sich für ein Mädchen ohne Fehl und Tadel gehörte, halb versteckt hinter den Gardinen nur einen flüchtigen Blick zu riskieren, schadete die Schwester eben nicht nur sich selbst.

Mit dreizehn machte Lotte den Fehler, sich in Pedro Hokel, den Sohn eines deutschen Kaufmanns zu Lissabon und einer Portugiesin, unübersehbar heftig zu verlieben. Ihre Affäre mit dem übel beleumdeten Studenten wurde in Göttingen zum Stadtgespräch. Erst nachdem Vater Michaelis die Missetäterin für eine gewisse Zeit aus der Stadt entfernt hatte, verschwand der Tunichtgut auf immer.[46] Caroline war es, die Hokels Briefe an die Schwester vorsichtshalber verbrannte »ohn einen einzigen zu lesen um mich nicht gegen sie zu erbittern«. Ins Gewissen musste sie Lotte aber auch weiterhin reden, folgte doch ein »Windbeutel« auf den anderen.[47]

Es gibt nur ein uns bekanntes Jugendbildnis von Caroline.[48] Der Scherenschnitt zeigt ein feines Profil und am Oberkopf hoch aufgetürmtes Haar, unter dem sich ein gerüstartiges Gebilde verbirgt, das zwar Halt gibt, aber jegliche unkontrollierte Bewegung verbietet. Ihr sonstiges Aussehen? Ihre Wirkung? »Sie war gar nicht schön, kaum hübsch, aber ihre nette, gewandte, kleine Gestalt war graziös, wie ihr ganzes Wesen, und in dem von Pockennarben etwas beschädigten Antlitz lag so viel Einnehmendes, in ihren [dunklen, dezent schielenden] Augen leuchtete so viel Geist, und ihre Lippen zeigten, wenn sie sich öffneten, so schöne Zähne, daß man die maßlose Neigung … vieler Männer begriff.«[49] Die modische Ausstattung der Heranwachsenden haben wir uns ähnlich vorzustellen, wie bildliche Darstellungen anderer, gleich junger Göttingerinnen sie uns offenbaren: Rüschen zieren das unbequem eng anliegende Mieder, umrahmen ein tiefes Dekolleté. Schmale Ärmel enden in üppigen Volants, die Taille fest geschnürt, der Rock eine unbequem ausladende Krinoline.

Aufklärung und Rokoko gingen zeitlich eben Hand in Hand.

Therese Heyne und Caroline Michaelis.

Caroline Michaelis und Therese Heyne.

Wann immer ihre Lebenskreise Schnittmengen bildeten, waren Reibungsverluste unumgänglich.

Therese, ebenfalls gebürtige Göttingerin und nur wenige Monate jünger als Caroline, stammte aus erster Ehe des Altertumskundlers und Lehrers für Beredsamkeit Christian Gottlob Heyne. Ihre Mutter,[50] eine Frau von denkbar schlechtem Ruf und eine miserable Erzieherin außerdem, starb, als Therese elf war, von niemandem sonderlich betrauert. Bei der Wahl seiner zweiten Gattin, Georgine Brandes, hatte Heyne eine bedeutend glücklichere Hand, wurde sie doch von ihren insgesamt drei Stiefkindern fast noch mehr geachtet, ja verehrt, als von den nach und nach hinzukommenden Halbgeschwistern. Niemals aber scheint Therese die Angst verloren zu haben, mit der überaus koketten, notorisch ehebrechenden und extrem unsauberen, sogar den Ungezieferbefall ihrer Kinder ignorierenden, lieblosen leiblichen Mutter in einem Atemzug genannt zu werden. Wer ernsthaft nach einer Entschuldigung sucht für ihre, je älter sie wurde, desto stärker entwickelte Unart, eigene Fehler im Lebensentwurf möglichst kleinzureden und zugleich anderer Leute Fehlverhalten übergroß herauszustellen, kommt an diesem Trauma der Therese Heyne nicht vorbei.

Während Caroline, wie schon gesagt, für eine aufs Ganze gesehen höchst erfreuliche Erscheinung galt, wurde die Jugendgefährtin als optisch unattraktiv beschrieben. Zuweilen erscheine ihm Therese richtig hässlich, meinte etwa Wilhelm von Humboldt. Bezogen auf ihre intellektuelle Brillanz, befanden sich die zwei Universitätsmamsellen freilich auf Augenhöhe: »Therese und ich«, so Caroline, »geben uns … ein Rendésvous im Geist«.[51] Anders jedoch als die Heyne-Tochter hielt die Michaelis-Tochter mit ihrem hellwachen Verstand niemals hinterm Berg. Daheim spiele Caroline »gar die Gelehrte«, stellte der andere der Humboldt-Brüder, Alexander, kritisch herablassend fest.[52] Bestimmt war sie bisweilen überheblich und allenthalben undiplomatisch: »Ich schmeichle niemals, ich sage was ich denke und fühle.«[53]

Im Rückblick nannte Therese sich selbst »naiv« und Caroline, bei aller Klugheit, »raffiniert«, »egoistisch«, »eitel«. Allein deshalb habe ihrer beider Beziehung anstatt auf »Herzensvertrautheit« auf »ständige Rivalität« hinauslaufen müssen. Ihr Schuldspruch lässt sich auf einen Satz reduzieren: Caroline »ist nicht gut«.[54]

Deren retrospektives Urteil über die Gegenspielerin? Trotz zweifelsfrei reichlich vorhandenen Verstandes und fraglos existierender »guter Grundsätze« sei Therese stets vom auf Zerstörung von Glück ausgerichteten »Heyneschen Genius«, den sie nicht »Dämon« nennen wolle, besessen gewesen. Kurz gesagt: Therese ist böse.[55]

Dem Dauerkonflikt ihrer Töchter stand jener der Väter in nichts nach. Seit Professor Heyne im Jahre 1763 sein Amt in der Stadt angetreten hatte, stand Professor Michaelis in der Gefahr, seinen Ehrentitel »Regent von Göttingen« zu verlieren. Was als Zweikampf um den Rang des Platzhirsches sozusagen angefangen hatte, zog immer größere Kreise, sodass man schließlich in Hannover um den exzellenten Ruf der Georgia Augusta fürchtete. Zuletzt zog die Regierung ihre schützende Hand von Johann David Michaelis ab. Als Mittfünfziger büßte Carolines Vater wichtige universitäre Aufgaben und somit einen Gutteil seiner Macht ein. Hauptsächlich, urteilte sein Biograf Rudolf Smend, hätten Michaelis seine Prahlsucht, sein starker Hang zu Eigennutz sowie seine Vorliebe für Hintertüren und krumme Touren geschadet. Der Aufrücker hieß selbstverständlich Christian Gottlob Heyne. Nunmehr kam, wer es in Göttingen zu etwas bringen wollte, an *Thereses* Vater nicht vorbei.[56]

Als Johann *Georg* Adam Forster gegen Ende des Jahres 1778 zum ersten Mal in die Stadt kam, war er bereits ein privat sehr gefragter, von Salon zu Salon weitergereichter Prominenter. Von 1772 bis 1775 hatte der jetzt vierundzwanzigjährige »Geograph, Naturforscher, Aufklärer, Gottsucher, Literat« unter dem Kommando des englischen Kapitäns James Cook die Welt umsegelt. Pekuniär hatte ihm die Popularität bislang wenig eingebracht.

Christian Gottlob Heyne (1729–1812), nach einem Porträt von Johann Heinrich Tischbein d. J.

links: Therese Heyne (1764–1829), Jugendbildnis um 1780

Obwohl Forster seine ›Reiseabenteuer‹ schriftstellerisch gewinnbringend verwertet hatte,[57] hielt sein chronischer Geldmangel an, nicht zuletzt, weil ihm sein glückloser kinderreicher Vater – auch der Senior hatte an der Weltumseglung teilgenommen – mindestens jeden zweiten Taler aus der Tasche zog. Für die Zeit nach seiner Rückkehr nach Deutschland hatte sich Forster der Jüngere eine exzeptionelle Gelehrtenkarriere ausgerechnet, finanzielle Vorzüge inklusive. Seine Lehrtätigkeit am Kasseler Collegium Carolinum sah er als eine Interimslösung an. Dass Christian Gottlob Heyne ihn als korrespondierendes Mitglied der Göttinger Akademie der Wissenschaften vorgeschlagen hatte, betrachtete er als einen Wink des Schicksals und als einen ersten wichtigen Schritt in Richtung bestens dotierter, ordentlicher Professur an der renommierten dortigen Universität. Um jedoch mit Gewissheit an sein Ziel zu gelangen, spekulierte Forster im Brief an einen Freund, eheliche er am besten die Tochter des ein-

Georg Forster (1754–1794),
Ölgemälde von Johann Heinrich Wilhelm Tischbein,
um 1785

flussreichen Mentors. Mit ihr als Glückspfand, so sein Trugschluss, sei ihm der akademische Aufstieg sicher.[58]

Obwohl Therese sich körperlich wenig zu ihm hingezogen fühlte, schmeichelten ihr natürlich Forsters Avancen, auch wenn dieser zunächst den Fehler beging, mit noch anderen Mamsellen heftig zu liebäugeln. Erst bestärkte er die hinsichtlich seiner Taktik zwar falsche, dafür aber richtig von ihm bezauberte Professorentochter Philippine Gatterer, eine Dichterin von einiger Bedeutung, in ihren Gefühlen. Das »Mädchen ist so lebendig, so witzig, so freimüthig, daß mein erster Besuch gleich über drei Stunden dauerte«.[59] Bald reihte sich ein Stelldichein an das andere. Kaum war ihm der Fauxpas bewusst geworden, strich Forster die gutgläubige junge Frau rigoros aus seinem Terminkalender. Doch damit nicht genug. Eigentlich, so das Hauptargument scheinheiliger Rechtfertigung, sei ja er das Verführungsopfer, da es sich bei Philippine – in Wahrheit ziemlich extrovertiert, aber kreuzbrav ansonsten – um eine an Mannstollheit unübertroffene Kokotte handele. In der Furcht, auch Caroline versuche ihr den »Sieg zu entreißen«, ließ Therese die »großartige« männliche Berühmtheit forthin nicht mehr aus dem Griff – und verwechselte dabei, zu ihrem großen Unglück, Schwärmerei mit Liebe.[60]

Caroline fühlte sich in der Tat von Forsters »beeindruckender Persönlichkeit« angezogen. Den exotischen Stoff, ein Mitbringsel von der Südseeinsel Otahiti und außerdem ein Unikat, hatte sie freudig aus seiner Hand entgegengenommen. Zu einem Ballkleid à la Schäferin verarbeitet, ließ sich mit dem exklusiven Präsent ein »sehr hübscher [Neid]Effekt« erzielen.[61] Außerdem quollen ihre derzeitigen Briefe an Julie von Studnitz von Forster-Lobeshymnen geradezu über. Doch wie dem auch war: Letzten Endes durfte sich Therese als Gewinnerin fühlen.

Caroline musste also weiterhin mit einem um Vieles weniger begabten Verehrer vorlieb nehmen. Seit ihrer Rückkehr aus Gotha bombardierte ein Jurist namens Wilhelm Linck[62] sie mit schwülstigen schriftlichen Gunstbezeugungen. Noch nie aber hatte sie von dem aus Heidelberg stammenden, uns nicht näher bekannten Herrn ein mündliches Kompliment vernommen. Was jedoch sollte eine redegewandte Frau wie Caroline mit einem Mann anfangen, dem jeder gesprochene Satz unweigerlich im Halse stecken blieb oder dem, in der Ballsaison, sein hilfloses Gestammel die galanten Aufforderungen zum Tanz ersetzte. Kein einziges Mal hatte Wilhelm Linck bisher die Schwelle ihres Elternhauses überschritten. Den Vater mit dem krassesten Gegenteil seiner selbst konfrontieren? Dazu fehlte Caroline wohl die Vorstellungskraft. Im Sommer 1780 verschwand der seltsame Verehrer, es konnte nicht anders sein, ohne ein Wort des Abschieds aus ihrem Leben. Angeblich hatte zuvor dessen Onkel und

Finanzier mit dem Zudrehen des Geldhahns gedroht. Apanage oder die Michaelis-Tochter mit dem nicht ganz einwandfreien Leumund? Was für Linck eine einfache Entscheidung bedeutete, war für Caroline, trotz allem, eine Blamage. »L. oder keinen«, ihr das als Wahlspruch der Vergangenheit in den Mund zu legen, sei purer Unsinn, wiegelte die knapp Siebzehnjährige in einem Brief an Freundin Luise entschieden ab.[63] Und hatte sie der Gothaer Vertrauten nicht schon vor Jahr und Tag von einem anderen, wirklich »gefährlichen«, Mann berichtet?[64]

Friedrich Ludwig *Wilhelm* Meyer, um vier Jahre älter und »in Damenkreisen viel genannt«, spukte Caroline also längst im Kopf herum.[65] Rückblickend lässt sich sagen, dass er – »so berühmt schön« in seinem schwarzweißen »ZebraRok«[66] – die Herzen fast aller Universitätsmamsellen brach, jene von Carolines Schwestern und Therese Heyne eingeschlossen. Nur zu einem Heiratsantrag, irgendeinem, das sei vorausgeschickt, wird Wilhelm Meyer sich zeitlebens nicht hinreißen lassen.

1776 war der ursprünglich sehr wohlhabende, jedoch von einem betrügerischen Vormund um sein Vermögen gebrachte, in Harburg gebürtige, früh verwaiste Sohn eines Oberpostmeisters in hannoverschen Diensten zum, mittlerweile abgeschlossenen, Studium der Rechte nach Göttingen gekommen. Unmittelbar vor ihm lagen missglückte Privatsekretärstätigkeiten in Petersburg, Berlin und zuletzt in Wien – wo er sich »aufs innigste« mit dem Tänzer und Schauspieler Friedrich Ludwig Schröder befreundete.[67] Bei einem weiteren Blick in die nähere Zukunft sehen wir ihn 1782 nach Göttingen zurückkehren, dort das Amt eines Auditeurs, das hieß Richters am Militärgericht, übernehmen und drei Jahre danach das eines Kustos der Universitätsbibliothek im Professorenrang.

In posthumen Würdigungen werden Meyers hervorragende Intelligenz, sein enzyklopädisches Wissen, seine erstklassigen Manieren und seine Weltläufigkeit positiv hervorgehoben – Talente, mit denen sich trefflich wuchern ließ und die ihn zum glänzenden Unterhalter machten.[68] Er beherrschte Französisch, Italienisch und Englisch »geläufig und präzise«. Außerdem tat er sich als talentierter Laiendarsteller und Liebhabertheater-Regisseur hervor. Georg Forster nannte ihn einen »fröhlichen, jovialischen, sorgenfreien Spötter«, der zu unvorsichtigen Äußerungen neige, was ihn ein wenig leichtfertig erscheinen ließ.[69] Noch besser als »Herumstreicher«, denn so apostrophierte Meyer sich selbst, passt auf den geschmeidigen Schmeichler und »unsteten Geist« das ihm von Gottfried August Bürger angeheftete Etikett »Allumflatterer«.[70]

Wo nur Einsicht in Unabänderliches hätte helfen können, suchte Caroline, jung und unerfahren, wie sie war, ihr Heil in Selbsttäuschung und Selbstbeschränkung. »Wirklich verlieben«? Das sollte ihr »gewiß nie« passieren! Kein bisschen Mühe werde es ihr machen, »diesen Hirngespinsten« zu entsagen. Mehr als »höchste Freundschaft, und doch vielleicht nicht einmal so viel, wie für meinen Bruder« könne sie für einen Mann ohnehin nicht empfinden, behauptete Caroline im Brief an Luise Stieler, als Meyer das Flirten mit ihr zwar nicht lassen konnte, aber gleichzeitig nicht die Spur von Lust auf ein Bekenntnis zu ehrlichen Absichten zu erkennen gab. Hinweg mit euch, ihr dummen Flausen: »Fern von mir sey jede romanhafte Idee!« Jedes Wort in Carolines Suggestivsatz in Befehlsform hätte seine Empfängerin unterstreichen können. Diese hatte nämlich im März des Jahres 1780 dem Geheimen Sekretär, Theaterdichter und Theaterleiter Friedrich Wilhelm Gotter »ohne Leidenschaft« ihr Jawort gegeben.[71] Zu mehr als »Zufriedenheit« mit einem Gatten, an dem das Beste vermutlich seine Jugendfreundschaft mit Goethe war, mochte Caroline der braven Luise in Gotha nicht gratulieren. Je näher sie selbst dem gemeinhin für bestmöglich erachteten Heiratsalter kam, desto störender jeder Gedanke an das, was dann auf nahezu alle Mädchen zukam. Im November 1781 beschrieb Caroline der Freundin ihr zu diesem Zeitpunkt größtes vorstellbares Glück: »[Ich] würde, wenn ich ganz mein eigner Herr wäre, und außerdem in einer anständigen und angenehmen Lage leben könte, weit lieber gar nicht heyrathen, und auf andre Art die Welt zu nuzen suchen.«[72]

Denkbar war das schon, aber leider ziemlich unrealistisch.

Höhepunkt des Jahres 1782 war für Caroline eine Zweitagesreise. Seit geraumer Zeit nicht einen Schritt über die nähere Umgebung der Heimatstadt hinausgekommen, kam es ihr wie ein Wunder vor, dass auch sie, im April, zur Einholung weithin bekannt gewordener Italientouristen bis nach Kassel fahren durfte: Vor Monaten, genauer, nachdem ihr mitgeteilt worden war, dass August Wilhelm Schlözer, der gemeinsam mit seiner zwölfjährigen Tochter Dorothea einen ausgedehnten Streifzug durch das Traumland aller Deutschen plante, ausgerechnet sie zum Mitkommen aufgefordert hatte, waren Carolines flehentliche Bitten um Reiseerlaubnis bei den Eltern auf absolut taube Ohren gestoßen. Selbst ein Besuch in Gotha wurde zur »Unmöglichkeit« erklärt. »Vergebens sind Klagen und Wünsche«! »Und darum bedaure mich im Stillen, liebe Luise, sage mir aber aus Mitleid nichts davon, denn ich thue mir selbst so herzlich leid, daß ich oft in Versuchung gerathe, vor den Spiegel zu gehn und zu mir zu sagen: Gräme Dich doch nicht zu sehr, Carolinchen.«[73]

Von klein auf erzog Professor Schlözer sein »Wunderkind« nach einem ausgeklügelten Unterrichtsplan. Im Gedankengut der Aufklärung fest verankert, ja von deren Bildungsauftrag geradezu beseelt, wollte der ehrgeizige Historiker und Publizist experimentell beweisen, dass rechtes Verhalten ausschließlich auf rechtem Wissen beruht.[74] Und nur weil er zu Beginn des aufwändigen Schulbeispiels noch über keinen Sohn verfügte, wurde ein Mädchen zu seiner Zentralfigur. Lesen und Schreiben erlernte Dorothea ab dem vierten Lebensjahr, mit fünf kam Plattdeutsch hinzu, anschließend Englisch, Schwedisch, Holländisch und Französisch. Mit Italienisch und Latein war während der erwähnten Reise durch das Ursprungsland dieser Sprachen begonnen worden. Griechisch stand Dorothea noch bevor, begleitet von Unterweisungen in Religion. Die stets parallel laufende Vermittlung von Kenntnissen in Geschichte und Geographie sowie die Behandlung der Literaturklassiker leistete Schlözer selbst; Mathematik und Geometrie überließ er seinem Kollegen (und universitären Erzfeind) Kästner.

Luise Michaelis, von klein auf mit Dorothea eng befreundet, gab in viel späteren Jahren zu Protokoll, Schlözer habe Caroline nicht nur mit nach Italien nehmen wollen, sondern der klugen Schwester darüber hinaus, ebenfalls erfolglos, das Angebot gemacht, sich »ganz der Wissenschaft … zu weihen«.[75]

Nun aber zurück zu Carolines Kurzausflug.

Madame Schlözers freundlicher Offerte, gemeinsam mit ihr und Dorotheas Geschwistern das Kasseler Empfangskomitee zu bilden, hatten Vater und Mutter Michaelis sich nicht widersetzen können. Aus »gewaltiger Freude darüber« und außerdem schrecklich aufgeregt, war Caroline vor Beginn der Kutschfahrt tagelang schlaflos und appetitlos gewesen.

Nicht nur Erfreuliches gab es unterwegs zu sehen; die »grause Abschieds Sceene« im Hafen von Münden bei der Einschiffung hessischer Truppen nach Amerika empörte sie zutiefst. Schande über einen Landgrafen, der es fertigbrachte, zwangsweise rekrutierte Landeskinder wie Sklaven zu verkaufen, um »in Caßel Palläste zu bauen«.[76] Im Allgemeinen gehörte die kritische Auseinandersetzung mit sozialen Ungerechtigkeiten nicht zu Carolines Steckenpferden. Auch Notizen zu Landschaften, Flora und Fauna kommen in ihren Korrespondenzen, nebenbei gesagt, über den Umfang von Marginalien nicht hinaus. Wie wir uns die Hauptinteressenfelder der jungen Göttingerin vorzustellen haben? Als gesellschaftliche Tummelplätze. In Carolines Jugendzeit gab es in der Stadt eine Vereinigung zur Ausrichtung sehr beliebter Picknicks, damals noch Piqueniques geschrieben. Üblicherweise war jede dazu geladene Person verpflichtet, eine zuvor annoncierte Speise oder ein Getränk oder das Tischzeug oder

Gläser et cetera mitzubringen. Picknicks fanden, anders als heutzutage, in geschlossenen Räumen statt und begannen mit Tanz von fünf bis neun Uhr abends. An Tischen in Nebenzimmern versammelten sich zugleich die Whistpartner und L-hombre-Spieler. Im Anschluss an das Abendessen wurde die Tanzfläche noch einmal, bis Mitternacht, freigegeben. Damen hatten freien Eintritt.

Konzerte galten als bedingt vergnüglich, man »kam, machte seine Verbeugung und stellte sich mit einer Tasse Thee versehen stumm die Wände entlang«.[77]

Damenkränzchen fanden zwar im Sitzen statt, waren aber auch nicht ausschließlich erfreulich. Selten stieß man auf neue Gesichter. Eines gehörte der Goethe-Freundin Katharina Elisabeth von Bethmann-Metzler, die sich zwecks Konsultation eines bestimmten Arztes zeitweilig in Göttingen aufhielt. Caroline hielt die »gewaltig reiche Frau« eines Frankfurter Bankiers für ziemlich dumm: »Durchaus keine eigne Idee in ihrem Kopf«.[78] Dafür aber war sie exzentrisch. Ständig eine Kuriositätensammlung von Erinnerungsstücken an Menschen und Gegenden mit sich schleppend, entnahm Madame Bethmann ihren »allerdings sehr dicken« Brusttaschen, je unpassender der Augenblick desto sicherer, zerrissene Handschuhe oder rostige Nägel beispielsweise, um sie ihrem Gegenüber wortreich unter die Nase zu halten – und gleichzeitig ihre beiden kleinen Töchter, sobald diese nur eine Spur zu lästig wurden, durch schmerzhaftes Kneifen zum Schweigen oder Stillhalten zu zwingen. Es ist nicht mehr feststellbar, ob Sophie, das ältere der malträtierten Mädchen, sich in späteren Jahren eines mitleidigen Blicks oder einer hilfreichen Bemerkung Carolines erinnerte und vielleicht darum dann nichts unversucht ließ, nun diese aus »verzweifelter Lage« zu befreien.

Musikalisch erklärtermaßen »keine Kennerin«, konnte Caroline nie genug von Schauspielen, Schauspielern und Schauspielerinnen bekommen, diesbezügliche Elogen füllen sehr viele Seiten ihrer Briefe.[79] In Göttingen wurde damals unter Wilhelm Meyers Führung der ›Barbier von Sevilla‹ in französischer Sprache aufgeführt. Blondlockige Studenten in Frauenkleidern erhöhten den Unterhaltungswert. Wie Caroline die ungelenke Travestie bewertete, ist leider nicht bekannt. Wohl aber, was Therese Heynes Schwester Wilhelmine in diesem Zusammenhang an ihre Freundin Friederike Bürger schrieb: »Ich stelle mir vor, daß es uns leichter ist, Herrn vorzustellen, als es den Herren seyn muß, Damen vorzustellen. Sie wissen garnicht, wo sie mit den Händen hinsollen.«[80]

Im September 1783 machte Goethe in Göttingen Reihumvisiten bei »illustren Personen«.[81] Mit Johann David Michaelis zu Tische zu sitzen, war für ihn ein unbedingtes Muss. Zu ihrem großen Leidwesen hatte Caroline just für den Besuchstag eine Landpartie unwiderruflich zugesagt.

»Dejeuners, Diners und Soupers ohn Maaß und Ende«![82]

Carolines freudig erregter Ausruf fiel 1784 zusammen mit dem Fanal: Ab nach Clausthal!

Caroline Böhmer

1784 – 1796

KAPITEL 2

Clausthal

Im ehelichen Abseits

… warum must Du hier Deine Jugend verleben, warum D u h i e r *vor so vielen andern; und vor manchen doch fähig eine größre Rolle zu spielen, zu höhern Hofnungen berechtigt?*[1]

Nachträglich muss noch erzählt werden, dass der ältere Michaelis-Sohn gleich nach seiner Heimkehr aus dem amerikanischen Unabhängigkeitskrieg die Verheiratung seiner meistgeliebten Schwester energisch vorantrieb. Mit jemand anderem als mit seinem besten Freund mochte er sie nicht teilen. Fritz, informierte Caroline im Februar 1784 den Gothaer Freundinnenkreis, »gibt mich an einen Mann, den er mir von Kindheit an bestimmt hat«.[2] Verlobt waren der Nachbarssohn Johann Franz *Wilhelm* Böhmer und sie schon seit Oktober 1782. Es hätte schlimmer kommen können, so der Tenor ihrer damaligen Stellungnahme. Danach verbannte die Braut den Bräutigam buchstäblich aus ihren Briefen. Nur wenn in der Folgezeit diese nunmehr latent vorhandene Bangigkeit wieder einmal ins Unkontrollierbare abzudriften drohte oder wenn das Gefühl des Ausgeliefertseins überstark von ihr Besitz ergreifen wollte, schrieb Caroline solche Sachen wie: mehr Verstand als Herz zu haben, sei ohnedies alltagstauglicher als über mehr Herz als Verstand zu verfügen – gefolgt von der Neuauflage ihrer Schutzbehauptung »ich kann ohne Liebe leben!«.[3]

Konvenienzverbindungen, notabene, waren und blieben die Norm. Diesbezüglich brachte der Zeitgeist den Frauen keine Erleichterung. Im Gegenteil. Jegliche intellektuellen Zugewinne führten, fast unabwendbar, zu Verlusten auf den Gebieten weiblicher Bereitschaft zu Unterordnung und Lenkbarkeit. Stellvertretend für viele Leidensgenossinnen resümierte die gewissermaßen zwangsverheiratete Göttingerin Dorothea Friederike Baldinger mit Blick auf ihr trostloses Eheleben, »daß man seinen Leib für Essen und Trinken an einen Mann verkauft, den man nicht lieben kann«.[4]

Aufklärung hin, Aufklärung her, das ›Gemeine Recht im Land Hannover‹ war am Kirchenrecht orientiert. In Bezug auf eheliches Miteinander stellte es deshalb klar: »Der Mann ist des Weibes Haupt, das Weib soll ihm untertan sein im Herrn, wie sich's gebührt, das Weib übergibt ihren Leib mit der Intention, daß sie dem Mann Kinder zeuge.« Zeigte »das Weib« sich »widerspenstig«, war dem Gatten gesetzlich erlaubt, von seinem »Züchtigungsrecht« Gebrauch zu machen. Unverheiratete erwachsene Töchter unterstanden weiterhin der »väterlichen Gewalt« oder hatten sich nach dem Tod des »Hausherrn« brüderlichen Weisungen zu fügen.

Die meisten Mädchen aus Carolines Generation zogen die Ehe als das kleinere Übel vor – sehr wohl zwischen ›nicht wirklich glücklich und richtig unglücklich‹ unterscheidend. Jede allerliebste Jungfer kannte irgendeine alte Jungfer, die nach vielen bestenfalls harten und schlechtestenfalls erniedrigenden Gouvernantenjahren noch immer vollkommen mittellos, mal von der einen und mal von der anderen Verwandtschaft lustlos durchgefüttert wurde.

Unter den gegebenen Umständen und nach allem, was wir von ihm wissen, hätte die einundzwanzigjährige Caroline mit dem ihr zugewiesenen, zehn Jahre älteren Ehepartner mehr als zufrieden sein können. Johann Franz *Wilhelm* Böhmer galt als »der beste unter seinen Geschwistern, ein würklich vortrefflicher Mensch«, klug, zielstrebig, warmherzig, rücksichtsvoll.[5] Dass Caroline ihrem Mann geistig weit überlegen war, ist eine bis in die Gegenwart transportierte Falschaussage. Auszüge aus dem von ihm selbst verfassten Lebenslauf[6] weisen Böhmer als einen hoch und umfassend gebildeten Menschen aus: »Durch die unermüdliche Fürsorge und das Geschick meiner allerbesten Eltern … ist es geschehen, dass ich gleich von klein auf in fleißiger und gelehrsamer Tätigkeit von Hauslehrern [Hofräten, Professoren] in all den Fächern unterrichtet wurde, in denen die Jugend gewöhnlich zu wahrer Menschenbildung geführt wird. … Durch den unermüdlichen Eifer dieser hervorragenden Männer in den Glaubenssätzen und Vorschriften der Religion sowie der klassischen Literatur unterwiesen, wurde ich im Jahre 1770 … in der Liste der akademischen Bürger eingeschrieben. Allerdings habe ich seitdem nicht gleich auf das Studium der medizinischen Wissenschaft [in Göttingen und Halle], das mir vom ersten Mannesalter an zugesagt hatte, meine Mühe verwandt, sondern für ein Jahr und darüber hinaus feine Belletristik, Dogmatik und ebenso auch Moraltheologie sowie Philosophie studiert. … In Latein und Griechisch genoss ich die vortrefflichste Unterweisung.« Außerdem sprach Böhmer hervorragend Englisch und Französisch. Er hörte bei »bedeutenden Professoren« Mathematik, Logik, Physik, Metaphysik und Ethik, übte sich im wissenschaftlichen Streitgespräch und erwarb grundlegende Kenntnisse in der Zoologie, Botanik, Chemie und Mineralogie. Universalgeschichte und Politik wurden ebenfalls in das Programm seines Studium generale aufgenommen. Das Berufsziel vor Augen, sah der angehende Mediziner seine Schwerpunkte in den Bereichen allgemeine Therapie, Pharmakologie, Diätetik, Physiologie, Osteologie, Anatomie, Pathologie sowie in der »Kunst der Leichenzergliederung«, der »theoretischen und praktischen Hebammenkunst«, der »forensischen Medizin« und »medizinischen und manuellen Chirurgie«. Auf Böhmers Promotion im Jahre 1777[7] folgte ein Fortbildungsaufenthalt in England. Im Anschluss daran nahm er in Göttingen die Arbeit als Dozent und Arzt an dem von den Freimaurern eingerichteten »Chirurgischen- und Kranken-Hospitale« auf, zu dessen »Aufseher« er 1782 berufen wurde.

Mit an Sicherheit grenzender Wahrscheinlichkeit hatte Böhmer seine Bewerbung um die in Clausthal frei gewordene Position des Stadt- und Bergphysikus mit seiner zukünftigen Frau besprochen und: keine Begeisterung ausgelöst. Seine Berufung[8] und das Vorausgehen des Gatten in spe in den Harz im Februar 1784 wurde von ihr brieflich kurz und inhaltlich neutral abgehandelt.

Wie Caroline ihren Hochzeitstag bewertete? Nicht ganz so emotionslos. Der 15. Juni 1784 sei »ganz schön« gewesen. »Böhmer [der Mann ohne Vorname, sofern er, eine Seltenheit, in ihren Briefen Erwähnung fand] frühstückte bey mir … Mein Bruder kam … und beim Abschied segnete er uns durch Thränen ein.« Zwei Jungfern wanden unterdessen den »Brautkranz von natürlichen Myrthen«. Zwischendurch richtete Professor Michaelis vielleicht mahnende, vielleicht verständnisvolle, vielleicht sowohl mahnende als auch verständnisvolle Worte an die Tochter. »Wie ich mit meinem Anzug fertig war, war ich eine hübsche Braut. Der Saal war durch meiner Mutter Hände allerliebst zurechtgemacht.« Gegen vier Uhr nachmittags kam die Gesellschaft, 38 Personen. »Dem Himmel sey Dank, alte Onkels und Tanten waren nicht dabey« und die Feier »sehr viel erträglicher, wies bey solchen Gelegenheiten zu seyn pflegt«. »Keine hochzeittägliche Furcht.« Keine Tränen der Rührung während der Haustrauung durch einen Prediger. Aber »wie sie vorüber war und Böhmer mich mit aller Gewalt der stärksten Liebe umarmte« »und mein Bruder außer sich war vor freudiger Rührung, da schmolz mein Herz und strömte über von Seeligkeit«.[9] Was in Carolines »Geschichte meiner Empfindungen«, adressiert an alle Gothaer Jugendgefährtinnen, nicht hineingehörte und nur die zuverlässig verschwiegene Luise Gotter hatte erfahren dürfen: Zuletzt war die Braut doch noch dem Realitätsdruck erlegen. »Jezt stellen sich meine neuen unbekanten Pflichten in Reihen vor mich hin.

Auf einmal in ihre Mitte, auf einen andren Schauplaz versezt, und in einen ganz andern Cirkel von Menschen und herausgerißen aus dem meinigen. – Ja, es ist ein großer Schritt … Helfe mir Gott das Ideal ausführen, das vor meiner Seele steht, um uns beyde glücklich … zu machen.«[10]

Keine einfache Aufgabe. Für wen auch immer.

Denn: Böhmer vergötterte sein »liebes herrliches Mädchen«, und Caroline »betete« Fritz an. So auffallend war der Bruder seit seiner Rückkunft um sie bemüht, dass er, ihrem Gefühl nach, »für den Liebhaber hätte gelten können«.[11]

Keiner sollte sagen, sie habe sich die Stadt, bevor sie nach Clausthal übersiedelte, nicht schönzureden versucht. War nicht Johanna Christiane Friederike Schachtrup, die erste Frau des Vaters, Tochter eines Clausthaler Kaufmanns gewesen? Erwartete sie in Clausthal nicht ein »artiges Haus, insofern wenigstens, daß es äußerst bequem ist und so freundlich«, mit herrlicher Aussicht auf den Brocken und mit einem großen Garten? Oder hatte sie nicht immer wieder den Harz eine ›Schweiz im Kleinen‹ nennen hören? Am meisten würde, dessen konnte Caroline sicher sein, Böhmers herausragende Position – er rangierte in der Clausthaler Beamtenhierarchie immerhin an vierter Stelle – und seine rasch erworbene große Beliebtheit helfen: »Das bahnt mir den Weg zum Wohlwollen meiner künftigen Mitbürger.«[12] Aber leider kam es früher als erwartet zum Praxistest des Böhmerbonus.

Wenige Wochen bevor sie erstmals den Fuß auf neue Heimaterde setzte, tourte Georg Forster durch die Salons der Bergstadt.[13] Danach konnte von einem problemlosen Entree der in Bälde erwarteten, frischgebackenen Arztfrau in Clausthals höhere gesellschaftliche Kreise eigentlich keine Rede mehr sein. Seiner Verlobten nach dem Munde redend, hatte Forster, wo immer dazu Gelegenheit war, kein gutes Haar an Caroline gelassen. Zwar gelang Böhmer, fürs Erste, die Schadensbegrenzung vor Ort. Als es aber darum ging, Forsters böse Tat nach Göttingen zu melden, hatte er eine weniger glückliche Hand. In ihrer entsetzlichen Verunsicherung und furchtbaren Aufgeregtheit muss Caroline in ihrer verloren gegangenen Antwort gar Selbstmord angekündigt haben. Sie hielt die Ehrverletzung wohl für irreversibel. Wir erfahren von der Drohung durch den nun seinerseits zutiefst verstörten Böhmer: »Beruhige Dich nun …; Du sollst nicht unschuldig leiden, und sey versichert, daß Du nichts von der Liebe und Hochachtung verlohren hast, die das Trebrasche Paar [der Vizeberghauptmann Friedrich Wilhelm Heinrich von Trebra und seine Gattin] für Dich hegt … Kaum kann ich die Feder noch halten; ich zitterte am gantzen Körper und mein Herz erlag fast unter der Gewalt der Empfindungen, die es bestürmten, bis ein gewaltsamer Durchbruch von Thränen mir Erleichterung verschaffte. Noch nie habe ich die Vergänglichkeit aller irdischen Freuden so lebhaft gefühlt als in diesen Augenblicken – Caroline! Du wärst im Himmel und Du würdest meine Seele mit hinauf zu Dir gezogen haben. Wäre auf Erden noch wohl etwas im Stande gewesen mich zu erfreuen?«[14]

Mehr Menschen als in Göttingen lebten um 1784 in Clausthal, wo an tristesten Tagen der Wind den Regen über waldfreie Hänge und Bergkuppen trieb und Fröste bis ins späte Frühjahr reichten. In Caroline Böhmers Ankunftsjahr war im April und Mai noch viel Schnee gefallen. Gegen Ende des Monats Juni von Osterode her auf Clausthal zufahrend, vorbei an ausgedehnten sattgrünen, blumenreichen Wiesen, darin eingebettet eine Vielzahl bläulich schimmernder Teiche,[15] bot sich die »reinliche Stadt, von Tannenholz gebaut, mit Tannenschindeln gedeckt, gut gepflastert, am Abhang eines hohen Bergrückens«,[16] der Neubürgerin in ihrer geografisch attraktiven Exponiertheit dar. Kurz bevor erste Häuser die Landstraße flankierten, senkte sie sich hinab zur Schauseite Clausthals, über das hinweg der Blick gegen Zellerfeld[17] und zum Bruchberg geht. Staunend und beeindruckt hätte Caroline das reizvolle städtebauliche Ensemble gleich am Ortseingang zur Kenntnis nehmen können: die Münze, das Zehntgebäude, das Oberbergamt, das Rathaus, die den Marktplatz beherrschende Kirche Zum Heiligen Geist.[18] Gleich neben dem imposanten Gotteshaus und gegenüber dem repräsentativen Amtssitz von Berghauptmann Claus Friedrich von Reden, den man den »König des Oberharzes« nannte, »gefürchteter als Gott und Kaiser«,[19] mit Blick auf die schmucken Häuser ihrer zukünftigen Nachbarn, des berühmten Mineraliensammlers und Apothekers Johann Christoph Ilsemann, des Generalsuperintendenten Georg Christian Dahme – ein angeheirateter Verwandter Böhmers – und des Stadtrichters Friedrich Wilhelm Scharlach, brachte der Kutscher die Pferde zum Stehen. Auch Carolines neue Bleibe konnte sich sehen lassen.[20] Und doch war sie unzufrieden. Mit allem übrigens, was sie vorfand. Ihre anfängliche Abneigung war, es lässt sich nicht anders sagen, ungerecht und unangebracht. Man musste schon reichlich uninteressiert, ja eigentlich ignorant sein – oder: generell frustriert –, um die prosperierende freie Bergstadt und ihre tüchtigen Bewohner so in Bausch und Bogen zu verdammen. Für andere war die innovativste Bergbauregion Europas von hohem touristischem Reiz. Zu Tausenden strömten Herren sowie Damen von Rang und Namen nach Clausthal, bestaunten die geniale ober- und unterirdische Wasserführung zur Gewinnung von Energie zum Abbau, zur Verarbeitung oder Verhüttung des Silbererzes und fuhren in die weithin berühmte Grube ›Dorothea‹ ein.

Kein einziger Hinweis auf Clausthals bergbautechnische Errungenschaften findet sich in Carolines hinterlassenen Schriften. Nirgends ein Wort über jene breiten »Avenuen«, die den Clausthalern und Clausthalerinnen, vielfach gekleidet in bestes Tuch und feinste Seide, als sonn- und feiertägliche Flaniermeilen dienten. Nicht einmal die absolut ungewöhnliche Zuleitung klaren und schmackhaften Quellwassers direkt in die Keller der Wohnhäuser ist in uns vorliegenden Briefen Carolines erwähnt. Wohl aber eine Schlittenpartie, die jedoch hauptsächlich wegen der im

Vergleich mit Göttinger Vergnügungen gleicher Art empfundenen Unzulänglichkeiten in ihren Briefwechsel aufgenommen wurde. Nichts über all die Lustbarkeiten und Veranstaltungen quasi direkt vor ihrer Haustür, wie großartige Bergdankfeste oder Schützenfeste. Vergebens suchen wir nach Erwähnungen musikalisch untermalter feierlicher Aufmärsche schwarz-rot uniformierter Knappen zu Ehren des Berghauptmanns oder hoch- und höchstgestellter Besucher.

Clausthals leitende Beamtenschaft machte aus ihrem Standesstolz kein Hehl, und ebenso wenig hielten deren Gattinnen von falscher Bescheidenheit. Je großbürgerlicher und repräsentativer beispielsweise die Wohnungseinrichtung, desto tonangebender ihre Eigentümer. Caroline sah, wohin sie auch kam, nur Prunk und Protz. Selbst wenn kein kritisches Wort über ihre Lippen kam, drückte ihre Körpersprache Missbilligung aus. Das eigene Daheim bestach durch schlichte Eleganz. Die launenhafte junge Frau des reizenden Doktors, hieß es bald in Clausthal, sitze auf zu hohem Ross. Nur wenn sie von ihm herunter komme, könne die Ehe glücklich werden.

Nicht nur an Clausthals erster gesellschaftlicher Garnitur zeigte Caroline, soweit erkennbar, wenig Interesse.

Waren ihr, fragt man sich, die Leistungen der ungewöhnlich gut ausgebildeten Bergwerks- und Hüttenarbeiter wirklich so egal? Des Lesens, Schreibens, Rechnens durchaus kundig, hatten diese an der positiven wirtschaftlichen Entwicklung des Oberharzes einen hohen Anteil. Gut wäre auch zu wissen, wie sie zu deren in ihrer Mehrheit nicht minder tüchtigen Frauen stand.[21] Tadelsfrei in der Erziehung ihrer zahlreichen Kinder und Führung ihrer Haushalte und Besorgung von Gärten und Versorgung von Vieh, besserten sie noch dazu durch Herstellung hübscher Handarbeiten das Einkommen ihrer Familien auf.[22] Oder: Regte sich in Caroline denn gar kein Fünkchen Mitleid mit den Pochjungen, die – noch zu jung für Schwerstschufterei unter Tage – von Sonnenaufgang bis Sonnenuntergang an der Scheidebank schwere Hämmer schwangen, um große Erzbrocken zu kleinen Erzbrocken zerspringen zu lassen? Selbst wenn sie nie in die Nähe der neun, zehn, elf Jahre alten Knaben gekommen ist, muss Böhmer ihr vom Fluch der Kinderarbeit berichtet haben.

Carolines Lamentos galten anderen Dingen.

Ihr Mann war definitiv mehr Armen- als Reichenarzt, rund um die Uhr dienstbereit. Seine Bestallungsurkunde verpflichtete ihn zu sofortigem Erscheinen nach Unglücksfällen und zu Krankenbesuchen sowohl in Clausthal als auch in dem nahe gelegenen Altenau. Je nach Entfernung, Witterung und Wegbeschaffenheit war er zu Pferde oder zu Fuß unterwegs. In schneereichen Wintern, wenn die Pfade unter hohen Verwehungen verschwanden, wurden Ritte und Gänge zur Qual. Regelmäßig nahm Böhmer »Visitationen toter Körper« vor und gegebenenfalls Leichenöffnungen. Ihm oblag die Begutachtung der Tätigkeiten von Chirurgen (aufgrund ihrer nichtakademischen Ausbildung mehr Handwerker als Mediziner). Auch Barbieren schaute er auf die Finger. Hinzu kam die regelmäßige Kontrolle von Apothekerbeständen und von Apothekerrechnungen.[23] Besonders »glücklich« erforschte und behandelte der »Berg- und Stadtphysikus« eine »sehr schmerzhafte Krankheit, die der gemeine Mann gewöhnlich die Hüttenkatze nennt«.[24] Es handelte sich um die unter den Arbeitern im Silberbergbau weit verbreitete und gefürchtete, von heftigen Koliken begleitete, zu Lähmungen führende Bleivergiftung.

Caroline beklagte, ohne näher auf sie einzugehen, Böhmers »zu überhäufte Geschäfte«.[25] Nur hin und wieder reichte seine Zeit für gemeinsame Wanderungen in die nähere Umgebung. Mußestunden, um die er kämpfen musste, standen seiner Frau überreichlich zur Verfügung, seit sie Dienstherrin von Magd Marie und Diener Friedrich war. Immerhin feilte Caroline in Clausthal regelmäßig an ihrem Englisch.[26]

Ein hochsommerlicher Kurztrip in ein langweiliges Nest am Harzrand anstelle einer ausgedehnten Hochzeitsreise in das Land ihrer Sehnsucht südlich der Alpen – besonders aufregend hatte Böhmers Vorschlag von vornherein nicht geklungen.[27] Beißender Spott und ehrliche Enttäuschung treten zutage in Carolines imaginärem Appell an die Helfershelfer der römischen Liebesgöttin: »Nun komt, ihr lieblichen Tauben der Venus, und helft mir aus diesem Cloack in reinere Lüfte.« Das »langweiligste Gefühl, das alle Sinnen der Freude ertödtet«, mit dem sie Goslar durchfahren hatte, zog sich durch bis zur Rückkehr. Und ihr Urteil über Clausthal? Ein »Lumpennest«! Im überlangen ersten Winter ein Graus. Angeblich mit rein gar nichts von dem im Angebot, was Caroline das Leben bisher lebenswert machte. Ihre Eindrücke von den Alteingesessenen? »Schlafmüzen sinds nicht, aber ihre Spirits haben keinen feinen Spiritus, und auch das möchte hingehn, wens nur nicht so ein bös Menschengeschlecht *in the whole* wär …« Der Clausthaler Vetter Schachtrup? »Er ist fürchterlich unwißend. Hatte mal vom amerikanischen Krieg gehört, wusste [nicht] ob ihn Hänschen oder Gretchen führt.« Dessen Frau: »ein gutes Vieh«, das »wie eine leibhaftige Tellermü[t]ze aussieht«. Und der Kopf des Hüttenbauinspektors erinnerte sie an den eines Schweins. Ihr Eindruck von Frau von Reden, Gattin des Berghauptmanns, Clausthals First Lady sozusagen? »Sehr holdseelig«, »behangen von oben bis unten wie ein fürstlich Wochenbett«. Zwar wurde solch boshaften brieflichen Lästereien ein warnendes »Bouche close!« hinterhergeschickt.[28] Dass es der Adressatin, der leichtsinnigen Plaudertasche Lotte Michaelis nicht gelang, den Mund zu halten, kann als sicher gelten.

Carolines Anpassungsverweigerung führte zu Heimweh, und Heimweh verklärt. »Ich kan mich in Clausthal nie eingewöhnt dünken … Auf fremden Boden komt einem alles fremder vor, man wundert sich über Ungethüme, die man sonst alle Tage sah, ohn sie für etwas anders als gewöhnliche Geschäfte der Natur zu halten. Es ist erstaunlich, wie mechanisch und pflanzenmäßig die Bande sind, die uns an Vaterland und Geburtsort binden …«[29] Klug sein, gute Miene machen, auch wenn ihr nicht danach zu-

Clausthal im 18. Jahrhundert mit der Marktkirche Zum Heiligen Geist, dem Oberbergamt und einem Wohnhaus

mute war, ihrem Böhmer zuliebe oder um des sozialen Friedens willen zumindest? Selbst wenn sie verbale Unmutsäußerungen unterdrückte, bekam Caroline ihre hochgezogenen Augenbrauen nicht unter Kontrolle: »Ich für mein Theil werfe mich alle Tage mehr in Clausthal herein, ohne mich in die hiesige Form zu gießen.«[30] Überbetonung modischer Attribute war ein ihrer Meinung nach gutes Mittel demonstrativer Zurschaustellung von Andersartigkeit. Falls »einmal ein Fremder in den Zirkel tritt, sollen seine geschmackvollern Augen gezwungen werden zu sagen, dies ist mehr denn Clausthal!«[31]

Sofern Johann Wolfgang von Goethe, zum wiederholten Mal zu Studienzwecken in der Stadt, Caroline auf gesellschaftlichem Parkett begegnete, hatte er am Erscheinungsbild der jungen Frau sicherlich seine Freude. Leider erfahren wir weder durch ihn noch durch sie von irgendeiner Begegnung der beiden in Claus-

Johann Wolfgang von Goethe (1749–1832)
Nach einem Bildnis von Angelika Kaufmann um 1787/88

thal. Schade auch, dass ferner alle anderen verfügbaren primären Quellen zu diesem Thema eisern schweigen. Könnte es trotzdem im August 1784 zu jener folgenreichen flüchtigen Liebesbeziehung zwischen Goethe und Caroline gekommen sein, die Walter E. Ehrhardt für denkbar hält? Gestützt auf verschiedenste Querverbindungen, Schlüsse und Deutungen, führt der kenntnisreiche Geisteswissenschaftler unserer Tage »viele Gründe« an, die es ihm »gestatten zu vermuten«, dass Madame Böhmers Erstgeborene »vielleicht die natürliche Tochter Goethes war«.[32]

Aufs Ganze gesehen überbieten sich Carolines Briefberichte aus der ungeliebten Bergstadt sowohl an Spitzzüngigkeiten als auch an Hervorhebungen von Banalitäten. Selten zeigen sie Tiefgang. Etliche ähneln Wunschlisten, wie anspruchsvolle Kinder sie zu schreiben pflegen. Außer Bändern, Spitzen, Stoffen … forderte Caroline aus Göttingen Viktualien und vor allem Bücher an. Kaum vorstellbar, dass nichts von all dem vor Ort zu bekommen gewesen wäre. Natürlich existierte in Clausthal eine Bibliothek, selbstverständlich boten auch dort gut sortierte Händler das Gewünschte feil. Und den üppig bestückten Markt nicht zu vergessen: In Sichtweite ihres Wohnhauses wurde er regelmäßig abgehalten. Was im Oberharz nicht hergestellt wurde und in seinem rauen Klima entweder nicht wuchs oder nicht zur Reife kam, schleppten Kiepenfrauen aus dem Vorland an.

Weder Schwester Lotte noch alle anderen Göttinger Beschaffer[33] kamen mit dem Abarbeiten von Carolines Bestellungen hinterher. Waren sie in Verzug, regnete es ungeduldige Ermahnungen wie »Ich vertrockne seit einiger Zeit, weil alle meine Bücherquellen sich verstopfen«, »so gehts mir wie dem, der Gäste laden wollte, und alle entschuldigten sich«, »nun bitt ich Meyern, erstlich um etwas amüsantes gut zu lesen, wenn man auf dem Sopha l i e g t … Wohl möcht ich n e u e r e französische Trauerspiele, kleine Romane, Memoires oder auch etwas ernsthafters. Gott! er muß es ja wißen. Mir ist alles willkommen, waß ich noch nicht gelesen habe. Zweytens möcht ich etwas zu lesen, wenn man auf dem Sopha s i [t] z t und einen Tisch vor sich hat … Mir ist wirklich übel zu Muth.«[34]

Keine Frage, Caroline, in ihren Clausthaler Anfangsjahren an Kontakten mit den gehobenen gesellschaftlichen Kreisen der Stadt uninteressiert und durch Personal von häuslichen Pflichten nahezu befreit, litt unter lähmender Langeweile. Zäh zogen sich trostlose Stunden zu endlosen Tagen. »Es ist immer ein eigner Gram für mich, wenn ich ohne Plan bin«, jammerte sie brieflich zu Jahresanfang 1786 und nannte sich zugleich »ein elendes Geschöpf«. Manchmal schlug Resignation in Verzweiflung oder Verzweiflung in Wut um, und dann sagte sie zu sich selbst: »warum must Du hier Deine Jugend verleben, warum Du hier vor so vielen andern; und vor manchen doch fähig eine größre Rolle zu spielen, zu höhern Hofnungen berechtigt?«[35]

In der Tat. Aber noch war ihre beste Zeit nicht gekommen.

Obwohl Caroline stets bemüht war, die Fassade eines erträglichen Ehelebens aufrechtzuerhalten und gewöhnlich auf jede unbedacht heftige schriftliche Klage sofort eine Beschwichtigung folgen ließ, fragte Lotte, wohl im Auftrage der besorgten Eltern und Schwiegereltern, in Clausthal an, ob es um die Schwester und Böhmer tatsächlich so schlecht bestellt sei, wie man von allen Seiten zu hören bekomme. Ach, hätte Caroline doch der falschen Freundin Therese nicht diesen »tragischen Brief« geschrieben, dessen Wortlaut zu unserem Bedauern nicht überliefert ist. 1785 ging zumindest seine Quintessenz in Göttingen von Mund zu Mund: Die nörglerische Böhmer spiele in Clausthal die Märtyrerin und mache, anstatt die Schuld bei sich selbst zu suchen, allein ihren Mann für ihr Unglücklichsein verantwortlich.[36]

Unter Berücksichtigung der so genannten guten Sitten hätte Caroline kaum eher schwanger werden können. Aber nicht einmal die Aussicht auf ein Kind verhalf jungen Ehefrauen damals zu ungetrübten Glücksgefühlen. Jede Geburt barg immense Gefahren. Von Monat zu Monat wurde Caroline ängstlicher. Wenn in Zeiten, in denen die Scheidungsrate gegen Null tendierte, zwei, drei, vier Eheschließungen gang und gäbe waren, dann konnte über die erschreckende Hauptursache hierfür, die hohe Müttersterblichkeit, nicht hinweggesehen werden. Auch früher Kindstod lauerte in jedem Haus. Den Dahmes, ihren Nachbarn, waren kurz vor Carolines Niederkunft ihre zwei Töchterchen völlig unerwartet gestorben. Dass Luise Gotters vier Geburten innerhalb vierer Ehejahre relativ komplikationsfrei verlaufen waren, hätte für Caroline einen gewissen Trost bedeuten können, läge da nicht in Gotha die kleine Pauline seit Beginn ihres Erdenlebens auf dem Sterbebett. Wohl war Luises schwächlichem dritten Kind ein strammer Gustav nachgefolgt. *Das* wollte Caroline als ein gutes Omen nehmen. Einen Sohn – dazu noch gleichen Namens – auch für sich, scheint sie für eine Selbstverständlichkeit gehalten zu haben, da die Gratulation für die »schwesterlich geliebte Freundin«, am 7. April 1785 verfasst, den Wunsch enthielt, deren Bub möge »stets Bruder des meinigen seyn«.[37]

Am 28. des Monats brachte die Zweiundzwanzigjährige ein Mädchen, Philippina *Augusta* (Auguste), zur Welt.[38] Unter grässlichen Qualen. Böhmer hatte getan, was er als Arzt zu tun vermochte. Viele Wochen gingen ins Land, bis Caroline auf die ständige Anwesenheit ihrer Schwester Lotte verzichten und auch bis sie wieder die Feder führen konnte. Das gesamte Ausmaß der Schrecken, vor und auch nach der Geburt, geht aus einem am 22. Juni verfassten Brief an Luise Gotter hervor:

Gegen Ende der bangen neunmonatigen Wartezeit, »eingeschloßen in meinem Zimmer vom bösen Wetter und der Furcht vor Ansteckung; zwar wohl Freuden, aber auch Leiden der Mutter im Voraus fühlend so kam endlich der Tag, der mich in tausend langwierigen Schmerzen und Angst selbst zur Mutter machte. Die lezten Augenblicke vorher trieben meine Anstrengung aufs höchste, denn ich fürchtete, das Kind sey todt ... Dann folgte ein nur zu kurzer Rausch der Freude, der sich durchs ganze Haus verbreitete ... Ich fiel in einen Schlummer aus dem ich ohne Besinnung erwachte, und nun folgten 14 fürchterliche Tage und Nächte, die ich unter einem heftigen Nervenfieber zubrachte, während welcher ich, ohngeachtet einer starken Neigung zum Schlaf, kein Auge schließen durfte, ohne von Zuckungen und schrecklichen Phantasien geweckt zu werden; wo Böhmer oft für mein Leben und ich für meinen Verstand fürchtete, deßen Zerrüttung ich mir in äußerster Traurigkeit bewust war;

wo ich überall Trauer sah, selbst mein liebenswürdiges Kind mir keine Freude machte, außer der betrübten Genugthuung, über daßelbe gebeugt, weinen zu können! … Ich bin sehr langsam wiederhergestellt, und hab erst seit wenig Tagen das volle Gefühl der Gesundheit wiederbekommen.«[39]

Die Wochenbettpsychose – bestens dokumentiert durch Friedrich Schiller, dessen Frau Charlotte sie nach der Geburt ihres dritten Kindes im Jahre 1799 monatelang durchleiden musste – ist eine bis ins Letzte noch immer unerforschte Erkrankung. Antike Ärzte erklärten sie mit dem Eindringen der Muttermilch ins Gehirn. Mediziner des 18. und 19. Jahrhunderts sprachen von »halluzinatorischem Irresein der Wöchnerin«. Der Zeitpunkt des Ausbruchs liegt charakteristischerweise in den ersten drei Wochen nach der Geburt, am häufigsten zwischen dem 2. und 4. Tage nach der Niederkunft. Die Wochenbettpsychose bricht unvermittelt aus, ihr Verlauf kann dramatisch sein und ist nicht vorhersehbar. Heute werden Patientinnen möglichst stationär behandelt. Es besteht erhebliche Suizidgefahr und auch die der wahnhaften Kindestötung.

Das Schlimmste fürchtend, waren Carolines Eltern herbeigeeilt. Ein paar Wochen daheim, nach ihrer Genesung: die Aussicht auf eine vorübergehende Rückkehr nach Göttingen hat ihre Wirkung als Zauberformel nicht verfehlt. »Errinnerung! Errinnerung! Du fülst mein Herz mit Wonne. O wie wahr kan eine Plattitude am rechten Ort [und zur rechten Zeit] sein …«[40]

Aber Phrasen als vermeintlich wirksame Beiträge zur Trauerbewältigung sind, gelinde gesagt, Gedankenlosigkeiten. Sie solle ihre Tränen trocknen und sich »mit heitern Gesicht« ihren drei anderen Kindern zuwenden, lautete der trotzdem gut gemeinte Rat Carolines für Luise Gotter, nachdem im August 1785 deren sieches Paulinchen, »dem die Welt nie Freude gab«, gestorben war.[41] In einem weiteren Kondolenzbrief, der nur wenige Wochen später an die Gothaer Freundin geschrieben werden musste, dann der gleiche billige Trost: »Gustav war nicht Dein einziges Kind; noch bleiben Dir zwey, und Deine mütterliche Zärtlichkeit findet es nicht leer um sich her.«[42] Doch was sagt man jemandem, der an der letzten Ruhestätte seines letzten Kindes steht? So wie Caroline. In fünfzehn Jahren …

Kurz vor ihrem zweiten Geburtstag bekam Auguste Konkurrenz. Weitaus schneller und schmerzfreier als Carolines erste Niederkunft verlief am 23. April 1787 die Geburt von Sophie *Therese*, Rose oder Röschen gerufen.[43] Auf haarsträubende Erinnerungen, »Gott, wie war ich doch das vorigemal so herunter«, folgte riesengroße Erleichterung.[44] Auch der siebzehnjährigen Luise Michaelis fiel ein Stein vom Herzen, denn dieses Mal war die jüngste Schwester zu Carolines Unterstützung herbeigerufen worden.

Besuchern aus Göttingen stand die Tür ihres Hauses in Clausthal immer offen. Wilhelmine Heyne, Thereses Schwester, hatte die Einladung zu längerem Aufenthalt genauso gerne angenommen wie Schwägerin Friederike Böhmer.

Demoiselle Schlözer wohnte 1786 zwar nicht bei Caroline, wird aber des Öfteren mit ihr zusammengetroffen sein. Dorotheas Studienaufenthalt erregte nicht nur in der Bergstadt die Gemüter. Nie zuvor hatte ein weibliches Wesen so intensive mineralogische, geologische, bergbautechnische Untersuchungen betrieben. Selbst vor dem Abstieg über hohe Leitern in die finstere Unterwelt der Grube – in Kittel und Berghosen gesteckt und mit dem Arschleder zum Schutze des Allerwertesten ausgerüstet – schreckte die Sechzehnjährige nicht zurück. Ihr freudiges Streben nach Gelehrsamkeit, allemal besser als Haushaltspflichten, wurde im Jahr darauf mit der Ernennung zur ersten Doktorin der Philosophie in Deutschland belohnt. Auf Vorschlag und Betreiben von Dekan Johann David Michaelis übrigens. In Carolines elterlicher guter Stube fand die mündliche Prüfung Dorothea Schlözers statt, die diese mehr als glänzend bestand. Die feierliche Bekanntgabe der Promotionen aller vier Fakultäten wurde in der Göttinger Paulinerkirche vorgenom-

Dorothea Schlözer
(1770–1825)

men, und sie war eine reine Männersache. Durch die zersplitterte Fensterscheibe eines Raumes der ans linke Seitenschiff angebauten Universitätsbibliothek konnte die junge Dame ihren Namen als ersten nennen hören; optisch verfolgen konnte sie die Ehrung nicht. Carolines Kommentar zur intellektuellen Glanzleistung der trotzdem ein ganz klein wenig beneideten Jugendgefährtin, prophetisch und lapidar: Der Doktortitel werde Dorotheas Lebensglück mit unvermeidlicher Konsequenz zerstören.[45]

Um das Christfest 1787 hielt sich Fritz Michaelis in Clausthal auf. Ob es Caroline bereits vor seinem Besuch gesundheitlich sehr schlecht ging und er als zusätzlicher medizinischer Ratgeber herbeigerufen worden war, lässt sich nicht mehr klären.

Dass Caroline ihre aktuelle Erkrankung in Zusammenhang mit ihrer angeschlagenen psychischen Verfassung brachte, ist einem Antwortbrief zu entnehmen, den der Bruder ihr nach seiner Abreise schrieb. »Gott sey Dank, Du bist uns wiedergegeben, liebes Weibchen! und Deine rückkehrende Gesundheit verscheucht alle die finstern Phantome, welche Dir Dein kränklicher Körper schuf. Frag mich nicht, ob ich d a s b e g r e i f e. Ich weiß nur gar zu wohl, daß unsre Seele ein Clavier ist, auf dem körperliche Leiden spielen, was für ein Getön sie wollen.«

Nachdem es ihr wieder besser ging, konnte Fritz es sich nicht mehr verkneifen, Caroline einen heftigen Vorwurf zu machen. Sie ziehe »Röschen«, die neun Monate alte zweite Tochter, ihrer Erstgeborenen ungebührlich vor. »Weibchen, es geht Dir wie dem Kinde am Weihnachtstage; die neuste Puppe ist immer die schönste … Caroline, laß mir Augusten mehr Gerechtigkeit widerfahren – sonst bleiben wir keine Freunde.«[46]

Als Fritz das schrieb, zu Beginn des neuen Jahres, stand Caroline am Anfang ihrer dritten Schwangerschaft. Das Kind, ein Knabe, kam vaterlos auf die Welt.

Johann Franz *Wilhelm* Böhmer starb, vierunddreißigjährig, plötzlich und erwartet, am 4. Februar 1788 »an einer hitzigen Krankheit, die er wahrscheinlich bey gefährlichen Fleckfieber-Patienten eingeathmet hatte«.[47] Vielleicht aber auch an einer Lungenentzündung, hervorgerufen durch einen scharfen Ritt bei Eis und Schnee zu einem seiner Patienten. Fünf Tage blieb der Tote daheim aufgebahrt, bevor er auf dem Alten Friedhof beerdigt wurde, nicht mehr als hundert Schritte waren es von seiner Wohnung bis dorthin.[48] Später hieß es, man habe Böhmers Sarg auf dem Sarg eines Amtsvorgängers abgesetzt. An der Gruft ging ein Fußweg vorbei, und in den ersten Tagen, so steht es in Generalsuperintendent Dahmes bewegendem Nachruf, »sammelten sich aus den Vorübergehenden nicht selten kleinere, größere Haufen, die den herben Verlust laut beseufzeten, nach der theuren Leiche noch sehnsuchtsvoll hinblickten, und mit allen Zeichen wahrer bitterer Betrübnis auseinander gingen. In der That, er war der Liebling aller, die ihn recht kannten und für moralischen Werth genug Sinn hatten. Man bedenke also, was seine vertrauteren Freunde, und seine Gattin, und seine Kinder, an ihm verloren haben!«[49]

Das Ausmaß von Carolines Trauer um den Ehemann muss für die Nachwelt im Dunkeln bleiben. Unmittelbar nach dem unerwarteten Verlust beschrieb sie ihr Befinden mit den Worten »ziemlich wohl«. Sanft zu leiden, so im Brief an Luise Gotter weiter, schade ihr weniger als ungestüm vergossene Tränen des Jammers. Noch lebe Böhmer in ihrem Herzen »aufs allergegenwärtigste«, und noch spiegele »sich der lezte dankende lächelnde Blick seiner Augen in den meinigen«.[50]

Dass Caroline zunächst »sehr herunter« gewesen sei, überlieferte Luise Michaelis, die nach Anzeichen schwerer Erschütterung trotzdem vergeblich suchte. Kein Wunder ihrer Meinung nach, denn: Eine Frau von der Art der ältesten Schwester »kämpfte u. erlag nicht«![51]

Böhmers Tod beendete das Kapitel Clausthal. Das geschah zu einer Zeit, da Caroline ihre Abwehrhaltung aufzugeben begonnen hatte, mancherlei Zeichen der Identifikation mit ihrer Umwelt erkennen ließ, endlich einen Blick auch für die Annehmlichkeiten der Bergstadt entwickelte und erstmals mit freundschaftlicher Offenheit auf deren Menschen zuging: »Gestern haben wir einen (ohn Spott) recht sehr vergnügten Abend in der benachbarten Apotheke zugebracht. Ich liebe die Leute [das Ehepaar Ilsemann] … In der That, ich laufe jezt manchmal herüber, und sie sind mir sehr gut«, hatte sie zu Jahresanfang an Lotte geschrieben. Und schon Monate zuvor die Schwester zu einer Harzwanderung eingeladen: »Diese Gegenden fangen an mir zu gefallen, da ich sie näher kennen lerne.« »Clausthal sieht von vielen Seiten äußerst hübsch aus – meine Sinne freuen sich, auch d i e s e Fluren, die mich sonst so schwarz dünkten, wie unsre Tannenwälder und der Schiefer, der unsre Häuser deckt im Regen – fangen an zu lächeln.«[52]

KAPITEL 3

Göttingen – Marburg – Göttingen

Leben lernen

… ich fühle was ich muß – weil ich fühle was ich kan – schelte mich niemand unvernünftig.[1]

Einstmals waren Haushalte rasch aufgelöst, das Umzugsgut blieb überschaubar. Nicht nur die Bevorzugung praktischer Kleinmöbel, sondern auch die Beschränkung auf Unerlässliches begünstigte die erforderliche Mobilität. Sperrige und überflüssig gewordene Dinge wurden vor einem Ortswechsel entweder versteigert oder verkauft.

Vier Monate nach Wilhelm Böhmers Tod kam in Göttingen seine exquisite medizinische Fachbibliothek unter den Hammer. Die Auktion brachte mehr als erwartet ein. Dennoch war ihr Erlös für Caroline nicht mehr als der sprichwörtliche Tropfen auf den heißen Stein.[2] Rücklagen existierten keine. Somit war auch von ihrer Mitgift in Höhe von achthundert Talern nach fünf Ehejahren nichts mehr übrig. Böhmer hatte gut verdient. War man in Clausthal zu sorglos mit den finanziellen Ressourcen umgegangen? Hatte Caroline in ihrer Putzsucht und Bestellwut des Öfteren das Limit überschritten? Vorstellbar wäre es.

Auf jeden Fall aber hatte sie, noch nicht einmal fünfundzwanzig und schon Witwe, im Fortgang des Jahres 1788 eine wichtige Entscheidung zu treffen. Es ging um ihren zukünftigen Aufenthaltsort. Letztlich sollte es bei Clausthal nicht bleiben. Wohin dann? Noch war für die alleinstehende Mutter bald dreier Kinder und Empfängerin einer nicht sehr üppigen Hinterbliebenenpension[3] Sicherheit das Wichtigste. Sicherheit im Schutze der Familie. Heim also zu den Eltern, mit allen vorhersehbaren Folgen, positiven wie negativen. Von ihrem Bruder Fritz – er lebte und arbeitete nunmehr im Hessischen – bekam Caroline ebenfalls ein Dach über dem Kopf angeboten. Einzig dem unentwegt kränkelnden Vater zuliebe gab sie dem Drängen der Mutter nach. Am meisten litt Johann David Michaelis unter seiner zunehmenden Marginalität. Immer weniger Studenten zeigten Interesse an den Vorlesungen und Seminaren des Einundsiebzigjährigen, von Georg Forster schon vor Jahren als »alt und abständig [i. S. v. stumpf]« abgetan.[4]

Mit der ältesten Tochter kehrte der einst so hoch gestimmte Ton ins Michaelissche Haus zurück. Die Gespräche seien wieder lebendiger und freier geworden, notierte die jüngere ihrer Schwestern im Rückblick auf jene Zeit, frei »in der Weise, daß man sich mehr mittheilte und die Unterhaltung geistreicher ward«. Nie zuvor und nie danach seien so »viele berühmte junge Leute«, auch das rekapitulierte Luise, bei ihnen ein und aus gegangen.[5] Vor allen hob sie Wilhelm und Alexander von Humboldt aus der illustren Gästeschar hervor und fand es außerdem wichtig zu betonen, dass Caroline damals mit ihrem Esprit mehr Männerherzen hätte erobern können als jede blendende Schönheit.

Auch von Carolines Verzweiflung über den Verlust des nach dem verstorbenen Vater benannten Sohnes Johann Franz *Wilhelm*, am 20. Juli 1788 in Göttingen geboren[6] und etwa zwei Monate später wieder von ihr genommen, erfahren wir nur auf Umwegen. Ein Jahrzehnt später kam ein gewisser Georg Ernst Tatter in einem Schreiben an die mittlerweile verheiratete jüngste Michaelis-Tochter auf das schreckliche Ereignis zu sprechen. Ende 1798, als er Luise zu deren dritter, glücklich überstandener Niederkunft gratulierte und gleichzeitig seiner Hoffnung Ausdruck gab, sie möge das Neugeborene nicht so rasch wie ihren Erstling verlieren, fühlte sich der Freund aus früheren Tagen an das hautnah miterlebte und mit erlittene Sterben von Carolines kleinem

Wilhelm erinnert: »ehedem konnte ich auch weinen …, als ich über dem entseelten Körper des Sohnes einer Mutter hieng, die ich mehr liebte, als ich noch etwas auf Erden geliebt habe.«[7] So sehr halt, wie es einem Mann von seiner Eigenart möglich war. Nachweislich tauschten Caroline Böhmer und Georg Ernst Tatter über zweihundert Briefe aus, verteilt auf sechs Jahre etwa. Der Schriftwechsel gilt als komplett verloren.[8] Obwohl wir seinen Inhalt lediglich erahnen können, ist von beiderseits großer Zuneigung, ja inniger Liebe auszugehen. Ihre Beziehung muss unmittelbar nach Rückkehr der schwangeren Caroline aus Clausthal nach Göttingen begonnen haben.

Und was war mit Wilhelm Meyer, dem Vorzugskandidaten aus vorehelichen Zeiten? Bedauerlicherweise hatte Carolines Wunschmann ihr zuerst die kalte Schulter gezeigt und sich dann ins südliche Ausland abgesetzt. Meyers Vorschlag aus der Ferne, statt auf ihn, auf Gottfried August Bürger, zu spekulieren, welchem jüngst gleich beide Frauen aus seiner Ehe zu dritt weggestorben waren, hatte sie mit einem halb wütenden und halb ironischen »vortrefflich« vom Tisch gewischt.[9] Aber weiter nicht übel genommen. Wie seine Affäre mit Therese.

In Carolines erstem Clausthaler Ehejahr hatte Wilhelm Meyer sich der mit Georg Forster verlobten Heyne-Tochter auf »gefährliche« Weise genähert – und umgekehrt. Leidenschaft, richtig und allumfassend, »nach allen Regeln der Leihbibliotheken«, enthüllte Therese in einem Schreiben aus späteren Jahren, habe sie erstmals mit Meyer »erlebt«. Ohne dem Bräutigam etwas wegzunehmen![10] Womit wohl in erster Linie gemeint war, dass niemandem eine Liebe geraubt werden könne, die er per se nicht besitze. Überdies hätte Forster, in Bezug auf Therese und ihre Eskapaden stets ein Schwächling, in ein Dreiecksverhältnis durchaus eingewilligt. Respektive es sogar angestrebt. Denn: Forsters Briefe an den gemeinsamen Freund, seinen »geliebten Assad«, geschrieben im litauisch-polnischen Wilna, wohin Therese und er nach ihrer Heirat 1785 gegangen waren, enthalten sehnsuchtsvoll intime Passagen. Meyers Biografin Elise Campe stellte 1847 die Schutzbehauptung auf, ihr Protagonist habe sich das Heiraten verboten, um nicht um einer Einzigen willen allen anderen Frauen untreu werden zu müssen. In Wirklichkeit lassen die verfügbaren Quellen einen jüngeren bisexuellen und einen älteren homosexuellen Meyer erkennen. War dieser die personifizierte Sinnlichkeit (so Wilhelm von Humboldt), dann fiel Georg Ernst Tatter unter die Kategorie Biedermänner.

›Privatlehrer‹ trifft als Antwort auf die Frage nach der Profession des Dreißigjährigen am ehesten zu. Der Sohn eines Gartenmeisters zu Montbrillant, dem königlichen Schloss bei Hannover, befand sich in einer schwierigen Situation. Er gehöre, klagte Tatter, »keiner Klasse von Menschen an«, weil er »gleichsam in die Mitte der Absteckung gerathen« sei. Gesellschaftlich geduldet, weil beruflich nützlich, war ihm die Schmach des rangniedrigsten Platzes an herrschaftlichen Tafeln nur zu gut bekannt. Neider schimpften ihn einen ehrgeizigen Emporkömmling. Mitmenschen mit Gerechtigkeitssinn schrieben Tatter »ungewöhnliche Fähigkeiten« zu, lobten seine Ruhe und Besonnenheit, seinen milden Ernst und ganz besonders seine Fähigkeit, es jedem, der mit ihm zusammenkam, behaglich zu machen. Unisono wurde ihm Mangel an Charakterfestigkeit nachgesagt: »sobald er allein stehen und handeln« müsse, verlöre er den Boden unter den Füßen.[11] Tatters Selbstvertrauen war eben denkbar schwach ausgeprägt. Minderwertigkeitsgefühle, Melancholie, Todessehnsucht, sexuelle Nöte waren die bestimmenden Tagebuchthemen des Mittzwanzigers gewesen.[12] Ursprünglich Theologiestudent in Göttingen, aber damals noch ohne Kontakt zur Familie Michaelis, hatte er sich früh von der Kirche abgewandt, um seinen akademischen Abschluss in den Fächern Philosophie und Politik zu machen. Auf die Anstellung als Hofmeister und Reisebegleiter der älteren Söhne eines Reichsgrafen aus dem Hannoverschen[13] war die Tätigkeit als dessen Privatsekretär in Wien gefolgt, wo sein Dienstherr das Amt eines Gesandten des Heiligen Römischen Reiches innehatte. 1786 wurde Tatter vom englischen König zum Legationssekretär ernannt, mäßig besoldet und begrenzt im Aufstieg. Darum war seine Berufung zum »Instruktor« dreier halbwüchsiger britischer Prinzen,[14] verbunden mit dem Auftrag, sowohl deren Wissen als auch deren Eifer zu mehren, zwar eine große Ehre, aber kein echter Gewinn. Die hochnoblen jungen Herren hielten sich zu Studienzwecken in Göttingen auf.[15] Tatter unterrichtete sie in Deutsch, Geschichte und Geographie. Mit insgesamt geringem Erfolg. Seine Zöglinge waren nämlich nicht sonderlich begabt und außerdem notorisch lernfaul. Er selbst nutzte jede freie Minute zu systematischer Wissensvertiefung und Wissenserweiterung.

Um das Bild abzurunden, sei noch erwähnt, dass Tatter auch auf Luise Michaelis einen großen Reiz ausübte. Die Schwester, mit achtzehn im besten Heiratsalter, verzichtete auf ihre Liebe, nachdem sich zeigte, dass es »eigentlich Caroline war, der er sein Herz gegeben«.[16] Allerdings trat, mit Blick auf diese, gerade jetzt in Göttingen ein Nebenbuhler in Erscheinung. Sein Name? August Wilhelm Schlegel. Jahrgang 1767.

Mit neunzehn war der Spross aus altehrwürdiger Hannoveraner Theologenfamilie als Student an die Landesuniversität gekommen und sofort in Professor Heynes philosophisches Seminar aufgenommen worden. Rasch avancierte er zu dessen Vorzugsschüler. Und der Göttinger Dichter Gottfried August Bürger erhob ihn sogleich zum Seelenfreund und »Lieblingsjünger«. Trotzdem wäre es niemandem eingefallen, dem begabten Jüngling eine exzeptionelle Philologenkarriere vorauszusagen. So stand es also, als Caroline im Jahre 1788 dem Gerede von Schlegels ernsthaften Absichten amüsiert entgegentrat: dass sie nicht lache, keinen Gedanken verschwende sie an den erst Einundzwanzigjährigen. »Nein, das ist sicher – aus uns wird nichts.«[17] Wenn wahr ist, was Therese kolportierte, dann war Caroline erst im letzten Moment zurückgezuckt, habe sie doch Schlegel, bereits in seinen Armen liegend, die Bevorzugung von Tatter eingestanden.[18]

August Wilhelm Schlegel (1767–1845)
Gemälde von Johann Friedrich August Tischbein, 1793

Und Meyer nicht zu vergessen, ihre allererste Wahl!

Was an August Wilhelm angenehm auffiel? Seine tadellosen Manieren; seine geniale Vielseitigkeit und fast erschreckend große Belesenheit; die gründlichste Kenntnis auch antiken Schrifttums und Gedankenguts; dann die Tatsache, dass er regelmäßig für die ›Göttinger Gelehrten Anzeigen‹ schrieb und dafür erstes Lob hatte einheimsen können, so wie für seine trefflichen Übersetzungen aus dem Griechischen, Lateinischen, Italienischen, Spanischen, Portugiesischen, Französischen und Englischen ins Deutsche. Dazu seine Befähigung zu messerscharfem Urteil und, nicht zuletzt, enorme Toleranz, ungewöhnliche Vorurteilslosigkeit und unerschütterliche Ritterlichkeit. Drei lebenswichtige

Tugenden übrigens. In Bezug auf Caroline! Aber konnte sie in die Zukunft schauen? Natürlich nicht, und deshalb kaprizierte sie sich zunächst auf die Schattenseiten von Schlegels Wesen. Jeder unbekümmerten Fröhlichkeit abhold, versetzte ausgelassenes Treiben ihn geradewegs in schlechte Laune. Außerdem von Natur aus eitel, waren ihm selbst kleinste äußerliche Unkorrektheiten regelrecht widerwärtig. Haltung, Kleidung, Frisur – ausnahmslos pedantisch korrekt. Eleganz konnte von August Wilhelm bis zum Exzess getrieben werden. Immer sei er allerliebst geputzt und gesalbt, bespöttelte Caroline seine Manieriertheit. War da nicht zu befürchten, dass Schlegel in ihr, der klugen und kultivierten Professorentochter, nur das weibliche Glanzstück schmückenden Beiwerks sah?[19] Und mit welchem Einkommen, bitte schön, wollte ein Studiosus mit noch voll und ganz in den Sternen stehendem beruflichem Werdegang ihr und den Kindern das Leben erleichtern?

Neben Überlegungen und Fragen im Zusammenhang mit dem zurückgewiesenen Verehrer war Caroline zu Beginn des Jahres 1789 damit beschäftigt herauszufinden, auf welche Weise sie schnellstmöglich aus dem Elternhause wegkam.[20] Sie selbst gibt als Grund für ihre Fluchtgedanken die Unverträglichkeit der Mutter an. Am meisten nahm sie ihr die ständige Bevormundung übel und in diesem Zusammenhang ganz besonders die Einmischung in die Erziehung der Enkeltöchter. »Erziehung ist nach meinem Begriff nicht Abrichtung, das ist ein Zweck, den ich durch Strenge allenthalben erhielte – es ist die Entwicklung der angebohrnen Anlage durch die Umstände – und diesen getraue ich mir hier, wo ich meine Kinder nicht allein habe, wo sie unter dem Einfluß des Beyspiels stehn, nicht so entgegen arbeiten zu können, daß sie würden, was ich aus ihnen machen möchte.« Damit aus ihnen ungezwungene, zufriedene Menschen werden könnten, wolle sie »lieber den freyen Boden wählen«, als sich der Gefahr auszusetzen, »sie misglücken zu sehn«.[21] Liebloser mütterlicher Drill, leidvoll an sich selbst erfahren, durfte sich, daran ließ Carolines Klagebrief an Luise Gotter keine Zweifel, an den eigenen Kindern Auguste und Therese nicht wiederholen.

Im März war der Abschied von Göttingen beschlossene Sache. Nur, dass die erwähnten Misshelligkeiten der Hauptgrund für ihren Aufbruch waren, müssen wir Caroline nicht glauben.

Sie war, kurz und knapp gesagt, sitzen gelassen worden. Vorausgesetzt, Tatter hatte bereits um ihre Hand angehalten, wofür einiges spricht, dann war die feste Heiratsabsicht seiner Angst vor der eigenen Courage zum Opfer gefallen. So »unsichtbar wird man umstrickt und umgarnt«, brachte Tatter zu seiner Entschuldigung vor, »daß man nicht Fuß noch Hand regen kann, in denen noch Lebenslust sich bewegt ... Ich habe alle Hoffnungen verbannt, es giebt Umstände außer mir, und Dispositionen in mir, die mich von dem sogenannten Glücke ausschließen.«[22] Dass Caroline und Tatter einander auch weiterhin regelmäßig schrieben, mag erstaunen. Aber sie hielt ja auch unverdrossen den Briefwechsel mit Meyer aufrecht.

Tatters Rückzug war für Caroline ein harter Schlag, wie auch immer sie sich nach außen hin dazu stellte. Dergleichen Vorkommnisse beschäftigten jahrelang tout Göttingen. Noch bevor der Monat April zu Ende ging, kehrte sie der Geburtsstadt den Rücken, um ins Herrschaftsgebiet des Hessen-Kasseler Landgrafen Wilhelm IX. zu übersiedeln. Auf direkter Postroute waren Mutter und Töchter, je nach Wetter und Zustand der Reisewege, drei bis vier Tage unterwegs. Neunzehn Meilen, 140 Kilometer etwa, lagen zwischen Leine und Lahn.

Ihre Erwartungen an Marburg – »Dort kan ich ... freyer seyn für mich und für die Erziehung meiner Kinder«[23] – hatte Caroline zuvor im Brief an Luise Gotter bekräftigt. Wilhelm Meyer bekam die genaueste Beschreibung des Traumbilds von neuen Horizonten: »Es ist so hell um mich geworden, als wenn ich zum erstenmal lebte, wie der Kranke, der ins Leben zurückkehrt und eine Kraft nach der andern wieder erlangt und neue reine

Frühlingsluft athmet, und in nie empfundenem Bewußtseyn schwelgt.«[24] Als Vorstellung klang das wirklich hübsch.

Von einem »Bündnis für Ewigkeiten« mit dem geliebten Bruder Fritz – mittlerweile Oberhofrat, landgräflicher Leibarzt und Inhaber eines Lehrstuhls für Anatomie an der Alma Mater Philippina in Marburg – träumte Caroline, seit sie denken konnte.[25] Doch derweil sie Fritz noch für den Größten hielt, hatte der Göttinger Spötter Georg Christoph Lichtenberg – renommierter Naturwissenschaftler, meisterlicher Aphorismenschreiber und Verfasser der ›Sudelbücher‹ – ihm längst den Stempel des Blenders aufgedrückt: »Er frappiert von Anfang, gefällt 14 Tage und wird dann unausstehlich.«[26] Einen »Windmacher«, der gern mit seinen Taten und mit seinem Einfluss prahlt, nannte Georg Forster den älteren, nunmehr fünfunddreißigjährigen Michaelis-Sohn.[27] Die Jüngste des Hauses, Luise, warf mit Blick auf das von ihr realistischer eingeschätzte Familienmitglied die Wortspielerei »so heftig wie kräftig« in die Debatte. So sicher wie Caroline in ihrer positiven Einschätzung von Fritz bislang gewesen war, so gewiss sollte sie zu der Erkenntnis kommen, welch wichtigtuerischem, cholerischem Hagestolz sie in Marburg die Hausfrau ersetzte.[28]

Und wie haben wir uns Marburg vorzustellen? So sah und beschrieb ein Zeitgenosse[29] die »alte, von jeher durch den letzten Aufenthalt, Tod und Begräbnis der heiligen Landgräfin Elisabeth berühmte Stadt«: »krumm, schief und buckelig unter einer alten Burg« gelegen. Nach langer Blütezeit war sie allmählich in politische und wirtschaftliche Bedeutungslosigkeit versunken und im späten achtzehnten Jahrhundert hoffnungslos reformbedürftig. Seit dem Mittelalter hatte sich am Stadtbild so gut wie nichts verändert; noch immer zogen sich Marburgs Fachwerkhäuser an dem in eine bewaldete, hügelig bewegte Landschaft eingegrabenen Flussbett entlang.

»Der Ort hat keinen Vorzug als den einer schönen Lage«, stellte Caroline nach ihrer Ankunft ernüchtert fest. Überwand sich dann aber doch noch zu, verglichen mit Göttingen, eingeschränkter Anerkennung: »Marburg hat wenig – aber doch nicht die tödtende Einförmigkeit und den reichsstädtischen Dünkel. Die Menschen nicht so cultivirt … allein doch toleranter.«[30] Eine Eigenschaft, die auf Professor Doktor Michaelis bedauerlicherweise nicht zutraf.

Männer wie er reagierten auf weibliche Unabhängigkeitsgelüste mit schroffer Ablehnung und heftigem Widerspruch. Freie Meinungsäußerungen aus Frauenmund fanden er und seinesgleichen genauso unerträglich. Carolines Briefe aus Marburg berichten von »unerwartetem Verdruß«[31] und unerträglichen Auseinandersetzungen. Ihr Trost schon nach kurzer Aufenthaltsdauer: »Daß ich gehn kann wann ich will, macht, daß ich … zum Troz bleibe – das ist die Art von Trägheit, welche der hat, der den Tod nicht fürchtet.«[32] Sich vor nichts fürchten, das schreibt – oder sagt – sich leicht.

Als am 17. Dezember 1789 ihr Röschen, »das liebste meiner Kinder«, starb, war Caroline vor Entsetzen wie gelähmt. In vier Monaten wäre das niedliche Mädchen drei geworden. Nicht auszuhalten sein Anblick, als alle Farbe und alle Weichheit aus »dem kleinen runden Körper« gewichen war. Trotz einer noch nicht ausgeheilten Vorerkrankung (»sehr heftiges Fieber, … aber auch mit vielen Unreinigkeiten in den Eingeweiden vergesellschaftet«) waren die gefürchteten Masern relativ rasch vorbeigegangen; für den Kampf gegen die nachfolgende Lungenentzündung aber hatte die Widerstandskraft des kindlichen Organismus nicht mehr ausgereicht. Die vom Bruder verordneten Medikamente hatten nur scheinbar geholfen, und Fritz war nach durchwachter Nacht fälschlicherweise von überstandener Gefahr ausgegangen.[33] Des Morgens schien Therese »etwas in stillen Phantasien zu sehn, wonach sich dann ihre schönen Arme verlängernd ausstreckten, dass selbst ihre Finger sich auszustrecken schienen«. Sie begriff noch, als man ihr vom bevorstehenden Weihnachtsfest erzählte. Sie konnte noch Antworten geben. Mal krallte die Kleine ihre Hände fest in die Haare ihrer Mutter, dann wieder pflückten sie unruhig am Betttuch. Zwei warme Bäder, eines am Nachmittag, eines am Abend, starke Dosen Moschus sollten »den krampfhaften Zustand« lindern – Caroline war »thätig bis ich nichts mehr zu thun fand – dann sezte ich mich aufs Canapee – meine Rose wurde still«. »Nur noch ein Kind – und das holde, das mir so viel süße Erwartungen gab – hin – mit allem, was ich für sie hätte thun können.« Und Auguste? Das Überbleibsel? Die noch nicht Fünfjährige, so Caroline, »ging allein in die Stube – kam wieder heraus ohne weitre Äußrung, endlich sagt ich ihr, daß Röschen nun nicht mehr mit ihr spielen könte. Da brach es aus – sie schriee mit einem beynah wiederwärtig heftigen Ausdruck: das s o l s t Du mir nicht sagen, Mutter!«[34]

Für deren Ablenkung sorgten vielseitige Kontakte. In Marburg hatte Caroline rasch Anschluss gefunden, weil »mein Herz ein Gewand über die Vorzüge des Kopfs wirft«.[35] Das klang gerade so, als hätte sie aus den Clausthaler Fehlern gelernt. Einladungen und Gegeneinladungen zum Tee wechselten ab mit Landpartien unter Führung Einheimischer. Von tief greifender Beschäftigung mit Literatur erfahren wir aus Marburg wenig, dafür aber von einem Handarbeitszirkel.[36] Besonders erfreulich war für Caroline die längere Anwesenheit ihres jüngeren Bruders Philipp in der Stadt. In Carolines Kindheit und Jugend hatte der jetzt zwanzigjährige Medizinstudent keine für sie wichtige Rolle gespielt. Mit dem bockig-introvertierten Hausgenossen von einst aber hatte der fesche Schürzenjäger – »Für Dein Alter hast Du Dich schon zu viel mit Weibern abgegeben …«[37] – nichts mehr gemein. Für einige Wochen ergänzte Lotte den geschwisterlichen Bund.[38]

Einer von Philipps Studienfreunden schloss sich in Marburg auch enger an Caroline an, und durch Franz Wilhelm von La Roche[39] lernte sie dessen Mutter Sophie von La Roche, Großmutter von Clemens und Bettine Brentano und Wielands Jugendliebe, kennen. Mit gemischten Gefühlen blickte Caroline zurück auf mehrere Besuche der aus Offenbach angereisten Verfasserin der etwa zwanzig Jahre zuvor erschienenen allseits bekannten ›Geschichte des Fräuleins von Sternheim‹. Grundsätzlich fühlte sie sich durch die La Roche wunderbar unterhalten und durch deren lebhaftes Interesse an allem, was Michaelis hieß, sehr geehrt. Nur dass sie noch keinen einzigen Blick in die neuesten – unzeitgemäß gouvernantenhaft belehrenden – Publikationen der alten Dame geworfen hatte, behielt sie lieber für sich. Die La Roche indessen scheute sich, ihre brieflich geäußerte Kritik an Schillers früheren Stücken auf Carolines Wunsch hin laut zu wiederholen. Eine Krähe hacke der anderen eben kein Auge aus, meinte diese daraufhin insgeheim. »Sie tragen«, das sagte sie der Erfolgsautorin allerdings ins Gesicht, »den Fluch der Celebrität« in sich. Ihr selbst bereite allein der Gedanke, »das Ziel allgemeiner Ansprüche« zu sein, Unbehagen. Die eigene Privatheit verlieren? Davor möge der Himmel sie bewahren.[40] Er tat es, als es dann darauf ankam, nicht!

Philipp wurde, das muss noch nachgeschoben werden, von der Freundesmutter wie ein eigener Sohn behandelt, aber regelrecht vernarrt war Sophie von La Roche in die absolut erziehungsresistente Lotte.

Mancher honorige Marburger Bürger hätte die bemerkenswerte Witwe Böhmer gern zu seiner Frau gemacht. Davon, dass hier an Heiratswilligen kein Mangel herrschte und sie es war, die sich in Zurückhaltung übte, fand Caroline, müsse Meyer unbedingt erfahren: »Man liebt mich, ohne daß ich darum werbe – man würde mich anbeten, wenn ich die Liebe unterhalten wollte.«[41] Lokale Größen wie der hohe Beamte Eduard von Schenck oder ein nicht näher zu identifizierender Herr von Breitenstein mühten sich somit vergebens. Letztgenannter überschüttete Caroline selbst dann noch mit »Huldigungen«, als sie die Stadt bereits verlassen hatte, ja, es dauerte sogar ziemlich lange, bis dieser die Hoffnung auf Erhörung endgültig aufgab.

Von Zurückweisungen nicht sehr beeindruckt blieb auch der Verehrer Schlegel. Caroline hatte August Wilhelms Penetranz vorausgesehen. »Le mal est fait«, schrieb sie 1789 an ihre Schwester Lotte, nachdem ihre Befürchtung sich bewahrheitet hatte: »Er schrieb mir dreymal, und wie!«[42] Ihm antworten, nie im Leben! Wir fragen uns, ob solche Äußerungen ihre ehrliche Meinung widerspiegelten. War er Caroline tatsächlich so widerwärtig? Oder scheute sie nur einen neuerlichen Reinfall? Mochte sie ihn vielleicht doch recht gern und fand seine Ausdauer eher schmeichelhaft? Auch das sind Ungewissheiten, die Ungewissheiten bleiben müssen, weil die dürftige Quellenlage Klarheit verwehrt.

Erst nachdem der beharrliche junge Mann im März 1791 nach Beendigung seines Göttinger Studiums als hervorragend bezahlter Hauslehrer eines Bankierssohns nach Amsterdam gegangen war, kam es zu brieflichem Austausch.[43] Von zunehmender Intensität.

Meyer hingegen, ohne geregeltes Einkommen und ohne feste Adresse noch immer in Italien unterwegs, hatte zwar monatelang nichts von sich hören lassen, bekam aber, notfalls über Mittelsmänner, ununterbrochen Post von Caroline. Wie ihn zurückbekommen? Im Herbst 1789 hielt sie dem treulosen Freund einen Arbeitsplatz in Marburg als Köder hin. Und erreichte: nichts. Danach versuchte sie es mit Bekennermut: Niemand liebt Sie mehr als ich.[44] Keine Reaktion auch diesmal.

Nur seine Empörung über die jüngsten Entwicklungen im Nachbarland ließ Meyer zur Feder greifen. Aber davon wollte Caroline nichts wissen: »Es ist gar nicht hübsch von Ihnen, daß Sie die erhabne französische Nation so bey allen Gelegenheiten herunter machen«![45] Nun darf aus diesen Zeilen keinesfalls der Schluss gezogen werden, sie habe über das revolutionäre Tagesgeschehen hinausgedacht. An keiner Stelle ihres überlieferten Schrifttums reflektiert Caroline die epochale Notwendigkeit einer umfassenden Neuordnung der politischen, wirtschaftlichen und gesellschaftlichen Strukturen in Anpassung an die veränderte soziale und geistige Situation.[46] Denn obgleich sie im Oktober des Jahres 1789 an Lotte schrieb, dass die Zeitungen »so große unerhörte prächtige Dinge, daß ich heiß von ihrer Lektüre geworden bin«, enthielten, drang sie, soweit uns bekannt, niemals aus eigenem Antrieb tiefer in sie ein.[47] Angeblich, weil es, wie sie im gleichen Atemzug beklagte, niemanden in ihrer Nähe gab, der ihr dabei helfen könnte. Hatte sie denn nicht selbst Verstand genug, um sich ein möglichst genaues Bild zu machen? Und war der deutsche Buch- und Journalmarkt nicht mit Druckwerken überschwemmt, die permanent und kompetent Ursachenanalyse betrieben und Hintergrundwissen vermittelten?

Etwa dieser Art:

Mit Blick auf die Eskalation des Volksaufstandes in Paris, die lautstarke Forderung der Massen nach Brot und Waffen, die Erstürmung der Bastille mit dem ›verhassten Staatsgefängnis‹ und Symbol der Unterdrückung wurden quasi über Nacht die ständischen Privilegien in Frankreich abgeschafft, und mit der ›Erklärung der Menschen- und Bürgerrechte‹ traten an deren Stelle die Freiheit des Individuums (Liberté), die Gleichheit der Bürger (Egalité) sowie, weniger deutlich und wirksam, die Brüderlichkeit aller Menschen (Fraternité). In der Frage der Gleichberechtigung der Geschlechter herrschte unter den Vätern der französischen Verfassung keine Einigkeit. Im Sommer 1790 setzten die Abgeordneten der Nationalversammlung die Abschaffung des erblichen Adels durch. Es folgte die Trennung von Kirche und Staat. Je weiter die Revolution fortschritt, desto größer, breiter und selbstbewusster ihre Anhängerschaft. Zunehmend wurden Zeitungen, Flugblätter, Plakate, Grafiken, Lieder zu Instrumenten der Massenbeeinflussung. Eine Welle der Solidarisierung ging durchs Land. Schwappte über Frankreichs Grenzen hinweg. Im Pariser Jakobinerclub, benannt nach dem Dominikanerkloster Saint-Jacques, sammelten sich Mandatsträger und Nichtparlamentarier, vorwiegend Akademiker und Angehörige des Besitzbürgertums. Bald gab es mehr als vierhundert Tochtergesellschaften, die in der französischen Provinz für die »Reinhaltung« der revolutionären Prinzipien kämpften. Zimperlich gingen sie dabei nicht vor. Es kam zu Terrorakten. Ungezählte Mitglieder der Bourgeoisie wurden hingemetzelt. Als im Juni 1791 die königliche Familie einen Fluchtversuch ins Ausland unternahm, riefen die ›Klubisten‹ erstmals öffentlich nach einer Volksherrschaft.

Das war, zusammengefasst, der Entwicklungsstand, als Caroline sich im Juli 1791 vom Italienreisenden Meyer politischen Nachhilfeunterricht erbat: »Ich wollte, Sie wären in Paris und könnten mir sagen, wie es dort seit der verunglückten Flucht des Königs aussieht, welche Häupter das Volk leiten, das sich von Freyheit begeistert dünkt, und ob sich die wüthenden Wellen verhaßter Uebertreibungen bald legen werden.«[48]

Wenig später leistete Ludwig XVI. seinen Eid auf die Verfassung. Nicht nur in Frankreich standen enthusiastischer Befürwortung laut warnende Stimmen gegenüber. Viele Menschen in Deutschland beobachteten mit gemischten Gefühlen die radikalen politischen Veränderungen, begrüßten beispielsweise die »Denk- und Schreibfreiheit« und fürchteten sich vor Radikalisierung nach schlechtem französischem Vorbild. Schließlich griff die »Freiheitsinfluenza« auch in Göttingen um sich. Und so beurteilte der einflussreiche Historiker August Ludwig Schlözer die Vorgänge im Nachbarland und ihre denkbaren Auswirkungen auf deutsche Lande: »Die französische Revolution hat sehr viel Gutes für die gesamte Menschheit gestiftet: Sie lehrt zum Exempel …, dass es unnatürlich sei, dass ein hochwohlgeborner Schwachkopf und Faulenzer von dem Verstand und der Arbeit 100 gescheiter und arbeitsamer Leute leben sollte.« Aber! Aufgemerkt! »Uns Deutsche bewahre der liebe Gott vor einer Revolution auf diese Weise, wie sie in Frankreich erfolgt ist!« »Missbräuche und Bedrückungen müssen, können behoben werden ohne

Revolution.« Vernunft statt Gewalt! Vernunft statt Truppen und Kanonen![49]

Mit anderen Worten: Möge uns der Himmel unsere landesherrlich-hannoverschen Brötchengeber erhalten und ihnen die Aufklärungsgläubigkeit.

Im April 1791 war Caroline besuchsweise von Marburg aus nach Mainz gereist – nicht im Mindesten ahnend, welchen Einfluss die Revolutionsgeschichte dieser Stadt in nicht allzu ferner Zeit auf ihr ganz persönliches Wohlergehen haben würde.

Seit 1788 aus Wilna zurück, waren von der in Kürze fünfköpfigen Forster-Familie immer wieder Einladungen an Caroline ausgesprochen worden. Nach vergeblichem Warten auf erstrebenswertere Angebote hatte es Georg Forster in das Kurfürstentum am linken Rheinufer verschlagen. Seine hochfliegenden Hochschullehrerpläne endgültig begrabend, war er auf das Stellenangebot eines schlecht bezahlten Universitätsbibliothekars eingegangen. Während Caroline sich vier Wochen lang bei seiner Frau aufhielt, unternahm er gemeinsam mit Alexander von Humboldt eine Reise in die Niederlande.

Aus Briefen Therese Forsters aus Mainz hatte Caroline viel guten Willen herausgelesen und, trotz Meyers mehrfacher schriftlicher Warnung um Ausgleich und Gerechtigkeit bemüht, auf der Freundin mit der gespaltenen Zunge als Gastgeberin bestanden: »Einige Beschuldigungen können g[b]egründet seyn – als wüßten Sie nicht, daß bey vielem Licht starker Schatten ist … Vielleicht ist sie verändert … Ihre Unglückssucht – in der Sie die convulsivischen Bewegungen einer großen Seele nicht verkennen werden – hat sich in Liebe zu häuslichem Frieden verwandelt.«[50] Genau genommen war es um beides im Hause Forster schon vor Carolines Ankunft schlecht bestellt gewesen. Und jetzt, während Georg Forsters Abwesenheit, konnte sich die Beziehung zwischen seiner Frau und Ludwig Ferdinand Huber ungestört fortentwickeln.[51] Der sächsische Gesandtschaftssekretär, der sich – allerdings ungerechtfertigterweise – für einen großen

Schriftsteller hielt, war zeitgleich mit den Forsters nach Mainz gekommen. Zwar der eindeutig bessere Liebhaber, Thereses Gefühl nach, war Huber ansonsten kein Gewinn für sie, die um einer nie zuvor erlebten sexuellen Befriedigung willen seine Minderbegabungen auf allen anderen Gebieten billigend in Kauf nahm.

Zurückgekehrt nach Marburg, traf Caroline eine längst überfällige Entscheidung. Letzte Skrupel überwinden, sich auf eigene Füße stellen, neue Freundeskreise erschließen, sich grenzenlos ausprobieren, gehen »wohin mein Genie reicht«: »Wünsche hören auf bescheiden zu seyn, wenn in ihrer Erfüllung unsre höchste und süßte Glückseeligkeit läge – auf Wunder rechnet man nicht, wenn man sich fähig fühlt Wunder zu thun, und ein widerstrebendes Schicksaal durch ein glühendes, überfülltes, in Schmerz wie in Freuden schwelgendes Herz zu bezwingen.«[52] Und weiter: Schluss mit aller »Empfindsamkeit«, »die Hände bindet ... in Lagen, aus denen Entschloßenheit uns retten würde«.[53] Anders gesagt: selbstbewusst Forderungen an das Leben stellen und sich im Kampf um Unabhängigkeit nicht schonen.

Zunächst war noch unklar, wo sie und Auguste ihr neues Leben beginnen würden. Im Sommer 1791 hatte sich das denkbare Spektrum auf drei Orte reduziert: »Ich habe zwischen Gotha, Weimar und Mainz zu wählen.« An Gotha knüpften sich schönste Jugenderinnerungen. Aber würde die, wenn auch bisher stets solidarische, so doch tief in ihrem Herzen kleinmütige Luise Gotter über ihren Schatten springen können und nicht wie ein Hemmschuh wirken? Weimar kam in die Auswahl, weil es dort »allerley industrieuse [i. S. v. fleißige, betriebsame] Leute giebt, die«, so Caroline, »meine Hand- und Kopfarbeiten brauchen können«. Mainz bot zwei »große Verlockungen«, die Gegend und die Nähe zu den freisinnigen Forsters.[54] Ihr Entschluss musste aufgeschoben werden. Sie war nach Göttingen gerufen worden.

Johann David Michaelis lag im Sterben.

»Ich kann Ihnen nicht läugnen, daß ich ungern komme«, signalierte Caroline vor ihrem ultimativen Abschied von Marburg der Mutter. Obwohl sie es beim Bruder keinen Tag länger ausgehalten hätte: »Es ist eben wieder etwas vorgefallen, wovon ich mich bemühen will, Ihnen eine so ruhige Erzählung zu geben, als ich in mir selbst ruhig bin, wenigstens jezt es wieder geworden bin, obgleich die Erschütterungen … alle vorhergehenden noch überstiegen.«[55] Niemand sollte späterhin Genaueres erfahren. Die auf die Ankündigung folgenden Zeilen im Brief vom 30. Juli 1791 wurden von unbekannter Hand abgeschnitten und vermutlich sofort vernichtet. Leider, notabene, kein Einzelfall.[56]

Carolines Vater starb am 22. August 1791.

Zur Trauer um den geschätzten Begründer ihrer Geisteshaltung, lange Zeit ihr Schutz und Schirm, addierten sich andere familiäre Sorgen. Beide Schwestern hatten sich eng an Gottfried August Bürgers entsetzlich schlecht angesehene zweite Ehefrau, die Schauspielerin Elise Hahn, angeschlossen.[57] Vor allem Lotte, mit fünfundzwanzig bereits ein so genanntes spätes Mädchen, war also drauf und dran, ihre allerletzte Chance auf einen zumindest standesgemäßen Gatten zu verspielen. Einen guten und vertrauenswürdigen Gatten würde jemand wie sie ohnehin nicht mehr bekommen. Der einzig verbliebene Interessent, Heinrich Friedrich Wilhelm Ludwig Dieterich, Göttinger Verlegers- und Buchhändlerssohn, stand der von seinem Vater vehement abgelehnten Michaelis-Tochter in puncto kopflosem Leichtsinn in nichts nach. Noch viel schlimmer aber als Lotte jemals trieb es zurzeit Carolines jüngerer Bruder. Kaum hatte Herr Bürger seinem Haus den Rücken gekehrt, überschritt Philipp – im Dezember 1790 in Göttingen zum Doktor der Medizin promoviert – in umgekehrter Richtung dessen Schwelle, um zu Frau Bürger ins Bett zu steigen. Erst ein Student aus Livland, der »den Herrn Michaelis ausstach«, spottete anzüglich der Göttinger Volksmund, setzte dessen Treiben ein Ende.[58] Damals schrieb

Christian Gottlob Heyne auf, was andere sagten oder dachten: Je eher die Michaelis-Sippe, in Sonderheit Caroline, die aus reiner Gewohnheit als die Hauptverursacherin allen Frevels angesehen wurde, aus der Stadt verschwände, desto besser.

In seinem notariell beurkundeten Testament hatte Carolines Vater seine Witwe und alle seine Kinder als gleichberechtigte Erben eingesetzt. In Ermangelung ausreichenden Barvermögens ging das Elternhaus schon im Sommer 1792 in fremde Hände über.[59] Doch leider meldete sein Erwerber Konkurs an, bevor der Kaufpreis in voller Höhe entrichtet war. Überhaupt gab es Schwierigkeiten bei der Testamentsvollstreckung. Viele Jahre mussten die Erbberechtigten auf die Auszahlungen ihrer Erbanteile warten. In der Zwischenzeit wuchsen die Schulden von Carolines Mutter auf beachtliche zweitausend Taler an.[60] So recht kann man nicht verstehen, warum sie und ihre jüngste Tochter Luise sich zunächst im von Johann Heinrich Graetzel, einem Tuchfabrikanten, erbauten Nachbarhaus einmieteten und dort, schriftlichen Hinweisen zufolge, nur eine einzige Kammer bewohnten, statt eine eigene abgeschlossene Wohnung zu nehmen. Es sei denn, sie fanden aufgrund allgemeiner Ablehnung nichts anderes. Im Übrigen verfügte Madame Michaelis über eine nachweisbar auskömmliche Hinterbliebenenversorgung. Lotte Michaelis zog nach ihrer Heirat im April 1792 ins Haus des erwartungsgemäß wenig erfreuten Schwiegervaters. Bruder Philipp hatte sich auch bisher nur noch sporadisch daheim aufgehalten. Caroline überbrückte die Zeit bis zur ihrer und Augustes Übersiedlung nach Mainz mit einem Besuch in Gotha.[61] Wo die Gotters, und auch »Mutter« Schläger der Achtundzwanzigjährigen die Notwendigkeit einer Wiederverheiratung leibhaftig vor Augen führten: Josias Friedrich Löffler, verwitwet, Jahrgang 1752, hoher kirchlicher Würdenträger.[62] Wenn Porträts, die uns vorliegen, der Wirklichkeit entsprechen, dann war an Löfflers Äußerem nichts auszusetzen – und ebenso wenig an seiner persönlichen und beruflichen Entwicklung. In einem Waisenhaus

Der verschmähte honorige Freier:
Generalsuperintendent Josias Friedrich Christian Löffler (1752–1816)
Kupferstich von Friedrich Müller nach einem Gemälde
von Amelie Löffler

aufgewachsen, hatte er in Halle, dem Zentrum der deutschen Aufklärungstheologie, studiert, war Hauslehrer von Alexander und Wilhelm von Humboldt geworden und ein geschätzter Ratgeber der beiden Brüder geblieben. In seiner Zeit als evangelischer Hofprediger im Berlin König Friedrichs II. hatte Löffler einem freiheitlich denkenden, wissenschaftsorientierten Zirkel angehört, der ihn unter anderen mit Gotthold Ephraim Lessing und Moses Mendelssohn in Berührung brachte. Auf eine Professur in Frankfurt an der Oder war der Ruf nach Gotha gefolgt, wo er als Oberkonsistorialrat und Generalsuperintendent an Tüchtigkeit unübertroffen war. Ein regelrechter »Glücksgriff«, sagen Historiker noch heute, sei Löffler für das Herzogtum Sachsen-Gotha-Altenburg gewesen.[63]

Caroline winkte dennoch ab.

Die meisten Frauen in ihrer Lage, aber keine von ihrem Format, hätten den Neununddreißigjährigen für einen vorzüglichen Ehemann gehalten. Nichts gab es an Löffler auszusetzen – außer vielleicht, dass man ihn einen Moralapostel nennen konnte, da der christliche Erziehungsauftrag von ihm insofern schrecklich ernst genommen wurde, als er sich mit großem missionarischem Eifer der Rückführung, sagen wir, schwarzer Schafe auf den Pfad der Tugend widmete. Seine Predigten hatten jedenfalls Durchschlagskraft. Fast noch mehr als Löfflers Sittenstrenge fürchtete Caroline überreichen Kindersegen, auf den ein Mann wie er, sie konnte es sich nicht anders denken, mit Sicherheit aus war. Vor ihrem inneren Auge sah sie schon »ein halb Duzend« Löffler-Sprösslinge an ihrem Rockzipfel hängen. Ihr Entschluss blieb unumstößlich, obwohl der abgewiesene Kandidat, ein echter Liebesbeweis, in einem heroischen Akt seine altertümliche Perücke eingemottet hatte. Mochte Friedrich Wilhelm Gotter pikiert sein und Luise Gotter traurig oder »Mutter« Schläger die Welt nicht mehr verstehen, es hatte dabei zu bleiben: »ich fühle was ich muß – weil ich fühle was ich kan – schelte mich niemand unvernünftig. … Wer sicher ist, die Folge nie zu bejammern, darf thun was ihm gut dünkt«.[64]

Nun denn …

KAPITEL 4

Mainz – Festung Königstein

Revolutionsabenteuer und Kerkerhaft

Ich bin nicht Verbrecherin, weder mittelbar noch unmittelbar …[1]

Mainz. 20. April 1792.

Caroline Böhmer an Luise Gotter:

» …wie es der Frau Eigensinn ergeht«?

»Ich bin hier nun seit 8 Wochen … Kein Augenblick geht leer vorüber – meine Theilnehmung an Forsters Haus, Fleiß, Lecktüre und das Kind … An meiner Kleinen hab ich mehr Freude wie jemals. Kurz, ich kan Dir sagen, es ist alles wie ich erwartete.« Eine gehörige Portion Blauäugigkeit beziehungsweise Zweckoptimismus eingerechnet. Alter Ärger mit Georg Forster? Nichts von Bedeutung. Zweifel an Therese Forsters Solidarität? Vorläufig beiseitegeschoben. Nicht, dass sie sich komplett blenden ließe, aber alle vorstellbare Unbill hier in Mainz, erörterte Caroline im gleichen Brief, müsse als geringfügig angesehen werden im Vergleich zu dem an Marburg oder Göttingen geknüpften »schweren Uebel«.[2]

Am 21. April 1792 kam Thereses viertes Kind und erster Sohn auf die Welt. Mutter und Säugling seien wohlauf, und die gute Böhmer, beruhigte Forster in zweierlei Hinsicht seinen Schwiegervater, habe bei der schwierigen Geburt gute Dienste geleistet. Mittlerweile halte er Caroline für »ein gescheutes Weib, deren Umgang unsern häuslichen Cirkel bereichert«.[3]

Obwohl das Neugeborene – nur drei Lebensmonate waren ihm beschieden – den gleichen Rufnamen wie Thereses Ehemann erhielt, war man in Mainz der Meinung, dass als leiblicher Vater von Georg und ebenso als Erzeuger der im vergangenen Herbst im zarten Alter von eineinhalb Jahren verstorbenen Louise nur Madame Forsters Geliebter Ludwig Ferdinand Huber in Frage komme.

Gebe Gott, dass Auguste ihr erhalten bliebe, notierte um diese Zeit Caroline. Das Mädchen verspreche entzückend zu werden. Endlich war ihr bewusst geworden, welchen Schatz sie mit Auguste an ihrer Seite hatte. Verblüfft nahm die Mutter die »glücklichen Anlagen« der anpassungsfähigen und anpassungsbereiten Siebenjährigen wahr, »jedermann hat sie lieb«.[4] Trotzdem: kein Vergleich zum verstorbenen Herzenskind. In Röschen hatte Caroline sich selbst gespiegelt gesehen, »liebenswürdig, wenn gleich sehr eigensinnig – aber doch auf eine standhafte Art, welche mir lieber ist als Artigkeit«.[5]

Mainz war ein teures Pflaster. Erfreulicherweise hatte Caroline für sich und die Tochter eine wohlfeile Unterkunft gefunden, »ein recht hübsches Zimmerchen« im »Reithischen Haus« in der engen Welschnonnengasse, nahe der Sankt Emmeranskirche. Bis zur geräumigen Wohnung der Forsters in einem der so genannten Professorenhäuser[6] an der Allee waren es fünf Gehminuten.[7] Gleich nach ihrer Ankunft in der Residenz-, Universitäts-, Grenz-, Garnisons- und Festungsstadt hatte Caroline mit der Aufbesserung ihrer Haushaltskasse begonnen. Bisher nichts anderes als ein angenehmer Zeitvertreib, gehörte die Herstellung von Stickereien in Mainz zu den Unerlässlichkeiten. Die Nachfrage nach kunstvollen Kreuzstichbildchen beispielsweise hielt sich indes in Grenzen. Um bezahlte Kopfarbeit war es leider genauso schlecht bestellt. »Mir thät es auch Noth zu übersezen ums tägliche Brod – aber es ist noch nicht so weit gediehn, troz einiger Versuche.«[8] Noch vor Carolines Ankunft in Mainz hatte Georg Forster dem Berliner Verleger Christian Friedrich Voß mitgeteilt, eine Dame aus seiner Bekanntschaft erböte sich, »Mirabeaus Letres originales écrites du Donjon de Vincennes mit

Hinweglaßung alles politischen, und aller Wiederholungen, blos als einen Beitrag zur Geschichte des Herzens dieses großen Menschen, zu übersetzen. Qu'en pensés vous? Sie hat, was zu dieser Arbeit gehört, eine geübte Urtheilskraft, Geschmack, Styl, und – ich will auch hoffen, das beste und nothwendigste Gefühl.«[9] Nicht einmal der nachdrückliche Hinweis auf ihre theoretische Eignung hatte Wirkung gezeigt. Ein anderer schnappte Caroline den Auftrag weg. Unentgeltliche geistige Tätigkeiten fanden jedoch dankbare Abnehmer. So schickte Gottfried August Bürger ihr im Juli seine Übertragung von ›Eloise an Abelard‹, »frei nach Alexander Pope«.[10] Sie prüfte, darum gebeten, das Gedicht in Briefform und kam zu dem Ergebnis: »Hie und da« bedürften »Harmonie, Stellung und Wahl des Ausdrucks« »wiederholter Feile«.[11] Allzu viel Respekt vor großen Namen hatte Caroline ja nie gehabt. Goethes neuester Coup, sein Lustspiel ›Der Großkophta‹? Ein »plattes Gelegenheitsstück«, »im Schlafe gemacht – sein Genius hat wenigstens nicht Wache dabey gehalten«.[12] Unbekannt ist, ob sie es wagte, ihre Beanstandung direkt an den Mann zu bringen, als der Kritisierte im Sommer bei seiner Visite im Forsterschen Hause mit ihr an einem Tische saß. Dass sie in ihrer Mainzer Zeit von August Lafontaines Novellen hell begeistert war, »wahrheitsgetreu – psychologisch – treffend«, hat sie dem Meister aus Weimar wohl auf jeden Fall verschwiegen. Was die Verkaufszahlen anbetraf, kam freilich ein Goethe gegen einen Lafontaine nicht an, beruhten doch dessen grandiose Romanerfolge auf der gekonnten Aneinanderreihung zu Tränen rührender Sentimentalitäten.[13] Neunundzwanzig war Caroline jetzt und hatte auch im wirklichen Leben gewissen Nachholbedarf in Sachen Romantik. Doch nicht nur aus diesem Grunde fielen ihr die französischen Exilanten in der Stadt so angenehm auf: »im Durchschnitt schöner wie die Teutschen, haben [sie] ein spirituellers Ansehn«.[14] Schade nur, dass viele der attraktiven Revolutionsflüchtlinge schon wieder auf gepackten Koffern saßen.

Von den Mainz nun unmittelbar bevorstehenden Kampfhandlungen war zum Zeitpunkt der Entscheidung Carolines für die Stadt noch nirgends die Rede gewesen. Fahrlässiges Handeln bei der Auswahl ihres Wohnsitzes können wir ihr also nicht zum Vorwurf machen. Wohl aber abgrundtiefe Naivität vor Ort. Schon kurz nach der Übersiedlung, nämlich im April, hatte sie Luise Gotter von Vorfreude auf den »Kriegsausbruch« und die mit ihm hoffentlich verbundenen »lebhaften Sceenen« geschrieben. Und dabei in völliger Verkennung des Ernsts der Lage mit Entsetzen Scherz getrieben: »denk nur, wenn ich meinen Enkeln erzähle, wie ich eine Belagerung erlebt habe, wie man einem alten geistlichen Herrn die lange Nase abgeschnitten und die Demokraten sie auf öffentlichen Markt gebraten haben«.[15] Meyer, dem anscheinend Ähnliches zugemutet worden war, schimpfte Caroline eine Überzeugungstäterin, was diese allerdings entschieden zurückwies: »Das rohte [rote] Jacobiner Käppchen, das Sie mir aufsezen, werf ich Ihnen an den Kopf. Wir kennen die Helden von Brissots Schlag [Jacques Pierre Brissot, der Girondistenführer, wird ein Jahr später in Paris hingerichtet werden] recht gut … und wißen, dass er auf der Schande schwimmt.« Auch der falsche Glaube an »reife edle Unpartheylichkeit« war eine Übernahme von Georg Forster. Endlich war er gefunden, ihr Vordenker in politischen Angelegenheiten.[16]

Mehr noch als die angekündigte Okkupation linksrheinischer Gebiete durch französische Revolutionstruppen – und ihre anhaltende Geldnot – beschäftigten Caroline im August 1792 die Fragen: Kommt Tatter nach Mainz oder kommt er nicht? »Wird er sich besinnen …?« Das Lauern auf eine Nachricht von ihm raubte ihr den Nachtschlaf. Besorgt verlangte Auguste »zu wißen, was mir ist, und ich hab es ihr anvertraut – sie will es nicht wichtig finden …, ob ich den Mann sehn werde oder nicht …, den Mann, der mir sehr lieb ist.«[17] Die Hoffnung stirbt, wie man so sagt, zuletzt. Mit seinem Schützling, Herzog August (eigentlich Augustus Frederick) von Sussex, zweiter Sohn von

König Georg III. von Großbritannien, im nahe gelegenen Bad Schwalbach einquartiert, machte der Herbeigesehnte sich am 20. September tatsächlich auf den Weg zu ihr. Tatter blieb etwa eine Woche. Dann reiste er gen Italien ab. Unverrichteter Dinge!

Anfang Oktober nahm Caroline »eine Landsmännin« bei sich auf. Geteilte Miete bedeutete halbe Miete. Außerdem dauerte sie die Mitbewohnerin, welche eine Zeit arger Bedrängnis hinter sich hatte. »Man hat sie mir nicht aufgedrungen – ich habe selbst die erste Idee gehabt ... Ich kante sie beynah gar nicht – hab aber keinen Haß gegen Sünder[innen].«[18] Meta Forkel[19] gehörte als Tochter des Theologen und Philosophieprofessors Rudolf Wedekind in die Riege der Göttinger Universitätsmamsellen. Mit sechzehn hatten ihre Eltern sie in die Ehe mit Johann Nikolaus Forkel, einem wesentlich älteren Musikdirektor, gedrängt. Mehrmals entlief die Kreuzunglückliche ihrem Mann, um Trost in den Armen anderer zu suchen. Immer wieder zur Rückkehr gezwungen, blieb ihr zuletzt nur noch die Flucht in eine Scheinwelt. ›Maria‹, ihr erster Roman, erschien, als sie neunzehn war.[20] Einige Jahre später willigte der ihr verhasste Gatte in die Trennung ein, um den Preis der Zurücklassung des gemeinsamen Sohnes. Nur wenige Tage vor ihrem Einzug bei Caroline hatte Meta im Alter von siebenundzwanzig Jahren an einem geheim gehaltenen Ort einen zweiten Knaben zur Welt gebracht und den Sohn des Juristen Johann Heinrich Liebeskind dort, vorübergehend, wildfremden Menschen zur Pflege übergeben müssen. Denn bevor sie nicht geschieden war,[21] galt vor dem Gesetz der Ehemann als der Vater. Forkel hätte ihr somit auch dieses Kind wegnehmen dürfen.

Nach Mainz war Meta gekommen, weil dort seit geraumer Zeit ihr Bruder Georg Wedekind mit seiner Familie lebte, als Leibarzt des amtierenden Fürstbischofs.[22] Außerdem hatte Georg Forster der Übersetzerin mit praktischen Erfahrungen die Vermittlung von Aufträgen ihm bekannter Verleger fest versprechen können.[23]

Nun also pilgerten Caroline, Auguste und Meta mehrmals täglich von der Welschnonnengasse in die Allee. Sobald Hausherr Forster und Hausfreund Huber vom bis in den Herbst hinein obligatorischen, frühmorgendlichen Bad im Rhein heimgekehrt waren, wurde in Thereses Salon das gemeinsame Frühstück eingenommen. Abends, um eine »Teemaschine, nach englischer Sitte«[24] versammelt, redeten sie und durchreisende sowie ortsansässige Freunde, Bekannte und Gleichdenkende sich die Köpfe heiß. Aktuell lieferte der ›Moniteur‹ mit Artikeln über die Ausschreitungen in der französischen Hauptstadt den mit Abstand ergiebigsten Gesprächsstoff.

Im August 1792 stürmten Pariser Aufständische die Tuilerien, massakrierten die Soldaten der Garde und stürzten König Ludwig XVI. vom Thron. Willkürliche Verhaftungen und Hinrichtungen folgten, und das mörderische Gemetzel auf den Straßen setzte sich fort. Im September wurde die französische Republik ausgerufen. Bald darauf standen in ihrer Mehrheit preußische und österreichische Soldaten Gewehr bei Fuß, um dem Treiben in Frankreich Einhalt zu gebieten, ehe auch die eigenen Monarchien ins Wanken gerieten. Die Antwort der Revolutionsaktivisten auf die alliierte militärische Drohgebärde hieß »Kreuzzug für die Freiheit der Welt«. Ende September drang General Adam Philippe Comte de Custine mit seinen Truppen in deutsches Grenzgebiet vor; auch Mainz, das intellektuelle Zentrum des Mittelrheins, fiel den Eroberern in die Hände.

Gerade noch rechtzeitig sei die ganze »courageuse Noblesse und Geistlichkeit« »mit Sack und Pack« aus der Stadt geflüchtet, feixte Forster am 6. Oktober. Als einer der Ersten habe der kurmainzische Fürstbischof sich klammheimlich aus dem Staube gemacht, zuvor aber von der Kutschentür sein verräterisches Wappen abkratzen lassen. Eile hatte wahrhaftig Not getan und von Widerstand in Mainz keine Rede sein können, zumal die vom Niersteiner Wein »besoffenen« Wachen ihren Sold nicht wert gewesen waren.[25] Auf 25 000 Einwohner kamen nun 15 000 teils willkommen geheißene, teils gefürchtete Invasoren. Die Versorgung der Besatzungssoldaten wurde zum Problem. Man plünderte Vorratsräume, schleppte Holzvorräte weg. Noch vor ihrer Lese waren die Trauben aus den Weinbergen verschwunden – und aus der Domgruft die silbernen Kapseln mit den haltbar gemachten Herzen ehemaliger kurmainzischer Regenten. »Die Barbarei und Härte, mit der die Franzosen die unglücklichen Mainzer … behandeln, läßt sich gar nicht beschreiben«, ließ der in Mainz ansässige Anatom und Chirurg Samuel Thomas Sömmering seinen Göttinger Freund Christian Gottlob Heyne wissen.[26] Druckerzeugnisse von draußen kamen nicht mehr in die Stadt. Und drinnen bestimmten jetzt Zensoren, wer was mündlich von sich geben oder zu Papier bringen durfte. Einer der schlimmsten Scharfmacher war Georg Böhmer. Caroline hatte diesen jüngeren Bruder ihres verstorbenen Mannes noch nie leiden mögen. Der promovierte Philologe war als Sekretär von General Custine nach Mainz gekommen. Seine Schwägerin nahm sich vor, ihm möglichst aus dem Weg zu gehen.

Von August Wilhelm Schlegel kamen aus Amsterdam zärtliche, warnende, tadelnde Briefe. Carolines Vertrauen in die Ewigkeit der neuen Ordnung trieb ihn um. Finger weg vom schmutzigen Revolutionsgeschäft, versuchte er ihr einzuschärfen. Über kurz oder lang würde auch sie Blut an ihren Händen kleben haben. Eifersüchtig beäugte er aus der Ferne den wachsenden Einfluss von Forster und Konsorten auf die Freundin. In großer Sorge um Caroline wäre Schlegel liebend gern nach Mainz gereist. Ein Besuch wurde ihm mit der gleichen Hartnäckigkeit ausgeredet wie seine wiederholten Heiratsanträge.[27]

Flucht käme ihr gar nicht in den Sinn, beruhigte Caroline am 16. Oktober Meyer, außerdem halte Neugier sie zurück und natürlich das gute Gewissen. Keiner ihrer Freunde mache mit den Revolutionären gemeinsame Sache. Am 23. Oktober war die kühne Behauptung nachweislich obsolet. Zwei Tage nach der Kapitulation der Stadt gründete sich in Mainz nach Pariser Vorbild die ›Gesellschaft der Freunde der Gleichheit und Freiheit‹. Mit Georg Wedekind als Präsidenten. Missionarisch eifrig betrieb Meta Forkels Bruder die Bekehrung aller Skeptiker und Zauderer, brachte Flugschriften in Umlauf, ließ republikanische Lieder, Gedichte, ja Gebete drucken und verteilen. Freiheitsbäume, in Mainz und fast allen Ortschaften rundum aufgestellt, wurden zu beliebten Mittelpunkten von Spiel und Tanz. An Fahnenmasten flatterte die Trikolore. Dreifarbige Kokarden steckten an Hüten oder Revers. Und die kleine Auguste hatte ihren Spaß daran, mit Begeisterung »vive la nation« zu brüllen.[28]

Trotzdem wollte das Getuschel über das unmittelbare Bevorstehen einer Entsatzschlacht nicht verstummen. Schließlich ließ General Custine in Mainz verkünden, wer von einer Rückereroberung durch die Preußen und ihre Verbündeten laut zu reden wage, werde noch zur gleichen Stunde am Galgen baumeln. Zur Abschreckung wurden Katzen aufgehängt, denen man ein rotes Jakobinerkäppchen am Kopf befestigt hatte.[29]

Am 7. November 1792 trat Georg Forster dem Mainzer Jakobinerclub bei; Frauen waren von der Mitgliedschaft ausgeschlossen. Ob Caroline das bedauerte, ist unbekannt; für Therese wäre das revolutionspolitische Engagement, obwohl gleichfalls an der gemeinsamen »Sache mit Feuereifer intereßirt«,[30] ohnehin nicht mehr in Betracht gekommen, hatte sie doch längst mit Mainz abgeschlossen. Zuvorderst jedoch mit ihrem Mann – der Therese ihre Behauptung, sie verlasse ihn nur, um sich und die Kinder in Sicherheit zu bringen, sogar abnahm. Es war ihr auch kein bisschen peinlich, Forster sowohl das Reisegeld als auch die Zusage der Übernahme aller durch die doppelte Haushaltsführung entstehenden Kosten abzuschwatzen. Um ihn nicht misstrauisch zu machen, versprach sie ihm, zunächst das politisch befreundete Straßburg anzusteuern. Dass Huber und sie ihr Rendezvous in der Schweiz bereits fest verabredet hatten, würde der Gutgläubige noch früh genug erfahren.

Am 7. Dezember 1792 zog Madame Forster mit ihren sechs

und drei Jahre alten Töchtern[31] sowie ihrer Magd von dannen. Ihr plötzliches Verschwinden ohne Abschied kam zwar überraschend für Caroline, stellte sie aber vor kein größeres Rätsel. Dass Therese sich den Gatten endgültig vom Leibe halten wollte[32] und dass Huber die Tage bis zur Wiedervereinigung mit der Geliebten zählte, mochte angehen.[33] Dass aber Forster in solch krisenhafter Zeit von seiner Frau im Stich gelassen wurde und dass er, nach allem, was ihm weisgemacht worden war und was er sich selbst weismachte, felsenfest an die Rückkehr von Frau und Kindern glaubte, ja sich auf Thereses Täuschungen hin eine Riesenlast Schulden aufgeladen hatte, machte Caroline wütend. So forderte sie Huber brieflich auf, dem unendlich nachsichtigen und Therese fast sklavisch ergebenen Ehemann endlich reinen Wein einzuschenken.[34] Forthin kümmerte sie sich um den Alleingelassenen. Betreute ihn in schwerer Krankheit. Kannte Forsters Schwächen jedoch ganz genau: Nie habe sie jemanden so bewundert und auch wieder gering geschätzt. »Er lebt von Attentionen [i. S. v. Zögerlichkeiten] und schmachtet nach Liebe … und hat nicht die Stärke sich loszureißen, die man auch da, wo man Superiorität [i. S. v. Überlegenheit] anerkennt, haben müßte.«[35]

Wenn auch nicht klüger, so doch allezeit schlauer als Caroline, ließ Therese zukünftig, wohl aus keinem anderen Grunde, als dem der Ablenkung von eigenem Fehlverhalten, nichts unversucht, der Gefährtin eine Liaison mit Forster anzuhängen. So glaubhaft und so lange wurde die Mär von der Verführerin Caroline verbreitet, bis die Ehebrecherin Therese in unerreichbare Tiefen des kollektiven Gedächtnisses herabgesunken war.[36]

In den ersten Wochen des Jahres 1793, sofern nicht als Wahlkommissär auf dem Lande unterwegs und nicht zu leidend, empfing Forster regelmäßig hohes französisches Militär. Als Caroline im Haus des Freundes in Kontakt mit General Custine und dessen Offizieren kam, sah sie ihr positives Franzosenbild auf das Schönste bestätigt. Lauter erheiternde, angenehme Kavaliere: »Frohsinn und bonhomie im höchsten Grade.«[37]

Wir stellen uns eine Freudenfeier in Mainz vor. Irgendwann nach dem 21. Januar. An diesem Tage hatte in Paris der Jubel über die Enthauptung des französischen Königs kein Ende nehmen wollen. Wir erfahren von einer Carmagnole, dem wilden Tanzlied der Revolutionäre, dessen Klänge die erlebnishungrige neunundzwanzigjährige Witwe Böhmer in jener Ballnacht in einen Glücksrausch versetzten. Wir sehen eine wunderbar gelöste Caroline in den Armen eines jugendlichen Franzosen, »schön wie ein Götterbild«. Und wir glauben ihr aufs Wort, wenn sie ihre »leichtsinnige Kühnheit«, genauer: ihre leidenschaftliche Hingabe, noch Jahre später nicht bedauern mag.[38]

Leise Selbstkritik, nun ja. Schuldbewusst das Haupt neigen, kategorisch nein. »[Ich] will mich nicht dehmüthigen, will meinen Kopf nicht verläumden, allein es ist wahr, daß ich Etourderien [Unbesonnheiten] begehn kan, die wie Dummheiten aussehn.«[39]

Carolines Liebhaber für ein paar wundervolle Stunden trug den guten Namen Jean-Baptiste Dubois de Crancé, geboren am 12. Dezember 1773 in Sedan. Zu Beginn des Jahres 1793 war der neunzehnjährige Leutnant des 91. Regiments an den Rhein gekommen. Er stammte aus erstklassiger Familie, war Neffe von Edmond Louis Alexis Dubois de Crancé, einem einflussreichen Mitglied der Pariser Nationalversammlung, und hatte zudem General François-Ignace d'Oyré zum Onkel, den Nachfolger von General Custine (auch eine Affäre mit ihm versuchte man Caroline anzuhängen) als Mainzer Militärgouverneur.

Am 24. Februar wurden zwischen Bingen und Landau die Abgeordneten zum ›Rheinisch-Deutschen Nationalkonvent‹ gewählt. Zuvor waren die Bürger aufgefordert worden, den folgenden Eid zu leisten: »Ich schwöre, treu zu sein dem Volke und den Grundsätzen der Freiheit und Gleichheit.« In Erwartung der sich rasch nähernden Befreiungsarmee wurde dieser Schwur von vielen Mainzern abgelehnt. Aus gutem Grunde. Wer der kurmainzischen Regentschaft abgeschworen hatte, musste im Falle der Wiedereinsetzung des Fürstbischofs auf Dienstentlassung und noch weitere schwere Repressionen gefasst sein. Andererseits drohte jenen Mainzern, die den Republikanern die Treueerklärung verweigerten, sofortige Vertreibung unter Verlust allen Hab und Guts. Die rigoros durchgeführten Ausweisungen und Enteignungen wurden von Georg Forster nicht nur ausdrücklich gebilligt sondern auch aktiv unterstützt. Mit seiner Wandlung vom Vorzeigeaufklärer zum Radikalrepublikaner hatte er sein persönliches Geschick auf Gedeih und Verderb mit dem des revolutionären Frankreich verbunden. Ein Universitätsbibliothekar oder gar ein Professor Forster auf der Besoldungsliste einer im Triumph zurückgekehrten kurmainzischen Regierung? Schlichtweg ausgeschlossen. Und auf derjenigen aller anderen absolutistischen Landesherren hatte der Name eines ehrlosen Überläufers bestimmt ebenso wenig zu suchen.

Caroline fand die »Unentschiedenheit der Menge« »jämmerlich«.[40] »Ich bleibe hier – man gewöhnt sich an alles, auch an die tägliche Aussicht einer Belagerung.«[41] Wurde die Eidesformel also auch von ihr unterschrieben? Zweifelsfrei. Angesteckt von der »Sinnlichkeit« des Taumels umstürzlerischer Begeisterung, machte sie in Briefen an August Wilhelm Schlegel keinen Hehl aus ihrer zustimmenden Anteilnahme. Rückblickend, um Abschwächung der Eigenverantwortlichkeit bemüht, bevorzugte Caroline Formulierungen wie: »im Anfang schwärmte ich herzlich, und Forsters M e i n u n g zog natürlich die meine mit sich fort«.[42] Und irgendwie stimmte das ja auch. Man müsse sich entscheiden, hatte ihr diesbezüglicher Lehrmeister zu Beginn des Jahres 1793 vorgegeben, »entweder für absolute Freiheit oder für absolute Tyrannei«, denn selbst bedingte Freiheit, so Forster weiter, laufe am Ende auf Despotie hinaus.[43]

Die Mainzer Eidesverweigerer gingen in die Tausende. Menschen aller Couleur, Arm und Reich, Alt und Jung, fanden sich unter den Widerständlern. Pfarr- und Klostergeistliche, Beamte,

Bedienstete von Hof und Adel, Händler, Handwerker, Tagelöhner, Männer, Frauen, Kinder wurden am Schlossplatz zusammengetrieben. Solche, die den Häschern zu entgehen suchten und in ihren Verstecken aufgestöbert wurden, mussten mit der schlimmsten aller Strafen rechnen: »Wer sich nicht allda einfinden wird, soll ohne weiteres aufgeknüpft werden.« Vor dem Abmarsch der Exilanten wurden weibliche und männliche Familienmitglieder gnadenlos auseinandergerissen. In langen Trupps zogen die armseligen Gestalten über die Schiffsbrücke aus der Stadt, wüst beschimpft oder gar bespuckt.[44]

Außerhalb der französischen Einflusssphäre berichteten Zeitungen und Journale in aller Ausführlichkeit über die verzweifelte Lage der Heimatvertriebenen. Rufe nach Vergeltung wurden lauter und lauter. Gerade der Hass auf die deutschsprachigen Hintermänner und die Hinterfrauen – wirkliche oder vermeintliche – der Deportationen stieg ins Unermessliche. Schamlose Vaterlandsverräter, elende Schikaneure, tönte es nicht zuletzt aus dem Kurfürstentum Hannover. Denn auch dort hatte man etwas zu verlieren: den exzellenten Ruf der Landesuniversität Göttingen. Welche Väter würden noch ihren Söhnen das Studium in einer Stadt erlauben, die so eng wie keine andere mit der ins Verbrecherische abgedrifteten Umsturzbewegung in Verbindung zu stehen schien? Mittlerweile sprach man überall nur noch von der »Göttinger Kolonie« in Mainz, wenn von den revolutionären Meinungsmachern Caroline Böhmer, Georg Böhmer, Therese Forster, Meta Forkel, Georg Wedekind und deren Schandtaten – wirklichen oder vermeintlichen – die Rede war. Wie um dem Ganzen die Krone aufzusetzen, beging Carolines Schwester Lotte die Dummheit, mit einer Jakobinermütze auf dem Kopfe in Göttingen herumzustolzieren und »schöne Mainzische Berichte v. Mad. Böhmer« in Umlauf zu bringen.[45] Mittlerweile reagierte die Landesregierung allergisch auf jedes noch so geringe Anzeichen der Ausdehnung der »Freiheits-Influenza«[46] auf kurhannoversches Gebiet. Jede Beifallsbekundung wurde strikt unterbunden und eine strenge Zensur eingeführt. Wehe dem, der revolutionäre Errungenschaften zu loben wagte.

Auch Caroline gehörte zu den Betroffenen.

Doch dazu später mehr.

Beobachten wir zunächst den Fortgang der Mainzer Ereignisse.

Am 17. März 1793 bestimmten die vorwiegend zum Jakobinerclub gehörenden Abgeordneten des dortigen Nationalkonvents Georg Forster zu ihrem Vizepräsidenten. Anderntags wurde der ›Rheinisch-Deutsche Freistaat‹[47] ausgerufen und am 21. des Monats seine Vereinigung mit Frankreich festgelegt. Keine Woche später war Forster, unter beträchtlichem Risiko, mit der Order unterwegs, den Segen des französischen Konvents einzuholen. Wie alle deutschen Jakobiner war er mit der Reichsacht belegt, sodass jedem, der ihn auf seinem Weg nach Frankreich aufgriff und zum Beispiel den Preußen auslieferte, ein Kopfgeld von 100 Dukaten sicher war.[48]

Als am 30. März in Paris der Anschluss der ›Mainzer Republik‹ ans ›Mutterland‹ in Kraft trat, war die ›Réunion‹ nicht einmal mehr das Papier wert, auf dem sie besiegelt wurde. Kurz zuvor hatte Preußen mit schlagkräftiger Unterstützung seiner Verbündeten das gesamte Mainzer Umland zurückerobert, und der Einmarsch der alliierten Truppen in die Stadt stand unmittelbar bevor.

Der 30. März war aber auch der Tag, an dem es Caroline und Auguste – in Begleitung von Meta Forkel und deren betagter Mutter Sophie Magdalena Wedekind – gerade noch gelungen war, unerkannt aus Mainz zu entkommen. Im allgemeinen Durcheinander hatte niemand ihr Verschwinden bemerkt.[49]

De facto endete die ›Mainzer Republik‹ im Juli des gleichen Jahres. Jedoch schon mit der Rückeroberung hatten die Schikanen unter umgekehrten Vorzeichen eingesetzt. Nun habe es, das überlieferte ein namentlich unbekannter, zeitgenössischer

Berichterstatter, Prügelsuppe auf Jakobiner geregnet. Aufgebrachte Horden ehedem Drangsalierter gingen jetzt in Mainz auf »Klubistenfang«. Als Carolines Schwager gemeinsam mit einer Französin zu entkommen suchte, wurde sein Fahrzeug vor den Toren der Stadt angehalten, er sofort erkannt, aus dem Wagen gerissen, auf den nächstgelegenen Acker geschleppt und, das überlieferte Goethe, so lange verdroschen, bis fast alle seine Knochen gebrochen und seine Gesichtszüge unkenntlich waren. Georg Böhmers Ehefrau wurde mit ihrem zehn Monate alten Kind aufgegriffen; nur durch beherztes Einschreiten eines Augenzeugen entging sie sowohl der Misshandlung als auch der Verhaftung. Der steckbrieflich gesuchte Mainzer Klubistenführer Georg Wedekind, Meta Forkels Bruder, gelangte mit einem Krankentransport nach Landau und erreichte schließlich das rettende Straßburg. Seine Ehefrau Wilhelmine Ludovika kam nur bis Frankfurt, wo sie mit ihren beiden kleinen Töchtern gefangen genommen wurde.

Caroline hatte über Mannheim bis nach Gotha gelangen wollen. Aber auch dieser Fluchtversuch fand vorzeitig ein tragisches Ende. In einem Brief an die Gotters schilderte sie ihre verzweifelte Lage.

»Königstein [im Taunus], d. 19. April [17)93:

Es ist doch das härteste, was einem Weibe begegnen kan, in eine so ernstliche Gefangenschaft zu gerathen – eh sie d a s verdient, muß sie sich mehr wie Unbesonnenheiten der Denkart vorzuwerfen haben …

Ich bin nicht Verbrecherin, weder mittelbar noch unmittelbar – aber allerdings hab ich Bekanten gehabt, die es sind, und die mich nun verdächtig machen …

Liebe Luise, wenn ich doch in dem Zimmerchen säße, was Du so gütig für mich bereitet hattest! … Wird Deine Freundschaft nicht ermüden? Du siehst, ich mache denen, die mich lieben, keine Freude, und werde ihnen vielleicht noch viel Sorgen

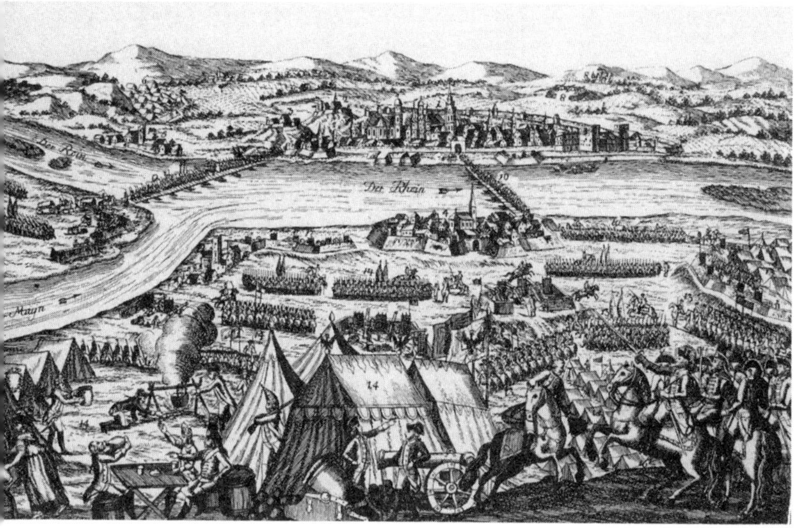

Belagerung und Beschießung von Mainz durch das Entsatzheer der Preußen und ihrer Verbündeten im Jahre 1793

machen. Gott segne Dich Liebe – freue Dich Deiner Freiheit, und daß du Deine Kinder selbst spazieren führen kanst. Ich mache mir beynah ein Gewißen daraus Augusten mein Schicksal theilen zu lassen.«

Festungshaft! Für Mutter und Tochter!

Wie war es dazu gekommen?

»Wir musten umkehren, weil die Preußen schon das Land im Besiz hatten – wir vertrauen uns einem Mann an, um nun grade zu nach Frankfurt zu reisen, … das war dumm, da ich ihn bey dieser Gelegenheit zum erstenmal sah – aber wie kont ich an Verrath denken, da mirs nicht einfiel, mich für verdächtig zu halten? Sobald man uns auf unsre ominösen Nahmen hin anhält, überliefert uns dieser Mensch.«[50]

Also: In der Nähe von Oppenheim werden die drei Frauen und Auguste von einem preußischen Vorposten angehalten. Die uniformierten Herren fragen nach Papieren und Namen. Der schurkische Mitreisende hört das Kopfgeld schon in seinem Geldbeutel klingeln, als er die Soldaten nachdrücklich auf die Prominenz der Damen hinweist. Im Nu wird aus einem bloßen Verdacht der Kontrolleure ein gelungener Coup. Schwester und Mutter des flüchtigen Erzrepublikaners Georg Wedekind! Ehefrau und Tochter des, obwohl so sehr gepeinigten, letztlich doch noch entfleuchten Georg Böhmer! Welch hervorragend geeignete Geiseln respektive Austauschobjekte! Trotz heftigen Protestes gelingt es Caroline nicht, die folgenschwere Verwechselung von Wilhelm Böhmer mit seinem Bruder Georg aufzuklären. Unter Bewachung wird die menschliche Beute in die preußische Kommandozentrale überstellt. Der oberste Militärrichter lässt unerwartet Milde walten und verfügt lediglich Stadtarrest. Drei Tage lang können die drei Frauen und das Kind sich innerhalb Frankfurts noch frei bewegen. Das aber irritiert den gewissenlosen Denunzianten, ihm schwant nichts Gutes. Sollten die vier eine Möglichkeit finden, sich erneut unbemerkt davonzumachen, wäre es um die erhoffte Belohnung ein für alle Mal geschehen. Und so eilt er ins Hauptquartier, um in puncto Beschuldigungen nachzulegen. Soweit die Fakten.

Was genau den Ausschlag gab für die nachträgliche Verhängung strengen Arrestes? Sicherlich nicht einzig und allein Carolines unbezähmbar loses Mundwerk – wie böse Zungen zukünftig nicht aufhörten zu behaupten.[51]

In einem offenen Wagen am Ende des »traurigen« Zuges »kreuzweise zusammengebundener« Jakobiner aus Mainz, Worms und Bingen, auf ihrem Weg begafft und mit Verwünschungen überhäuft, mit Steinen, faulen Äpfeln und stinkenden Eiern beworfen, erreichten Caroline, Auguste und die beiden Wedekind-Damen am 8. April die kurmainzische Landesfestung Königstein.[52]

Ein »schrecklicher Aufenthalt«, klagte Caroline den Gothaer

Königstein im Taunus, nach einem Stich von Merian
In der Festung auf dem Berg wurde Caroline mit ihrer Tochter Auguste gefangen gehalten.

Freunden, »in einem Zimmer mit 7 andern Menschen, ohne einen Augenblick von Ruhe und Stille, genöthigt, sich stündlich mit der Reinigung dessen, was sie umgiebt, zu beschäftigen«. Unbeschreiblich die hygienischen Verhältnisse in dem feuchtkalten mittelalterlichen Gemäuer. Wolken grässlichster Gerüche verpesten den schneidenden Zugwind. Carolines Gichtanfälle häufen sich, und ihr quälend hartnäckiger Husten lässt Schlimmeres befürchten. Stundenweise und im Wechsel werden die Gefangenen ins Freie geführt, »um das Ungeziefer abzuschütteln«.[53] Umso größer die Freude, als der feinfühlige Festungskommandant Caroline und Auguste ein eigenes kleines verwildertes Gartenstück zuwies, um Luft schöpfen zu können. Unüberhörbar aber auch dort die gellenden Schreie misshandelter Mithäftlinge. Erleichterung im Strafvollzug wie die Aushändigung von Papier und Feder, um Briefe zu verschicken, gibt es nur gegen Bestechungsgeld. Eine weitere Einnahmequelle der Bewacher: die »Ausstellung« der inhaftierten »Schädlinge« gegen Eintritt. Ganze

Familien leisten sich dieses makabre Sonntagsvergnügen. Die Kosten für Brot, Bettstroh und Heizmaterial werden den Gefangenen in Rechnung gestellt. Nach dem 24. April rücken die Bewacher kein Scheit Holz mehr heraus, unabhängig davon, wie niedrig die Temperaturen im Innern der Festung sind, wohin kein einziger wärmender Sonnenstrahl dringt.[54]

Zu Beginn ihrer Haftzeit hatte Caroline sich Mutlosigkeit regelrecht verboten. Nach und nach aber schlug die Zuversicht in blankes Entsetzen um. Das Ausbleiben ihrer Monatsblutung zunächst noch auf die Aufregungen der letzten Wochen schiebend, wurde sie sich in Königstein ihrer Schwangerschaft von Tag zu Tag sicherer. Egal, ob nun ein Franzosen-Kind oder, was viele (auch Therese selbstverständlich) ihr fälschlicherweise unterstellen würden, ein Forster-Kind in Carolines Leib heranwuchs – sie musste, noch bevor ihr Zustand sichtbar wurde, wieder Herrin ihrer selbst sein. Unvorstellbar und unerträglich die zu erwartenden Schmähungen. Das Gespött der Leute schon im Ohr und die gesellschaftliche Ächtung bereits vor Augen, fielen Caroline in ihrer ersten Verzweiflung nur zwei Lösungen für ihr Problem ein: Freiheit oder Freitod – »Ich hatte mir eine bestimmte Zeit gesezt; wurde ich innerhalb dieser nicht gerettet, so hätte ich zu leben aufgehört, denn meinem armen Kinde [Auguste] war es ja beßer ganz Waise zu seyn, als eine entehrte Mutter zu haben.«[55]

Wie die Achtjährige all das verkraftete? Wir erfahren es nicht.

Es war ein schwieriges Unterfangen, ohne Nennung ihrer eigentlichen Ursache die wachsende Panik zu erklären. Aber irgendwo in der Welt da draußen musste es doch irgendjemanden geben, dachte Caroline, der sie und ihre Tochter befreien half. Sie selbst schrieb sich in Königstein und Luise Michaelis in Göttingen die Finger wund auf der Suche nach Fürsprechern. Tatter, nach wie vor in prinzlichen Diensten in Italien festgehalten, und Meyer, seit kurzem in der preußischen(!) Hauptstadt als

Redakteur beschäftigt, zuckten erschreckt zurück. Sich für eine Staatsfeindin in Gewahrsam zu verwenden, könnte unübersehbare Folgen haben. Hasenfuß Tatter – »Ich weiß nichts darauf zu sagen, nichts zu rathen, nichts zu thun … Meine ganze Lage erlaubt mir nicht, auch nur von weitem den Schein zu haben, als wäre ich im geringsten in diese Angelegenheit verflochten«[56] – wurde zur Strafe die Freundschaft aufgekündigt. Meyer ließ Caroline seine Feigheit durchgehen. Wilhelm von Humboldt versteckte sich hinter dem Argument absoluter Aussichtslosigkeit eventueller Interventionen. Auch Goethe hielt es nicht der Mühe wert, für »die Gefangenen etwas zu thun«.[57] Das Ehepaar Gotter in Gotha versuchte auf flehentliches Bitten hin zwar dieses oder jenes, am Ende fehlte es ihm an Einfluss und Beziehungen. Georg Forster – im Austausch gegen ihn wäre Caroline, wohlbemerkt, unverzüglich frei gekommen – wälzte die Verantwortung auf andere ab. Mitte Mai schrieb er aus Paris an seine Frau, es sei ihm »einigermaßen beruhigend«, dass es Bestrebungen zu geben scheine, »die armen Weiber zu befreien«. Den schwarzen Peter schob er ohnehin der »unvorsichtigen Böhmer« zu, denn nur diese habe Schuld daran, »daß sie sitzen …«[58]

Hilfe kam dann von gänzlich unerwarteter Seite.

Außer Carolines Schwiegervater hatten sich die Professoren Schlözer und, oh Wunder, Heyne für die Entlassung von Mutter und Kind eingesetzt. Den drei Herren war es sowohl gelungen, den Namen des maßgeblichen Entscheidungsträgers zu ermitteln als auch im Bittbrief an Franz Joseph von Albini die richtigen Worte zu finden: Mit mehr als zwei Monaten Kerker seien die Opfer weiblichen Unverstands doch wohl genügend gestraft.[59] Das war die Sprache, die der kurmainzische Hofkanzler, Staats- und Konferenzminister offenbar verstand. Zumindest ordnete er Hafterleichterung an.

Endgültig war Caroline mit ihrer Verlegung von Königstein ins nahe gelegene Kronberg am 11. Juni leider noch nicht geholfen, obwohl die Umwandlung der Festungshaft in Hausarrest eine große Erleichterung für sie und Auguste bedeutete. Zuerst dachte die Schwangere noch an Suizid. Dann an Abtreibung.[60] Und bald nur noch ans Untertauchen. An einem Platz, wo niemand sie kannte, unauffällig und inkognito die Geburt abzuwarten, wie Meta Forkel und andere es vorgemacht hatten, darauf richtete sich schließlich all ihr Tun und Trachten. »Mir kan nicht genügen an dieser bedingten Freyheit – ich muß b a l d vom Schauplaz abtreten können, wenn ich nicht zu Grund gehen soll«, schrieb sie an Meyer, vergebens um dessen Gunst in Form persönlichen Erscheinens buhlend: »Wolte Gott, Sie wären in der Nähe, und ich könte Sie sprechen.«[61]

Statt seiner eilte zu Beginn des Monats Juli Schlegel aus Amsterdam herbei, im Gepäck das noch von Königstein aus erbetene Gift für den Notfall. Dieser Liebesbeweise August Wilhelms, des einen wie des anderen, gedachte Caroline zeit ihres weiteren Lebens mit großer Dankbarkeit: »Wie ich, von jederman verlaßen, mir allein nicht einmal die Möglichkeit zu sterben hätte verschaffen können, vertraute ich mich einem Mann an, den ich von mir gestoßen, aufgeopfert, gekränkt …, und der betrog mich nicht.«[62]

Der entscheidende Impuls zur Errettung kam aus der Michaelis-Familie.

Auch ihr jüngerer Bruder besuchte Caroline in Kronberg. Mag sein, die Geschwister heckten gemeinsam den Erfolgsplan aus.

Am 16. Juli 1793, im Zusammenhang mit der Kapitulation der Mainzer Republikaner, bestätigte die neue alte kurmainzische Regierung die bereits fünf Tage zuvor vollzogene Freilassung von Caroline und Auguste Böhmer. Der Entscheidung lag ein Antrag des »wirklichen Staats- und Kriegsministers« Girolamo Marchese de Lucchesini zugrunde, Vertrauensmann des Preußenkönigs und sein Kriegsbegleiter. Das Hauptquartier Friedrich Wilhelms II. war bekanntlich in Frankfurt eingerichtet, dem Wohnort einer seiner späten Lieben: Sophie von Bethmann-Metzler. Wir erinnern uns an deren Mutter, die Frau mit dem Devotionalientick, die einst in Göttingen, zu Carolines großem Missfallen, ihre kleinen Töchter mit schmerzhaften Erziehungsmaßnahmen traktierte. Es scheint, als hätte Sophies damaliger Spielgefährte Philipp den Kontakt zur gegenwärtig Neunzehnjährigen aufrechterhalten. Auf jeden Fall war Michaelis nunmehr sehr eng mit ihr befreundet. Viel wichtiger für sein Vorhaben aber war des preußischen Königs unbändiges Verlangen nach der strahlenden Schönheit. Jüngst hatte er ihr sogar eine Ehe zur linken Hand[63] vorgeschlagen. Doch bevor Sophie die Angebote des liebestollen Monarchen endgültig ausschlug, tat sie noch alles, was in ihren Kräften stand, damit Philipps sehnlichster Wunsch in Erfüllung gehen konnte. Also geschah es, dass dieser eines vorher bestimmten Morgens wie zufällig im Bethmannschen Garten die Freundin in Begleitung von Friedrich Wilhelm II. antraf, um diesem eine Bittschrift zu übergeben, die – dank Sophies Überredungs- oder sonst welcher Kunst – Carolines und Augustes unverzügliche Begnadigung zur Folge hatte.[64]

Bei der Suche nach einem Versteck für die beiden war dann wieder August Wilhelm Schlegel behilflich. Bevor er an seinen Arbeitsplatz in den Niederlanden zurückkehren musste, brachte er Mutter und Tochter nach Leipzig. Ohne nach Vorgeschichte und wahrer Identität zu fragen, hatte der als Mensch wie als Geschäftsmann integre Georg Joachim Göschen ihrer Aufnahme in sein Haus zugestimmt.[65] Dass die Frau des Buchhändlers und Verlegers ebenfalls bereit war, beide Augen zuzudrücken, half wenig, da nicht nur die Bediensteten des Ehepaars, sondern auch seine zahlreiche Anverwandtschaft die hereingeschneite Unbekannte mit neugierigem Argwohn umschlichen. Schwanger oder einfach nur um die Bauchmitte ungewöhnlich rundlich?

Carolines Aufenthalt bei den Göschens war ohnedies zeitlich begrenzt. Noch vor Beginn der frühherbstlichen Messe, wenn auswärtige Besucher scharenweise nach Leipzig kamen, darunter Göttinger, Gothaer, Marburger, Mainzer …, von denen viele bei

Georg Joachim Göschen (1752–1828)
Lithographie nach einer
Zeichnung von S. Gränicher

Carolines Gastgebern zu dinieren oder sogar zu übernachten pflegten, war ein Ortswechsel unumgänglich. Außerdem hatte sie unterdessen herausbekommen, dass die königlich-sächsische Polizei kein Pardon hinsichtlich der Ermittlung der Personendaten verdächtig undurchsichtiger Fremdlinge kannte.

KAPITEL 5

Lucka – Gotha – Braunschweig

Im gesellschaftlichen Abseits

… meine Existenz in Deutschland ist hin, ich bin einem gehässigen Publikum schmählich überantwortet …[1]

Lucka im Monat August des Jahres 1793.

Ein Ackerbürgerstädtchen im Fadenkreuz nicht unbedeutender Fernverbindungswege. Südlich von Leipzig gelegen. Flachland wohin das Auge reicht. Braunkohleabbau seit Entdeckung der Vorkommen im siebzehnten Jahrhundert. Zweihundert Häuser und eintausend Einwohner ungefähr. Im Zentrum die protestantische Kirche. Luckas kultureller Höhepunkt ist das alljährliche Vogelschießen mit Getränkeausschank an einer Eierpunschbude und Aufmärschen der uniformierten Schützengilde mit »Trommeln und Pfeifen und Gewehr«.[2]

Carolines Zufluchtsstätte für das kommende Halbjahr markiert den Übergang der örtlichen Bebauung in die Überlandchaussee nach Altenburg.[3] Hinter dem stattlichen Anwesen nichts als freie Feldflur. Der Eigentümer von Fachwerkgebäuden und eingefriedetem Gartenland, ein ältlicher lediger schrulliger Arzt mit Namen Carl Friedrich Jacob Dietrich, verstarb kurz vor Carolines Niederkunft. Da war sein Nachfolger, gottlob, bereits zur Stelle. Doktor Johann Heinrich Koenigsdörffer stand trotz seines Alters von erst vierundzwanzig Jahren im Rufe eines versierten Accoucheurs, Geburtshelfers somit. Die Haushaltung oblag einer gewissen Johanna Sophia Wilhelmina Wismar. Unterstützt wurde die Schwester und Erbin des Verstorbenen – sowie zukünftige Schwiegermutter des Jungmediziners – von ihrer Schwägerin Christine Elisabeth Kornschreiber.[4] Mit dieser schließt sich der enge Kreis von Carolines und Augustes unmittelbaren Kontaktpersonen in Lucka. An weibliche Gäste, die im Haus des einzigen Arztes am Ort, fernab ihrer bisherigen Lebensmittelpunkte, sozial unverträgliche Mutterschaften diskret verbergen konnten, war Luckas Bevölkerung, so hat es den Anschein, gewöhnt. Jedenfalls konnte jene Dame, die Julie Krantz (abgeleitet von Crancé) genannt werden wollte, sonntägliche Gottesdienste besuchen und das Abendmahl empfangen, ohne in besonderer Weise schief angesehen zu werden. Nur wenn deren erschreckend blasses, normalerweise zurückhaltendes, wortkarges Töchterchen Auguste weithin hörbar, mit revolutionärer Begeisterung in der Stimme und in bestem Französisch die Marseillaise schmetterte, dürften die treuen herzoglich-altenburgischen Untertanen nicht wenig verwundert gewesen sein. Mag auch sein, dass Nachbarn sich die Frage stellten, was es mit jenem Herrn auf sich hat, der, regelmäßig den Tagesritt von Leipzig nach Lucka auf sich nehmend, die schwangere Fremde und ihr Kind besuchte. Am 2. August, noch in Georg Joachim Göschens Haus, war August Wilhelm Schlegels jüngster Bruder den beiden erstmals begegnet. Überwältigt von Carolines unvergleichlicher Ausstrahlung sowie ihrem Scharfsinn, hatte er anderntags noch nach Worten gerungen: »Der Eindruck, den sie auf mich gemacht hat, ist viel zu ausserordentlich«, schrieb der Einundzwanzigjährige nach Amsterdam, »als daß ich ihn selbst schon deutlich übersehen und mittheilen könnte … Alles was ich noch sagen könnte, würde verworren, oberflächlich seyn, und vielleicht könnte ich in Gefahr kommen, mich schwärmerisch auszudrücken.«[5] Bekannt war Caroline Karl Wilhelm *Friedrich* Schlegel schon lange. Ja mehr als das. Ohne erkennbaren Auslöser konnte er schon seit längerer Zeit nie genug von allem bekommen, was mit »der B.[öhmer]« zusammenhing. Fast jede seiner Mitteilungen an August Wilhelm enthielt die dringende Bitte um ausnahmslose

Weitergabe von Nachrichten von ihr und über sie.[6] Aufforderungen wie »Schreib mir recht viele Stellen aus ihren Briefen ab« verband Friedrich mit Vorwürfen von der Art »Du bist mir noch die Geschichte Deiner ganzen Verbindung mit B. schuldig«, wenn der Bruder, was häufig der Fall war, zögerlich reagierte. Jedes ihm zugeteilte Häppchen wurde von Friedrich begierig verschlungen. Einen Originalbrief Carolines in Händen halten zu dürfen, war ihm höchste Freude: »Das kleine Stück aus ihrem ersten hat mich bezaubert; es ist so viel Liebe und Wirklichkeit darinn«. »Welches Weib …!«, hatte er dem um diese Freundin glühend beneideten August Wilhelm im Juli 1792 postalisch zugerufen. Und: »Du Glücklicher, Du wagst es noch zu klagen? – Was wollte ich nicht mit einem solchen Glücke ertragen!« Nur manchmal bekam es der junge Mann mit der Angst zu tun, besonders, wenn Caroline so überaus entschieden auf ihre Meinungsfreiheit pochte – »ich sage wie es ist nicht wie es seyn sollte« – oder wenn sie weiblichen Souveränitätsanspruch kompromisslos geltend machte – »ich darf was ich muß«. Zuweilen nannte er sie ein Phantom, dessen wirkliches Erkennen ihm aus noch anderem Grunde gefährlich werden könnte. Richtig kluge Frauen, argwöhnte Friedrich nämlich, machten leicht zu verunsichernden Männern neben guten Gefühlen auch schlechte. Mehrfach legte er dem Bruder eine Trennung von Caroline nahe. Nicht wegen der gerade erwähnten Nebeneffekte ihrer Verstandesschärfe. Viel mehr zog Friedrich die Lauterkeit der Absichten August Wilhelms in Zweifel: Oder spüre dieser etwa nicht, dass seine Zuneigung nicht dem Wesen aus Fleisch und Blut, sondern nur seinem Idealbild von Geistesgröße gälte, das sich in Caroline widerspiegele?[7]

Auch an seinem eigenen Genie hegte der jüngere Schlegel keine Zweifel. Trotzdem krankte Friedrichs Gemüt an tief greifender Unzufriedenheit: mit Gott und der Welt und insbesondere mit der Positionierung seines Ichs in ihr. Seit Jahren dachte er täglich an Selbstmord. Am meisten schmerzte ihn das ungestillte, kindliche Verlangen nach bedingungsloser Liebe und Anerkennung. Jeder tiefere Blick in sein Innerstes offenbarte ihm die traurige Wahrheit: »Ich fühle mich in einem beständigen Mißklang, und ich muß mir selbst gestehen, daß ich nicht liebenswürdig bin, welches mich oft zur höchsten Verzweiflung treibt … Ich wünschte so auf die Menschen zu wirken, daß von meiner Rechtschaffenheit immer mit Achtung, von meiner Liebenswürdigkeit oft und viel mit Wärme geredet würde. Von meinem Geiste brauchte gar nicht die Rede zu seyn, oder höchstens sollte man mich verständig finden.« Wie wohl könnte ihm sein, wenn es Menschen gäbe, die ihn trotz seiner Fehler für vollkommen hielten und sich freundlich an ihn schmiegten oder, sobald sie seiner ansichtig würden, ihm wenigstens ein Lächeln schenkten. Die Wirklichkeit sah anders aus: »längst habe ich bemerkt welchen Eindruck ich fast immer mache. Man findet mich interessant und geht mir aus dem Wege. Wo ich hinkomme, flieht die gute Laune, und meine Nähe drückt. Am liebsten besieht man mich aus der Ferne, wie eine gefährliche Rarität.« Denn: »Ich kann Dolche reden.«[8] Oh, ja. Seine schärfste Waffe! Irgendwann wird sie auch gegen Caroline gerichtet werden.

Im Sommersemester 1791 war Friedrich Schlegel nach Leipzig gekommen. Rasch ersetzte er den ungeliebten Studiengegenstand Jurisprudenz durch intensive außeruniversitäre Beschäftigung mit der klassischen Philologie. Zuvor, während ihrer gemeinsamen Zeit in Göttingen, hatte ihn August Wilhelm, sein männlicher Leitstern, mehr schlecht als recht im psychischen Gleichgewicht halten können.

Alles in Friedrich sträubte sich gegen »anstrengende und trockene Sachen«, jede geregelte Arbeit wurde ihm zum »Frondienst«. Mutter Erdmuthe war ständig in Sorge um ihren Letztgeborenen: unfähig zu Einschränkungen, übermäßig sinnlich, ein großspuriger Traumtänzer mit fatalem Hang zu Müßiggang, dem Versprechungen näher als Taten lagen. Um als Vater nicht als Versager dazustehen und um sich eines ewigen Ärgernisses zu

Friedrich Schlegel (1772–1829)
Federzeichnung von Caroline Rehberg um 1792

entledigen, hatte Johann Adolf Schlegel, Theologe, den schwierigen, verstockten und vermeintlich untalentierten Knaben schon früh zu einem Onkel abgeschoben. Die kaufmännische Lehre, in die man Friedrich schließlich steckte, brach er mit fünfzehn ab, um sich das fehlende Gymnasialwissen autodidaktisch anzueignen.

Nun, da er, sowohl vom Bruder darum gebeten als auch aus eigenem Antrieb, so oft als möglich nach Lucka kam, um nach Caroline zu schauen und sie mit dem Notwendigsten zu versorgen, drückte ihn nicht nur seine Schwermut, sondern auch eine enorm hohe Schuldenlast. Notorisch auf zu großem Fuße lebend, hatten sich die Forderungen der Zimmervermieterin und seines Dieners, die Schulden bei Kommilitonen, Gastwirten, Schneidern, Schuhmachern, Hutmachern, Händlern und Geldverleihern auf einen in Wirklichkeit noch viel größeren als den August Wilhelm, peu à peu, eingestandenen Betrag addiert. Insgesamt entsprach er, zum Vergleich, etwa fünf Jahresgehältern eines Professors. Momentan trieben Friedrich horrende Fehlinvestitionen in eine unerreichbare verheiratete Leipzigerin[8] zu halsabschneiderischen Wucherern. Stereotyp wiederholte Geständnisse und Beschwörungen, wie »Meine Geldlage ist höchst ängstlich …« oder »Große Schulden mußt Du wissen, wachsen wie Schneebälle …« oder «6 Ducaten erwarte ich schon …« raubten dem Bruder in den Niederlanden die Ruhe und zusätzlich seine Ersparnisse.[10] Allein das Herauszögern von Zahlungen führte bei Friedrich unweigerlich zur Intensivierung der Suizidandrohungen. Aus dem Teufelskreis pekuniärer Unregelmäßigkeiten wird ihn, vorweg gesagt, kein Mensch je herausholen können.

Die Wirksamkeit von Carolines Gegenwart, von ihrer Zuwendung, Aufmerksamkeit und Haltung überhaupt lag auf anderen Gebieten. Gespräche mit der krisenerprobten Dreißigjährigen, über Stunden und Tage hinweg geführt, waren Balsam für Friedrichs seelische Verwundungen. In Lucka konnte er, seine Worte, »frische Lebenswärme« tanken. Gegen Jahresende überschlug Friedrich sich in Briefen an August Wilhelm förmlich vor Begeisterung: »Ihre [Carolines] Meynung ist seit der letzten Zeit von großem Werthe für mich gewesen, was mich über alles stärkte und freute.« »Ich bin durch sie beßer geworden.« «Mein Zutrauen zu ihr ist ganz unbedingt.« »Freundschaft auf immer«![11] »Die Ueberlegenheit ihres Verstandes über den meinigen habe ich sehr früh gefühlt, … daß ein *Weib* so seyn kann«.[12] Noch als der Tag ihres Kennenlernens sich zum dritten

Male jährte, zog Friedrich symbolisch den Hut vor seiner Luckaer Therapeutin: »Denken Sie, ich stände vor Ihnen, und dankte Ihnen stumm für Alles, was Sie für mich und an mir gethan haben. – Was ich bin und seyn werde, verdanke ich mir selbst; daß ich es bin, zum Theil Ihnen.«[13]

1793 begannen die Planungen zu seiner ›Lucinde‹, jenem autobiografischen Roman, der nicht zuletzt die Gleichwertigkeit von Mann und Frau zum Thema hat. An die Öffentlichkeit gelangte das skandalumwitterte Exempel frühromantischer Prosa erst sechs Jahre später. Im zentralen Kapitel, ›Lehrjahre der Männlichkeit‹ überschrieben, bringt Friedrich seinen fiktionalen Stellvertreter mit einer Caroline nachgezeichneten Frau in Berührung, »die einzig war, und die seinen Geist zum erstenmal ganz und in der Mitte traf«.[14] »Der erste Blick schon entschied, beim zweiten wußte er's, und sagte sich's, daß es nun gekommen, und wirklich da sei, was er so lange dunkel erwartet hatte. Er erstaunte, und erschrack, denn wie er dachte, daß es sein höchstes Gut sein würde, von ihr geliebt zu werden und sie ewig zu besitzen, so fühlte er zugleich, daß dieser höchste und einzige Wunsch ewig unerreichbar sey.« Im wirklichen Leben verzichtete der echte Friedrich auf die echte Caroline, weil er meinte, die älteren Rechte des Bruders respektieren zu müssen. Die Verdrängung großen sexuellen Verlangens in einen abgelegenen Herzenswinkel brachte indes eine neue schmerzliche Erfahrung mit sich. Wie am eigenen Leibe empfunden, so das Geschehen auf dem Papier: »Er entsagte der Hoffnung und dem Glück, aber er beschloß, es zu verdienen, und Herr über sich selbst zu werden … Darum drängte er alle Liebe in sein Innerstes zurück, und ließ da die Leidenschaft wüten, brennen, zehren …«[15]

August Wilhelm schöpfte dennoch Verdacht. Empfand das vertraute Miteinander Friedrichs und Carolines als bedrohlich. Aber auch wenn er an den blutjungen französischen Liebhaber der Freundin dachte, nicht selten war das der Fall, plagte ihn bohrende Eifersucht. Friedrich wiegelt ab. Mehr als nützlich sei er Caroline nicht. Diese wiederum wurde den Eindruck nicht los, dass August Wilhelm ein für ihren Geschmack zu tief greifendes Interesse an der Amsterdamer Damenwelt bekundete. Die augenblickliche Favoritin geisterte durch seine Briefe als eine höchst inspirierende, unter anderem musikalisch herausragende Person, von der mehr als ihr Vorname, Sophie, nicht preisgegeben wurde. Was Caroline verborgen blieb, ist heute kein Geheimnis mehr. Es war die hübsche Ehefrau von Johann Friedrich August Tischbein, die August Wilhelm begeisterte. Der aus Maastricht stammende bedeutende Kunstmaler lebte mit seiner Familie damals in den Niederlanden und porträtierte in der fraglichen Zeit auch ihn.[16]

In Lucka schüttete unterdessen *seine* Muse *ihr* Füllhorn über Friedrich aus. Carolines Urteile über Dichtung, schrieb er dem Bruder, seien »unaussprechlich wahr und tief«.[17] Mit dem ihr eigenen Impetus lenkte sie die Aufmerksamkeit des jungen Freundes unter anderem auf die bemerkenswerten Stärken weiblicher mythologischer Kämpfernaturen. Neuerdings erstaunlich schaffensfroh, beschloss Friedrich daraufhin, eine Geschichte der griechischen Poesie zu schreiben. Schon an den Vorarbeiten zu diesem Werk überrascht sein unzeitgemäß objektiver Blick auf antike Frauengestalten. In seiner 1795 publizierten Untersuchung ›Über die Diotima‹ (der erdichtete Name der Priesterin zu Mantinea in Platons Dialog ›Symposion‹, von der Sokrates die Ideen über das Wesen der Liebe gehört zu haben vorgibt) widerlegt der Autor Jean-Jacques Rousseaus Behauptung, Weibsbilder seien von Natur aus intellektuell beschnitten und ohne männliche Führung zum Scheitern verurteilt. Wie eifrig und erfolgreich Friedrich unter Carolines Assistenz in den großen epischen Werken eines Homer, Sophokles, Euripides, Aristophanes … nach freien, edlen, hinreißenden, wilden, leidenschaftlichen, todesmutigen »Heldinnen« suchte, geht am deutlichsten aus seinen 1794 veröffentlichten Bemerkungen ›Über die weiblichen Charaktere in den Griechischen Dichtern‹ hervor. Auch als Lektorin war ihm die Freundin eine große Hilfe. Aus zwei seiner Abhandlungen zum Schrifttum des klassischen Altertums, ein Beispiel, strich sie »Kraft ihres Richteramtes« ganze Passagen.[18] Hand in Hand mit Korrekturen literarischer wie gesellschaftlicher Art ging die Überprüfung von Friedrichs politischer Haltung. In seinem Aufsatz über Georg Forster aus dem Jahre 1797, auch aus heutiger Sicht »eine glänzende Apologie«,[19] treten die Veränderungen in der Betrachtungsweise der revolutionären Vorgänge innerhalb und außerhalb Frankreichs deutlich zutage. Letztlich brachten Carolines Denkanstöße die konservativen Gedankenstrukturen beider Schlegel-Brüder ins Wanken.

Bereits in den ersten Tagen ihrer Bekanntschaft war Caroline von Friedrich um eine Stellungnahme zu August Wilhelms frühen Übersetzungen von Shakespeare-Texten gebeten worden. Das Urteil der mit den Originalausgaben seit Jugendtagen bestens Vertrauten glich einem Verdikt: ästhetisch fragwürdig, überholt in der Wortwahl, umständlich im Satzbau. Kurzum: die Genialität des Urbilds verwischend.

Auguste fand die »Schlegelsucht« Carolines übertrieben, fürchtete Liebesentzug und: um ihre Daseinsberechtigung. Nirgends sonst verwurzelt, war das Kind übermäßig stark auf die Mutter fixiert sowie, gewohnt auch die allergrößten Sorgen und Nöte mit ihr zu teilen, von seiner Unentbehrlichkeit für sie fest überzeugt.

Carolines und Augustes Heim, einem Stübchen von ohnehin minimalem Komfort, mangelte es anfangs sogar am Notwendigsten. Erst im September trafen aus Mainz sehnlich erwartete Einrichtungsgegenstände ein: Sofa, Schreibschrank »und viele andre kleine Bequemlichkeiten«.[20] An größeren Bequemlichkeiten fehlte es weiterhin. Das schauerlich harte einzige Bett verhinderte ausreichenden Nachtschlaf. Es war Herbst und eine aufwendige Reparatur vonnöten, bevor der Ofen Wärme hervorbrachte. Caroline litt unter Gichtanfällen und Magenschmerzen, berichtete von Entzündungen des Zahnfleischs und »Blattern an der Zunge«: »Das mögen wohl Zeichen himlischer Verdamniß seyn …« Aber nein, allenfalls Folgen vorheriger Mangelernährung.[21]

War ihre kleine Tochter robuster? Augustes Gesundheitszustand kommt in den Briefen aus Lucka nicht zur Sprache. Wohl aber finanzielle Sorgen. Um Miete und Mahlzeiten bis zum Jahresende bezahlen zu können, pro Monat vier Louisdors, musste August Wilhelm um Zusendung des fehlenden Betrages gebeten werden, und als die Geldsendung zu lange ausblieb, sprang der Leipziger Helfer Göschen in die Bresche. Spätestens seit ihrer Inhaftierung stockte die Auszahlung von Carolines Witwenrente;[22] vom väterlichen Erbe hatte sie noch keinen Taler gesehen und sich vom Verkauf ihrer Stickarbeiten, durch freundliche Vermittlung Madame Göschens auf der Leipziger Messe offeriert, viel mehr versprochen.

Da war Wilhelm Meyers Stippvisite, kurz vor ihrer Niederkunft, ein höchst willkommener Lichtblick. Meyer hatte eine Rückreise nach Berlin für ein paar Stunden unterbrochen. Von Carolines Bitte, zuvor mehrfach brieflich vorgebracht, ihr im kommenden Frühjahr in seiner Nähe eine Bleibe zu suchen, wollte der Besucher offenbar auch mündlich nichts hören. Selbst ihre untypisch untertänige Beteuerung, er habe von ihr keinerlei Ansprüche oder Zudringlichkeiten zu befürchten oder ihre Ankündigung, das Neugeborene schnellstmöglich in fremde Hände zu geben, waren an Meyer abgeprallt. Dafür gab er, ein Meister der Indiskretion, alles, was die Böhmer ihm unter dem Siegel der Verschwiegenheit anvertraute, schnurstracks an die Forster weiter. Bald darauf schrieb Therese nach Lucka einen Brief, der so tat, als wollte er offen und ehrlich sein. Caroline fand seinen Inhalt irritierend. Lauerte da hinter der ausgestreckten Hand nicht die alte Missgunst oder, richtiger, Niedertracht?[23] Besser, sie war weiterhin vorsichtig – und verwandte ihre Restenergie auf die Lösung vordringlicherer Probleme.

Um Luckas skeptischen Stadtschreiber von der Existenz eines frei erfundenen Ehemannes und der Rechtmäßigkeit eines willkürlich ausgewählten Herkunftsortes zu überzeugen, genügte Carolines Überredungskunst. Dem örtlichen Pfarrer die christliche Taufe des in Kürze erwarteten Kindes fragwürdiger Abkunft abzuschwatzen, kostete sie eine Goldmünze. Weitaus größere Ansprüche stellte ein Beamter in Altenburg für den Fall des Verzichts auf ein polizeiliches Verhör zur Feststellung der Identität der Mutter in spe.[24] Dieser Freikauf wurde unnötig, aber nur, weil der omnipotente Göschen an noch höherer Stelle Beschwerde einlegte und möglicherweise das Erpressungsgeld dort hinterlegte.

Am ersten oder zweiten Novembertag jäh von Todesangst befallen, ordnete Caroline ihre Papiere und schrieb ihr Testament. Die Zusage der Gotters, nötigenfalls Auguste bei sich aufzunehmen, hatte ihr eine Sorge genommen. Apropos Sterben im Kindbett: Im April, um die Zeit von Carolines Gefangennahme, war in Göttingen im Alter von sechsundzwanzig Jahren Lotte Dieterich geborene Michaelis wenige Tage, nachdem sie einer Tochter das Leben geschenkt hatte, qualvoll an einer Sepsis gestorben. Caroline kommentierte den Verlust der lebensfrohen Schwester mit den Worten: »Die Mutter jammert, aber [für] Lotten ist so beßer – sie war glücklich, da sie starb, und sie hätte noch viel Unheil erfahren können …«[25]

So viel dazu.

Friedrich war in Lucka, als bei Caroline die Wehen einsetzten. Das »Geschrey« der Gebärenden – noch auf der Straße war es hörbar – jagte ihm einen gehörigen Schrecken ein. Letztlich wurden beide auf keine allzu harte Probe gestellt. »Lange dauerten die Leiden aber nicht und endigten sich mit der glücklichsten Entbindung für Mutter und Kind«, wurde August Wilhelm zu dessen Beruhigung eiligst mitgeteilt.[26]

Im Kirchenbuch von Lucka, Taufregister 1793, findet sich neben der laufenden Nummer 58 folgender Eintrag:

»Ein Söhnlein Wilh. Julius nat. 3. Novbr. renat eodem [getauft am gleichen Tag] die mater MADAME JULIE KRANTZIN, verehelicht mit Herrn JULIUS KRANTZ Speditions- und Handelsherrn auff Reißen als eine aus Hamburg sich hier eine Zeitlang aufhaltende Person.

Die Paten:

1) die Frau Christine Elisabeth Kornschreiber

2) Herr Johann Heinrich Koenigsdörffer Doctor Medicinae

3) Herr Friedrich Schlegel Studiosus Juris Leipzig.«[27]

Sie sei recht wohl, die »Erbsünde« abgerechnet, meldete Caroline halb erleichtert und halb sarkastisch nach Gotha. Auguste hätte große Freude an dem Bruder, ein hübscher kräftiger Knabe – dessen Pflegeeltern in Lucka bereits gefunden waren.[28] Die Weggabe von Säuglingen an meistenteils nur auf leicht verdientes Geld erpichte Menschen, das wusste ein jeder und darum auch Caroline, barg immense Gefahren. Was Pflegekindern drohte? Vernachlässigung aus Gleichgültigkeit und infolgedessen der Tod. Gerieten die vereinbarten Unterhaltszahlungen ins Stocken oder blieben sie gar aus, dann konnte dem, nennen wir es einmal so, makabren Naturgesetz durch Steigerung der Lieblosigkeit nachgeholfen werden.

Bekannt war Caroline aber auch August Wilhelms ablehnende Haltung gegenüber dem Abkömmling des Nebenbuhlers; wiederholt hatte er sie in seinen Briefen anklingen lassen.[29]

Therese Forster gratulierte, von Carolines distanziertem Verhalten scheinbar unbeeindruckt, zu Julius' Geburt und fuhr fort, allüberall zu behaupten, dass als Erzeuger des Bastards nur ihr Ehemann in Frage käme.

Georg Forster starb am 10. Januar 1794 an Krankheit und Hunger, »gänzlich entkräftet und skeletirt«.[30] Sein einsames Hinscheiden in Paris ermöglichte seiner Witwe die Legalisierung ihrer Verbindung mit Ludwig Ferdinand Huber. Ferner nahm sie den Tod des körperlich geradezu verabscheuten Mannes zum

Anlass für wirklich nur gut gemeinte, an Caroline gerichtete Worte: »Höre eine Bitte, die Dich nicht beleidigen muß, sie ist treu. Ich weis nicht, ob Du jezt nicht liebst, oder was Dir jezt Liebe ersezt, aber kommst Du mit Männern in Verhältniße, so hüte Dich, daß Du nicht gemißbraucht wirst und Dich hinteransezest. Gieb Dich aus Liebe, aber nicht aus Ueberdruß, Spannung, Verzweiflung …« Am inständigsten warnte Therese vor einer Ehe mit August Wilhelm: »Schlegel konnte Dich *retten*, aber doch nicht *führen* kann er Dich?«[31]

In den ersten Februartagen des Jahres 1794 hat Caroline ihren vier Monate alten Sohn »sehr sehr wohl, schön und lebendig verlassen«. Über Leipzig ging die Reise nach Gotha. Heimat ihres Herzens, wir erinnern uns, hatte sie die Stätte schönster Jugenderinnerungen einmal genannt. Von den getreuen Freunden Luise und Friedrich Wilhelm Gotter eingeladen, hatte sie um Anmietung eines bescheidenen Logis in deren Nähe gebeten. Gotha war keine gute Wahl, eine richtig miserable geradezu. Wie nach einer Stecknadel im Heuhaufen hätte man an einem Ort wie diesem nach jemandem suchen müssen, dem Carolines unrühmliche Vergangenheit *nicht* in allen Einzelheiten präsent war. *Wie* »bürgerlich tod« sie war, begriff die Entehrte erst jetzt, »meine Existenz in Deutschland ist hin, ich bin einem gehäßigen Publikum schmählich überantwortet … und beinah alles ist wahr geworden, was ich damals [nach der Entdeckung ihrer Schwangerschaft] voraussah, als ich überlegte, ob es beßer sey zu sterben oder zu leben.«[32] Nur bei den Göttingern hatten die bis ins Absurde abdriftenden Beschimpfungen der Böhmer und ihrer Komplizen noch größere Aufmerksamkeit und Abscheu erregt. Auf Verdammung von solchem Ausmaß war sie nicht vorbereitet. In ihrer Gegenwehr allenfalls unterstützt von den Gotters sowie der guten alten »Mutter« Schläger und ihren Töchtern, wehte dem »Revolutionärsliebchen« Caroline in Gotha ein eisiger Wind entgegen. »Man hält mich für ein verworfnes Geschöpf«, schrieb sie wenige Tage nach ihrer Ankunft an Meyer, »und meint, es sey verdienstlich, mich vollends zu Boden zu treten«.[33] Selbst ehedem beste Kameradinnen wandten sich, im wörtlichen Sinne, von ihr ab, sobald sie ihrer ansichtig wurden – sei es auf der Straße, sei es in Gesellschaft. Der Bekennermut einer Julie von Studnitz kam nicht mehr auf den Prüfstand; die einstmals innig Vertraute war im Vorjahr ihrer Lungentuberkulose erlegen. Die berechtigte Frage nach der Bereitschaft des Gottesmannes – und verschmähten Freiers – Josias Friedrich Christian Löffler zu barmherziger Sündenvergebung muss leider offen bleiben. Wir stellen uns dennoch den unterdessen anderweitig wiederverheirateten Generalsuperintendenten vor, wie er im Geiste die bekannten drei Kreuze macht.[34]

Der Tochter bescherte Gotha das lange vermisste Gefühl familiärer Geborgenheit. Wie eine freudig begrüßte Vierte im Bunde der Gottermädchen aufgenommen, fand die neunjährige Auguste das unbeschwerte Kindsein in Gemeinschaft mit Cecilie, elf, Julie, zehn, Pauline (Nachfolgerin der gleichnamigen verstorbenen Schwester), sieben, einfach wunderbar. Nur die schwere Last einer Lebenslüge nahm der Kleinen niemand ab. Von Meyer auf die Möglichkeit einer unbedachten Äußerung Augustes angesprochen, gab Caroline beruhigend zurück, nicht ein Wort über die Existenz eines halbfranzösischen Brüderchens werde je an falscher Stelle über deren Lippen kommen.

Heimlich, auf uns unbekannten Wegen, nahm Caroline Kontakt mit dem bei der Flucht aus Mainz aufgegriffenen General François-Ignace d'Oyré auf und vereinbarte ein konspiratives Treffen mit dem Großonkel ihres Sohnes Julius. Der kurmainzischen Geisel war eine kurze Unterbrechung ihrer Überstellung nach Erfurt[35] gestattet worden. Von der glücklichen Rückkehr des Kindesvaters Jean-Baptiste Dubois de Crancé in sein Heimatland und auch von seinem Heiratsangebot hatte Caroline bereits in Lucka erfahren. Wenn stimmt, was Therese in einem Brief an ihre älteste Tochter rekapitulierte, dann war der vermögende

Franzose nicht mit leeren Händen nach Gotha gekommen. Die »dicke Pension«, von der Madame Huber hatte reden hören, gehört jedoch ganz gewiss ins Reich der Fabeln.[36]

In Gotha war für Caroline kein Bleiben, das stand bald außer Frage. Schwieriger gestaltete sich um die Zeit des Frühlingsanfangs die Überlegung, welche Richtung sie ihrem Lebensschiff geben sollte. Amsterdam? August Wilhelm fand den Vorschlag abwegig. Auswanderung nach Amerika? Nach langer und ernsthafter Prüfung verworfen. Rom? Prag? Bestandteile flüchtiger Gedankenspiele. Dresden? Schließlich stand die Stadt der »Künste, Galerien, Bibliotheken, Theater« auf Carolines Wunschliste ganz weit oben. Unter anderem, weil dort in guten gesicherten Hofbeamtenverhältnissen Charlotte Ernst geborene Schlegel lebte.[37] Friedrich war, auf der Flucht vor Leipziger Gläubigern, jüngst von seiner und des Bruders Lieblingsschwester aufgenommen worden.[38] Überdies hatte Madame Ernst sich bereit erklärt, auch der ihr persönlich unbekannten Madame Böhmer Unterschlupf zu gewähren beziehungsweise sie bei der Suche nach einer Wohnung zu unterstützen.[39] Das Vorhaben scheiterte am Widerstand der Obrigkeit. Zuerst kam aus Dresden, als Vorwarnung, die Nachricht, dass Leute wie Caroline mit »Verdrieslichkeiten« zu rechnen hätten, gefolgt von der Mitteilung, dass der Antrag »der Böhmerin« auf Niederlassung abgewiesen worden sei.[40]

Wohin dann?

Nach Jena, schlug Friedrich vor: »Wer weiß, ob wir dort nicht einmal zusammen leben können. Es ist das Ziel meiner Wünsche und Anstrengungen.«[41] Als weitere Argumente für eine Ansiedlung in der Stadt an der Saale führte er die niedrigen Lebenshaltungskosten und die Anbindung an Deutschlands bedeutendste Dichter- und Denkerszene an. Doch bevor Friedrichs Traum vom Dreierbund in Erfüllung gehen konnte, musste er Carolines Resozialisierung vorantreiben. Eindringlich forderte er im April den Bruder auf, ihr die Ehe anzutragen, Eile sei geboten: »Karolines politische Lage würde dadurch ganz verändert werden. Mit einem neuen Namen würde sie eine neue Person annehmen«; »verspäten heißt langsam vernichten«.[42] Keine Reaktion! »Sind die Schwierigkeiten unüberwindlich, die Karoline oder Dich hindern *einen* Namen zu tragen«,[43] fragte Friedrich im Oktober ungeduldig nach. Das Zögern hielt an. Anders als in vergangener Zeit wollte der Heiratsantrag jetzt gründlich bedacht sein. Wer eine Frau wie Caroline zum Traualter führte, setzte seinen eigenen guten Ruf aufs Spiel. Und für jemanden wie August Wilhelm war Untadeligkeit von geradezu essentiellem Wert.

Der schwierige Entscheidungsprozess wurde dann durch ein verlockendes Angebot beschleunigt, allerdings nur in Bezug auf Jena. Ob er sich eine zwar freie, aber regelmäßige Mitarbeit sowohl an den ›Horen‹ als auch am ›Musenalmanach‹ vorstellen könne, in schönster geistiger Gemeinschaft, musste Herausgeber Friedrich Schiller ihn nicht zweimal fragen.

Vorerst aber kam August Wilhelm nicht weg aus Amsterdam; seine arbeitsvertragliche Bindung an das Privathaus des Bankiers Muilman endete frühestens in einem Jahr. Da erschien es ihm opportun, alles Ungeklärte zunächst von sich weg und auf die Zeit danach zu schieben.

Als der Sommer nahte, saß Caroline noch immer in Gotha fest und Schlegel Nummer zwei, um seine Vision einer Wohngemeinschaft bangend, in Dresden in Lauerstellung. Friedrich befürchtete nicht ohne Grund eine Entfremdung des fernen Bruders von der gemeinsamen Freundin. Er kannte August Wilhelms Empfänglichkeit für weibliche Reize und »süße Verbindungen«. »Wenn Du um einige Stunden Genuß Karoline einen Augenblick Kummer machen wirst«, drohte er deshalb in Richtung Amsterdam, »so werde ich Dich hassen. – Ueberhaupt nimm Dich in Acht vor Uebermaaß an *bonnes fortunes*.«[44]

Im Juni 1794 traf Madame Michaelis in Begleitung von Tochter Luise und Enkelin, dem Töchterchen der verstorbenen Lotte,[45] in Gotha ein. Ihre Neugier stellte nicht nur Augustes Verschwiegenheit und Geduld auf eine harte Probe. Von Philipp schon vor Monaten auf den Argwohn der Mutter und Großmutter hingewiesen, mussten Caroline und ihre Tochter unentwegt die Schutzbehauptung untermauern, sie hätten sich seit ihrer Entlassung aus der Haft nahtlos in der Obhut des moralisch einwandfreien Ehepaares Gotter befunden.

Man vereinbarte einen Gegenbesuch in Göttingen. Bangen Herzens wurde die Reise im Juli[46] angetreten. Vom ganzen großen Böhmerschen Familienkreis höflich bis herzlich empfangen, keimte Hoffnung in Caroline auf, es könne gelingen, Vergangenes vergessen zu machen. An der reizenden, verständigen Auguste hatten Großeltern, Onkel, Tanten, Vettern, Basen ihre besondere Freude. Caroline wurde von nur wenigen alten Weggefährten des verstorbenen Vaters, so Professor Schlözer, eingeladen. Über solch sicheres Terrain gingen die Visiten der »Sünderin« freilich nicht hinaus. Heynes gehörten, ihre Zurückhaltung ließ daran keinen Zweifel, ins große feindliche Lager. Entweder wollte Caroline die vielen missbilligenden Blicke übersehen, oder sie nahm sie tatsächlich nicht wahr. Und genauso wenig das abweisende Getuschel hinter ihrem Rücken. Während sie den angeblichen Rundumerfolg ihrer Göttingen-Reise brieflich feierte, nahm das Unglück bereits seinen Lauf.

Unter dem Datum 16. August 1794 erklärte die kurhannoversche Landesregierung, vertreten durch das Universitäts-Kuratorium, die »Doctorin Böhmer, gebohrene Michaelis« zur unerwünschten Person.[47] Von nun an war Göttingen eine streng verbotene Stadt für Caroline.

Göttingen gestorben. Dresden unerreichbar. Gotha unerträglich. Jena ohne August Wilhelm Schlegels schützende Hand in weiter Ferne. Die Zwischenlösung hieß Braunschweig. Trotz allerlei berechtigter Bedenken war Caroline bereit, gemeinsam mit ihrer Mutter und ihrer Schwester ins Herzogtum Braunschweig zu wechseln. Seit der regelrechten Verbannung ihrer Ältesten war Madame Michaelis das Leben in Göttingen verleidet und: im Hannoverschen kein Bräutigam für die schon fünfundzwanzigjährige Luise mehr zu finden. In Braunschweig gab es Protektoren, echte Liberale und treue Jünger des unvergleichlichen Gelehrten Johann David Michaelis. Einer der Fürsprecher – und Türöffner vor allen Dingen – war der Schriftsteller, Sprachforscher, Pädagoge, Schulreformer und Verleger Joachim Heinrich Campe.[48] Ein bekennender Revolutionsanhänger. Anders als Schiller machte er aus seiner Ernennung zum [Ehren]-Bürger der Französischen Republik kein Geheimnis. Felsenfest konnte Caroline auch auf den gesellschaftlichen Beistand von Johann Joachim Eschenburg bauen. Der einflussreiche Literaturhistoriker, Übersetzer und Lessing-Freund war sowohl der Erzieher von August Wilhelm Schlegel als auch von Alexander von Humboldt gewesen. Um den strengen Landesvater milde zu stimmen, insofern, als er von einer Ausweisung Carolines absah, bedurfte es weiblicher Hilfe, da der dritte Gewährsmann, ein einflussreicher Theologe, verstorben war. Wenn demnächst die Michaelis-Damen des Öfteren zum evangelisch-lutherischen Kreuzkloster, einem Jungfrauenstift, spazierten, um den direkten Nachfahrinnen von Johann Friedrich Wilhelm Jerusalem Besuche abzustatten, dann geschah das teils aus Sympathie und teils in besonderer Absicht – hatte doch Herzog Karl Wilhelm Ferdinand die verehrende Liebe, mit der er seinem einstigen Lehrer zugetan gewesen war, auf dessen Töchter übertragen. Caroline konnte, so gesehen, erwartungsfroh gen Braunschweig blicken.

An einem nicht exakt bestimmbaren Tag im März des Jahres 1795 machte Caroline sich mit Auguste auf die weite Reise – ohne vorher auch nur ein einziges Mal den in Lucka zurückgelassenen Julius besucht zu haben. Briefaustausch mit den Pflegeeltern musste Hautkontakt ersetzen. Hatte die Mutter sein Gesichtchen noch in Erinnerung? Fragte sie sich, wie der Knabe jetzt, mit sechzehn Monaten, aussah? Immer noch »sehr sehr wohl, schön und lebendig«?[49] Hatte sie das sich selbst gegebene Versprechen, ihm so schnell als möglich das eigene Zuhause zurückzugeben, vergessen? Oder verdrängt – weil es in Bezug auf August Wilhelm und Julius kein Sowohl-als-auch, sondern nur ein Entweder-oder gab? In Carolines schriftlichem Nachlass sind auf diese Fragen keine Antworten zu finden.

Es war eine äußerst beschwerliche Fahrt. Ein Wagnis auch insofern, als es an der für Damen, denen diese Bezeichnung zustand, unumgänglichen männlichen Begleitung fehlte.[50] Dementsprechend von oben herab behandelte der Kutscher die alleinreisende Mutter mit Kind; jede Beschwerde ignorierend, wich er willkürlich von der vereinbarten Route ab. Schlimme Erinnerungen erwachten in Caroline und Auguste, wenn sie unterwegs auf abscheulich verschmutzten Strohlagern zu nächtigen genötigt waren. Wege wurden im Dauerregen grundlos. Stundenlang standen die beiden bis zu den Knöcheln im Morast, wenn ihr Gefährt darin stecken geblieben und nur durch Entlastung wieder flottzumachen war. Einmal brachen die Pferde entkräftet zusammen. Voller Entsetzen und in Tränen aufgelöst sah Auguste die Schinderei mit an, bis die armen, gequälten Kreaturen wieder auf zittrigen Beinen standen. Eigentlich hatte sie schon beim Abschied von ihren drei geliebten Spielgefährtinnen mit dem Weinen begonnen. Und hörte noch lange nicht damit auf.

In Göttingen musste ein kurzer Zwischenstopp eingelegt werden. Caroline hatte in den illegalen Aufenthalt nur deshalb eingewilligt, weil er der endgültigen Festlegung der Teilansprüche auf die väterliche Hinterlassenschaft diente. Am 1. April 1795 unterzeichneten sie selbst, ihre Mutter, ihre Brüder und ihre Schwester ein nacherbliches Vermögensprotokoll. Mehr als 20 000 Taler Aktiva sind insgesamt darin verzeichnet, ohne jene 9431 Taler, die Hauskäufer Arnemann ihnen noch immer schuldete. Der Witwe von Johann David Michaelis wurden 1289 Taler zugesprochen, nach Abzug von ihr seit seinem Tod überlassenen 2000 Talern Vorschuss. Fritz, der älteste Sohn des Verstorbenen, sollte den größten Anteil erhalten.[51] Die übrigen drei Geschwister waren gleichgestellt. Caroline standen noch 1763 Taler zu, da von der ursprünglichen Summe in Höhe von 3075 Talern neben einer auch ihr gewährten Vorausleistung die Kosten für ihre Aussteuer abgezogen worden waren.[52] Die Auszahlung der Erbanteile zögerte sich dann leider nochmals hinaus.

Die Braunschweiger Behausung der drei Frauen und Augustes war erst nach getaner Arbeit von Malern und Tapezierern bewohnbar. Caroline hatte sich Gelassenheit geschworen. Doch was half alles Bemühen um Gleichmut, wenn sich das Zusammenleben mit ihrer Mutter so schwierig wie eh und je gestaltete? Was aber bedeuteten Streitigkeiten mit der »despotischen alten Thörin«[53] im Vergleich zur Sorge um den Sohn? Als im Mai, nach langem vergeblichem Warten, aus Lucka eine Nachricht kam, bestätigte sie Carolines Ahnung auf das Fürchterlichste: Julius war am 20. April an den »Fieseln« (ein pusteliger Hautausschlag, der mit verschiedensten Krankheiten in Verbindung stehen konnte) gestorben und drei Tage später »in der Stille begraben« worden.[54]

Nur wenn sie mit Auguste allein war, durfte die verwaiste Mutter ihre Trauer mündlich und mimisch zum Ausdruck bringen.

Für die Tochter, zum x-ten Male entwurzelt, fanden sich in Braunschweig keine Freundinnen und Freunde. Zum Ausgleich bekam sie ein Klavier geschenkt.[55] Singen bereitete ihr die allergrößte Freude. Statt, wie in Lucka, französische Gassenhauer zu schmettern, trällerte das Mädchen nun italienische Kanzonen. In den meisten anderen Unterrichtsfächern hinkte die jetzt Zehnjährige den bildungsbürgerlichen Altersgenossinnen erheblich hinterher. Werfen wir zur Verdeutlichung des Mankos einen Blick auf Augustes Lehrplan: vormittags von neun bis zehn Uhr praktischer und theoretischer Musikunterricht, anschließend eine Stunde Französisch. Schreibübungen nach Tisch. Gegen Abend »unterrichtende« Lektüre.[56] Da blieb manches zu wünschen übrig. Caroline musste der Tochter den Lehrer ersetzen. Professionell erteilte Stunden seien unerschwinglich, brachte sie zu ihrer Entschuldigung vor. Im Januar 1796 borgte sie sich gegen Schuldschein 550 Taler.[57] In allen Bereichen des täglichen Lebens war die anhaltende Teuerung spürbar.

Endlich, im Juli des Jahres 1795, traf August Wilhelm in Braunschweig ein; man hatte ihm Hoffnung auf eine Professorenstelle an der dortigen Universität gemacht. Versage man ihm die angestrebte Position, was dann geschah, würde er trotzdem noch für eine Weile bleiben. Das allein stand fest. Sie »werde ihm noch die Leidenschaftslosigkeit ablernen« müssen, gestand Caroline in der zweiten Augusthälfte Friedrich ein – spürbar enttäuscht. Der ältere Schlegel blockte weiterhin ab, verschanzte sich hinter unverbindlicher Höflichkeit.[58] Nachdem Luise Gotter im Dezember von ihr hatte wissen wollen, wie es denn mit der Heirat voranging, spielte Caroline der Freundin die Desinteressierte vor: »Du bist ein Kind, was Schlegeln und meine Nahmensveränderung betrift. Kan man denn gar keinen Freund haben, ohne sich auf Leben und Tod mit ihm zu vereinigen?« Am meisten ging ihr das penetrante Nachhaken ihrer Mutter auf die Nerven. Nur wenn Caroline ausnahmsweise ehrlich war, zum Beispiel in einem Brief an Göschen, trat zutage, welch fester Bestandteil ihrer »Lebensbeschlüsse« die Ehe mit Schlegel war, denn: »wenn über kurz oder lang der Augenblick kommt, wo seine Bestimmung ihn von mir [nach Jena] ruft, so werden wir uns wohl entschließen müßen, dies Bündniß in ein anderes zu verwandeln, damit ich ihm mit Anstand folgen kann.«[59] Dabei wusste sie noch immer nicht, ob August Wilhelm genauso dachte.

Ein literarisches Projekt wurde zum Zünglein an der Waage. In dem Moment, da er in Braunschweig die Großtat ›werknahe

Shakespeare-Übersetzung‹ in Angriff nahm und in Caroline die kongeniale Koautorin erkannte, geschah es, dass aus der einseitigen Abhängigkeit eine wechselseitige wurde.

Seit mit ›Romeo und Julia‹ der Startschuss zur poetisch einfühlsamen Verdolmetschung aller Dramen William Shakespeares gefallen war, skandierte Caroline zu jeder erdenklichen Tages- und Nachtzeit in einer Art Sprechgesang die neu erschaffenen Strophen, um – teils unter Zuhilfenahme ihrer Finger – die Exaktheit von Maß und Rhythmus zu überprüfen. Nicht lange, unkte Friedrich brieflich, und die Tochter werde es ihr gleichtun. Wollte August Wilhelm, noch über das eigene sehr hohe Maß an linguistischem Urteilsvermögen hinaus, dem Verleger Texte von erlesener Qualität übergeben, war er auf Caroline als Mitarbeiterin angewiesen. Denn war es nicht auch das Verdienst der Freundin, wenn Goethe eine ihm vorgelegte Leseprobe als lobenswert hatte bezeichnen können? Carolines Ansporn konnte Eifer verdoppeln. Ihre Anteilnahme beflügelte. Ihren Korrekturvorschlägen lag Kennerschaft zugrunde.

Und hatte sich nicht zudem herauskristallisiert, dass sie August Wilhelm bei seiner Arbeit als im Akkord produzierender und bezahlter Rezensent eine genauso große Hilfe wie beim Übersetzen war? Ihre Besprechung der von Johann Friedrich Degen ins Deutsche übertragenen Gedichte Herodots war glatt als Schlegel-Beitrag durchgegangen. Ungezählte Beispiele für die Fruchtbarkeit männlich-weiblichen Zusammenwirkens erschienen unter August Wilhelms Namen in den ›Horen‹. Trotzdem wurde auch Caroline Beifall gezollt. »Madame Böhmer«, äußerte Wilhelm von Humboldt anerkennend, übe »auf Schlegels Bildung einen entschiedenen Einfluß« aus.[60] Gegen Ende ihres Braunschweig-Aufenthalts, im Juni 1796, erwähnte August Wilhelm eine Erzählung aus ihrer Feder, die er zuvor an Friedrich Schiller weitergegeben hatte. Mag sein, dieses uns leider nicht näher bekannte ureigene literarische Produkt erschien, mit einem Pseudonym versehen, in dessen ›Musenalmanach‹.

Der neuerliche Ortswechsel rückte näher. Goethe schickte einen Willkommensgruß. Schlegel bekam rechtzeitig vor seiner und Carolines Eheschließung und Übersiedlung einen schmückenden Titel verliehen.[61] Am 1. Juli 1796 vermählte sich in der Kirche Sankt Katharina zu Braunschweig »der Herzogl. Sächsische Rath in Jena, Herr August Wilhelm Schlegel [neunundzwanzig], mit des verstorbnen Bergmedikus, Herrn Johann Franz Wilhelm Böhmers hinterlassene[r] Frau Witwe, geborne Michaelis [dreiunddreißig]«.[62]

Retrospektiv wird Caroline sagen, sie hätte besser auf eine Heirat verzichtet, »zu der mich damals mehr das Drängen meiner Mutter als eigner Wille bestimmte«. Noch ausschlaggebender als die »Ängstlichkeit andrer«, sei allerdings der Wunsch gewesen, »mir und meinem Kinde in zerrütteter Lage einen Beschützer zu geben«.[63] Vorwürfe seien trotzdem unangebracht, auf diesen Hinweis legte Caroline im Rückblick den größten Wert, da August Wilhelm und sie von vornherein ein Zweckbündnis und noch dazu ein solches mit Freiheitsgarantie gleichsam eingegangen wären.

Vertrautheit in Ermangelung von Leidenschaft.

Respekt als Ersatz für Liebe.

Zu Augustes Beziehung zum Ziehvater noch ein Wort: Das »gute Kind«, ihm rasch ans Herz gewachsen, erwiderte nach anfänglichem Sträuben Schlegels zärtliche Zuneigung.[64]

Caroline Schlegel

1796–1803

KAPITEL 6

Jena

Magische Kreise

Ein solches ewiges Concert von Witz und Poesie und Kunst und Wissenschaft …[1]

Pekuniär ließ sich das Leben in Jena auf jeden Fall verhältnismäßig gut an. Im April war Auguste eine größere Summe Geldes zugefallen. Philippine Elisabeth Böhmer hatte ihrer Enkelin mindestens 1500 Taler in Gold, vermutlich sogar einen noch höheren Betrag, hinterlassen.[2] Forthin flossen die Zinsen aus dem ererbten Kapital in die Schlegelsche Haushaltskasse. Auch in der Erwartung hinlänglicher Beschäftigung und Bezahlung des Freiberuflers August Wilhelm hielten er und Caroline Ausschau nach einem geräumigen Mietobjekt. Kein leichtes Unterfangen, litt doch der thüringische Universitätsstandort unter chronischer Wohnungsnot. Außerhalb der Heizperiode kamen als Übergangslösung »niedliche« Sommerquartiere vor den Toren Jenas in Betracht; auf den Punkt genau lässt sich das Gartenhausprovisorium der Schlegels nicht mehr lokalisieren. Da Goethe auf dem Weg von seinen Zimmern im Schloss zum »Paradies« – einer parkähnlichen Wiese entlang der »lebhaft rauschenden« Saale, an lauen Abenden »Tummelplatz hypersentimentalischer Szenen« – stets an der Schlegelschen Unterkunft vorbeikam, stellen wir sie uns im südlichen Abschnitt von Jenas grünem Gürtel jenseits des Gevierts verfallender Festungsmauern vor.[3] Die Landschaft rund um den 4500-Einwohner-Ort gefiel Caroline sehr. Jena an und für sich hatte gute und schlechte Seiten; so waren seine Straßen unverhältnismäßig eng, aber ungewöhnlich sauber und große Teile der Bebauung im eigentlichen sowie im übertragenen Sinne mittelalterlich.

Was das Geistesleben betrifft, befand Jena sich auf dem Weg in die Moderne. Geistesgeschichtliche Epochenwenden sind bekanntermaßen ein typisches Fin de siècle-Phänomen. In den letzten Jahren hatten Männer wie Fichte, Woltmann, Schiller, Humboldt … die Stadt in einen Topos philosophisch-ästhetischen Andersdenkens und Neuforderns umgestaltet und damit zu einem Sammelbecken für kluge Köpfe gemacht. Auch Goethe zog es zunehmend häufiger in die »Versuchsstation der deutschen Klassik«.[4]

Jenas kommende Geisteshelden trugen andere Namen, sie hießen Schlegel, Schelling, Novalis, Tieck … und: lehrten das intellektuelle Deutschland Mores. Dazu bedurfte es nicht viel mehr, als der bisherigen Jenaer Erfolgsrezeptur – Nutzung von Synergieeffekten durch Bündelung vielseitiger Kenntnisse und Talente – die bitteren Ingredienzien Respektlosigkeit, Provokation und Polemik hinzuzufügen.

Jahre später an die »freie und fruchtbare Gemeinschaft … in hoffnungstrunkenem Lebensalter« erinnert, blickte August Wilhelm Schlegel, obwohl seit damals in den »gebildetsten Kreisen« herumgekommen, sehnsuchtsvoll zurück auf den unvergleichlichen Zirkel der Jenaer Frühromantiker:[5] Kinder der Spätaufklärung von Geburt und Erziehung, salopp gesagt, auf dem Egotrip.

Das Credo der Oppositionellen – im Widerspruch zur reinen Vernunftlehre ihrer Väter:

Wir gehen, ad eins, davon aus, dass alle Vorstellungen von imaginären wie realen Sphären einzig der Phantasie des Ichs entspringen.

Wir sind, ad zwei, der sicheren Überzeugung, dass die Freiheit menschlicher Individuen untrennbar mit jener Möglichkeit beliebig häufiger Umgestaltung innerer und äußerer Welten verbunden ist.

Jena um 1800
Radierung von Georg Melchior Kraus

Noch kürzer und prägnanter ausgedrückt: Illusionistische Kreativität kontra rationale Formvorgaben.

Noch hatte das Streben nach schwärmerisch sentimentaler Gefühlserregung im Glaubensbekenntnis der Romantiker nichts verloren. Romantische Avantgarde und Idylle schlossen einander förmlich aus! Zu spitz die Federn der jungen Wilden. Zu groß ihre Angriffslust. Zu flüchtig der schöne Schein. Summa summarum waren der spannungsreichen Selbstinszenierung nur wenige Jahre beschieden.

Am 8. Juli 1796 trafen die Schlegels in Jena ein. Drei Tage zuvor hatte Hausmädchen Rose mit der Vorbereitung des Logis seinen Dienst angetreten. Eine Köchin stand in Aussicht. Auf der Liste der Antrittsbesuche rangierten die Schillers ganz weit oben. Während es August Wilhelm Schlegel im Wesentlichen darum ging, im Gespräch mit Friedrich Schiller die Intensität künftiger Mitarbeit an den ›Horen‹ und am ›Musenalmanach‹ auszuloten, galt Carolines Hauptinteresse der Sondierung des gesellschaftlichen Terrains. Gemeinhin kannte die Dame des Hauses, eine geborene von Lengefeld, bei Verstößen gegen die guten Sitten kein Pardon.[6] Allein deswegen versetzte Charlotte Schillers laxer Umgang mit der Doppelliebe ihres Gatten nicht nur Mitbürger in Erstaunen. Seiner Liaison mit ihrer eigenen Schwester Caroline von Wolzogen, geschiedene von Beulwitz, setzte erst Friedrich Schillers Tod ein Ende. Die Bettgeschichten vom Dichter und seiner Schwägerin sorgten in Deutschlands Salons noch Jahrzehnte später für Gesprächsstoff; in Berlin konnten Karl August Varnhagen von Ense und Alexander von Humboldt gar nicht aufhören, sie zu wiederholen. Dazu, dass auch Caroline Schlegels Eskapaden nicht in Vergessenheit gerieten, trug unter vielen anderen Gymnasialdirektor Karl August Böttiger bei, sowohl der bestinformierte Mann als auch das größte Klatschmaul von Weimar und Umgebung. Deshalb war Christoph Martin Wieland ganz bestimmt nicht der Einzige, dem von der Heirat des älteren der Schlegel-Brüder mit der »berühmten Mdme Böhmer«, »die als Clubbistin mit auf dem Königstein saß«, berichtet wurde und ebenso davon, dass August Wilhelm sein Ehegespons nach Jena mitgebracht habe, worüber unter der dortigen Weiblichkeit, »die sie an Klugheit und Witz übertrifft, ein großes Gezischel und Geflüster« entstanden sei.[7] Caroline blieb es, bedauerlicherweise, zunächst verborgen. Aber Diplomatie oder Fingerspitzengefühl gehörten ja ohnehin nicht zu ihren Stärken, und darüber hinaus verschloss sie vor drohendem Unheil sowieso nicht selten die Augen.

Keine vierundzwanzig Stunden nach Eintreffen in der Stadt machte sie sich also in Begleitung ihres Mannes auf den Weg zu einer der Wortführerinnen aus dem Kreise der Gegenspielerinnen. Die Schillers bewohnten im Griesbachschen Haus am Löbdergraben eine der schönsten Wohnungen Jenas mit hohen, lichten, geräumigen Zimmern und Ausblick auf die Berge. Wir sehen die Gastgeberin, wie sie die mit Spannung erwartete Besucherin einer genauen Musterung unterzieht: Hübsch, gepflegt, anmutig, jugendlich. Braunes gelocktes, offen getragenes Haar ruht auf wohlgeformten Schultern. In Bewegung umspielen einzelne Strähnen Hals und Dekolletee. Das schlichte Kleid aus fließendem feinfädigem Mousseline mit unter der Brust gekreuztem Oberteil und über der Taille, »en forme de coeur«, getragenem Gürtel verblüffte durch seine Ähnlichkeit mit im ›Journal des Luxus und der Moden‹ abgebildeten Pariser Modellen. In der Putzmacherei so geübt wie als Schneiderin, könnte Caroline Schlegel als Kopfbedeckung den als Novität der Sommersaison 1796 herausgestellten Strohhut »mit weißen Federn und Coquelicotsgirlanden« (coquelicot = Mohnblume) oder eine der »Bonnets à la folle« (folle = Fantasie) beziehungsweise »à la Jockey« genannten Kreationen getragen haben. Oder vielleicht den »Turban von Gaze, vorn mit goldener Ähre« verziert.[8] Und wir stellen uns zudem vor, wie sie auch in der Unterhaltung von Frau zu Frau gar nicht daran denkt, einen Hehl aus ihrer rhetorischen Naturbegabung und enormen Wissensfülle zu machen. Von Charlotte Schiller, die in wenigen Tagen das zweite Kind erwartete, wurde hingegen berichtet, sie sei in »schwarzen wollenen Strümpfen zu weißen Lederschuhen … bei Hofe erschienen« und habe es überhaupt »mit ihrem Aufzug nicht allzu genau genommen, sei nachlässig, ja nicht einmal besonders reinlich gewesen«. Und in Bezug auf ihre Rede? Einschläfernd langweilig.[9]

Obwohl Herrn Schillers erster Eindruck von der Neubürgerin kein schlechter war, mochte er seiner Wahrnehmung nicht wirklich trauen. Vermutlich, unkte er in einem Brief an Wilhelm von Humboldt, komme der bekannte Stachel der berüchtigten Dame noch zum Vorschein. Für den 11. Juli war man erneut verabredet. Die Schlegels befanden sich bereits auf dem Anmarsch, als sie mit der Nachricht abgefangen wurden, den Schillers sei vor einer Viertelstunde ein weiterer Knabe, Ernst, geboren worden. Folglich lenkten sie nun ihre Schritte in Richtung der seit einigen Monaten mit ihnen verwandten Hufelands. Im vergangenen März hatte Luise Michaelis, zur großen Erleichterung ihrer Mutter sowie zu ihrer eigenen, den Braunschweiger Arzt Christian Rudolf Wilhelm Wiedemann geheiratet, dessen Schwester[10] seit geraumer Zeit mit dem Jenaer Juraprofessor Gottlieb Hufeland ehelich verbunden war.

Als Nächstes stand die bedeutsame Visite bei Christian Gottfried Schütz auf dem Programm. Vom beifälligen Kopfnicken oder abweisenden Kopfschütteln des Professors für Poesie und Beredsamkeit hing nämlich die Entwicklung der wirtschaftlichen Lage der Schlegels noch um Vieles mehr ab als vom Ja oder Nein eines Friedrich Schiller. Völlig zu Recht stand der Hauptherausgeber und Hauptredakteur der ›Allgemeinen Literatur-Zeitung‹ in dem Rufe außergewöhnlich guter Honorierung eingelieferter Aufsätze und Buchbesprechungen. Hinzu kam Schütz' beachtlicher Bedarf an Beiträgen und Beiträgern, da das führende deutsche Presseorgan wöchentlich sechsmal erschien.

Diese Annäherung funktionierte absolut tadellos. Auf wechselseitige Treffen daheim folgten gemeinsame Ausflugsfahrten der Ehepaare. Nur das Aufheben, das Anna Henriette Schütz von ihrem freizügig dargebotenen Busen machte, fand Caroline schamlos übertrieben – und übersah dabei jene noch größere Gefahr, die von der jungen Professorengattin Elisabeth Friederike Caroline Paulus ausging. Schon in seinem ersten Ehejahr dehnte August Wilhelm Schlegel den regen geistigen Austausch mit dem Orientalisten Heinrich Eberhard Gottlob Paulus auf erotische Spielereien mit dessen Frau aus. »Sag der Mutter, sie soll ja ein Auge auf [August] Wilhelm haben von wegen der Paulusschen Liebschaft«, warnte Friedrich Schlegel von Ferne, aus Berlin, in einem seiner Briefe an die elfjährige Auguste.[11]

Zur Kontaktaufnahme mit der bezaubernden Sophie Mereau ließ Caroline es in Jena gar nicht erst kommen. Es war in zweierlei Hinsicht angeraten, von der vielseitig begabten und erwartungsgemäß von ihrem Ehemann enttäuschten Schriftstellerin Abstand zu halten. Zum einen hieß es, die Mereau könne mit keinem ausgewachsenen männlichen Wesen in einem Raume sein, ohne von ihm umarmt zu werden. Zum anderen drohte Caroline für den Fall, dass sie Freundschaft mit ihr geschlossen hätte, der Vorwurf der Gesinnungsgenossenschaft, schimpfte man doch auch Sophie eine unpatriotische Parteigängerin der französischen Revolutionäre und unbelehrbare Kokotte.[12]

In der Tat gab es nützlichere Verbindungen.

Sie lebte nicht einmal eine Woche in seiner Nähe, als ihr Freund Goethe aus Weimar sich bei Caroline melden ließ. »Es hat mir große Freude gemacht [ihn], und zwar so holdselig, wiederzusehn«, berichtete sie stolz nach Gotha. »Er sprach davon, wie lustig und unbefangen wir damals [in Mainz] noch alle gewesen wären, und wie sich das nachher so plötzlich geändert« habe.[13] Niemandem blieb die Vorzugsbehandlung verborgen. Keiner am Ort, außer den Schillers, durfte wie Caroline von sich und Goethe sagen: »gestern habe ich mit ihm soupirt, heute werd ich mit ihm soupiren und nächstens gebe ich ihm selbst eine Fête«.[14] Im Herbst konnte Luise Gotter kundgetan werden, wie sicher und wie »über alle Maaßen wohl« die Freundin sich fühlte: »[Ich] habe mich recht angesiedelt, mit dem Gefühl, als wenn meines Bleibens hier seyn könnte … Nun geht es doch aber endlich über Stock und Block, die wir hinter uns laßen, weg, im graden Gleise.« Einzig Auguste, »die reine Güte« und »täglich niedlicher«, lebe noch in der Erinnerung.[15]

Bereits zu Beginn des Monats August 1796 war Friedrich Schlegel zu Bruder und Schwägerin gestoßen. Sein größter Wunsch ging damit in Erfüllung.[16] Ihr Umzug in Jenas Zentrum erfolgte in der ersten Oktoberhälfte. Die neue Adresse, Leutragasse 5, zählte zu den besseren in der Stadt. Das Herrichten und Einrichten der Räume im Rückgebäude des Döderleinschen

Hauses[17] fand unter Regie der Hausfrau statt. Allein die Vorstellung von Unordnung hatte August Wilhelm vorübergehend in die Flucht getrieben; kein Fädchen konnte der, laut Caroline, penibelste Mann auf der Welt liegen sehen, ohne darüber zu stolpern.

Ein in der Berlin-Brandenburgischen Akademie der Wissenschaften verwahrter, auch in Bezug auf die frühe Jenazeit der Schlegels bislang unbeachtet gebliebener Brief gibt – andere Annahmen korrigierend – Aufschluss über die ursprünglich vorgenommene Zimmerverteilung. Carolines Salon, von der Größe eines Saales, mit fünf Fenstern zum Hof hinaus, befand sich im Parterre. Dort gab es zwei weitere Räume, wovon einer für Auguste bestimmt war. August Wilhelms Studierstube lag in der ersten Etage wie das Schlafzimmer des Ehepaares. Friedrich bewohnte das Dachgeschoss.[18] Die Privatsphäre der Dienstmagd beschränkte sich vermutlich, entsprechend den damaligen Gepflogenheiten, auf ein winzig kleines Gelass ohne Frischluftzufuhr, angrenzend an die sommers wie winters glutheiße Küche.

Dank der Fürsorge des jüngeren Schlegel legte Auguste in puncto Bildung kräftig zu. »Onkel Fritz« hatte Mitleid mit der Kleinen, die er einmal einen »weiblichen Odysseus« nannte.[19] Soweit das Kind zurückdenken konnte, war sein Leben von Irrfahrten und Kursänderungen bestimmt gewesen. Auf Clausthal folgte Göttingen, auf Göttingen Marburg, auf Marburg Göttingen, auf Göttingen Mainz, auf Mainz Königstein, auf Königstein Kronberg, auf Kronberg Leipzig, auf Leipzig Lucka, auf Lucka Gotha, auf Gotha Braunschweig, auf Braunschweig Jena … Indirekt warf Friedrich Caroline die Beliebigkeit und die Einseitigkeit von Augustes Erziehung vor. Für die Vermittlung von Rechen- und Griechischkenntnissen zeichnete von nun an er selbst verantwortlich. Wie sehr ihn, im allerbesten Sinne, der Umgang mit dem Mädchen erfreute, verdeutlichen uns Friedrichs einzigartig zärtliche Briefe an das »Liebste Augustchen«, »Augustin-

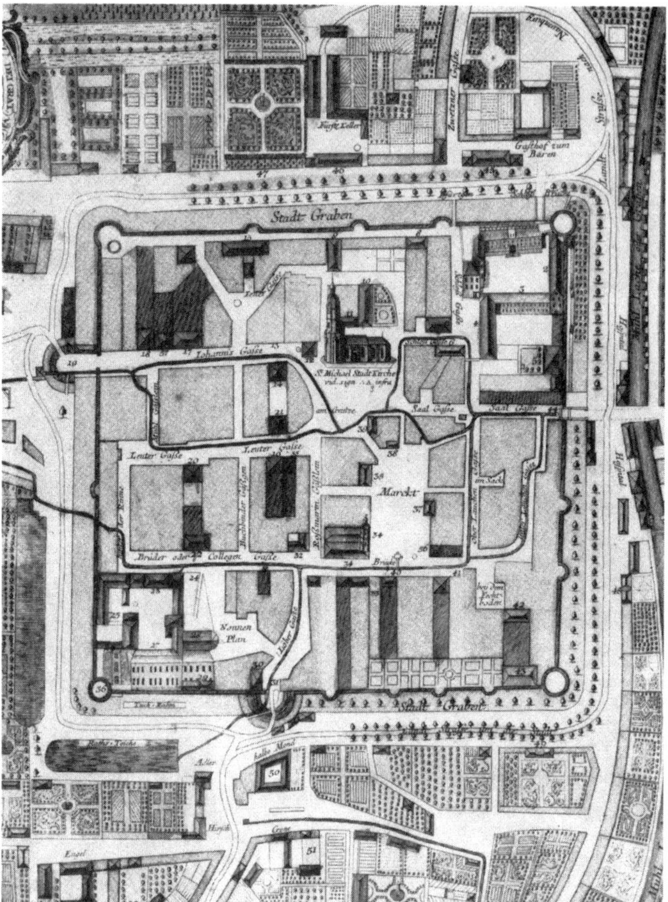

Jena
Stadtplan um 1758

chen« oder »Herzblättchen«. »Begreifst Du wohl, daß man so ein Kind so lieben kann, wie man nur einmahl liebt, wenn man auch mehrmals etwas glücklich ist, und wogegen alles andre nichts ist?«, fragte er Friedrich von Hardenberg (Novalis), nachdem die gewinnende Art der kleinen Böhmer auch den Freund gefangen genommen hatte.[20]

Die Frage, warum die zweite Ehe Carolines kinderlos blieb, muss offen bleiben. Falls aber jenem Satz, der zu Beginn des Jahres 1797 in einem Brief an den Leipziger Vertrauten und werdenden Vater Göschen als scherzhafte Anmerkung daherkam, auch nur ein Funke Ernsthaftigkeit innewohnte, dann hätte Caroline es sich anders gewünscht: »Gerne möchte ich wißen, wie sich die ›liebe Gattin‹ befindet, und ob es noch so dabey geblieben ist, daß sie im Frühling niederkömmt ... Aus mir spricht der Neid – merken Sie das nicht?«[21]

Wenige Tage vor dem Weihnachtsfest hatten die Schlegels das Zentrum deutscher Dichter und Denker angesteuert. In vollen Zügen genoss Caroline die Zusammenkünfte mit Weimars geistigen Hauptakteuren. »Wer mich entzückt und fast verliebt gemacht hat, das ist Herder ... So hat mir denn seit langer Zeit kein Mensch gefallen.«[22] Den unübertrefflichen Goethe natürlich ausgenommen. Bei ihm waren sie und August Wilhelm zu einem »Litterarischen Gastmahl« eingeladen, »ein allerliebstes Diner, sehr nett, ohne Überladung, legte alles selbst vor, und so gewandt, daß er immer dazwischen noch Zeit fand, uns irgend ein schönes Bild mit Worten hinzustellen ... oder sonst hübsche Sachen zu sagen.«[23] Goethes Bitte, den abwesenden Schillers ausführlich Bericht zu erstatten, dürfte vor allem Caroline mit großem Eifer nachgekommen sein.

Seit Jugendjahren an die Betonung *ihrer* Bevorzugung durch den Geheimen Rat gewöhnt, stand Charlotte Schiller auch deshalb in Rivalität zu Caroline Schlegel. Unter anderem genährt durch die wachsende Skepsis seiner Frau fanden Friedrich Schillers Vorbehalte die prophezeite Bestätigung. So angenehm überrascht er anfangs von Madame Schlegels intellektueller Unabhängigkeit gewesen sein mag, so sicher entwickelte sie sich nun zum Störfaktor. Am meisten aber ärgerte ihn Carolines unbekümmertes Eindringen in geheiligte männliche Sphären. Es könne doch nicht angehen, schrieb er erbost an Goethe, dass sie vom ›Wilhelm Meister‹ schon genaueste Kenntnis besitze, während er selbst und andere Herren ersten literarischen Ranges den Druckbögen noch entgegenfieberten. Carolines Informationsvorsprung war umso bemerkenswerter, als nicht einmal der Verfasser des Romans die begehrten Bögen vor ihr in die Finger bekommen hatte. Was Schiller für den Gipfel weiblicher Impertinenz ansah, wertete Goethe jedoch als einen gelungenen Coup, und auch dass es Caroline fertig gebracht hatte, die giftigsten seiner und Schillers für den ›Musenalmanach‹ bestimmten, ironischerweise ›Xenien‹ (im Altertum der Begriff für Gastgeschenke, die Freunde untereinander austauschten[24]) genannten Ausfälle gegen literarische Zeiterscheinungen den am meisten Betroffenen zuzuspielen, bevor auch nur eine der satirischen Boshaftigkeiten an die große Öffentlichkeit gedrungen war, nötigte Goethe allenfalls Respekt ab.

Freilich bekam Schiller auch Wind von Carolines Herabwürdigung seines sakrosankten Werkes ›Wallensteins Lager‹. Ihr Beanstanden im Einzelnen? Zu pathetisch: Schiller »meint, es ist schon gut, wenn *ers* nur ausspricht«. Zu freudlos: Beim Vorspiel, ›Die Korsen‹ von August Kotzebue, habe das Publikum »mehr gelacht und applaudirt«.[25] Über die drei letzten Akte von ›Wallensteins Tod‹, im April 1799 auf die Bühne gebracht, sagte Caroline: »Wir haben in Weimar endlich den Wallenstein ums Leben gebracht – und wollen hoffen, daß er dadurch die Unsterblichkeit erlangt.« Schön und kraftvoll. Zugegeben. Aber das Ende! Es »thut keine Wirkung – man merkt den Fall des Helden kaum, an dessen Größe 11 Akte hindurch gebauet [wurde], um eine große Erschütterung durch seinen Sturz hervorzubringen. … Es ist eben ein Werk der Kunst allein, ohne Instinkt. Ich kann Dir

[Luise Gotter] nicht sagen, wie dagegen das Ende Shakesp[eare]-scher Trauerspiele, auch seiner politischen, das Herz erfüllen und bewegen.«[26] Im direkten Vergleich mit dem Weimarer Dichterfürsten unterstellte sie dem Heros von Jena Schwerfälligkeit: »Schiller hat doch in Jahren zu Stande gebracht, was Göthe vielleicht ... in einem Nachmittag hätte geschrieben.«[27]

Die sozial erstarkte Caroline neigte zu Härte. Einst von seinem romantischen Gedicht ›Oberon‹ sehr entzückt, verdammte sie den alternden Christoph Martin Wieland in Grund und Boden – derweil ihr von dem menschlich großen Poeten nichts als Hochachtung entgegengebracht wurde: »Ein Zunicken von der Schlegel«, meinte Wieland nämlich, sei ihm mehr wert als das »laute Geschnatter der ganzen auf der literarischen Gemeintrifft hüthenden Autorenheerde«.[28]

Sparsamer als mit gnadenlosen Verrissen ging sie mit einhelligem Lob um. Der Historiker Johannes von Müller bedankte sich überschwänglich für die unerwartet wohlwollende Beurteilung der Herausgabe eigener Briefe: »Niemals hat jemand so viel Wahres über mich, meine Lage, meinen Charakter in einer Rezension gesagt oder heraus dechiffriert aus einer meiner Schriften.«[29]

Rund ein Dutzend Besprechungen stammen nachweislich aus Carolines Feder. Die Dunkelziffer liegt im hohen zweistelligen, möglicherweise sogar dreistelligen Bereich. Entsprechend dem zeitgemäßen Umgang mit geistigem Eigentum weiblichen Ursprungs wurde nichts davon unter Carolines Namen gedruckt. Erst für seine im Jahre 1828 erschienenen ›Kritischen Schriften‹ rang Schlegel sich das Eingeständnis ab: »Die in der Inhalts-Anzeige mit einem Sternchen bezeichneten Stücke[30] sind nicht ganz von mir, sondern zum Theil von der Hand einer geistreichen Frau, welche alle Talente besaß, um als Schriftstellerin zu glänzen, deren Ehrgeiz aber nicht darauf gerichtet war.«[31] Letzteres darf bezweifelt werden. Im Juni 1796, kurz vor ihrer Heirat, erwähnte August Wilhelm eine von Caroline geschriebene, unbekannte Novelle. Das Manuskript lag zu diesem Zeitpunkt Schiller vor.[32] Ob sein Inhalt anonym veröffentlicht wurde, vermag niemand mehr herauszufinden. Dass die zeitweilig Caroline zugeschriebenen, 1804 ohne Verfassernamen erschienenen ›Nachtwachen von Bonaventura‹, ein Werk, das den Zweifel zum Denkprinzip erhebt, nicht von ihr stammen können, steht hingegen mittlerweile fest.[33]

Zur Rezensentin und Erzählerin kam die Fremdsprachenspezialistin Caroline. Vor Jahr und Tag in Braunschweig begonnen, wurde das Gemeinschaftswerk Shakespeare-Übertragung in Jena temporeich fortgesetzt. Oftmals saßen sie und August Wilhelm bis spät in die Nacht über Vorlagen oder Korrekturen. Sechzehn aus dem Englischen ins Deutsche übertragene Stücke gingen bis 1801 in rascher Folge an den Berliner Verleger Unger.[34] Ein Mammutunternehmen! Ein Kraftakt! Und im Ergebnis: »Ein harmonisches Wunder«![35] Unübertroffen bis in die Gegenwart. Im Stile der Schlegels übersetzen hieß Erschaffung von poetisch Gleichwertigem. Bis dahin waren – durch Wieland und Eschenburg etwa – lediglich Prosaübertragungen der Shakespeare-Dramen vorgenommen worden; sie lagen den zahlreichen Theaterbearbeitungen zugrunde.

Wer in den handschriftlichen Übersetzungstexten nach Carolines Anteil an der frühromantischen Neuentdeckung des genialen englischen Dramatikers fahndet und nach *ihren* Wortfindungen, *ihren* Hervorhebungen und Nachbesserungen, *ihrem* Ausfeilen und Glätten sucht, darf im Gewirr der Randnotizen den Überblick nicht verlieren. Erst seitdem im Jahre 1998 ein verschollen geglaubter Teilnachlass August Wilhelms nach Deutschland zurückgekehrt ist,[36] genauer in die Handschriftenbestände der Sächsischen Landes- und Universitätsbibliothek zu Dresden, sind Carolines Beiträge zur Shakespeare-Übersetzung, insoweit sie erkennbar Niederschlag fanden, wieder nachprüfbar.[37]

Mal beharrte August Wilhelm auf den von ihm bevorzugten Reimcouplets, mal setzte Caroline sich mit ihren Vorstellungen durch. Mitunter lief es auf Kompromisse hinaus, wie bei den Schlussversen von ›Romeo und Julia‹:

Vorschlag August Wilhelm – »Denn niemals gab's ein so unglücklich Paar/Als Julia und ihr Geliebter war.«

Vorschlag Caroline – »Denn niemals gab es ein so traurig Los/Als Juliens und Romeos.«

Im Druck – »Denn niemals gab es ein so hartes Los/Als Juliens und ihres Romeos.«[38]

Dem männlichen Schriftzug der, ein anderes Beispiel, aus »questionable« ein »lockend« gemacht hatte, hielt Caroline von ihrer Hand das korrekte »fragwürdig« entgegen.[39]

Die Endredaktion legte Schlegel mit Sicherheit stets in die Hände seiner Frau. Dass Caroline beim Kopieren – oftmals bei schwachem Kerzenschein und leicht unkonzentriert vor lauter Müdigkeit – hier und da Flüchtigkeitsfehler unterliefen, scheint ihn nicht sonderlich gestört zu haben.

Auch an ihn gerichtete, schriftliche Erläuterungen Carolines zur ›Romeo und Julia‹-Übersetzung, zusammen genommen eine klug aufgebaute Hintergrundanalyse, dienen als überzeugende Beweise für die vertrauensvolle Teamarbeit. Denn im sechsten Heft der ›Horen‹ für das Jahr 1797 erschien unter Schlegels Signum eine systematische Untersuchung der schicksalhaften Begegnung der zwei jungen Menschen, die den weiblichen Vorgaben in weiten Teilen folgte und ganze Passagen aus den Briefen seiner Frau nahezu wortgetreu wiedergab. Darunter ihr mitfühlendes Plädoyer zugunsten der tragischen Heldin: »Julie ist nichts wie Liebe … Zürnt nicht mit Julien, daß sie so leicht gewonnen wird – sie weiß von keiner andern Unschuld als ohne Falsch dem mächtigen Zuge zu folgen. In Romeo kan nichts ihre Zartheit, und die feinen Forderungen eines wahrhaftig von Liebe durchdrungnen Herzens zurück scheuchen und beleidigen. Sie redet frey mit sich und ihm, sie redet nicht mit vorlauten Sinnen – sondern nur laut, was das sittsamste Wesen denken darf.«[40]

Ohne Caroline neben sich war August Wilhelm übersetzerisch faktisch blockiert.[41] »Du glaubst nicht, wie unentbehrlich ich dem Freund Schlegel bin … Er hat niemand wie mich«, berichtete sie im September 1797 Luise Gotter.[42] In der Erinnerung von Ludwig Tieck vertraute Schlegel *immer*, wenn er unsicher war, auf das Urteil Carolines. Überhaupt sei der »weibliche Geist« ungeheuer ernst genommen worden: »viele der künftigen Literatoren werden es vielleicht nicht glauben wollen, wie sehr edle … Frauen in unserer deutschen Literatur den Ausschlag gegeben haben«.[43]

Von der Zunahme der atmosphärischen Störungen in rein privaten Bereichen verriet Caroline der Gothaer Freundin nichts. August Wilhelm aber brachte die Ambivalenz der Gefühle gleich in den ersten Zeilen seiner insgesamt von Dankbarkeit gegenüber der unverzichtbaren Helferin geprägten poetischen »Zueignung des Trauerspiels ›Romeo und Julia‹« zum Ausdruck:

»Nimm dieß Gedicht, gewebt aus Lieb' und Leiden,
Und drück' es sanft an deine zarte Brust.
Was *dich* erschüttert, regt sich in uns beiden,
Was *du* nicht sagst, es ist mir doch bewußt.
Unglücklich Paar! und dennoch zu beneiden …«[44]

Überdies machte auch der Schwager regen Gebrauch von Carolines scheinbar unerschöpflicher Schaffenskraft. Seit Juli hielt er sich wieder in Berlin auf. Erstens war Friedrich Schlegel vor Friedrich Schiller auf der Flucht. Dazu später mehr. Zweitens hing seine Rückkehr in die aufstrebende Metropole mit dem Verblassen seines Traumbilds von einer rundum beglückenden Dreierbeziehung in Jena zusammen; nach fast einem Jahr Zusammenlebens standen er und Caroline noch immer nicht auf dem Duzfuß. Drittens verband sich die Wiederholung des Aufenthaltes an der Spree mit der Hoffnung auf Intensivierung der Kontakte zu Preußens geistiger Elite.

Kulturell war das Berlin der Jahrhundertwende eine Stadt im Aufbruch. Theaterliebhaber kamen in den Genuss sensationeller Bühnenereignisse. Unter dem Einfluss bedeutender Architekten und Bildhauer nahm das Stadtinnere zwischen Tiergarten und Nikolaiviertel Schaucharakter an. Nicht nur das Brandenburger Tor, 1791 von Langhans fertiggestellt und mit Schadows Quadriga gekrönt, entstand nach antikem Vorbild. Klassische Einfachheit bestimmte auch das Wohnen – Arbeitstisch, Stühle, Kommoden, Sofa, einzelne Kupferstiche und Gipsstatuen; helle Vorhänge für die Fenster, Wände in Blaugrau und zartem Grün, geometrische Fliesenmuster am Boden. Außergewöhnlich qualifizierte Bildungsbürgerinnen richteten in ihren guten Stuben »eine Art private Universität«[45] ein. Im berühmtesten der Salons in der Neuen Friedrichstraße 22, dem von Henriette Herz, einer jungen (1803 verwitweten) Arztfrau bester jüdischer Herkunft, gab Berlins intellektuelle Hautevolee sich regelmäßig ein Stelldichein. »Niemand kam um eines Soupers willen, sondern um unter liebenswürdigen Menschen ein paar Stunden lang plaudernd und scherzend sich's wohl sein zu lassen.«[46] Politisch herrschte im Machtzentrum König Friedrich Wilhelms III. Stillstand.[47] Vom wachsenden Chor der bürgerlichen Rufer nach Emanzipation und Gesellschaftsreform fühlten Friedrich Schlegel und seinesgleichen sich kaum angezogen.

Der so gut wie mittellose Fünfundzwanzigjährige hatte andere Sorgen, litt er doch in Berlin unter der massiven Bedrohung durch seine ganz persönlichen Feinde Erwerbsarbeit und Leistungsdruck. Hier wartete Verleger Johann Friedrich Reichardt auf Beiträge für die Journale ›Deutschland‹ und ›Lyceum‹. Da harrten seine ›Historischen und kritischen Versuche über das klassische Altertum‹ der Fertigstellung und ebenso die Abhandlungen über ›Georg Forster‹ sowie ›Über Lessing‹. Und nicht zu vergessen der bevorstehende Probelauf des vom Bruder und ihm ins Leben gerufenen Forums für »Meisterstücke der höhern Kritik und Polemik«.[48] Wie aber auf die Schnelle an die August Wilhelm längst zugesagten Beiträge für die ›Athenäum‹ getaufte Zeitschrift kommen?

Im November wurde Caroline von Friedrich zu umgehender Fertigung und Lieferung von Buchbesprechungen aufgefordert; je mehr sie ihm schicke, desto besser. Darüber hinaus enthielt der Hilferuf den nicht minder zeitraubenden Auftrag, in seinen eigenen und August Wilhelms und Novalis' Briefen oder in wessen Schrifttum auch immer nach druckreifen oder auf Druckreife trimmbaren »Fragmenten«[49] zu suchen. Allmählich entwickelte sich der »esprit de Caroline«[50] zur festen verlegerischen Größe. Überraschend war nur, wie mimosenhaft Friedrich neuerdings auf ihn persönlich betreffende Einmischungen der Schwägerin reagierte. »Deine Frau hat mir einen sehr heftigen und beleidigenden Brief … geschrieben«, hielt er Anfang 1798 August Wilhelm vor. Ihr Vergehen? Sie hatte Friedrichs fürs ›Athenäum‹ ausgewählte Fragmente »zu lang« genannt und kürzen wollen; »freylich eine von den Bemerkungen – worauf einem die Antwort in der Kehle stecken bleibt«.[51] Carolines Replik enthielt den Vorwurf »reichlicher Empfindlichkeit aus Eitelkeit«.[52] Hervorgerufen durch, aber davon wusste sie noch nichts, konkurrierende weibliche Einflussnahme. Weil also den Jenaer Familienangehörigen die Existenz eines Berliner Caroline-Schlegel-Surrogats verschwiegen wurde, blieb ihnen auch das subtile Verdrängungskonzept von Friedrichs neuer Muse zunächst verborgen.

Dennoch spielte nun zur Abwechslung er den Schöpfergeist für Caroline. Denn um der Gerechtigkeit willen sei gesagt, dass allein Friedrich von der Ausbaufähigkeit ihrer literarischen Begabung überzeugt war und ihr auch die Wege zu schriftstellerischem Neuland wies – mit gewissen Einschränkungen allerdings: »Ich habe immer geglaubt, Ihre Naturform – denn ich glaube, jeder Mensch von Kraft und Geist hat seine eigenthümliche – wäre die Rhapsodie«, Gedichte im freien Rhythmus oder balladeske Fantasien folglich. »Es wird Ihnen vielleicht klar, was ich damit meyne, wenn ich hinzusetze, daß ich die gediegene feste klare *Masse* für Wilhelms eigentliche Naturform, und *Fragmente* für die meinige halte.« »Sollten Sie jemahls einen Roman schreiben: so müßte vielleicht ein andrer den Plan machen, und wenn nicht das Ganze aus Briefen bestehn sollte, auch alles darin schreiben, was *nicht* in Briefen wäre.« »Seyn Sie also ja vorsichtig bey der Wahl der Form, und bedenken Sie, daß *Briefe* und *Recensionen* Formen sind, die Sie ganz in der Gewalt haben.« »Was sich aus Ihren Briefen drucken ließe, ist viel zu rein, schön und weich, als daß ich es in Fragmente gleichsam zerbrochen, und durch die bloße Aushebung kokett *gemacht* sehn möchte. Dagegen denke ich, es würde mir nicht unmöglich seyn, aus Ihren Briefen *Eine* große philosophische Rhapsodie zu – diaskeuasiren«, das hieß: zusammenzuredigieren. »Was meinen Sie dazu?«[53] Immerhin fand Caroline die Anregungen Friedrichs überlegenswert. Bevor jedoch das hübsch Gedachte konkrete Gestalt annehmen konnte, waren sie und er heillos zerstritten.

So wie alle Schlegels mit Schiller.

Genau genommen war der jüngste der drei schon seit Ende Juli 1796 mit dem Dichter über Kreuz. Kurz bevor Friedrich nach Jena gekommen war, hatte er ihm, angeheizt durch vorausgegangene grundsätzliche Meinungsverschiedenheiten, jede lyrische Kompetenz abgesprochen und als Beispiel Schillers ›Würde der Frauen‹ herangezogen – eine Lobeshymne auf das duldsame Hausmütterchen, die folgendermaßen anhebt:

»Ehret die Frauen! Sie flechten und weben
Himmlische Rosen ins irdische Leben,
Flechten der Liebe beglückendes Band.
Sicher in ihren bewahrenden Händen
Ruht, was die Männer mit Leichtsinn verschwenden,
Ruhet der Menschheit geheiligtes Pfand.

Ewig aus der Wahrheit Schranken
Schweift des Mannes wilde Kraft,
Und die irren Tritte wanken
Auf dem Meer der Leidenschaft.
Gierig greift er in die Ferne,
Nimmer wird sein Herz gestillt,
Rastlos durch entlegne Sterne
Jagt er seines Traumes Bild.
…«

Wenn dieses salbungsvolle Elaborat den Anforderungen an gute Poesie auch nicht entspräche, so habe es doch, trieb Friedrich in seiner Kritik für ein Berliner Journal die Häme auf die Spitze, das Zeug zum Lacherfolg, vorausgesetzt, man lese es Zeile für Zeile von hinten nach vorne. Außerdem redete er die Schillerschen ›Horen‹ systematisch schlecht und begründete den zunehmenden Qualitätsverlust, ohne Rücksichtnahme auf den Bruder, mit dem Überangebot an literarischen Übersetzungen. Im Frühjahr 1797, nachdem Friedrich auch ›Agnes von Lilien‹, dem Romandebüt von Schillers viel geliebter Schwägerin,[54] die Existenzberechtigung abgesprochen hatte, holte dieser zum Gegenschlag aus. Die Wirkung auf den Herausforderer blieb vergleichsweise schwach, weil der junge Schlegel, als das Scharmützel auf seinen Höhepunkt zusteuerte, schon auf dem Absprung nach Berlin war. Der tatsächlich Leidtragende hieß August Wilhelm. Ihm wurde Illoyalität vorgeworfen und nach den Gesetzen der Sippenhaftung sowohl die Freundschaft aufgekündigt als auch der Geldhahn zugedreht: Bis jetzt wäre es ihm zwar ein Vergnügen gewesen, schrieb Schiller Ende Mai 1797 süffisant an den älteren der Schlegel-Brüder, »Ihnen durch Einrückung Ihrer Uebersetzungen aus Dante und Shakespeare in die Horen zu einer Einnahme Gelegenheit zu geben, wie man sie nicht immer haben kann, da ich aber annehmen muß, daß mich Herr Friderich Schlegel zu der nehmlichen Zeit, wo ich Ihnen diesen Vortheil verschaffe, öffentlich deßwegen schilt, und der Uebersetzungen zuviel in den Horen findet, so werden Sie mich für die Zukunft entschuldigen.«[55]

Letztlich aber wurde Caroline gewissermaßen für die Initiatorin respektive Drahtzieherin gehalten. Schillers angebliche Umbenennung von Madame Schlegel in »Dame Lucifer«[56] könnte also in etwa diese Zeit gefallen sein.

Am 3. Juni 1796 teilte Schiller dem alten Freund und verlässlichen Dresdner Vertrauensmann Christian Gottfried Körner mit, er habe »mit Schlegels den Umgang aufgehoben«.[57] August Wilhelm war mit seinem Schadensbegrenzungsversuch, zwei Tage zuvor an Schiller abgeschickt, also ebenso gescheitert wie Caroline mit ihrem eindringlichen, als Postskriptum angefügten Appell: »Vergönnen Sie mir selbst zu bestätigen, was mein Mann Ihnen in meiner Seele betheuert hat. Ich habe so wenig wie er je den entferntesten Antheil an dem Vorgefallnen genommen – ich habe die Rezension, von der jezt die Rede ist, noch bis diese Stunde nicht gesehn, und mische mich in so verwickelte Dinge nicht. Wir verehren und lieben Sie so aufrichtig, daß diese grade und feste Gesinnung uns auch auf einen graden Weg führte, wenn noch so viel anscheinende Collisionen da waren. Vergeben Sie mir, daß ich diese Versichrung jezt nicht unterdrücken kan, da Schlegel in Gefahr ist ein Glück einzubüßen, wovon ich weiß, wie sehr es ihm am Herzen liegt.«[58]

Für Ärger und Wut und Machtlosigkeit gibt es verschiedene Ausdrucksformen. Eine davon ist Ironie. In August Wilhelms Nachlass fand sich eine damals entstandene, berühmt gewordene Parodie auf Schillers oben zitiertes Gedicht:

»Ehret die Frauen! Sie stricken die Strümpfe,
Wohlig und warm, zu durchwaten die Sümpfe,
Flicken zerrissene Pantalons aus;
Kochen dem Mann die kräftigen Suppen,
Putzen den Kindern die niedlichen Puppen,

Halten mit mäßigem Wochengeld Haus.
Doch der Mann, der tölpelhafte,
Find't am Zarten nicht Geschmack.
Zum gegornen Gerstensafte
Raucht er immerfort Tabak;
Brummt, wie Bären an der Kette,
Knufft die Kinder spat und fruh;
Und dem Weibchen, nachts im Bette,
Kehrt er gleich den Rücken zu.
…«

Dass auch Schillers ›Lied von der Glocke‹ die Mitglieder des Frühromantikerkreises hat fast von den Stühlen fallen lassen vor Lachen, gab Caroline etwas später zum Besten.[59]

Dem Verlust der Schillerkontakte stand die Ausweitung sonstiger Begegnungen gegenüber.

Beginnend indes mit einer im ersten Schreck nicht sonderlich begeistert aufgenommenen Besuchsankündigung. Im Frühherbst des Jahres 1797 nutzte »Regierungsräthin« Liebeskind, vormals Forkel, mit Mann und »2 Liebesfrüchten«, so Caroline, eine Durchreise zu einer Kurzvisite.[60] Alles, was mit ihrem Mainzer Vorleben in Verbindung stand, hätte Caroline am liebsten ignoriert. Letztendlich verlief das Treffen erfreulicher als gedacht.

An der Auffrischung der Freundschaft mit Göschen war Caroline hingegen sehr gelegen. Besonders, nachdem das Erschließen von Ersatzeinnahmequellen notwendig geworden war. Dem mehrtägigen Aufenthalt des Leipziger Verlegers im Schlegelschen Haus im November war eine wochenlange briefliche Charmeoffensive und Schmeichelkampagne vorausgegangen.

Zum Weihnachtsfest traf, seit Monaten eindringlich eingeladen, Luise Gotter mit den drei Töchtern in Jena ein. Im März hatten sie den Ernährer verloren und mit ihm den größten Teil ihrer schon zuvor kargen Einkünfte sowie die eigene Wohnung. Gottlob war der Witwe die Rückkehr ins Elternhaus möglich gewesen. Beim Ordnen der schriftlichen Hinterlassenschaft von Friedrich Wilhelm Gotter war Caroline sehr behilflich. Sie sichtete das Konvolut, fertigte Exzerpte fürs ›Athenäum‹ beispielsweise, nahm Manuskriptkorrekturen vor und setzte sich mit allen ihr zur Verfügung stehenden Mitteln für eine möglichst lukrative Verwertung der vorwiegend aus Theaterstücken oder Opernlibretti bestehenden Texte ein.

Auguste durfte, zu ihrer großen Freude, ihr Zimmer noch bis ins Frühjahr hinein mit der nach Abreise von Mutter und Schwestern in Jena zurückgebliebenen fünfzehnjährigen Cecilie Gotter teilen.

Anfang Mai 1798 steuerte Caroline, ihr neuer Nachname machte es möglich, in Begleitung der Tochter Dresden an und erfüllte sich damit einen alten Wunsch. Etwa zeitgleich setzte August Wilhelm sich in Richtung Berlin in Bewegung. Dort erwarteten ihn a) letzte Arbeiten am ersten ›Athenäum‹-Heft, b) Mithilfe bei der Vorbereitung einer Aufführung des neuen deutschen ›Hamlet‹ und c) Friederike Unzelmann, eine Schauspielerin, für die er eine ausgeprägte Schwäche hatte. Dass ihr Mann in Berlin der ebenfalls nicht abgeneigten Diva heftig den Hof machte, konnte Caroline einem Schreiben Ifflands entnehmen. Fraglich ist, ob der Theaterdirektor sie mit seiner Bemerkung »zum wenigsten waren die häufigen Gewissensbisse immer ein gutes Zeichen« in Sicherheit wiegen oder in Harnisch bringen wollte.[61] Nachdem auch der keineswegs reuige Sünder, gemeinsam mit Bruder Friedrich, in Dresden eingetroffen war, stellte Caroline die Ausgewogenheit wieder her, indem sie Worten ihres Mannes an Iffland, die mit der Ankündigung »Meine Frau will einige Zeilen hinzufügen und das kann ich ihr nun schon nicht nehmen« endeten, die Sätze folgen ließ: »Es ist wohl nicht mehr wie billig, daß mir dieses Freund A. W. Schlegel zugesteht, zu thun was ich will, denn was habe ich ihm nicht alles in Berlin erlaubt. Ach und wie schlecht haben Sie ihn gehütet! Hatte ich ihn Ihnen nicht anvertraut?« Daraufhin noch einmal August Wil-

Der Neumarkt zu Dresden im 18. Jahrhundert
links die Gemäldegalerie
Radierung von Bernardo Bellotto, genannt Canaletto

helm: »Grüßen Sie Mad. Unzelmann schönstens. Sie sehen, dies habe ich pfiffiger Weise bis zum Siegeln des Briefes aufgespart.« Darunter dann, erneut von Carolines Hand, der triumphierende Hinweis: »Ich hab es doch gesehn!«[62]

Im Brief an Luise Gotter verbarg die Mittdreißigerin ihre Betroffenheit ebenfalls hinter Spöttelei: »Dem kleinen Freund hat es [in Berlin] sehr gefallen und er hat viel gefallen – Du glaubst nicht, wie er fetirt worden ist von Männern, sogar Ministern, sogar Frauen, sogar Schauspielerinnen« – woraufhin er »einige zärtliche Seufzer« [sechs Gedichte] an die »Diaboline Unzelmannin« zurückgelassen habe.[63] In Wirklichkeit trafen sie August Wilhelms, in einem Anflug von Wahrhaftigkeit »Frivolitäten«[64] genannte Seitensprünge bis ins Mark. Auf den wunderherrlichen Dresdner Sommer des Jahres 1798 sollte aber kein Schatten fallen.

So oft als möglich kam der sechsundzwanzigjährige Friedrich von Hardenberg/Novalis, hier Studierender der Bergwissenschaften, da Schöpfer poetischer ›Blütenstäube‹ und der legendären »Blauen Blume« der Romantik,[65] von der Freiberger Akademie am Erzgebirgsrand herunter in die Kunststadt an der Elbe. Zu den Nutznießern der inspirierenden Wechselberührung zählte auch der gleichaltrige, sprach- und weltgewandte, in Deutschland verwurzelte Norweger Henrich Steffens.[66] Ihn, den Naturphilosophen, Geologen und Schriftsteller, hatten die Schlegels bereits in Jena kennen gelernt. Ähnlich verhielt es sich mit dem aus Hamburg stammenden Jurastudenten Johann Diederich Gries. Der dilettantisch schreibende und professionell vom Italienischen ins Deutsche übersetzende Dreiundzwanzigjährige hatte Caroline, sein Idol, und Auguste, seinen Liebling, nach Dresden begleitet. Obgleich seine Natur mehr in die elegische Richtung ging, wurde ihm Neigung zu Ulk und Satire nachgesagt. In Jena standen Gries die Türen aller prominenten Häuser offen, wozu sein trotz ausgeprägter Schwerhörigkeit (Caroline: »die taube Nuß«[67]) hervorragendes Klavierspiel beigetragen haben dürfte.

Friedrich[68] Wilhelm Joseph Schelling traf am 18. August in Dresden ein und blieb bis zum 1. Oktobertag, viel länger als ursprünglich geplant. So viele Vergnüglichkeiten wie diese Stadt hatte noch keine Lebensstation für ihn bereitgehalten. Er führte sie in einem Brief an seine Eltern als Grund für wochenlanges ungewohntes Schweigen an und verband seine Entschuldigung mit dem rhetorischen Seufzer »Aber, warum mußt ich auch gerade nach Dresden reisen …?« Vor allem wohl um einer schicksalhaften Begegnung willen. Denn auch das schrieb Schelling am 20. September an die Lieben daheim im Schwabenland: »Ich sage Ihnen nur mit wenigen Worten, daß ich hier glücklicher, als ich es in langer Zeit [nicht] mehr gewohnt war …«[69]

Gries beschrieb den bemerkenswerten Neuling im Freundeskreis mit den Worten: »Schelling ist einer von den wenigen

Novalis – Friedrich Freiherr von Hardenberg (1772–1801)
Kupferstich von Eduard Eichens, 1795

Menschen, deren persönlicher Umgang den vortheilhaften Eindruck ihrer Schriften noch erhöht. … sein Aeußeres ist … kraftvoll und energisch wie sein Geist. Die Großheit seiner Ideen entzückte mich oft; ich fühlte mich selbst durch ihn erhoben; in unseren politischen Ideen trafen wir meist zusammen. Der Schwung seines Geistes ist höchst poetisch, wenn er gleich nicht das ist, was man einen Dichter nennt.«[70] Tatsächlich trat Schelling mit unnachahmlicher Bestimmtheit auf. Schon in seinen hellen, großen, klaren Augen, sagte man, käme die ganze gebieterische Macht seines Wesens zum Ausdruck.

Und das nun ist Friedrich Schellings bisheriger Werdegang in gedrängter Zusammenfassung:

Am 27. Januar 1775 im württembergischen Leonberg geboren, wuchs er in einer protestantischen württembergischen Familie in Bebenhausen auf, wohin sein Vater, einer der führenden Orientalisten und Michaelis-Schüler, als Professor ans Höhere Theologische Seminar berufen worden war. Geringe körperliche Größe suchte der Knabe durch Gewandtheit und bissige Späße auszugleichen, lebhaft war er immer und oftmals ungestüm. Mit acht gab man den hochbegabten Buben ins Haus eines Onkels, der in Nürtingen lebte. Nach nur drei Jahren Lateinschulunterricht war der Wissensreichtum seiner Lehrer erschöpft.

Mit fünfzehn trat Schelling ins Tübinger Herzogliche Theologische Elitestift für zukünftige Pfarrgeistliche ein, wo Friedrich Hölderlin und Georg Wilhelm Friedrich Hegel, beide um fünf Jahre älter als er, die Stube mit ihm teilten. Zeitgleich begann der Frühentwickelte das Studium an der Philosophischen Fakultät der Tübinger Hochschule. Jedweder Obrigkeitshörigkeit abhold, konnte ihn nicht einmal die Androhung drakonischer Bestrafung vom unerschrockenen Eintreten für die erklärten Ziele der Französischen Revolution abhalten. 1792, nach seiner Ernennung zum Magister artium und nach dem Erwerb eines ersten Doktorhutes, nahm der nunmehr Siebzehnjährige das Zweitstudium im Fachbereich Theologie auf. 1794 wurden Schellings Gedanken ›Über die Möglichkeit einer Form der Philosophie überhaupt‹ der Öffentlichkeit vorgestellt. Im Alter von zwanzig Jahren hatte das junge Genie nicht nur eine weitere Dissertation verfasst sowie das Predigerexamen in der Tasche, sondern gab zudem die richtungweisende Schrift ›Vom Ich als Princip der Philosphie‹ in Druck. Absolut uninteressiert an einer religiös bestimmten Laufbahn und doch zum Gelderwerb gezwungen, nahm Schelling Ende des Jahres 1795 das Angebot einer Hofmeisterstelle bei Ludwig und Friedrich von

Friedrich Wilhelm Joseph Schelling (1775–1854)
Gemälde von Christian Friedrich Tieck um 1800
Caroline: »Die Ähnlichkeit ist vollkommen heraus gebracht, es ist ein durchaus wahres Bild.«

Riedesel an, stand den heranwachsenden Baronen zunächst an der Hohen Karlsschule in Stuttgart hilfreich zur Seite und immatrikulierte sich im April 1796 gemeinsam mit seinen Eleven an der Leipziger Universität.

In den nachfolgenden Monaten widmete Schelling, der Fichte-Erklärer und Kant-Vereinfacher, sich der Physik, der Chemie, der Mathematik, der Medizin sowie der Jurisprudenz und darüber hinaus seinem ersten größeren schriftstellerischen

Werk. Die ›Ideen zu einer Philosophie der Natur‹, Schellings spektakuläre Vorstellung von der Einheitlichkeit der Welt auf der Grundlage sich rasch entwickelnder (aber immer noch sehr lückenhafter) naturwissenschaftlicher Erkenntnisse, wurden im Frühjahr 1797 publiziert. Da weilte ihr Verfasser in Berlin. Zurück in Sachsen, überschattete eine schwere anämische Krankheit Schellings Arbeit an der programmatischen Schrift ›Von der Weltseele‹. Diese zweite stark beachtete philosophische Fingerübung hatte die Berufung des anspruchsvollen Intellektuellen in die angesehene Leipziger ›Naturforschende Gesellschaft‹ und: die Ernennung des erst Dreiundzwanzigjährigen zum außerordentlichen Professor an der Jenaer Universität zur Folge. Für das kommende Wintersemester kündigte er die ersten Vorlesungen zur ›Organischen Naturlehre‹ und zu den ›Grundsätzen der Philosophie der Kunst‹ an. Den Ruf an die ›Salana‹ hatte der Philosoph und Theologe Friedrich Immanuel Niethammer bewirkt, tatkräftig unterstützt von Schiller und Goethe; Letzterer attestierte dem Aufsteiger des Jahres 1798 einen klaren Kopf und Fortschrittsdenken. Bei ihrem ersten Anlauf waren die drei Protektoren an der hochmütigen Absage des hinter der brüchigen Fassade distanzierter Unerschütterlichkeit überempfindlichen und übererregbaren jungen Gelehrten gescheitert.

So standen die Dinge, als Friedrich Schelling – rund ein Dutzend Jahre jünger als sie – in Caroline Schlegels Leben trat.

Seit Kurfürst Friedrich August I. (der Starke)[71] aus dem Geschlechte der Wettiner Dresden zu kultureller Blüte geführt hatte, stand die Renaissance hinter dem Barock zurück. Inzwischen maß sich der Wert der sächsischen Residenzstadt nicht mehr allein an prachtvollen Einzelbauten, sondern auch an ganzen Straßenzügen, an vorbildlichen Parkanlagen, an der in ihr begründeten ersten deutschen Porzellanmanufaktur oder am Grünen Gewölbe als dem ältesten Spezialmuseum der Welt beziehungsweise an einer mittlerweile frei zugänglichen Gemäldesammlung von internationaler Bedeutung. Nach dem Erwerb der berühmten ›Sixtinischen Madonna‹ soll Kurfürst Friedrich August II.,[72] um das Bild besser betrachten zu können, den Thronsessel mit dem Ausruf zu Seite geschoben haben: Platz für den großen Raffael.

Gegen Ende des 18. Jahrhunderts war das weithin gerühmte Elbflorenz mit seinen Sehenswürdigkeiten zum Publikumsmagneten avanciert. Auch Madame Schlegel und ihre Entourage konnten von all den kunsthistorischen Grandiositäten nicht genug bekommen. So machten sie also an ungezählten Tagen der Monate Mai, Juni, Juli, August, September 1798 ihre Pilgergänge zur Wallfahrtsstätte: dem Galeriegebäude am Neumarkt mit seiner Sammlung von Gipsabgüssen weltberühmter antiker Statuen und von originalen Meisterwerken italienischer Malerei. Zu den Höhepunkten kollektiver Kunstbetrachtung gehörten die Rundgänge bei Fackelschein; hierbei handelte es sich um ein sehr beliebtes und gewöhnlich unter andächtigem Staunen vollzogenes nächtliches Ritual illusionistischer Verlebendigung der Plastiken im Wechselspiel von Helligkeit und Schatten. Caroline, Auguste, August Wilhelm, Friedrich, Novalis, Steffens, Gries und Schelling fiel es allerdings zu keinem Zeitpunkt ein, »stumm durch die Gallerie hindurch[zu]staunen«.[73] Kaum in den Ausstellungsräumen angelangt, nahm das eifrig debattierende Trüppchen sozusagen Besitz von den Exponaten. Andere Besucher mögen die bildungsbürgerliche Attitüde selbstgefällig lautstarker Meinungsverbreitung ärgerlich oder einfach nur närrisch gefunden haben. Eine Dresdner Freundin Madame Schillers folgte dem Pulk, als dem ausnahmsweise beteiligten Johann Gottlieb Fichte im Wortgewitter beinahe Hören und Sehen verging. »Du hättest lachen müssen, liebe Lotte, wenn du die Schlegels mit ihm gesehen hättest, wie sie ihn herum schleppten und ihm ihre Überzeugungen einstürmten«, bespöttelte Dora Stock, selbst Malerin, die in ihren Augen zum gesellschaftlichen Ereignis hochstilisierte Wichtigtuerei.[74] Im Übrigen wisse man ja auch in Dresden, welche Weibsperson sich hinter der Schlegel verstecke, »die Böhmer« nämlich, »die auf dem Königstein gesessen«.[75]

Es fällt deshalb nicht schwer, sich Caroline vorzustellen, wie sie mit Blick auf Batonis ›Büßende Magdalena‹ unüberhörbar in die Debatte wirft: »Die Sündlichkeit scheint oberflächlich, und die Bekehrung vielleicht vergeblich. Wovon sollte sie sich auch bekehren? Von dem unschuldigen Wohlgefallen an sich selbst?« Oder wie sie, ein paar Schritte weiter, die gleiche biblische Frauengestalt, diesen Falls von Corregio in Szene gesetzt, »eine schöne Seele« nennt, »die der zufällige Irrthum früher Jugendzeit nicht hat entstellen können«.[76]

In Wiedergabe des Dresdner Symposions erschien 1798 im ›Athenäum‹ unter dem Titel ›Die Gemählde, ein Gespräch‹ Deutschlands erste moderne Kunstkritik. Aber nur wer die darin enthaltenen Kommentare einer Kunstliebhaberin namens Louise als solche der Kunstexpertin Caroline zu lesen vermag, kann ermessen, was alles dem vorgeblichen Alleinautor August Wilhelm Schlegel von seiner Frau vorbuchstabiert worden war.

Anfang Oktober 1798 war Dresden Vergangenheit und in Jena bald nichts mehr wie zuvor.

August Wilhelm hatte das Angebot einer außerordentlichen Professur sofort angenommen. Im Wesentlichen hing sein Einkommen aus akademischer Tätigkeit von der Zahl seiner Hörer ab, doch leider zeigten nur wenige Studenten Interesse an Vorlesungen zur ›Ästhetik der Geschichte‹ und zur ›Deutschen Poesie‹. Also mussten die Schlegels weiterhin vorwiegend von Gedrucktem leben. Wie um das finanzielle Unglück vollzumachen, ließ August Wilhelm sich nach dem Zerwürfnis mit Schiller auf einen noch folgenschwereren Disput ein. Aus seiner Beschwerde über die, wie er es sah, willkürliche Kürzung eines Beitrags für die ›Allgemeine Literaturzeitung‹ entwickelte sich ein gereizter Briefwechsel mit Herausgeber Schütz.[77] Aus der Meinungsverschiedenheit wurde eine heftige Auseinandersetzung, und diese eskalierte bis zur Entzweiung mit dem spendabelsten seiner Lohnherren. Es gab Anzeichen einer vorzeitigen Alterung des einunddreißigjährigen Schlegel; in seinen Gesichtszügen, wurde kolportiert, machte sich »die Wirkung einer zerstörerischen Gewalt« bemerkbar.[78]

Der aufstrebende Akademiker Friedrich Schelling richtete sich in Jena bei Förderer Niethammer häuslich ein; in der Stadt der kurzen Wege war sein Domizil am Graben[79] nur wenige Gehminuten von dem der Schlegels entfernt. Von Beginn des Semesters an zog der mit Spannung erwartete Universitätslehrer und Philosoph, obwohl nicht bei jedermann uneingeschränkt auf Zustimmung stoßend, viele Studenten in seinen Bann. Der spätere Jenaer Pädagoge Rudolf Abeken behielt die von Schellings Geistesgewalt – und die von Schellings perfekter Selbstdarstellung – ausgehende Sogwirkung lebenslang im Gedächtnis: »Selbst die in diese Zeit fallenden mächtigen Ereignisse, politische und kriegerische, traten vor ihr in den Schatten. Bonaparte mochte erster Consul werden, er mochte bei Marengo siegen, zu Luneville das linke Rheinufer gewinnen, das Concordat mit dem Papst schließen – wenige der Studirenden bekümmerten sich darum, ich erfuhr nichts davon. Vor unsrer Philosophie, vor dem Absoluten, war das Alles ja nichtig … Die Ideen, die Schelling aussprach, berührten Saiten in meinem Innern, die bisher nicht in Bewegung gesetzt waren … Und wahrscheinlich auch der Mann, wie er in dem nicht grossen, aber gedrängt vollen Hörsaale stand, mit seiner bedeutenden, auffallenden Physiognomie, redend im schönsten Fluss, nachdrucksvoll, obgleich im mindesten nicht rhetorisch, zwei Lichter vor ihm, die den übrigen Raum fast dunkel liessen, die Zuhörer alle in der höchsten Spannung, in der äussersten Stille – der Mann hatte etwas Wunderbares, Magisches … die Wirklichkeit war mir verschwunden, ich glaubte mich auf der Höhe des geistigen Lebens.«[80]

Kurze Zeit nachdem die Schlegels nach Jena zurückgekehrt waren, besuchten sie ein Schauspiel in Weimar. Als Begleiter für die Heimfahrt stand August Wilhelm nicht mehr zur Verfügung, statt seiner saß Schelling neben Caroline. Dass nächtliche Kutschfahrten auf der einzigen in Frage kommenden Route einer Mutprobe gleichkommen konnten, versichern glaubhaft zeitgenössische Berichterstatter. Der Weg führte durchs Mühltal, von schroffen Bergen eingeengt, kahl und wild, öde und schauerlich, früher einmal berüchtigt wegen räuberischer oder gar mörderischer Überfälle. Doch vielleicht versetzten jene vier Glas Champagner, die ihr vor der Abfahrt aufgenötigt worden waren, Caroline in eine heiter gelassene Stimmung.

Zur Uraufführung von Schillers ›Piccolomini‹ wiederum (einschließlich der zwei ersten Akte von ›Wallensteins Tod‹[81]) schickte Caroline ihren Mann allein los, was umso erstaunlicher war, als die anderen Jenaer Professorengattinnen einander im Ergattern von Hoftheaterplätzen gnadenlos überboten hatten. Warum »Schlegels geistreiche Frau« »zu Hause geblieben« war, verrät uns Memoirenschreiber Henrich Steffens, da er Schellings ebenso überraschenden Verzicht auf das Weimarer Großereignis mit dem von Caroline direkt in Verbindung brachte. Die Erlebnisberichte der Dabeigewesenen mochte sie sich jedoch nicht entgehen lassen. »Wir fuhren«, auch das erinnerte der befreundete Naturwissenschaftler, »gleich nach Beendigung des Stückes nach Jena, und obgleich es sehr spät war, versammelten sich noch Einige bei der Frau Professor Schlegel ... Sie forderte, und zwar mit der Entschiedenheit, die ihr eigen war, ein bestimmtes Urtheil über das Drama.« Nur Schlegel, meinte Steffens bemerkt zu haben, sei auffallend schweigsam geblieben.[82]

Ja, ihr Mann strebe weg aus Jena und letztlich nach Ungebundenheit, bekam im Oktober 1798 Luise Gotter bestätigt, nachdem sie Zweifel am Bestand von Carolines Ehe angemeldet hatte. Zu denken gibt auch, was Caroline um die gleiche Zeit dem nach Berlin zurückgereisten Schwager in Bezug auf Schelling schrieb. Sie glaube nicht daran, dass dieser sich »einmauern« werde, »wie er sagt, aber gewiß nicht aushält. Er ist eher ein Mensch um Mauern zu durchbrechen. Glauben Sie, Freund, er ist als Mensch interessanter, als Sie zugeben, eine rechte Urnatur, als Mineralie betrachtet, ächter Granit.«[83] »Aber wo wird Schelling, der Granit«, hakte Friedrich keineswegs beruhigt nach, und diese Frage sei nicht aus der Luft gegriffen, »[s]eine Granitin finden?«[84]

Die Antwort lag auf der Hand.

Immer seltener traf man Schelling im eigenen Logis an. Sein Geburtstag Ende Januar 1799 wurde bei den Schlegels gefeiert. Vom Frühjahr an war er ihr »Tischgenosse«. Derweil August Wilhelm sich von morgendlichen Spaziergängen mit Goethe zum Beispiel erholen musste, »der Länge nach«,[85] wie Caroline seine Ruhebedürftigkeit spitz kommentierte, erkundeten sie und der jugendfrische Gefährte abgelegene Gegenden. Die Abende gehörten aber noch immer ihrem Mann und Shakespeare: »Wir sind fleißig …« »Ich übersetze … Jamben, Prosa, mitunter Reime sogar.«[86] Als das Ehepaar im Juli nahtlos zu ›Wie es euch gefällt‹ überging, stand Caroline nicht nur deshalb eine harte Zeit bevor.

Für die beiden folgenden Monate hatte sich August Wilhelms alte Amsterdamer Liebe Sophie Tischbein (nunmehr mit Mann und Kindern in Dessau angesiedelt[87]) inklusive ihrem zweijährigen Jüngsten angemeldet. Dazu die Braunschweiger: Carolines Mutter und Schwester mit Säugling sowie zwei Bedienstete. Die Lücke, die deren Abreise riss, wurde teilweise durch die Tischbein-Töchter Caroline, sechzehn, und Betty, zwölf, ausgefüllt.[88] In Augustes Zimmer herrschte vorübergehend totales Jungmädchenchaos. Als zudem, ebenfalls auf Wochen, die von Friedrich angelockten Tiecks, Ludwig, Amalie und ihr Baby, Quartier bei den Schlegels nahmen und dann noch aus Göttingen vier Verwandte und Bekannte Carolines von Böhmer-Seite anrückten, fühlte die Hausfrau sich »wirklich angegriffen«:

Johann Friedrich August Tischbein (1750– 1812),
seine Frau Sophie (zeitweilig mit August Wilhelm Schlegel liiert)
sowie die Töchter Caroline und Betty (Freundinnen von Auguste Böhmer)
Selbstbildnis mit Familie 1796

»es wird mir alles sehr sauer«.[89] Trotzdem war die Zahl der Gäste noch steigerungsfähig, Novalis' wiederholte Kurzvisiten nicht eingerechnet.

Im Sommer und Herbst des Jahres 1799 waren um die Schlegelsche Mittagstafel bis zu zwanzig Personen versammelt. Abgesehen von Dauerkostgänger Schelling nahm neben der Familie Paulus (ihr war die Köchin weggelaufen) so mancher Strohwitwer aus der Professorenschaft seine warme Hauptmahlzeit bei Caroline ein.[90] Zwischendurch musste, um nur einen Bruchteil der unerlässlichen Haus- und Regiearbeiten zu nennen, gewaschen, genäht, gestrickt, gestopft, Ordnung geschaffen und die Planung der zunehmend aufwändigeren Vorratshaltung vorgenommen werden. Überdies hatte Caroline Rezensionen zu schreiben. Nicht nur über Tiecks ›Franz Sternbald's Wanderungen‹ dürfte sie völlig übermüdet eingeschlafen sein.

Was jedoch bedeuteten physische Überlastung und das in rasender Geschwindigkeit dahinschmelzende finanzielle Polster[91] im Vergleich zum epochalen Gruppenerlebnis frühromantisches Forum – mit Caroline als zentraler Gestalt. Es war Novalis, der den Fokus auf die Älteste im Bunde richtete, als er sie gleichsam zur Magna Mater ihrer »Geisterfamilie« ernannte.[92]

Geselligkeit als Selbstwert. Reden als Selbstzweck. Ohne Zwang und Ziel. Reize des Augenblicks. Geistesblitze. Konversation auf hohem Niveau als Verstandesübung. Lustvolles Schwatzen und Debattieren zum Zeitvertreib, zur Erbauung. Verbalisierte Gedankenspiele. Promenaden entlang des Gesprächsflusses, sprachliche Spaziergänge durch die Welt der Kunst und Literatur. Tänzeln durch die Reihen der Worte. Heiter-anmutige Unterhaltung zwischen Gleichgestellten. Diabolische Freude an Originalität. Gegenseitige Bestärkung elitären Sendungsbewusstseins. Perfektionierung von Schlagfertigkeit, Witz, Scherz, Satire, Ironie in Gemeinschaftsleistung – als gewollt eingesetztes Stilelement oder aus Koketterie oder zum reinen Vergnügen. Und

Ludwig Tieck (1773–1853)
Gemälde von Joseph Stieler, 1838

doch auch: Verstrickung in kleinlichen Klatsch bis hin zu grausamen Gehässigkeiten.

Augustes harsche Reaktion auf die offenkundige Hinneigung ihrer Mutter zu Schelling hatte eine andere Qualität, sie war nur mit ihrer Verstörtheit zu erklären. Demonstrativ zeigte das gewöhnlich überangepasste, aufgeschlossene und liebenswürdige Mädchen dem Eindringling die kalte Schulter. Caroline warf der Tochter »spröde Backfischmanieren« vor: »Hast du nicht zuweilen herbe Maniren wie ein saurer Apfel?« Als sei allein des Mädchens Pubertät Auslöser des Gefühlswirrwarrs. Noch eine andere Vorhaltung streifte die Wahrheit nur scheinbar: »Was Du lezt gegen Schelling sagtest, war gar nit hübsch. Wenn Du Dich gegen ihn so sträubst, so werd ich glauben, daß Du auf Dein Mütterchen eifersüchtig bist.«[93] Dass sie der Vierzehnjährigen auch vor versammelter Mannschaft heimliches Schwärmen für den vierundzwanzigjährigen Schelling unterstellte und ihn ihr, in einem Ton ähnlich unsensibler Hänselei, schmackhaft machte, steht zu befürchten. Die Wirklichkeit sah freilich anders aus. Caroline kannte sie genau. Am liebsten hätte Auguste, das von Verlustängsten geplagte Mutterkind, Schelling sonst wohin geschickt.

Statt seiner wurde gegen Ende September 1799 die Tochter entfernt, den abreisenden Tischbeins nach Dessau mitgegeben. Zur musikalischen Aus- und Weiterbildung, wie es hieß. Der heftig Widerstrebenden wurde Rückkehr bis Ende Oktober zugesagt. Zu Beginn des Monats fragte die Mutter bei Auguste an: »Könntest Du Dich nicht entschließen bis gegen Weihnachten zu bleiben?« Und versprach dem Mädchen hoch und heilig: »... darauf geb ich Dir mein mütterliches Ehrenwort«,[94] um bereits im November so zu tun, als ginge der Schwur sie nichts mehr an – woraufhin Auguste den Schriftwechsel mit Caroline kurzerhand einstellte und August Wilhelm beschloss, das Mädchen schnellstens heimzuholen.

Man möchte meinen, er habe auf der gemeinsamen Dreitagereise um Verständnis für die eigenen Trennungsabsichten und auch für die Umorientierung seiner Frau geworben. Fakt ist, dass Auguste, zurück in Jena, ihren Frieden mit der Mutter machte und ab sofort bereit war, die Liebe zu ihr mit jemand anderem zu teilen. Fest steht aber auch, dass Schlegel, egal was die Zukunft brachte, sowohl Caroline als auch Schelling gewogen blieb.[95] Womit er in krassem Widerspruch zu seinem Bruder stand und: zu dessen aus Berlin mitgebrachter Gefährtin.

Friedrich Schlegel war am 1. September 1799 wieder in das Haus Nummer fünf an der Leutragasse eingezogen, gefolgt von Dorothea Veit. Um die Mittagszeit des 6. Oktober, kurz vor ihrem fünfunddreißigsten Geburtstag, traf die neue Mitbewohnerin, einen kleinen Buben an der Hand, bei den Schlegels ein, vergebens Ausschau nach dem Geliebten haltend. Den schien ihre Ankunft zu genieren. So nahm Caroline die ihr persönlich fremde Dame in Empfang. Ihr erster Eindruck? »Sie hat ein nazionales, c'est à dire jüdisches Ansehn, Haltung und so weiter. Hübsch kommt sie mir nicht vor, die Augen sind groß und brennend, der Untertheil des Gesichts aber zu abgespannt, zu stark. Größer wie ich ist sie nicht, ein wenig breiter. Die Stimme ist das sanfteste und weiblichste an ihr. Daß ich sie lieb gewinnen werde, daran zweifle ich keinesweges.«[96] Zwei Wochen später überwog noch immer das Positive: »Die Veit fährt fort eine trefliche Frau zu seyn.«[97] Trotzdem hatte sie aus ihrer Heimatstadt verschwinden müssen.

Die Beweggründe sind rasch erzählt.

Kurz nachdem Dorothea Veit ein Liebesverhältnis mit Friedrich Schlegel eingegangen war, hatte die Tochter des großen Aufklärungsphilosophen Moses Mendelssohn ihren jüdischen Vornamen Brendel durch einen christlichen ersetzt. Aufs Sorgfältigste erzogen, aufs Höchste gebildet und in ihrem weiblichen Selbstverständnis dennoch nicht bestärkt, war das unschöne Mädchen in eine Vernunftehe hineingeredet worden. Bei neutraler Betrachtung hätte die Verbindung ihr Glück sein können, da Simon Veit, wenn auch nicht der erhoffte Breitbandintellektuelle, so doch als Bankier versiert und erfolgreich, sich als ein von Grund auf gütiger und deshalb fast grenzenlos nachsichtiger Mensch erwies.[98] Kein Vergleich mit Friedrich Schlegel! Aber genau diesem großspurigen Egomanen war sie seit Spätsommer 1797 regelrecht verfallen. Hatte er nicht, seit er denken konnte, nach bedingungsloser Liebe und uneingeschränkter Anerkennung gelechzt? Nun, da ihm das eine wie das andere – als eine Geste fast sklavischer Demut – in den Schoß gefallen war, strotzte Friedrich geradezu vor Überheblichkeit. In ihrer Bereitschaft zur Aufopferung, brüstete er sich Novalis gegenüber, würde Dorothea bedenkenlos dem Vorbild indischer Witwen folgen. Auf lange Sicht gab Schlegel der Beziehung dennoch keine Chance. Heirat nach möglicherweise erfolgter Scheidung der Veit? Ausgeschlossen! Das war die Botschaft für Caroline. Sie

Dorothea Mendelssohn-Veit-Schlegel (1764–1839)
Bleistiftzeichnung

solle doch nur den Altersunterschied zwischen ihm und Dorothea bedenken. »Jezt da wir beyde jung sind, macht es eigentlicht nichts aus, dass sie sieben [in Wahrheit fast acht] Jahr älter ist.«[99] Zwar bedeute die Differenz an Lebensjahren (Caroline war Schelling, notabene, um zirka elf voraus) fürs Erste keine Schmälerung männlichen Vergnügens, so Friedrich,[100] doch sei davon auszugehen, dass Dorothea seinen erotischen Ansprüchen schon bald nicht mehr genügen werde. Bis dahin aber sollten Madame Veits exzellente gesellschaftliche Kontakte den Profit, sozusagen, steigern helfen – wenngleich Dorotheas zweitbeste

Freundin, Henriette Herz, den jungen Schlegel für einen ausgemachten Faulpelz und einen elenden Schmarotzer hielt und ihre allerbeste Freundin, Rahel Levin, an ihm gefährlich viel Gefallen fand. Auch der scharfsinnige evangelische Theologe und Philosoph *Friedrich* Daniel Ernst Schleiermacher, Jahrgang 1768, derzeit Prediger an der Charité, konnte der Faszination, die von dem widersprüchlichen Freunde ausging, nicht widerstehen. Er nahm ihn bei sich auf. »Eine herrliche Veränderung in meiner Existenz macht Schlegels Wohnen bei mir«, schrieb Schleiermacher an seine Schwester. »Was seinen Geist betrifft, so ist er mir durchaus so superieur, daß ich nur mit vieler Ehrfurcht davon sprechen kann. Wie schnell und tief er eindringt in den Geist jeder Wissenschaft, jedes Systems, jedes Schriftstellers ..., das weiß ich erst Alles seit der kurzen Zeit völlig zu schätzen, da ich seine Ideen gleichsam entstehen und wachsen sehe.«[101] Gemeinsam entwickelten sie in eben dieser Zeit das ›System der Moral‹, eine romantische Sittenlehre quasi, die Sinnlichkeit und Geistigkeit in schönster Harmonie vereint. Ferner konnte Friedrich endlich den Schlusspunkt unter seinen sensationellen Roman ›Lucinde‹ setzen. Kaum war der Inhalt des Buches publik, wusste halb Berlin: Niemand anderes als Dorothea hatte das Vorbild für die Protagonistin dieser Unterweisung in mancherlei Praktiken freier Liebesleidenschaft abgegeben. Unerträglich obszön, lautete das Verdikt aus Philistermündern. Schiller schimpfte das Werk fürchterlich, woraufhin Goethe sich vornahm, es jetzt erst recht zu lesen. Was die Hauptgeschädigte dazu sagte – »Oft wird es mir heiß und wieder kalt ums Herz, daß das Innerste so herausgeredet worden soll – was mir so heilig war, so heimlich, jetzt nun allen Neugierigen, allen Hassern Preis gegeben ...«[102] –, interessierte den Autor nur am Rande. Spätestens nachdem Dorothea ihren Mann verlassen und die Scheidung eingereicht hatte – eine beinahe noch schwerer wiegende Ungeheuerlichkeit –, war der Boden in Berlin für sie und ihren Schlegel zu heiß geworden.

Eingedenk der gesetzmäßigen Bestrafung eheflüchtiger

Frauen grenzte Simon Veits Großzügigkeit an ein Wunder. Weder nahm er Dorothea beide Kinder weg, noch billigte er ihre Entlassung in die Armut. Deshalb durfte sie zumindest Philipp, mit sechs der jüngere der zwei Söhne, mit nach Jena nehmen[103] und bekam darüber hinaus regelmäßige Unterhaltszahlungen zugesagt. Zukünftig die einzige sichere Einnahmequelle für sie und Friedrich übrigens. Auch wenn es mit dessen Scheu vor einträglichen Beschäftigungen wieder einmal partout kein Ende nehmen wollte, sprang der barmherzige Exgatte mit Vorschüssen oder Nachschüssen in die Bresche.

Bevor das in ein Geflecht von Skandalen verwickelte Paar Berlin verließ, waren die Jenaer Schlegels mit Einladungen überschüttet worden. In Anbetracht der brisanten Gemengelage war es eine kluge Entscheidung der einschlägig vorbelasteten Caroline gewesen, diese abzulehnen. Rahel Levin fand ihr Fernbleiben ganz besonders schade, war sie doch durch eine dringende Empfehlung Karl Gustav von Brinckmanns richtig neugierig auf Madame Schlegel geworden. Für den Fall, dass diese bei ihr erscheine, hatte der Salonlöwe der Salondame aufgetragen, solle sie »die Räthin ganz besonders und vorzüglich« von ihm grüßen und hinzugefügt: »Es ist eine von den Frauen, die ich – ganz auf *meine eigne Gefahr* ehre, bewundre und – liebe … Da Sie nun wissen, daß alle Bezauberung *mir* zunächst durch die Ohren kommt, so läugne ich Ihnen auch nicht, daß mich die Schlegel in der ersten Viertelstunde zu ihren Füßen warf; und es kam mir ordentlich schauderhaft vor, sich mit ihr messen zu wollen, wenn es hierbei auf einen scharfen Zweikampf [»einen Wettstreit des *Verstandes* und *Scharfsinns*«] ankäme.«[104]

Während Friedrich mit Verärgerung auf Carolines und August Wilhelms Ausflüchte reagierte, bestärkten sie Dorothea in ihrer Unsicherheit. Am meisten machte der Veit die Selbstverständlichkeit zu schaffen, mit der seine alte Freundin in den Manuskripten von »Friedrich, dem Göttlichen«,[105] herumkorrigierte. Wie der Anmaßung Einhalt gebieten, ohne den angestrebten Familienanschluss im Jenaer Exil zu gefährden? Dorotheas erfolgreiche Doppelstrategie bestand aus honigsüßem falschem Lob (»Schön haben Sie gestrichen, liebe Caroline!«[106]) bei gleichzeitiger subversiver Untergrabung von Friedrichs Vertrauensverhältnis zu der Rivalin.

Alles Weitere sollte sich in Jena fügen.

Der ab sofort gültige Zimmerverteilungsplan: Das Erdgeschoss wurde nunmehr von Dorothea, ihrem Sohn und Auguste bewohnt. Caroline war, auf ihren großen Salon verzichtend, ins erste Stockwerk ausgewichen und August Wilhelm ins zweite; Friedrichs Stube lag, wie gehabt, unterm Dach.

Es ginge ihr recht gut im neuen Daheim, wurde Schleiermacher von Dorothea beruhigt. Die Hausherrin teile von Anfang an das »Gouvernement« mit ihr und erweise sich überhaupt als eine vorzügliche Wirtin. Die erkennbare Freude, mit der die »Domestiquen«, neben Rose gab es jetzt noch eine Lene, ihre Arbeit machten, spräche ebenfalls für Caroline.[107] Erstaunlich fand Dorothea auch, wie die etwa Gleichaltrige »ihre Jugend so erhält, sowohl körperlich als geistig«: »Ein solches ewiges Concert von Witz und Poesie und Kunst und Wissenschaft, wie mich hier umgiebt, kann einen die ganze übrige Welt und besonders das, was die übrige Welt *Freuden* nennt, leicht vergessen machen.«[108] Nach Zeichen echter Fröhlichkeit suchte sie bei Caroline jedoch vergebens. Die Schlegel sei freundlich und lebhaft, aber niemals von Herzen vergnügt, bisweilen zerstreut und des Öfteren mit ihren Gedanken ganz woanders. Gut beobachtet. Und ebenso das: »mich dünkt Caroline ist gewaltig mit Schelling beschäftigt«.[109]

Derweil der Ehemann über das Treiben der beiden den schützenden Mantel stillschweigender Duldung breitete, traf es Friedrich mitten ins Herz. Wozu dann damals die schmerzliche Verdrängung seiner Liebe zu Caroline – allein zugunsten des Bruders? Auf die Unerträglichkeit seines Langmuts hingewiesen, verbat August Wilhelm sich energisch jede Form der Einmischung.[110] Caroline zeigte sich zwar gesprächsbereiter und versprach sogar Klärung der Verhältnisse, dachte aber nicht daran, die Zusage so schnell, wie von ihr gefordert, in die Tat umzusetzen.

Für Ludwig Tieck, er schlug sich ganz auf Friedrichs Seite, war »Carolines Geschichte«[111] der Hauptgrund für die zunehmende Disharmonie.[112] Auch Fichte hob warnend den Zeigefinger: »Wegen Schelling und der Schlegelin *nimm dich doch ja in acht*! Ich bitte Dich um unsrer Liebe willen«, appellierte Johann Gottlieb an seine Gattin Johanna, bevor er am Ende seiner Epistel die bald allseitig wiederholte Frage stellte: »Macht denn doch der *Mann* der Sache nicht ein Ende?«[113] Freilich diente Fichtes Empörung nicht nur der Verteidigung einer moralischen Position, sondern, mehr noch, einer juristischen. Hatte er doch in den §§ 7 und 17 seines ›Grundrisses des Familienrechts‹ festgelegt, dass der Ehebruch einer Frau, im Gegensatz zum Fehltritt des Gatten, als unverzeihlich zu gelten habe, weil weibliche Liebe ohne weibliche Unterwerfung mit den Gesetzen der Natur nicht in Einklang stünde.

Obwohl August Wilhelm die Aufrechterhaltung des schönen Scheins allezeit unerhört wichtig war, gelang es ihm nicht immer, die Contenance zu bewahren. Laut einem Bericht des jungen Hausgastes Caroline Tischbein, basierend auf einer unbemerkt gebliebenen Spioniererei, stand er eines späten Abends in Tränen aufgelöst seiner Frau gegenüber, welche sehr entschlossen wirkte. Gut denkbar, dass im Verlaufe der Auseinandersetzung neben Carolines Fehlverhalten Schlegels hochvirulente Affäre mit Elisabeth Wilhelmine van Nuys zur Sprache kam. Das Ehepaar war ihr erstmals in Braunschweig begegnet; schon damals hatte Caroline die erfolgsgewohnte Schönheit nicht ausstehen können. Anscheinend hat die Nuys auch ihren Jena-Aufenthalt im Jahre 1799 gut genutzt. Nicht umsonst schwelgte August Wilhelm hernach in glückseligen Erinnerungen an »einsame Spaziergänge«, an die »Süßigkeit des Umgangs« und an alle »die schönen Augenblicke« im Hotel ›Zur Sonne‹, wo die Neunundzwanzigjährige abgestiegen war. Wenn Schlegel seinen Gefühlshaushalt geraume Zeit nicht wieder in den Griff bekam, dann unter anderem deshalb, weil Caroline (»auf wunderbare Weise nach wie vor mit mir verknüpft«) ihm die nur vermeintlich unentdeckten Stelldicheins ungewohnt lange vorhielt: »Ich habe immer noch einige freundliche Händel über die verfloßnen Tage durchzufechten«, gestand August Wilhelm der im September heimgekehrten »liebsten besten Elisa, ich mag mich stellen wie ich will, man [frau] ist zu klug … um nicht durchzusehen«.[114]

Friedrich Schlegel wiederum traf sich heimlich mit Sophie Mereau (»Süße Lust«![115]) und bandelte unter Dorotheas Augen mit Tischgenossin Caroline Paulus an, Exschwarm des Bruders bekanntlich. Da ihn aber die letztgenannte Professorenfrau eine Weile zappeln ließ, erging an sie die flehentliche Bitte: »Wenn ich nicht mehr zwischen Misstrauen und Heftigkeit schwanken soll, so lassen Sie mich bitte bald eine Stunde allein mit Ihnen sprechen.«[116]

Schellings Liebesverlangen in Gedichtform lag unter dem Schlegelschen Weihnachtsbaum, trägt die Überschrift »An Caroline« und endet mit dem Vers:

»Was sorgsam wir dem Aug' der Welt verborgen,
Das Glück, was nur die Unsichtbaren sehn,
Wird an des künft'gen Tages schönem Morgen
Aus dem Geheimniß glorreich auferstehn.
Begierig seh' ich späte Zeiten horchen
Der Melodie, die nimmer kann vergehn,
Denn mit des Weltalls ew'gen Harmonieen
Wird dieses Lied zur fernen Nachwelt ziehen.«[117]

Zunächst war Dorothea ihrer Gastgeberin ja überaus dankbar gewesen: »Caroline hat so viel Gefälligkeiten für mich, daß ich mein mögliches thun muß, ihr wieder zu dienen …, sie war die *erste*, die mich öffentlich anerkannte; und wenn es auch nur der Muth seyn sollte, so werde ich ihn ihr doch nicht vergeßen!«[118] Zumal Menschen jüdischer Herkunft in Berlin wie anderswo – mochten sie unterhaltsam, hochbegabt, vermögend, Musiker, Gelehrte, Bankiers, Salondamen, Malerinnen, Unternehmergattinnen sein – so genannte christliche Häuser in aller Regel verschlossen blieben.[119] Trotzdem hatte Dorothea in ihrer ersten Euphorie zuviel versprochen! Nehmen wir es ruhig vorweg: Je ärger Friedrich gegen seine Schwägerin wütete, desto konsequenter ging Dorothea auf Distanz zu Caroline: »Von [ihr] habe ich mein Herz vollends abgewandt«, wurde Schleiermacher im April 1800 mitgeteilt, »sie ist Friedrichs Feindin, was geht sie mich an?«[120]

Die Unmöglichkeit, sie zu decouragieren, und ihr unausgesetztes Bemühen um würdevolle Gelassenheit wurden Caroline als Gefühlskälte ausgelegt.

Überhaupt ist einseitige Abhängigkeit eine denkbar schlechte Basis für Partnerschaften. Dass die Schlegel und die Veit auf nicht nur einer Ebene in Konkurrenz zueinander standen, stellte wohl eine zusätzliche Belastung dar. Dorothea, nicht minder rede- und schreibgewandt, war mit einem halbfertigen Romanmanuskript im Gepäck von der Spree an die Saale gekommen, fest entschlossen, ihren ›Florentin‹[121] in Jena abzuschließen. Ob Caroline erst jetzt, im Herbst 1799, der Ehrgeiz packte, oder ob sie in den vorhergehenden Monaten des Jahres ihre ›Gabriele‹ skizzierte, ist nicht ersichtlich. Das Werk mit teils autobiografischem Bezug blieb leider im Ansatz stecken, vermutlich mangels freier Zeit.

Hier nun der Wortlaut des Entwurfs:

»Der Hauptgegenstand des Romans wäre ein Weib – das wir Gabriele nennen wollen – ein selbstständiges und zugleich ein liebenswürdiges Wesen. Die Thorheit müste auf den ersten Blick stärker bey ihr hervorschimmern als die Vernunft; sie wäre ihre verführerische Seite, die sie selbst mehr aus Frohsinn als aus Leichtsinn geltend machte. Aber im Innern wohnte Würde,

Adel, der heiligste Ernst eines schönen Herzens. Ihr Geist müste hell seyn, ihr angebohren, und auch ausgebildet – die allzu rege Empfänglichkeit dürfte ihn zuweilen verwirren – nur ganz verblendet dürfen wir sie nicht sehen; selbst wo sie mit Leidenschaft liebt, und wo ihre Leidenschaft Unrecht hat, muß sie es ahnden, fast wißen, und nur sich durch eine andre Ausflucht täuschen. So kan sie hoffen die Fehler oder die Mängel eines Geliebten zu besiegen oder zu ergänzen. Sie darf ganz hingegeben lieben, aber wenn der nächste Augenblick nach einer glücklichen Stunde sie auffordert, so muß sie sich ganz auf sich allein verlassen können. Noth, Liebe, Genuß müßen die vielleicht vernachläßigte Überlegung mit Blizesstrahlen wieder in ihr erleuchten, statt sie zu verfinstern. Sie kan hingerißen werden, ohne sich hinterdrein als die Betrogne zu fühlen – der ist der Betrogne, der sie getäuscht zu haben glaubt.

Vorurtheilsfrey durch Instinkt soll ihr das Raisonnement mehr Gründe gegen andre als für sich leihen. Die äußre Sitte schont sie in allem, nicht sowohl aus Grundsaz als gewohnter Bescheidenheit. Sie soll glänzend seyn, wenn sie lebhaft wird, aber nicht immer gleich sich als lebhaft ankündigen. Mögen manche nur häusliche Tugenden in ihr kennen. Ohne sich selbst eigentlich zu kennen mag sie früh in die Welt geworfen werden. Keine zärtlichen Bande knüpfen sie an ihre erste fast bedeutungslose Jugend – sie hat nach dem Tode ihres Vaters keine nahen Verwandte, ein Mann, an den sie verheirathet wurde, starb früh. Ihr Nachdenken muß erwachen, indem sie sich so allein wie vor den Thoren eines Daseyns sieht, deßen Fülle sich in ihr zu bewegen anfängt – ihr Nachdenken, ihr dennoch unbefangnes Zutraun, aber kein stolzes Bewustseyn, noch sichre Rechnung auf einen Himmel auf Erden, der dem in ihrer Brust entspräche.

Wir können vielleicht annehmen, daß ihr Vater ein Gelehrter war, und sie ihre Mutter früh verlohr. Allein neben ihrem Vater, bekam sie manche Kenntniße, ohne daß diese in wahrer Verbindung mit ihrem Geiste standen. Nur späterhin kamen sie ihr zu

Hülfe. Ihr Vater mochte ein Philolog seyn, und ihr vom Homer und der Sapho vorsagen und sich dagegen von ihr auf dem Clavier spielen und Romanzen vorsingen laßen. Es durfte ihm nicht an Sinn und Seele fehlen, wie man sieht, aber es giebt Menschen, die solche haben und doch nicht eigentlich mittheilen können, denen es dabey auch an umfaßenden Begriffen mangelt, und meinen, das erhabene sey nur blos für sie, auf ihrer Studierstube und in ihren Büchern da – *hier* erkennen sie es nur, denn die lebendige Welt kennen sie ja nicht.

Gabrielens Schönheit brachte sie an den Mann. Dieser Mann war jung und brav, aber übrigens nicht so, daß er ihren Kopf, ihr Herz aus dem Schlummer der Kindheit hätte wecken können. Er hinterließ ihr ein kleines Vermögen. Sie kehrte in ihres Vaters Haus zurück – bis dieser starb. In diesem Zwischenraum lernt sie Wallern kennen. Sie ist nicht zwanzig Jahr.«[122]

Wir hätten uns, aus verschiedenen Gründen, mehr gewünscht.

KAPITEL 7

Bamberg – Bocklet – Braunschweig

Todesschatten

... Ich bin [mir] meines unzerstörbaren Glücks, wie meines unheilbaren Unglücks gewiß. Das ist mein Vorrecht![1]

Im März 1800 brach Caroline unter der multiplen Last zusammen.

Hauptsächlich Anstellerei, lästerte Dorothea.

Sie habe von Lebensgefahr sprechen hören, schrieb Auguste angstvoll nach Gotha. Nervenfieber, begleitet von »sehr üblen« Krämpfen, diagnostizierte Mediziner Christoph Wilhelm Hufeland und verordnete Senfpflaster (sie hatten etwas von Teufelsaustreibung an sich und verursachten, im Wesentlichen gewollt, eine tief gehende, äußerst schmerzhafte Entzündung am Bein), Moschus, Opium sowie »Ungarischen Wein«. »Sollten Sie von diesem grade vorräthig haben, so möchte ich so unverschämt seyn, Sie um eine Flasche anzusprechen«, wandte August Wilhelm sich hilfesuchend an Goethe; weder der Jenaer noch der Weimarer Händler habe das Getränk, das seine Frau »in einem Maße hat gebrauchen müssen, wie sie es im gesunden Zustande gar nicht hätte vertragen können« noch am Lager.[2] Die Verabreichung von Rauschmitteln ging auf eine Forderung Schellings zurück. Entsetzt über Carolines rapide fortschreitenden Kräfteverlust, hatte er Hufeland ordentlich »eingeheizt« und auf Behandlung der Kranken nach dem »Brownschen System der Heilkunst« bestanden.[3]

Nach Überwindung anfänglicher Skepsis war Schelling ganz auf die ärztliche Linie John Browns[4] eingeschwenkt. Sein Sinneswandel hing mit der Erkenntnis zusammen, welche hervorragende Ergänzung des eigenen naturphilosophischen Denkmodells die Lehre des 1735 geborenen Schotten darstellte. Dessen damals in großen Teilen Europas und Amerikas ungemein populäre »Erregungstheorie« beruhte auf der soweit ja nachvollziehbaren Vorstellung, dass jede Abweichung vom gesunden Mittelmaß dem menschlichen Organismus schade. Bedenklich waren, nicht nur aus heutiger Sicht, die empfohlenen Behandlungsmethoden. Wurde »Übererregbarkeit« diagnostiziert, sollten Aderlässe, Abführmittel und Brechmittel helfen. Bei der Annahme von »Untererregbarkeit« kamen die Caroline eingeflößten Ingredienzien zum Einsatz. Ob sie es waren, die zur Besserung führten, sei dahingestellt. Den Erfinder der heftig umstrittenen Therapie (an deutschen Hochschulen kam es zu tätlichen Auseinandersetzungen zwischen Gegnern und Befürwortern) hat seine schwere Drogen- und Alkoholabhängigkeit jedenfalls frühzeitig ums Leben gebracht. Schelling trug zur Aufwertung und Verbreitung des »Brownianismus« bei, indem er die Ergebnisse intensiven Austauschs mit dem überzeugten Brownianer Andreas Röschlaub, Professor der Pathologie und Arzt an den vom renommierten Kliniker Adalbert Friedrich Marcus geleiteten Medizinal- und Krankenanstalten der fränkischen Fürstentümer in Bamberg, publizierte und somit einem breiten Publikum zugänglich machte.[5]

Entscheidend für Carolines völlige Genesung, meinte ihr Jenaer Arzt, sei eine mehrwöchige Badekur. Wenn Hufeland Luftveränderung sagte, dann meinte er Entfernung aus verpesteter Atmosphäre. Und wenn die Wahl auf das Örtchen Bocklet fiel, dann passte sie mit Schellings Vorsatz, die gleiche geografische Richtung einzuschlagen, wunderbar zusammen. Der Freund wollte an der Bamberger Akademie naturphilosophische Vorlesungen halten und unter Anleitung von Röschlaub und Marcus seine medizinischen Kenntnisse vertiefen.[6]

In den Morgenstunden des 5. Mai 1800 sagten die weiblichen Reisenden Jena adieu und tags darauf in Saalfeld August Wilhelm, der sich, nachdem er Frau und Stieftochter verabredungsgemäß dem auf Schusters Rappen bis dorthin gewanderten Schelling übergeben hatte, gen Leipzig wandte, derweil Caroline, Auguste und ihr neuer Schutzherr der fränkischen Domstadt entgegenstrebten.

Endlich könne man wieder »freyen Athem hohlen«, denn wie sie die Dinge sehe, verschwände die Schlegel auf längere Zeit, vermutlich jedoch auf Nimmerwiedersehen, so Dorothea an Schleiermacher.[7]

»Du weist, ich folge Dir, wohin Du wilst, denn Dein Leben und Thun ist mir heilig, und im Heiligthum dienen … heißt herrschen auf Erden«, so Caroline an Schelling.[8]

Die ihrer Abreise vorausgegangene Suche nach einer passenden Wohnung für die Wochen zwischen der Ankunft zu dritt in Bamberg und dem Beginn des Kuraufenthaltes von Mutter und Tochter in Bocklet gestaltete sich allein deshalb schwierig, weil getrenntes Logieren ebenso wenig der Wunschvorstellung entsprach wie stark frequentierte Gasthöfe. Offenbar waren sie von Doktor Marcus auf die Möglichkeit vorläufiger Unterbringung bei seinem Kollegen und gemeinsamen Freund hingewiesen worden. »Hat Röschlaub Raum, und finden Sie sonst kein Bedenken dabei«, entgegnete Schelling, »so bitten Sie ihn um 4 Zimmer für Madame Schlegel. Eines, wo sie wohnen kann, und das zwar nicht groß, aber doch hübsch seyn muß. In diesem Zimmer braucht von Moebeln vorerst nichts zu seyn, als ein großes hübsches Sopha, Stühle, 2 Spiegel, einige Tische und Eine Commode, wo möglich mit einem Bureau [Schreibtisch oder Sekretär] dabei.«[9] Des Weiteren werde ein Zimmer für Auguste und: eines für ihn selbst benötigt. Das für die Dienstmagd vorgesehene Gemach dürfe freilich »ganz schlecht seyn«.[10] Außerdem sollten sich die Haupträumlichkeiten unbedingt auf einer Etage befinden. Mit Sicherheit können wir nicht sagen, ob das beschriebene Arrangement zustande kam, wissen aber, dass ihr Übergangsquartier in der Nähe des Obstmarktes[11] lag. Bald nachdem es bezogen worden war, hielt Caroline Ausschau nach einem ihren und Schellings Bedürfnissen auf Dauer entsprechenden Mietobjekt; am liebsten wäre ihr für die Zeit nach ihrer und Augustes Rückkehr aus Bocklet ein nur von ihnen und Schelling bewohntes Häuschen gewesen, gern mit Garten.

Das quirlige Bamberg präsentierte sich ihnen von seiner besten Seite. Sie wurden von ehrbaren, vornehmen, adligen Bürgern eingeladen und nahmen, soweit Carolines Kräfte reichten, an Ausflügen ins Grüne teil oder kamen in den Genuss jenes kulturellen Reichtums, zu dem in Franken unbedingt auch Volksbelustigungen gehörten. Bei Auguste scheint die ungewohnte Konfrontation mit bunt gemischten und laut vergnügten Menschenmengen allerdings Berührungsängste ausgelöst zu haben. So fühlte sie sich als Besucherin eines sehr beliebten Tanzlokals am Regnitzufer im Vorort Bug ziemlich unbehaglich. Noch einmal wollte sie sich dem Getümmel keinesfalls aussetzen. Streifzüge durch die Budengassen der Bamberger Messe versetzten sie dagegen in helles Entzücken. Noch nie war dem Mädchen dergleichen vor die Augen gekommen. Ungläubiges Staunen klingt an in Augustes für Cecilie Gotter bestimmtem Report. Auf Einzelheiten geht sie darin leider nicht ein. Woran, müssen wir uns deshalb fragen, könnte der Blick der auf Bescheidenheit getrimmten Fünfzehnjährigen am längsten hängen geblieben sein? An wunderbar seidenem und samtenem fernöstlichem Gewebe, an unvorstellbar feinen Brüsseler Spitzenkragen und Spitzenschleiern? Mag auch sein, sie legte sich probeweise einen der Schals von ungeahnter Farbigkeit um oder streifte sich, nur so zum Spaß, einen der unglaublich schön bestickten Handschuhe aus wunderbar weichem Leder über.

Mächtig stolz berichtete Auguste vom Angebot eines ehrenvollen Bühnenauftritts. Weil die wichtigsten Proben für ›Nina ou La Folle par amour‹ (›Nina oder Wahnsinn aus Liebe‹[12]), ein Trauerspiel mit Musik und glücklichem Ausgang, erst nach Abschluss der Badekur beginnen würden, war der jungen begabten Sängerin und Laiendarstellerin sogar die Titelrolle versprochen worden.

Obwohl es mit Carolines Gesundheit weiterhin aufwärts ging und die vielen Meilen, die zwischen Bamberg und Jena lagen, kein ernsthaftes Hemmnis darstellten, da die Post ungemein schnell von Ort zu Ort gelangte, lag die literarische Zusammenarbeit mit August Wilhelm weiterhin auf Eis. Aus der aufwändigen Schlussredaktion des sechsten – und letzten! – ›Athenaeum‹-Heftes hielt sie sich genau so heraus wie aus den Gedankenspielen hinsichtlich eines Ersatzprojektes. Stattdessen trieb sie Schellings Arbeit an der zweiten Ausgabe *seiner* publizistischen Neugründung, der ›Zeitschrift für speculative Physik‹, voran. Gewisse Fortschritte zeichneten sich jetzt auch bezüglich der lyrischen Aktivitäten des geliebten Mannes ab. Zu einem wirklichen Könner auf diesem Gebiet konnte ihn aber selbst eine Kennerin wie Caroline nicht machen, zumindest aber unterstützte sie ihn bei der Ideensammlung zu seinem ›Weltgedicht‹, das, wäre es ihm gelungen, an Dantes ›Göttliche Komödie‹ hätte heranreichen sollen. Letztlich blieb das Werk unvollendet.

Am 1. Juni musste Schelling Hals über Kopf die Stadt verlassen. Er war nach Württemberg gerufen worden, um den trauernden Eltern beizustehen. Sein jüngerer Bruder Gottlieb, Offizier in kaiserlich österreichischen Diensten, war nahe Genua gefallen, in einer der entsetzlichsten Schlachten des 2. Koalitionskriegs. 1798 hatten französische Militärs Rom besetzt und den Kirchenstaat zur Römischen Republik gemacht, Papst Pius IV. gefangen genommen, nach Paris gebracht und außerdem die Schweiz annektiert. Frankreichs aggressive Eroberungspolitik veranlasste England, eine Allianz mit dem Königreich Neapel,

Österreich, Russland und der Türkei einzugehen. Nachdem die Franzosen sich vorübergehend über den Rhein hatten zurückziehen müssen, wendete sich das Blatt erneut zu ihren Gunsten. Der Oberbefehlshaber der Siegerarmee, ein korsischer Emporkömmling namens Napoleon Bonaparte, bekleidete seit dem Sturz des Pariser Direktoriums im November das Amt des Ersten Konsuls der neuen Regierung. Aber auch den französischen Truppen hatte ihr erneut erfolgreicher Vormarsch ungezählte Blutopfer abverlangt. Jean-Baptiste Dubois de Crancé verlor beim Rheinübergang am 25. April 1800 sein Leben. Der Oberst der 1. Berittenen Jäger starb im Alter von siebenundzwanzig Jahren. Es ist fraglich, ob Caroline jemals Kenntnis vom Soldatentod des im Verborgenen gehaltenen Vaters ihres seinem Schicksal überlassenen Sohnes erhielt.

Auguste, das »Uttelchen«, heiterte den fernen Schelling, ihren »lieben Mull« (eine mundartliche Bezeichnung für Maulwurf), mit betont munteren Bulletins auf: »Jezt bin ich doch wieder ein bischen in Nahrung gesezt, die Mutter nimt es recht gern an, daß ich mich hinseze und Dir schreibe, denn sie wendet ihre Kräfte lieber darauf Dir von ihren Empfindungen bei Deiner Abreise zu sagen … Ich danke Dir recht sehr für das Mittel, was Du mir an die Hand gegeben hast Mutterchen zu amüsieren, es schlägt herrlich an, wenn ich auch noch so viel Narrenspossen treibe sie zu unterhalten und es will nicht anschlagen, so sage ich nur: ›wie sehr er Dich liebt‹ und sie wird gleich Mullig, das erstemal, als ich es ihr sagte, wollte sie auch wissen, wie sehr Du sie denn liebtest, da war nun meine Weisheit aus, und ich half mir nur geschwind damit, daß ich sagte: mehr als alles, sie war zufrieden, und ich hoffe, Du wirst es auch seyn … Wir haben gestern Deinen niedlichen Brief bekommen und er hat uns große Freude gemacht. Du bist recht artig, daß Du uns so bald geschrieben, wir sehnten uns schon recht. Mutter ist recht wohl und die Kälte hat ihr nichts geschadet, wir sind auch alle Tage zusammen spazieren ge-

Bocklet 1840

gangen, wenn es das Wetter erlaubte. Aber mit mir armen Kinde geht kein Mensch des Abends spazieren ... wenn Du nicht da bist, kom nur bald wieder ...«[13]

In Wahrheit war Auguste der äußersten Schonung bedürftig! Sie habe die Tochter, »das kleine zärtliche Gemüth«, »zur Ruhe verwiesen, denn troz ihrer Versicherung ist sie doch noch nicht wieder besser und hatte Fieber gestern«, wurde Schelling am 9. Juni korrekt informiert – und zugleich beruhigt: »es wird aber weiter nichts draus entstehn, als daß ich meine Abreise [ins Bad] bis auf den 12ten verlege«.[14] Augustes Unwohlsein hatte bereits Ende Mai begonnen; die schmerzhaften Koliken, die Durchfälle, die Übelkeit, das Erbrechen, das Fieber waren bakteriellen Ursprungs. Shigellen gelangen über infizierte Gegenstände, Hände, Trinkwasser, Nahrungsmittel, Menschen- oder Fliegenkot in den Mund. Sie vermehren sich zunächst im Dünndarm, dringen dann bis zur Dickdarmschleimhaut vor und können dort zu eitrigen Entzündungen führen. Manchmal verschwinden die Erreger der unter der Bezeichnung Ruhr bekannten Krankheit nach qualvollen Krankheitswochen spontan wieder.

Das genaue Datum ihres und Augustes Wechsel ins landschaftlich reizvolle Tal der Fränkischen Saale ist nicht mehr feststellbar; falls Carolines Prognose zutraf, dann kamen sie Mitte Juni in Bocklet an, nach anstrengender Zwei-/Dreitagereise über Hassfurt, Schweinfurt und Münnerstadt.[15] Im Haus Nummer 26,[16] dem der Familie Bauer, stiegen Mutter und Tochter ab. Der kleine, sehr überschaubare Kurort war vom 1795 verstorbenen Würzburger und Bamberger Fürstbischof Franz Ludwig von Erthal, einem krankhaft um seine Gesundheit besorgten Mann, in Gemeinschaft mit seinem Leibarzt, dem Schelling-Freund Adalbert Friedrich Marcus, so groß herausgebracht worden, dass unterdessen mehr Gäste ihr Heil in Bocklet suchten als in den benachbarten Bädern Brückenau und Kissingen. Das Wasser der drei Bockleter Stahlquellen[17] wurde sowohl getrunken als auch, so kalt wie es dem Gestein entsprang, entweder mittels Tröpfchenduschen oder unter Verwendung großer Badezuber äußerlich angewendet. Wer in Bocklet kurte, den plagten vor allem: Hypochondrie, Hysterie, Nervenversagen, Entkräftung, Frauenleiden, Bleichsucht, Hautausschläge, Hämorrhoidenbeschwerden, Augenentzündungen, Muskelschmerzen, Knochenschmerzen, Knochenschwellungen, Gicht. Zu jenen Übeln, für deren Behandlung eher hinter vorgehaltener Hand geworben wurde, zählten vielleicht »Exaltationen« nach »sexuellen Ausschweifungen« – worunter auch Onanie fiel – und Fälle von chronischem Tripper.[18] Gegen die damals weit verbreitete, fürchterlich endende Geschlechtskrankheit Syphilis – und viele, viele andere Leiden – half in Zeiten, da Antibiotika noch unbekannt waren, gar nichts.

Im Juli, genau am 4. des Monats, traf Schelling, zurück aus Württemberg, in Bocklet ein. Während Carolines Wiederherstellung »vollkommen« genannt werden konnte, befand Auguste sich noch immer leidend. »Doch wird sie in wenigen Tagen so

Auguste Böhmer (1785–1800)
Gemälde von Johann Friedrich August Tischbein 1799
Caroline: »... in diesem [Abbild] liegt ihre ganze Wahrheit und Unschuld, und es gibt ihre schöne Erscheinung von Einheit wieder ...«

weit hergestellt seyn, daß wir nach Bamberg zurückkehren können«, orakelte er zwei Tage später im Lagebericht für August Wilhelm.[19] Bei Schellings optimistischer und deshalb von der Mutter nur zu gern geteilter Einschätzung handelte es sich um eine unkritische Übernahme vom Kissinger Oberchirurgen und Hebammenlehrer Büchler, einem medizinischen Vertreter der so genannten »Säftelehre«, der zufolge Krankheiten auf nichts anderem als der »Fäulnis« von Körperflüssigkeiten beruhten. Von

Bad Bocklet
Grabstein und der Gedenkstein fanden ihren Platz zuletzt auf einem Grünstreifen neben dem Treppenaufgang zur Kirche. Der Geburtstag von Auguste Böhmer ist falsch angegeben, das Mädchen kam am 28. April des Jahres 1785 auf die Welt.

Büchler bekam Auguste zwei Laxantien, Rhabarbertinktur und mit gummi arabicum vermischtes Opium appliziert. Bewusstes Verstärken der Durchfallsymptomatik unter Missachtung der lebensbedrohenden Gefahr von Austrocknung und schwersten Elektrolytentgleisungen? Heute ein schrecklicher Gedanke. Damals gängige Praxis. Reizlinderndes »brownianisches« *reines* Opium, von Schelling im schließlich fast stündlich wachsenden Unglauben an Besserung in kleinen Dosen verabreicht, ging in der Apotheke zur Neige, bevor es Wirkung zeigen konnte. Professor Röschlaub, in höchster Not aus Bamberg herbeigerufen, kam zu spät.

Am 12. Juli 1800 geschah das Unfassliche. Caroline verlor – nach Wilhelm, Rose, Julius – das letzte ihrer Kinder. Am darauf folgenden Tage wurde sein Tod ins Kirchenbuch eingetragen: »Denata est honesta Virgo Augusta Boemerin, protestantice religionis, nata loco Klausthal auf dem Harz Saxonia [sic!], aetatis annorum 14 [15] circiter: morabatur ibidem cum Domina Matre sua tempore curationis«.[20]

In seiner Novelle ›Eine Sommerreise‹ lässt Ludwig Tieck einen am Grab des Mädchens stehenden Fremdenführer klagen: »Wie traurig, daß das Andenken eines so schönen Wesens wie diese Auguste es war, so schnell erlöschen muß …«[21]

Caroline kehrte ein einziges Mal, 1803, an die Begräbnisstätte der Tochter zurück.

Eine Zeit lang trug ein Platz in Bad Bocklet deren Namen.[22] Gegenwärtig erinnert die Kopie des zwischen den Jahren 1811 und 1814 von dem dänischen Bildhauer Bertel Thorvaldsen geschaffenen marmornen Triptychons an Auguste; in der ersten Etage des Bockleter Bade- respektive Kurmittelhauses ist der um ein Bildnis von ihr ergänzte Gipsabdruck zu entdecken.[23] Wer zudem in unseren Tagen den Friedhofshügel hinabsteigt, findet am Ende der Treppe den ursprünglichen, schlichten Grabstein mit der Inschrift

Auguste Böhmer
* 22. April 1785.
† 1800 in Bocklet.

und neben ihm den anlässlich der hundertsten Wiederkehr des Todesjahres gestifteten, ornamentierten Gedenkstein – welcher einst links neben dem Kirchenportal aufgestellt worden war.[24] In der Vergangenheit trug auch die in ihn eingelassene Platte das falsche Geburtsdatum, denn bekanntlich kam Auguste Böhmer am 28. April auf die Welt.

Die Stelle, an der ihre sterblichen Überreste zur letzten Ruhe gebettet wurden, kennt mittlerweile niemand mehr, was nicht verwunderlich ist, da wohl bereits im Jahre 1830 nur noch Alteingesessene in der Lage waren, die Begräbnisstätte zu lokalisieren.[25] Nachdem das Holz des Sarges vermodert, er deshalb eingefallen und das Erdreich nachgesackt war, hatte man den Grabstein entfernt und vorübergehend einer anderen Verwendung zugeführt.[26] 1899 sah ihn ein Kurgast, der Breslauer Literaturwissenschaftler Max Koch, als »Kniestein« bei einem später verschwundenen steinernen Kruzifix in der Mitte des Friedhofs liegen.

Der jeweilige Umgang mit allergrößter Pein hängt von den Lebensumständen eines Menschen, seiner Abkunft, seinen Erfahrungen, der Tragkraft sozialer Netze, der Existenz oder Nichtexistenz von Urvertrauen und unzerstörbaren Zukunftsbildern sowie vielem anderen mehr ab. Ähnliches gilt für die Ausdrucksformen individueller Trauerbewältigung. Aufschreie Carolines, in der allerersten Not schwarz auf weiß festgehalten, hat es entweder nie gegeben, oder sie sind für die Nachwelt verloren.[27] Vom Ausmaß und von der Übermächtigkeit des Schmerzes erfahren wir aus einem nach Ablauf vieler Jahre an die Schwester gerichteten Brief: »Damals hab ich aufrichtig nie geglaubt, daß es möglich seyn würde sich herauszuarbeiten, man ist wie in einem tiefen Brunnen, aus dem man an senkrechten Wänden hinaufklimmen soll, fühlt sich heut so schwach wie gestern … Höchstens wird man nach Wochen gewahr, daß es vor einigen Wochen noch schlimmer war.«[28] Zieht man Dokumente aus wenig späterer Zeit zu Rate, dann wandte Augustes Mutter sich Hilfe suchend an Gott und wurde nicht enttäuscht: Seit ihr Herz sich im Allmächtigen »aufgelöset« habe, schrieb Caroline im Oktober 1800 an Schelling, schöpfe sie wieder Hoffnung.[29] In Momenten tiefster Verzweiflung, wenn Schwermut in Todessehnsucht umzuschlagen drohte, sagte Caroline sich, gebetsmühlenartig, vor: »Ich habe nun alles verlohren, mein Kleinod, das Leben meines Lebens ist hin, man würde mir vielleicht verzeihen, wenn ich auch die lezte Hülle noch von mir würfe um mich zu befreyen, aber hierin bin ich gebunden – ich muß dieses Daseyn fortsetzen, so lange es dem Himmel gefällt.« Dafür möge der Herr ihr »Ruhe, wahrhafte Ruhe und Übereinstimmung in meinen nächsten Umgebungen« schenken.[30] Der fromme Wunsch sollte niemals in Erfüllung gehen. Was Caroline unerwähnt ließ, ist die Mobilisierung eigener Kräfte, allen voran der Ressourcen Selbstgewissheit und positives Denken. Während konsequentes Nach-vorne-Schauen (»das ist mein innerstes Wesen, daß ein Lächeln gränzen kann an die unsäglichste Noth«[31]) weitestgehend glückte, funktionierte das verharmlosende Sich-gut-Reden schlimmer Dinge nur insofern, als der aus ihren Gedanken verbannte Schmerz Carolines Körper als Ventil benutzte.

August Wilhelm *schrieb* sich seinen Kummer von der Seele, »über den Gegenstand meiner Trauer ist erst ein Lied und ein Sonett entstanden ... es wird aber eine ganze Reihe werden«.[32] Weil aber poetische Beschwörungsformeln allein nicht halfen, fasste er seine Verzweiflung auch brieflich in Worte. Ludwig Tieck beispielsweise gestand er ein: »Die Flecke auf der ersten Seite sind Spuren von Thränen ..., diesen Tod werde ich nie aufhören zu beweinen. Auf die erste Nachricht habe ich geglaubt, wahnsinnig zu werden ...« Um das »schmerzlich süße Andenken« zu »nähren«, errichtete Schlegel für sich eine Art Hausaltar. Vom Bildnis des Mädchens in Öl, es harrte in Dessau beim Maler Tischbein der endgültigen Fertigstellung, ließ er eine leicht modifizierte Zeichnung machen, »mit einem leisen Heiligenschein umgeben steht sie auf meinem Zimmer und wird stündlich von mir betrachtet und angebetet«.[33]

Schelling reagierte auf Augustes Sterben – »die schmerzlichste Begebenheit meines Lebens« – mit einer schweren depressiven Verstimmung.[34] »Der Ton, der in Ihrem letzten Brief herrschte, hat mich wahrlich erschrocken«, schrieb ihm sein besorgter Anhänger Henrich Steffens zurück.

Auch Friedrich Schlegel kam über den Verlust des Lieblings

des gesamten frühromantischen Kreises nur schwer hinweg; selbst der Veit ging er sehr zu Herzen. Trotzdem nahm sie ihn zum Anlass, die gegen Caroline gerichteten Gemeinheiten auf die Spitze zu treiben und sie zur heuchlerischen Kindsmörderin abzustempeln. »Denken Sie sich, die gute Auguste musste zum Sühnopfer so vieler fremden Schuld werden«, tat Dorothea nicht nur Schleiermacher kund. Denn an der Ruhr sei das Mädchen »wohl nicht eigentlich gestorben«, sondern vielmehr an den von seiner Mutter ausgelösten »heftigen Erschütterungen« – »und nun die Ostentation der Trauer«![35] Richtig unter die Gürtellinie zielte die Behauptung der Veit, Caroline habe, im Zweifel über die Dauerhaftigkeit ihrer Beziehung zu dem um viele Jahre jüngeren Geliebten, ihr Töchterchen mit Schelling verkuppeln wollen, um ihm zumindest auf diese Weise nahebleiben zu können.

Für den Tag des Jahrgedächtnisses dachte Dorothea sich eine besonders perfide Strafe aus. Ausgerechnet sie, die »Unwürdige!«, wütete Caroline in einem Brief an August Wilhelm, werde dann an Augustes Grab in Bocklet stehen. Bei der Vorstellung, »daß diese Stelle entweihet werden sollte«, habe sie bitterlich weinen müssen.[36]

Einschub:

Nur allzu leicht gerät man in die Gefahr einer Verurteilung Dorotheas in Bausch und Bogen. Mehr als Carolines offenkundige Bevorzugung Schellings nahm sie der Kontrahentin ihre – unleugbare – Hinhaltetaktik in Bezug auf August Wilhelm übel, hatte sie doch, in vergleichbarer Lage, weitaus konsequenter gehandelt. Außerdem darf nicht verschwiegen werden, dass auch Caroline zu unentschuldbaren sprachlichen Entgleisungen fähig war. Nachdem Friedrich, vorübergehend in Paris ansässig, seiner im Hinblick auf ihn grenzenlos duldsamen Gefährtin das Jawort in Aussicht gestellt hatte, schrieb sie an Julchen Gotter: Unter Robespierre habe man das Ersäufen von Verbrechern als »noces republicaines« (republikanische Heirat) bezeichnet, und der Hälfte des Schlegelschen Paares, Dorothea nämlich, möchte sie »gern solche Hochzeit gönnen«.[37]

Am Anfang der Verbreitung einer böswilligen Verleumdung, die in Bocklet ihren Ursprung hatte, stand eine Meldung von Madame Paulus. Kurz nach Augustes Tod an deren Sterbeort eingetroffen, gab die angebliche Ohrenzeugin eine prima Propagandistin ab. Das weitere Ausstreuen der Fama von Schellings verbrecherischer Einmischung in die Kunst der Ärzte funktionierte nach dem bewährten Schneeballsystem. Eine Spitzenstellung unter den Multiplikatoren nahm, soweit bekannt, Charlotte Schiller ein. Am härtesten aber dürfte Caroline die Unversöhnlichkeit des sterbenskranken Novalis getroffen haben. Bald ergriffen nur noch wenige Zeit- und Weggenossen Partei für Schelling und sie. Clemens Brentano, kein Freund der beiden ansonsten, hatte für die moralinsaure Unerbittlichkeit des, wie er unter anderem schrieb, selbst ernannten »höchsten Liebestribunals« – vorerst – nur Spott und Hohn übrig.[38] Zu denjenigen, die zunächst zu Mäßigung rieten, sich aber schließlich ganz und gar auf die Gegenseite schlugen, gehörte Friedrich Schleiermacher[39] – nicht ahnend, dass in ein paar Jahren er selbst Zielscheibe übelster Beschimpfung sein sollte. Keiner sei ihr ekelhafter als dieser hochmütige Calvinist, giftete Dorothea nach ihrem Übertritt zum Katholizismus.[40]

Unterstützt von August Wilhelm, wehrte Schelling sich vehement gegen die in vielerlei Hinsicht schädliche Hetzkampagne.[41] Ihm wäre, hob er erbost hervor, in Augustes Krankheitstagen nur ein einziger, gleichwohl unendlich quälender Fehler unterlaufen, nämlich den Machenschaften des behandelnden Mediziners zu lange tatenlos zugesehen zu haben.[42]

Unmittelbar nach Augustes Bestattung hatten er und Caroline Bocklet verlassen. Bald nach ihnen traf Schlegel in Bamberg ein. Ohne einen Moment des Zögerns war er aus Jena herbeigeeilt.[43] Seine Frau, momentan für jede Ablenkung dankbar, klinkte sich noch einmal in August Wilhelms Übersetzungsarbeit ein. Über Monate hinweg mit ›Heinrich V.‹ allein gelassen, war ihm die Eindeutschung dieses Shakespeare-Stückes richtig »sauer geworden«. Umso mehr freute ihn jene »Leichtigkeit und Schnelligkeit«, mit der nun ›Heinrich VI.‹ Gestalt annahm: »In sechs Tagen sind 2 Akte fertig geworden«![44] Als Gegenleistung entband er Caroline vom schmerzlichen Geschäft des Übermittelns der Todesbotschaft und des Entgegennehmens von persönlichen und schriftlichen Kondolenzen. Dank August Wilhelms Hang zur Perfektion blieb kaum jemandem die traurige Nachricht erspart. So kam es, dass eine längst vergangene Liebe seiner Frau noch einmal in Erscheinung treten konnte. Mit den Worten »Herzlich leid thut es mir am Ende Ihres Briefes zu lesen, daß Ihre Caroline so viel leidet«, brachte der ewige Junggeselle Georg Ernst Tatter sein Mitgefühl zum Ausdruck.[45]

So verschwindend gering wie das Interesse an den von ihm angebotenen Vorlesungsthemen noch war, musste Schlegel sich eingestehen, dass seine Jenaer Universitätslaufbahn früher oder später beendet sein würde. Aus Berlin lag August Wilhelm das mindere Angebot einer privaten Dozentur vor, und er war zu seiner Annahme fest entschlossen. Als Schelling zu Beginn des Monats Oktober nach fast fünfmonatiger Abwesenheit allein nach Jena zurückkam, musste er erst einmal Friedrich Schlegel von seinem Lehrstuhl jagen, auf dem sich der zwischenzeitlich Promovierte und Habilitierte ungebührlich breitgemacht hatte. Caroline und August Wilhelm waren unterdessen in Braunschweig eingetroffen. Er als ihr Beistand. Sie in dem Bedürfnis nach Ruhe und Besinnung. Trotzdem setzte Caroline sich noch im gleichen Monat[46] dem Wagnis eines Göttingenbesuches aus. Schon das Getuschel über ihre bevorstehende Ankunft in der verbotenen Stadt hatte den Mitgliedern des ›Hannoverschen Universitäts-Curatoriums‹ die Haare zu Berge stehen lassen. Eilends war man zur Erneuerung der Aberkennung des Bleiberechts geschritten. Für den Fall, dass die »vormahlige verwittwete Böhmer, gebohrene Michaelis«, sich erdreisten sollte, »länger als ein paar Tage auf einer Durchreise« in Göttingen zu »verweilen«, werde die örtliche Obrigkeit »ihren Anverwandten und nöthigenfalls ihr selbst eröfnen, daß sie sich zu entfernen habe«.[47]

Caroline setzte ihr Vorhaben dennoch in die Tat um. Ohne Restrisiko kein Gewinn. Und tatsächlich gab es in Göttingen etwas zu holen. Ihr Schwiegervater Georg Ludwig Böhmer, gestorben im Spätsommer 1797, hatte testamentarisch bestimmt, dass Augustes Erbanteil erst drei Jahre nach seinem Tod, einschließlich Zinsen, ausbezahlt werden dürfe. Nur weilte am Fälligkeitstag auch die Enkelin nicht mehr unter den Lebenden. Es kam, kurz gesagt, zu einem gerichtlichen Vergleich, geschlossen zwischen Testamentsvollstrecker Friedrich Böhmer, einem Bruder ihres verstorbenen ersten Mannes, und Caroline Schlegel. Die Vereinbarung trat im Frühjahr 1803 in Kraft und brachte der Nacherbin stolze etwa zweitausendfünfhundert goldene Reichstaler ein.[48]

Kein schlechter Start in Ehe Nummer drei.

Aber halten wir uns an die chronologische Reihenfolge. Und blicken zunächst nach Braunschweig.

Schwager Christian Rudolf Wilhelm Wiedemann, ein ausgesprochen unattraktiver und von Natur aus »trockener« Mann,[49] aber doch ein sehr gefragter Gynäkologe, bewohnte mit Ehefrau, zwei Kindern sowie der allzu reizbaren Schwiegermutter und nun noch den beiden Schlegels ein Haus »am Ende« des Schweinemarktes. Die Schwester sei, so Luise Wiedemann in der Rückschau auf deren halbjährigen Aufenthalt unter dem Wiedemannschen Dach, »selten wohl«, sprich, meistens krank, gewesen.[50] Im November schrieb Schelling aufgeregt an August Wilhelm: »Ich hoffe, sie nun ganz hergestellt, sollte dieß aber nicht seyn, so bitte ich Sie angelegentlichst um die Güte mich so viel [wie] möglich keinen Posttag ohne Nachricht zu lassen, da die Ungewißheit, in der ich schweben muß, mir das Schrecklichste ist.«[51] Seine Bitte wurde prompt erfüllt.

Vorwiegend kam Caroline in Braunschweig mit den alt bekannten Honoratioren, das hieß den Jerusalems, den Campes und den Eschenburgs, zusammen. Auch pflegte sie die Freundschaft mit dem Verleger Friedrich Vieweg und dessen Familie. Bei Friedrich Moritz von Brabeck handelte es sich ebenso um einen bedeutsamen gesellschaftlichen Zugewinn. Für zwei Tage war sie ins barocke Wasserschloss Söder im Bistum Hildesheim eingeladen, wo der Graf Gemälde von da Vinci, Raffael, Tizian, Rubens, Rembrandt und vielen mehr zu Studienzwecken ausstellte. Mit Hingabe ging Caroline der zirka vierhundert Exponate umfassenden Meistersammlung des engagierten Kunstmäzens auf den Grund.

Ansonsten setzten sie und August Wilhelm die Beschäftigungstherapie Shakespeare-Übertragung fort.

Leider barg Braunschweig auch einen aus Carolines Blickwinkel erheblichen Nachteil. Der Wohnort von Elisabeth Wilhelmine von Nuys bot Schlegel reichlich Gelegenheit, den intimen Verkehr mit der »liebsten besten Elisa« wieder aufzunehmen. Dazu kam das intensive schriftliche Hin und Her zwischen ihrem Mann und seiner neuesten Berliner Flamme: Sophie Bernhardi-Tieck. Ein versiegeltes Päckchen mit Briefen aus der Feder der Schwester von Ludwig und Friedrich Tieck, die ihren Gatten verabscheute, ist Bestandteil eines erst 1929 entdeckten Konvoluts aus August Wilhelms Nachlass.[52] Es war mit der im Original französischen Aufschrift versehen: »Nach meinem Tod ungeöffnet zu verbrennen.« Nur weil sein Finder sich der Anordnung widersetzte, besteht an der Tatsache einer sexuellen Beziehung zwischen Schlegel und Sophie keinerlei Zweifel. Indes gibt es genau so sichere Belege für Schlegels in Braunschweig entwickelte Idee einer glückhaften Fortführung seiner Ehe mit Caroline.[53] Woran seine Frau allerdings nicht einmal mehr im Traume dachte.

Aber bringen wir das Kapitel van Nuys noch rasch zum Abschluss. Ein Enkel Elisas vermerkte in seinen Memoiren, August Wilhelm habe, vergebens, um ihre Hand angehalten. Andere

Quellen sprechen davon, dass Schlegel von sich aus einen Rückzieher machte, sehr zum Verdruss der enttäuschten Dame. 1807 in Wien sah man sich wieder. Caroline erfuhr von dem Treffen. Noch immer konnte sie ihre Wut auf die »wohlbekannte Abentheurerin«,[54] um nicht zu sagen Dirne, nur mühsam unterdrücken. Eine, das eigene Urteil aus noch größerem zeitlichem Abstand bestätigende Notiz Karl August Varnhagen von Enses hätte ihr demzufolge richtig gut gefallen, nannte er doch die längst verblühte frühere Schönheit »eine alte geschminkte Kokette, ziemlich verrufen und sehr widrig«.[55]

Carolines leidenschaftliches Verlangen stand auf einem anderen Blatt:

»An Schelling.

[Braunschweig] Dienstag früh [Oktober 1800].

Ich habe den Himmel recht gebeten mich zu erleuchten und mir gute Gedanken zu verleihn, ehe diese Post abginge, und er hat mich auch erhört. Wenn ich Dir wollte oder vielmehr vermöchte alles hinzuschreiben, was in mir vorgegangen ist, es würde so tief und so wehevoll werden …, aber ich muß mich schonen und gebe Dir nur den Frieden von Gott … Ich habe Dich innig lieb, ich küsse Deine Stirn, Deine beyden lieben Augen und den süßen Mund. Das ist recht das selige Zeichen des Kreuzes.«[56]

Außerstande, wirkliche Schuld von einem Schuldkomplex[57] zu unterscheiden, hatte Schelling sich – und auch ihr – das Recht auf Liebesglück abgesprochen. Gar in seiner Verzweiflung Suizid angedeutet. Wie ihn ans Leben – und auch an sich selber – binden? »Wenn ich Dir auch könte lange Vorstellungen erwiedern über Deine Vorstellung, und eine Menge begeisterte Vernunft gegen Deine irrigen Ansichten setzen, es wäre eine bloße Redeübung – genug daß ich meinem Freunde verspreche, daß ich leben will, ja daß ich ihm drohe, ich werde leben, wenn er so zur unwahren Stunde den Tod sucht. Du liebst mich, und sollte die Heftigkeit des sich in Dir bewegenden Wehes Dich auch einmal mit Haß täuschen und mich damit zerreißen, Du liebst mich doch, denn ich bin es werth.« – »Verlaß mich nicht, ich liebe Dich, ich wollte, ich könnte Dir sagen wie sehr, aber in Deinen Armen selbst würde ich es Dir nicht ausdrücken können.«[58] Mit allen Mitteln versuchte Caroline, ihn von seinem Opferwahn zu befreien. Nach Auguste auch noch Schelling zu verlieren – dieser Gedanke war *ihr* unerträglich: »Wenn Du mich von Dir losmachen wolltest, so würdest Du mein Leben mit zerreißen. Also was Du schwazest vom Wunsch frey zu seyn, und von der Möglichkeit, daß mich mein innrer Genius nicht eben zu Dir unwiederstehlich hinzöge, das ist alles Thorheit – denn eben zu Dir; ich habe es nie allmächtiger empfunden … O ich habe Dich schrecklich lieb, unbegreiflich lieb, und nun wird es erst ganz an den Tag kommen.« Sie habe, gab Caroline Schelling zu verstehen, Mut für zwei: »Könnt ich Dir nur meinen Sinn einflößen, alle Spannung weghauchen, Dich selbst festhalten in Deiner Anmuth … Süßes Herz, Du bist auch liebenswürdig, der Himmel ist nur noch nicht klar. Wolken fliehen hin und her, der Sturm jagt sie vor das Angesicht der Sonne. Kein Clima giebt es auf der Erde ohne Wolken, aber nur im Norden steigen sie so unaufhörlich wieder empor, komm in mein[en] Süden, komm, Du geliebtester aller Menschen. Gewiß, wenn Du Dich jetzt nicht mehr trauernd an Unmöglichkeiten wendest, so können wir uns noch ein schönes Leben bilden. Nimm unser wunderbares Bündniß, wie es ist, jammre nicht mehr über das, was es nicht seyn konnte«: nämlich ungetrübt.[59] »Ich bin [mir] meines unzerstörbaren Glücks, wie meines unheilbaren Unglücks gewiß. Das ist mein Vorrecht«![60] Als Schelling jedoch dazu überging, ins gleiche Horn wie die Veit zu blasen, das hieß, Caroline den Ehebruch vorzuhalten und ihr die Alleinschuld an Augustes Tod zuzuschieben, wies sie ihn mit deutlichen Worten zurecht: »Spotte nur nicht …, ich war doch zur Treue gebohren, ich wäre treu gewesen mein Lebenlang, wenn die Götter es gewollt hätten, und ungeachtet der Ahndung von Ungebundenheit, die immer in mir war, hat es mir die schmerzlichste Mühe gekostet untreu zu werden, wenn man das so nennen will, denn innerlich bin ich es niemals gewesen … Ich habe Dich geliebt – es war kein frevelhafter Scherz, das spricht mich frey, dünkt mich.«[61] Denn: Wer seinem Herzen folge, könne nicht in die Irre gehen!

Im unausgesetzten Bemühen um Stabilisierung des jungen Freundes und aus Angst vor der Realisierung seiner schrecklichen Selbstmorddrohung machte Caroline einen alten Freund zu ihrem Komplizen. »Reichen Sie ihm in ihrem Namen die Hand«, wurde Goethe nicht umsonst gebeten. »Es bedarf weniges weiter, als Sie wirklich schon thun, Ihre Theilnehmung, Ihre Mittheilung ist mehrmals ein Sonnenstral für ihn gewesen, der durch den Nebel hindurch brach, in dem er gefangen liegt … Wenn ich einen Wunsch besonders aussprechen darf, so ist es der, daß Sie ihn um Weynachten aus seiner Einsamkeit locken und in Ihre Nähe einladen.«[62] In Gemeinschaft mit dem Geheimen Rat würde Schellings Befreiung aus dem düsteren Kerker Melancholie hoffentlich gelingen: Goethe »liebet Dich väterlich, ich liebe Dich mütterlich – was hast Du für wunderbare Eltern! Kränke uns nicht«![63] Strategie und Appell trugen Früchte. 1801 wurde für Schelling ein gutes, heiteres Jahr. Mit ihm brach eine Periode großen Ruhmes an. Wenn die Studenten zu seinem Hörsaal strömten, zogen lange Menschenschlangen durch Jenas enge Gassen. Über vierzehn Vorlesungen hinweg behandelte er »das ganze Panorama der ›absoluten Philosophie‹« in ihrer Beziehung zu den verschiedenen Wissenschaften. Jede ein »didaktisches Meisterwerk«.[64]

Irgendwann einmal hatten Caroline und Schelling einander den Austausch von Ringen als ihr gegenseitiges Geschenk zum Christfest versprochen. »Du hast die Abrede gehalten und ich nicht«, schrieb sie ihm Ende Dezember. »Ich suchte gleich nach dem Namen Joseph[65] und fand ihn durch die Thränen hindurch … Ja, dieß ist der erste, der einzige ächte Trauring für mich und er bleibt einzeln, Er sagt sich von der Zukunft los und bindet uns nur noch an eine kurze Vergangenheit.«[66]

Als eine Momentslaune darf ihr Umdenken nicht angesehen werden.

Die Symptome der schweren Frühjahrs-Nervenkrise hatten sich schon im Herbst zurückgemeldet. Am Ende ihrer physischen und psychischen Kräfte klagte Caroline: »Ich kann das Haus nicht verlassen, kaum das Zimmer.« Ihr Leiden hatte viele Gesichter. »Ich bin recht müde und matt …, ich stehe mit Kopfweh auf und habe Nasenbluten, aber das schlimmste ist, was ich nicht mehr habe …«[67] – Auguste. Ein weiterer Grund für Carolines plötzliche Zurückhaltung könnte eine irritierende Veränderung in Schellings Verhalten gewesen sein. Er hatte nämlich begonnen, ihr partiell den Respekt zu verweigern. Respekt aber, in Sonderheit vor ihren Geistesgaben, gehörte für eine Frau wie sie, die gleichberechtigten Austausch wie die Luft zum Atmen brauchte, zu den unabdingbaren Voraussetzungen für eine stabile Verbindung. In seinen Briefen nach Braunschweig[68] war Schelling zum Beispiel die Antworten auf gewisse Fragen Carolines schuldig geblieben. Diejenige nach der wissenschaftstheoretischen Begründung und dem Stand seiner von ihr für dringend notwendig erachteten Emanzipation von Fichte hatte er besonders schroff abgewehrt und: daraufhin das Recht auf eine gemeinsame Zukunft abgesprochen bekommen. Der Adressat verstand und lenkte ein. Soweit ihm das möglich war.

Dessen ungeachtet hielten Carolines körperliche Beschwerden an; was ihre Mobilität anging, blieb sie vorerst eingeschränkt. Der Nachwuchs der Wiedemanns nutzte die Allgegenwart der geliebten Tante weidlich aus. Emma, die lebhafte Zweijährige, kuschelte mit ihr, wann immer sie Gelegenheit dazu hatte, und Säugling August (benannt nach seiner verstorbenen Cousine) tat durch lautes Juchzen kund, wie wohl er sich in Carolines Armen fühlte. Der bildhübsche Knabe starb im März (zeitgleich also mit Novalis, der den Kampf gegen seine Lungentuberkulose nicht hatte gewinnen können), ohne jede Vorwarnung und ohne die geringste Chance wirksamer medizinischer Gegenwehr. Neun Kinder hat Luise insgesamt auf die Welt gebracht, nur vier von ihnen erreichten das Erwachsenenalter.

Gegen Ende Februar war August Wilhelm nach Berlin abgereist. Sechs Wochen nach ihm ging Caroline aus Braunschweig weg. Man blieb in engem Briefkontakt. Zunächst steuerte sie Harburg bei Hamburg an, wo der jüngere Michaelis-Sohn als Arzt praktizierte und dessen Liebesleben in ruhiges Fahrwasser geraten war. Seine junge Ehefrau fuhr der Schwägerin bis Celle entgegen. Der Bruder habe »sehr gut gewählt«, notierte Caroline erleichtert, »eine recht pikante schlanke Blondine voller Lebhaftigkeit und witzigen Wesens«,[69] die außerdem nichts dagegen hatte, dass Philipp ihr mit einem Darlehen in Höhe von immerhin vierhundert Talern über einen finanziellen Engpass hinweghalf.

KAPITEL 8

Jena

Menschliche Krisen

Um … völlige Freyheit zu haben und auch niemand in seiner Freyheit hinderlich zu seyn, wird … oder ist vielmehr schon, das Band der Ehe zwischen Schlegel und mir aufgehoben …[1]

Eskortiert von Schwester Luise und Nichte Emma, man traf sich unterwegs, kehrte Madame Schlegel nach einjähriger Abwesenheit in ihr Jenaer Domizil zurück. Was sie jetzt dort entdecken musste, »den mir ganz unerwarteten Grad von Verwahrlosung alles dessen, was ich ganz zuverlässig unversehrt zurückließ«, trieb der Heimkehrerin die Zornesröte ins Gesicht. Während der Zeit ihres Alleinseins im Haus waren Friedrich und Dorothea, sofern Caroline nicht maßlos übertrieb, mit dem fremden Eigentum unglaublich rücksichtslos umgegangen und hatten schließlich beim Umzug in eine eigene Wohnung zwischen Mein und Dein nicht immer unterschieden: »Beträchtliche Stücke fehlen noch gänzlich.« Von den ursprünglich vorhandenen zehn Dutzend Porzellantellern (noch aus Clausthaler Zeiten stammend) existierten nur mehr vierundzwanzig,[2] kein einziges Glas war auffindbar, »die Tassen und die blauen Glascompotieren zerbrochen«, das Sofa ruiniert und auch das Klavier in einem sehr üblen Zustand. In »einer höflichen Correspondenz offner Zettelchen« verhandelte sie mit dem Schwager, der auf dem Sprung war, die Stadt zu verlassen, über die Rückgabe von Tischen, Betten, Feuerzangen, Körben …, »die ich alle erst dort hervorlocken muß«.[3] Dorothea hatte sich noch vor der Ankunft der Erzfeindin nach

Leipzig abgesetzt. »Daß Mad. Veit nicht zu mir kommt, ist meinen Wünschen gemäß«, schrieb Caroline am 7. Mai 1801 an August Wilhelm. »Sie hat sich hier schon lange gerühmt, sie wolle mich nicht sehn.« »Diese Person, die keinen Menschen hier gesehn haben würde ohne mich, und der ich alle Bedenklichkeiten aufopferte«, habe sie nun »durch Wahrheit und Verläumdung Preis gegeben« – »gegen die Paulus zuerst, bey der das den besten Boden fand, den *neidischen*«. Und sie wisse auch, was Friedrich »verführt hat«, alle Jenaer Freunde von ihr ab und auf seine und seiner Freundin Seite zu ziehen: »der ihm fremde Genuß einer gewissen Art von Popularität. Er lebte mit seinem fast leidenschaftlichen Hange zur Geselligkeit immer isolirt. Und dann – ich darf es sagen, weil es eine Zeit gab, wo ich in sein innerstes Herz geschaut habe – er ist nicht ohne Rachsucht …; und alles dieß trübe Wesen hat ihm seine Erinnerung meiner und seiner verdunkelt, ihn verstockt.«[4]

Keine vier Wochen hielt Caroline es in Jena ohne Augustes Jungmädchenlachen aus. Als sie Julie Gotter vorübergehend zu sich nahm, war sowohl ihr als auch ihrer für jede Ersparnis dankbaren verwitweten Freundin geholfen. Julchens Berichte an Mutter und Schwestern – eine biografische Neuentdeckung[5] – relativieren manche Aussagen Carolines. Der in ihren Briefen erweckte Schein wurde der Wirklichkeit nicht gerecht. Derweil sie, zum Beispiel, ihrem Mann vorgaukelte, sie halte hinsichtlich ihrer Zusammenkünfte mit Schelling alle Regeln der Schicklichkeit ein, schrieb die Ersatztochter nach Hause, gewöhnlich halte Madame Schlegel sich des Nachmittags in dessen Wohnung oder Garten auf. Näheres zu verraten, wagte sie jedoch nicht, stand sie doch, das schriftliche Ausplaudern von Indiskretionen betreffend, unter strenger Kuratel. Also mussten ihre Lieben auf spätere mündliche Mitteilungen vertröstet werden.[6] Aufregend war aber nicht nur Carolines Liebesgeschichte. Gleich zu Beginn ihrer Zeit in Jena äußerte die sowohl linguistisch als auch mental etwas überforderte Siebzehnjährige ihr Erstaunen über die Art der »Gespräche im Schlegelschen Hause«: »so philo…o…, daß sie über meinen Horizont gehen«.[7] Das gewöhnliche Tagwerk bestand aus Handarbeiten, Lesen, Schreiben. Selten machte Caroline Visite. Entweder war sie unpässlich oder nicht eingeladen. Einzig bei den seit kurzem in Jena lebenden Frommanns hieß man sie jederzeit willkommen. Der Salon des Verlegers und seiner Frau hatte sich rasch zu einem geselligen Zentrum entwickelt.[8]

Es stimmt nachdenklich, dass Schellings Hausgenosse für die nächsten Monate, Jugendkamerad Georg Wilhelm Friedrich Hegel, ein kongenialer intellektueller Partner mit schwierigem Charakter, von Caroline so gut wie nie erwähnt worden ist. Unter Umständen mied sie ihn aufgrund der weitgehenden Übereinstimmung seiner Jenaer Freundesclique mit ihrer Jenaer Feindesclique. Mag auch sein, er machte sie, in gewisser Hinsicht, eifersüchtig. Noch im laufenden Jahre erschien Hegels Schrift über die ›Differenz des Fichteschen und Schellingschen Systems der Philosophie‹. Caroline lernte erst nach dem Druck ihren Inhalt kennen. Auch in die Fertigstellung der Schelling-Hegelschen Erstausgabe des kurzlebigen ›Kritischen Journals der Philosophie‹ war sie nicht einbezogen. Folglich kam ihr eine dringende Bitte August Wilhelms wie gerufen, nämlich für seinen und Ludwig Tiecks editorischen Versuchsballon ›Musen-Almanach für das Jahr 1802‹ die Schlussredaktion zu übernehmen, woraufhin Friedrich Schlegel seine Beiträge zu dem Journal am liebsten zurückgezogen hätte. Zu glauben, August Wilhelm und er seien nach allem, was vorgefallen war, spinnefeind oder einander zumindest gram gewesen, wäre völlig falsch. Als bald darauf der Ältere ein letztes Mal mit Caroline die Wohnung teilte, nutzten die Brüder jede sich bietende Gelegenheit zu »ungestörtem« Meinungsaustausch.[9]

Und die Eheleute Schlegel? Nicht nur Informantin Julchen Gotter drängte sich der Eindruck auf, dass dem Gatten »kein freudiger Empfang« bereitet worden war.[10] »Ich hätte Dich gar nicht verlassen dürfen, es war unvermeidlich, und hat mir den Gewinn gebracht, klarer zu sehen, daß ich keine Lücke zurücklasse, wenn ich Dir mich ganz widme«, schrieb August Wilhelm aus Jena an Sophie Bernhardi-Tieck. »Etwas anders fand ich es hier, als ich es mir nach dem Beysammensein in Br. [Braunschweig] vorgestellt hatte, jedoch ohne darüber befremdet oder noch empfindlich werden zu dürfen.« Damit kein Irrtum aufkomme: »Ein freundliches und selbst freundschaftlich zärtliches Verhältnis wird zwischen mir und C. [Caroline] immer fortdauern …« Aber trotzdem keine Sorge: »Daß ich so innig geliebt werde, und von einem Weibe wie Du, ist das schönste, ja das erste schöne Ereigniß meines Lebens.«[11]

Madame Bernhardi-Tieck, sechsundzwanzig, eine höchst problematische Persönlichkeit und Verfasserin einiger geheimnisvoller Geschichten, führte kein Doppelleben, sondern – ohne Schlegels Wissen – ein Dreifachleben; dazu später mehr.

Bleibt noch zu sagen, dass August Wilhelm im Verlaufe seines von Spätsommer bis Herbst 1801 andauernden Jena-Aufenthaltes der ihm in Aussicht gestellten Möglichkeit eines Zusammenkommens mit seiner Berliner Geliebten mit den älteren Rechten geradezu entgegenfieberte. Aber leider befand sich Friederike Unzelmann nur einen halben Tag und eine Nacht lang in greifbarer Nähe.[12] Kurz bevor August Wilhelm im Oktober Abschied von der verödeten Geburtsstätte der Jenaer Frühromantik und von Caroline nahm, reiste Luise Wiedemann nach Braunschweig ab. Die Schwestern sahen einander nie mehr wieder.

Im Frühjahr 1802 fuhr Caroline in die preußische Metropole. Gegen den erklärten Willen August Wilhelms. Berlin war ihr geschwind verleidet. Zum einen, weil sie inzwischen auch hier als die Alleinschuldige am Zerbrechen ihrer Ehe angesehen wurde und ihr Mann sie, vielleicht um ihr Enttäuschungen zu ersparen, von den meisten bedeutenden gesellschaftlichen Foren fernhielt.

Zum anderen, weil sie Sophie Bernhardi-Tieck, in ihren Augen entsetzlich hässlich und maßlos kokett, unerträglich fand. Da Schlegel im Hause seiner Geliebten wohnte, deren gehörnter Ehemann übrigens so tat, als hielte er die Ménage à trois für das Normalste auf der Welt, waren Begegnungen der Frauen fast unvermeidlich. Für die, im Rückgang begriffene, Begeisterung ihres Mannes für Friederike Unzelmann brachte Caroline, nachdem sie sich in Berlin von den beruflichen und persönlichen Qualitäten der Schauspielerin hatte überzeugen können, eindeutig mehr Verständnis als vorher auf.

Mit Schellings nachträglichem Erscheinen an der Spree hing August Wilhelms auffallende Distanziertheit freilich nicht zusammen; die beiden Herren verstanden sich weiterhin ganz prächtig. Er arbeitete vielmehr auf eine rechtskräftige Trennung von seiner Frau hin. Die Eile, mit der er die Scheidung plötzlich vorantrieb, ergab sich aus jener einfachen Rechnung, die ihm jüngst Sophie aufgemacht hatte: x plus neun gleich elf. Im November also wollte sie ihm ein Kind von eigenem Fleisch und Blut präsentieren! Spätere Heirat nicht ausgeschlossen! In der Tat brachte sie zum angegebenen Zeitpunkt einen Sohn zur Welt. Im guten Glauben an seine Vaterschaft[13] wurde August Wilhelm von der Mutter so lange geschröpft, bis ihm – endlich – dämmerte, dass der auf den Namen Felix Theodor getaufte Knabe mit an Sicherheit grenzender Wahrscheinlichkeit ein Abkömmling jenes baltischen Adligen war, der letzten Endes aus Madame Bernhardi-Tieck eine Baronin Knorring[14] machte. Als Caroline etliche Jahre später das Kuckuckskind zu Gesicht bekam, äußerte sie unnachahmlich mokant, es sähe nur Sophie gleich und scheine eigentlich keinen Erzeuger zu haben.[15]

Die »reelle« Scheidung, so Caroline in einem Resümee für August Wilhelm, sei »während meiner Anwesenheit in Berlin« geschehen. Und was die »gerichtliche« Scheidung anbeträfe, plädiere sie dafür, »die Sache nach gemeinschaftlicher Verabredung und auf keine beyden Theilen nachtheilige Weise [zu] betreiben«.[16] Ein paar kleinere, aber trotzdem schmerzliche Rückzugsscharmützel mochten sie einander dennoch nicht ersparen.

Ende Mai zurück in Jena, war die Leutragasse Nummer fünf für Caroline passé. Hauseigentümer Niethammers Wunsch, selbst dort einzuziehen, fiel mit ihrem Verlangen nach einem auch räumlichen Neuanfang zusammen. Zwei Mietobjekte standen zur Diskussion. Folgt man früheren Hinweisen Carolines, dann zog sie jetzt ins normalerweise überdimensionierte Haus des Juristen Ludwig Christoph Asverus; es lag jenseits des Grabens im nordöstlichen Vorfeld des Städtchens neben dem Gasthof ›Zum Bären‹.[17] Als sie sich, bereits Monate zuvor, für dieses Domizil interessiert hatte, war sie allerdings noch davon ausgegangen, dass August Wilhelm seine Ankündigung, sowohl Sophie als auch deren zwei echte Bernhardi-Sprösslinge für eine geraume Zeit mit nach Jena zu bringen, in die Tat umsetzen würde. Sehen wir jedoch, was sinnvoll erscheint, aktuellere Angaben aus Schellings Feder als zutreffend an, dann bezog Caroline nunmehr das Haus des verstorbenen Juristen Johann Christian Eckardt.[18] Dieses befand sich in der Johannisgasse,[19] nahe dem Johannistor, das wiederum in Sichtweite des Logis ihres Liebsten lag. Augenblicklich lebten die beiden von der sprichwörtlichen Hand in den Mund. Von Nebensächlichkeiten wie Lohnzahlungen für Dienstmagd, Köchin oder Diener gar nicht erst zu reden. Schellings Einkommen aus Professorentätigkeit ließ trotz des großen Erfolges bei der Hörerschaft zu wünschen übrig, und die gedruckten, staunenswerten Vorstöße in philosophische Zwischenwelten warfen nicht den geringsten Profit ab. Auch seine Ernennung zum Doktor der Medizin im Juni 1802[20] würde pekuniär keinen Fortschritt mit sich bringen. August Wilhelm, zuvor niemals kleinlich, aber seit ihm Sophie das Geld aus der Tasche zog ebenfalls ziemlich klamm, war dazu übergegangen, seiner Frau Verschwendung zu seinen Lasten vorzuwerfen. Spürbar eingeschnappt ob der ständigen Ermahnungen zu mehr Sparsamkeit, hatte Caroline Bilanz gezogen:

»Höre, Freund, und merke auf, obgleich von Geldsachen die Rede seyn wird, welches Dir höchst fatal ist, wie mir wohl bewußt ... Du weißt, daß ich das Kapital von 1000 rh. in Hannover [entweder aus ihrem väterlichen oder aus Augustes großmütterlichem Erbe] gekündigt habe. ... Nun kam mir diese Summe unermeßlich vor, obgleich Philipp [bekanntlich hatte der Bruder mit einem Darlehen ausgeholfen] davon bezahlt werden sollte [was dann aber nicht geschah] ..., ja ich versprach Schellingen etwas zu leihen bis Ostern wenigstens, damit er nicht zu schnell arbeiten sollte und es desto besser werden würde. Lauter Rechnungen ins Blaue hinein! Meine tausend rh. sind nicht die unendliche Welt mehr, sondern eine übersehliche kleine Erdkugel. Sie reichen kaum, wie beyliegende Übersichten besagen, für das Bedürfniß des Augenblicks hin, und das hat mich allerdings heiß und angst gemacht ... Das große Deficit liegt, dünkt mich, mehr im Mangel von Einnahmen, die seit Jahr und Tag zufällig geschmälert werden, als selbst in der zerstreut und getrennt geführten Wirtschaft. Denn wenn mein Freund überlegen will, daß ich ihm seit dem Sommer 1800 nichts gekostet – indem ich seit dieser Zeit völlig 1500 rh. aus meinem Vermögen hergegeben, nehmlich jetzt die 1000 rh. und über 200 rh. nebst Zinsen, die ich von Göttingen mit nach Braunschweig brachte – so kann er nicht sagen, daß die Umstände *seine* Finanzen beeinträchtigt haben ...«[21] Postwendend traf eine von Schlegel unterzeichnete »Schuldverschreibung« über 600 Reichstaler in Jena ein, verzinst mit jährlich 6 1/2 Prozent. Von der ermittelten Schuldsumme, 900 Reichstaler, hatte er Carolines Anteil an den »vorläufigen Auslagen« für Augustes Grabmonument abgezogen.[22] Schlegel aber ließ – getrieben von Sophie? – so schnell, wie es zunächst den Anschein gehabt hatte, doch nicht locker. Um die Jahresmitte 1802 sah Caroline sich zu erneutem Saldieren gezwungen: »Beykommende Rechnung habe ich auf die kleinsten

Resultate zu bringen gesucht, nachdem ich meine Haushaltungsbücher nochmals darüber nachgesehn. Es steht hier erstlich aufgeschrieben, was Schlegel von mir bekommen hat, wobey kein Artikel angeführt ist, von dem das mindeste auf meine Rechnung käme.« Aber eigentlich hatte sie die Pfennigfuchserei gründlich satt: »Ist gegen meine Abrechnung im Ganzen nichts einzuwenden, so bitte ich mir alle Bemerkungen im Einzelnen zu erspaaren.«[23] August Wilhelm entschied sich, tatsächlich, fürs Schweigen. Wochenlang wurde es durchgehalten. Woraufhin Caroline in ihrerseits notwendigen schriftlichen Kontaktaufnahmen das vertrauliche Du durch ein förmliches Sie ersetzte – aber letztlich zur gewohnten Anrede zurückkehrte.

Dass Schlegel so verschnupft auf ihre Besprechung seines in Weimar uraufgeführten ›Ion‹ – eine faktisch unoriginelle Euripides-Replik – reagierte, muss Caroline vorausgesehen haben. Als ihm natürlich wohl bekannte, namentlich aber nicht erwähnte Rezensentin war sie in ihrem Beitrag für die ›Zeitung für die elegante Welt‹[24] wohl sehr ausführlich auf Goethes Qualitäten als Regisseur des Theaterstückes eingegangen, hatte sich jedoch in der Beurteilung der Leistungen des Autors auffallend bedeckt gehalten – Schlegel die eindeutigen Schwächen seines Werkes aber offenbar brieflich unter die Nase gerieben.[25]

Vielleicht kam die Idee, ihren Part an der unerlässlichen Scheidungskorrespondenz mit August Wilhelm an Schelling zu übergeben, von Caroline – »ich trete ganz zurück«[26] –, um im Hintergrund und mit Goethes diskreter Unterstützung das Verfahren voranzutreiben. Der Geheime Rat las den von ihr im Oktober 1802 verfassten Entwurf des »Gesuchs um Scheidung an Herzog Carl August von Sachsen-Weimar-Eisenach« Korrektur und veränderte hier und da eigenhändig den aufschlussreichen, im Folgenden wiedergegebenen Wortlaut:

»Das unbegränzte Vertrauen in Ewr. Herzogliche Durchlaucht Huld und Gnadevolle Gesinnungen verstattet uns Höchstdenenselben die folgende unterthänigste Bitte vorzulegen.

Seitdem wir uns vor sechs Jahren miteinander verbunden haben, sind in unsern beiderseitigen Verhältnissen solche entscheidende Veränderungen eingetreten, daß wir uns in die Lage versetzt sehn, eine rechtskräftige [von Goethe ersetzt durch: rechtliche] Trennung unsrer Verbindung, als eine gleiche Nothwendigkeit und ein gleiches Glück für uns beide, zu betrachten.

Keine Kinder machen das Band unsrer Ehe für unser eignes Gefühl unauflöslich, und dieser Fall allein reicht selbst den Gesetzen gegen über hin, die Bitte um Trennung eines Bandes gewähren zu machen, deßen Schutz sie besonders in Ansehung elterlicher Verhältnisse sind.

Ganz verschiedne, und in mehr als Einem Sinn divergirende Lebenszwecke, die dem Unterzeichneten [August Wilhelm Schlegel] zum Theil durch seine literarischen Bestimmungen, der Unterzeichneten [Caroline Schlegel] zum Theil durch den Zustand ihrer Gesundheit, gebietend vorgeschrieben werden, machen es uns unmöglich an Einen und demselben Ort fortwährend zu leben, und verhindern jeden von uns beiden an der entschiednen Ergreifung solcher Maaßregeln, die zu seinem Besten nothwendig sind.

Obgleich diese Umstände schon seit längerer Zeit obwalten, und uns unsre Verbindung seit Jahren unter uns selbst als getrennt haben ansehn lassen, haben wir selbige doch mit allen drückenden Folgen, dergleichen zum Beyspiel die durch sie nothwendig gewordne doppelte Haushaltung ist, lieber ertragen, als einen unüberlegt raschen Entschluß fassen, oder den Schein eines solchen auf uns ziehn wollen, und glauben nur jetzt erst, sowohl der nothwendigen Rücksicht auf unsre eigne Zufriedenheit und Ruhe, die Bedingungen unsrer Wirksamkeit und unsres Lebens sowohl, als der Rücksicht auf die Welt diese Entschließung schuldig zu seyn, der wir von unsrer beiderseitigen Übereinstimmung und gegenseitigen Achtung keinen größern Beweis, als die freundschaftliche gemeinschaftliche Beschließung unsrer förmlichen Trennung geben zu können glauben, nachdem unhintertreibliche und unveränderliche Umstände und Gemüthslagen, uns die äußerliche Trennung nothwendig gemacht haben.

Der Weisheit Ewr. Herzoglichen Durchlaucht dürfen wir es kühnlich überlassen zu ermessen, wie die verschiednen Ursachen durch ihre Zusammenwirkung und ihre Verwicklungen endlich einen Punkt der Spannung aller Umstände herbeiführen, der durchaus zu einem Entschluß auffordert und uns keinen andern als den angezeigten übrig läßt. Nicht minder zutrauensvoll dürfen wir uns an die menschlichen Gesinnungen des gnädigsten Fürsten wenden, der einer durch den Verlust einer geliebten Tochter aller Lebensgüter beraubten Mutter gern ihren einzigen Wunsch der Ruhe, wie dem durch seine Bestimmung zur Thätigkeit aufgerufnen Mann die vollkomne Freiheit in Ansehung ihn forthin nur beschränkender bürgerlicher Verhältnisse aus seiner Huld ertheilen wird.

Es ist das Bewußtseyn von der Reinheit dieses Entschlusses sowohl, als der Gründe unsrer Bitte, was uns den Muth giebt dieselbe unmittelbar an die [von Goethe eingefügt: höchste] Person Ewr. Herzoglichen Durchlaucht zu richten. Die Vorsehung hat auch darum Fürsten angeordnet und mit ihrer Macht bekleidet, damit in Fällen, wo die Formen der äußern Gesetzgebung die Gründe welche in innern Zuständen liegen, nicht mehr erreichen, in der sichtbaren Welt eine Persönlichkeit sey, in deren Beurtheilung sie mit Vertrauen niedergelegt werden können, und die über sie aus höherer Macht entscheide.

Diese allgemeine Betrachtung, wie die besondre, in dem gegenwärtigen Fall eintretende, daß der gewöhnliche Gang der Entscheidung in solchen Angelegenheiten dem Gelehrten, der sich ihr unterwerfen muß, einen unersetzlichen Zeitverlust zuzieht, daß die [von Goethe eingefügt: sonst] nothwendigen Formen der bürgerlichen Gerichte [von Goethe gestrichen: unserem beiderseitigen Charakter widerstreiten – und von Goethe statt dessen eingefügt: aus Ursachen aufgestellt sind welche bey uns nicht eintreten] ist der Grund, der uns, wir wagen es zu hoffen, [an dieser Stelle endet die erhalten gebliebene originale Handschrift] auch in den Augen Ewr. Herzogl. Durchlaucht rechtfertigen wird, wenn wir unsre Trennung, anstatt durch die gewöhnlichen Formalitäten, unmittelbar aus den Händen und dem höchsten Willen Ewr. Herzogl. Durchlaucht, und ohne Persönliches Erscheinen vor der geistlichen Gerichtsstelle, zu erlangen hiermit unterthänigst bitten …«[27]

Obwohl Herzog Carl August (selbst unauflöslich an eine für ihn falsche Frau gebunden) ein Einsehen mit unglücklich Verheirateten hatte, zerschlug sich die Hoffnung auf eine unauffällig schnelle Scheidung. Dem gestrengen Weimarer Oberkonsistorium (Herder und Böttiger waren unter den Mitgliedern) persönlich Rede und Antwort zu stehen, blieb den Schlegels aber erspart. Dieser Vergünstigung war, wie Schelling an August Wilhelm schrieb, eine veritable Erpressung vorausgegangen: »Der einzige Ausweg, der in dieser Beziehung möglich und uns angegeben worden ist, ist: sich des Kanals eines … Mitglieds des Consistoriums zu bedienen, das die pias causas unter sich hat und *gegen Erlegung einer beträchtlicheren Summe ad pios usus*, als ohnehin gefordert wird ohne Zweifel das Geschäft übernähme, bei dem Collegium die Erlassung dieser Formalität auszuwirken … Der diesen Rath gegeben hat [bekanntlich Goethe], will zugleich selbst übernehmen, dieses Mitglied des Consistoriums auf solche fromme Weise zu bestechen …«[28]

Anfangs erklärte Caroline sich bereit, die Hälfte des mit rund 100 Reichstalern bezifferten Schmiergelds aus ihrer Börse zu bezahlen. Am Ende erhöhte Schelling seine Schulden um den entsprechenden Betrag, und Schlegel kratzte die auf ihn entfallenden 50 goldenen Münzen mit Mühe und Not zusammen.

Das Verfahren schleppte sich trotzdem noch mehrere Monate hin.

Erst am 30. April 1803 traf die erlösende Nachricht ein. Vom 17. Mai des Jahres an durften Caroline und August Wilhelm offiziell getrennte Wege gehen.

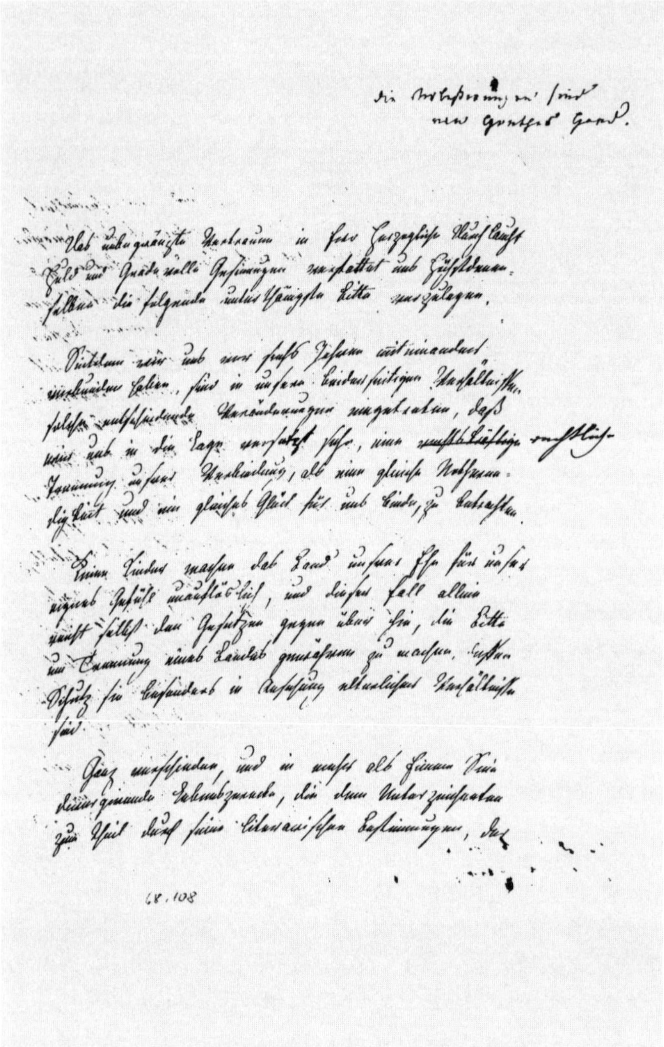

Caroline Schlegel-Schelling: Jena, Oktober 1802
Ausschnitte aus dem Entwurf des »Gesuchs um Scheidung an Herzog Carl August von Sachsen-Weimar-Eisenach« mit Korrekturen von Goethes Hand

Es ist das Bewußtseyn von der Reinheit dieses Entschlusses [illegible], als der Grund unserer Bitte, was uns den Muth giebt dieselbe unmittelbar an die Person Seiner Herzoglichen Durchlaucht zu richten. Die Verfassung hat auch darum Fürsten angeordnet und mit seiner Macht bekleidet, damit in Fällen, wo die Formen der äußern Gesetzgebung die Gründe welche in innern Zuständen liegen, nicht mehr erreichen, in der sichtbaren Welt eine Persönlichkeit sey, in deren Beurtheilung sie mit Vertrauen nieder gelegt werden können und die über sie aus höherer Macht entscheide.

Fürsten

Diese allgemeine Betrachtung, wie die besondern, in dem gegenwärtigen Fall waltenden, daß der gewöhnliche Gang der Entscheidung in solchen Angelegenheiten dem Bittsteller, der sich ihr unterwerfen muß, einen unersetzlichen Zeitverlust zuzieht, daß die nothwendigen ~~und in Rücksichten, die bei uns nicht eintreten, unübergehbaren~~ Formen der bürgerlichen Gesetze ~~unserm beiderseitigen Charakter widerstreiten~~, ist der Grund, der uns, wie wagen es zu hoffen,

sonst

[illegible] auch Verfahren [illegible] [illegible] [illegible] [illegible] [illegible] [illegible],

[illegible]

Fünf Jahre, fast, nach ihrer ersten Begegnung, und fünf Tage nach dem Wirksamwerden des Scheidungsbeschlusses kehrten Caroline, im September vierzig, und Schelling, seit Januar achtundzwanzig, nur mit dem Nötigsten im Gepäck – aber mindestens zweieinhalbtausend Talern aus dem bereits erwähnten, kürzlich freigegebenen Böhmerschen Nachlass auf der hohen Kante[29] – Jena auf ewig den Rücken.

Ihrem Ex-Ehemann ging übrigens etwa zeitgleich das Interesse am Shakespeare-Projekt vollends verloren. Der Gesundheitszustand der Ex-Ehefrau wiederum wendete sich abrupt zum Besseren.

Caroline Schelling

1803 – 1809

KAPITEL 9

Murrhardt und Würzburg

Liebe leben

Mein theuerster Freund, wenn Du nur wohl bist, so frage ich nichts nach Himmel und Erden …[1]

Caroline Schlegel an Luise Wiedemann:

»Prälatur Mur[r]hardt d. 5ten Jun. [18]03.

Ich begrüße Dich aus dieser fernen und friedlichen Gegend …, wo ich glücklich, ohne den kleinsten Zufall [i. S. von Zwischenfall], angekommen und über alle Beschreibung wohl und herrlich empfangen worden bin … Der Ort liegt am Fuß der nicht wilden Gebirge, welche Franken und Schwaben trennen, ungleich lieblicher, als wir es uns dachten, und nicht allein lieblicher, sondern schlechtweg sehr anmuthig in einem weiten Thal zwischen mannichfachen Hügeln und Bächen. Das Städtchen ist neu aufgebaut nach einem Brande, die Prälatur ist außerhalb der Stadt, das Haus ist wohl gebaut,[2] hat einen großen freundlichen Vorhof, und Gärten, Seen und Wald hinter sich; auf einem kleinen Hügel liegt jenseits des Sees eine Wallfahrtskirche aus alten Zeiten. Nimm nun zu diesen leblosen, obschon sehr lebendigen Ansichten die guten Bewohner …«:[3]

Allen voran der Vater *Joseph* Friedrich Schelling, ein gelehrter Orientalist und Michaelis-Schüler, und Schellings unendlich liebenswürdige Mutter *Gottliebin* Maria; dann seine Brüder *Carl* Eberhard und *August* Ludwig, Ersteren, »ein guter Junge«,[4] hatte Caroline schon in Jena kennen gelernt; und schließlich Johanna *Beate*: mehr als von der Jüngsten im Geschwisterkreise hätte das neue Familienmitglied von niemandem verehrt werden können.

Am 26. Juni vollzog Schelling senior als Pfarrherr von Murrhardt die Trauung seines Zweitgeborenen mit der geschiedenen Madame Schlegel. Dass »Fritz«, der großartigste seiner Söhne, eine Frau mit Vergangenheit heiratete, dürfte dem Theologen bekannt gewesen sein. In Bezug auf den Altersunterschied zwischen Braut und Bräutigam erlag er jedoch einer Täuschung. Ob Caroline sich aus Eitelkeit jünger machte[5] oder ob das Wegmogeln von optisch durchaus glaubhaften sieben Lebensjahren den alten Schellings zuliebe geschah, steht in den Sternen.

Noch vor seiner Hochzeit hatte das Ehepaar in spe einen Ausflug nach Stuttgart unternommen, um Friederike Unzelmann in der Rolle der ›Maria Stuart‹ bewundern zu können. Leider erfuhr der Kunstgenuss eine unerwartete Beeinträchtigung, da die Aussicht auf die Bühne just durch den Hinterkopf des vor Schelling und Caroline sitzenden Ludwig Ferdinand Huber behindert war. Im Theaterpausengedränge mieden beide Parteien geflissentlich jeden Blickkontakt. An diesem Abend trat Madame Huber nicht in Erscheinung, bat jedoch anderntags um eine Audienz. Nahezu ein Jahrzehnt lag zwischen Mainz und der Gegenwart. Therese geläutert, Gefahr gebannt, weitere Treffen denkbar, rekapitulierte Caroline sinngemäß ihre Empfindungen nach Abschluss des Vieraugengesprächs. Ihr Resümee war, ohne der Geschichte allzu sehr vorzugreifen, eine eklatante Fehleinschätzung.

Mit Hilfe des Stuttgarter Verlegers Cotta hatten die Hubers in der württembergischen Residenzstadt überraschend schnell Fuß fassen können.[6] Was kaum jemand wusste, auch Caroline nicht: Seit ihrer Trennung von Forster betätigte Therese sich mit enormem Fleiß und gehörigem Sachverstand als Schriftstellerin. Mit ›Abentheuer auf einer Reise nach Neu-Holland‹ schuf sie jenes Werk der Weltliteratur, das den Hintergründen der Kolonialisierung Australiens erstmals auf den Grund ging. An den auto-

Therese Heyne-Forster-Huber (1763–1829)
Miniatur von Johannes Schreiber 1804

Ludwig Ferdinand Huber (1764–1802)
Gemälde (anonym) um 1800

biografisch gefärbten Romanen ›Sophie‹, ›Die Familie Seldorf‹ und ›Luise‹ überzeugt die geschickte Verquickung von Sozialkritik mit politischer Bildung. Auch Thereses Erzählungen und Kalendergeschichten trafen den Geschmack des Lesepublikums. Die Verkaufserfolge waren insofern besonders erfreulich, als ihr ebenfalls publizistisch wirksamer Ehemann weder qualitativ noch quantitativ mitzuhalten vermochte. Hätte die ununterbrochen wachsende Familie von seines Kopfes Arbeit leben müssen, wäre Therese aus den Sorgen nicht herausgekommen. Getrieben von der Angst vor Verarmung, schrieb sie sich die Finger wund. Aber nie unter weiblichem Namen.[7] Völlig frei von Gewissensbissen setzte Huber seinen Ludwig Ferdinand unter alles, was ihm seine Frau zur Korrektur vorlegte. Ohne nennenswerte Entlastung von Familien- und Haushaltsangelegenheiten hetzte oder schleppte Therese sich mal besser, mal schlechter, je nachdem, ob sie über ausreichend Aufputschmittel verfügte oder nicht, durch ihre Tage und auch Nächte: »Ich schreibe das Zeug unter dem Kindergewühl – O schrieb oft von Mägde Arbeit müde ..., ich bin eine arme Maschine! ohne Wein starken Thee, China hin und her Opium kann ich so Matt sein daß ich einschlafe, und in diesen Epochen werden meine beine, mein Rücken ganz steif, wie eingeschlafen, und so schmerzlich daß ich beim husten, Nießen, Schneuzen denke: das Rück[g]rad breche mir.«[8]

Zum Zeitpunkt der Stuttgarter Begegnung mit Caroline stand sie am Anfang ihrer zehnten Schwangerschaft. Wie ablehnend sie dem »ungebetnen kleinen Gast« gegenüberstand und wie groß ihre Furcht vor jeder Wiederholung vielmals erlittener Schwangerschaftsbeschwerden und Geburtsqualen war, gestand Therese ihrem Intimus Friedrich Ludwig Wilhelm Meyer: »die Erinnerung ... spannt mich bis zum Zittern«.[9] »Wenn mich Gott doch vor dem Schwanger sein bewahrt! Huber wünscht noch mehr Kinder – wie kann er das thun!«, klagte sie in einem Brief an eine verständnisvolle Freundin. Denn noch entsetzlicher, als Kinder zu bekommen, sei es, diese sterben zu sehen: »so oft ich an sie [sechs an der Zahl] denke seh ich ihre blauen Lippen, fühle die kalten harten, erstarrten Wangen – Nein, nein ich kann kein Leben mehr geben.«[10] Sie musste es auch nur noch ein einziges Mal.[11] Am Heiligen Abend des Folgejahrs rief der himmlische Herr ihren Mann zu sich.[12] Aber noch weilte er ja auf Erden.

Zuerst in Stuttgart, dann zur Feier von Carolines vierzigstem Geburtstag am 2. September in Murrhardt und schließlich im Kurort Cannstatt, wo die Schellings ihre Flitterwochen verbrachten, konnten sie, teils für etwas längere Zeit, ihre Verträglichkeit mit den Hubers auf die Probe stellen.[13] Mit dem Ergebnis: schlussendlich erwiesene Unvereinbarkeit der Wesensarten aller vier Beteiligten, in Sonderheit der weiblichen. Während Caroline unter ausdrücklichem Verzicht auf umfängliche Schuldzuweisungen lediglich ihre Enttäuschung zu Papier brachte, ging

Therese daran, das über die Jahre leicht verblasste Feindbild, mündlich wie schriftlich, bis ins letzte Detail aufzufrischen.

Caroline, laut Therese, im Umgang mit Frauen?

Hochnäsig! Eine Mischung gewissermaßen aus Geringschätzung und Stolz.

Caroline, laut Therese, im Umgang mit Männern?

Unerträglich! Wenn der arme Schelling in ein paar Jahren den Verstand verlöre oder sich aufhängte vor lauter Kummer, würde sie das nicht wundern.

Caroline, laut Therese, summa summarum: kühl, unehrlich, unverschämt und treulos. Noch genau die Gleiche wie ehedem. Einfach zum Vergessen, so traurig das letzten Endes auch sei.

Ach hätte doch auch sie den Mantel des barmherzigen Schweigens über die unabänderliche Zwietracht gebreitet, statt fortan die Indiskretion bis zum Äußersten zu treiben. Wer auch immer in Thereses Umgebung bis dato vom angeblichen Lotterleben der berüchtigten Caroline höchstens gerüchteweise wusste, wurde über kurz oder lang in die Lage versetzt, nun seinerseits mit delikaten Detailkenntnissen hausieren zu gehen. Schon die kleinsten Anstöße reichten aus, um Madame Hubers spitze Zunge in Bewegung zu setzen. Vom erbosten Schelling deswegen zur Rede gestellt, mimte sie scheinheilig den Unschuldsengel: »Man fragte mich von allen Seiten; ist das so? ists so? Über ein *Nein* hätte man mir doch wohl ins Gesicht gelacht, denn weder Mainz, noch Leipzig [respektive Lucka], noch Jena liegt im Monde: ich weiß nicht wäre eine Antwort gewesen die mein Umgang mit ihr [Caroline] nicht gerechtfertigt hätte, ich widerlegte also einzelne elende Beschuldigungen durch einzelne wahre Thatsachen, die viel weniger schimpflich waren.«[14] Jedoch schimpflich genug, um dem zarten Pflänzchen Ehrbarkeit einer Madame Schelling das Wasser abzugraben.

Das traurigste Erlebnis im heimatlichen Schwaben, schrieb ihr Mann an Hegel, sei allerdings der Anblick des Tübinger Stiftskameraden Friedrich Hölderlin gewesen. Als käme er aus dem Nichts, war der empfindsame Dichter plötzlich in Murrhardt aufgetaucht: Ein Getriebener auf der Suche nach dem verloren gegangenen Ich, äußerlich vernachlässigt »bis zum Ekelhaften« und dem Irresein schon gefährlich nahe.[15]

Doch wenden wir uns nun anderen, prinzipiell erfreulichen Dingen zu.

Bestimmt stand Schellings freiwilliger Verzicht auf die Fortsetzung seiner Jenaer Universitätslaufbahn mit Carolines erklecklicher monetärer Mitgift in Zusammenhang, zumal im Moment des Entschlusses noch keine Aussicht auf eine Festanstellung andernorts bestand. Einer der Vorteile eines gut gefüllten Geldbeutels ist Bewegungsfreiheit. Italien mit Rom und Neapel, Inbegriff glückverheißender Attraktionen, soweit Caroline zurückdenken konnte, schien endlich zum Greifen nahe. Doch leider stand ihrem und Schellings Plan die anhaltend instabile geopolitische Lage als eine der Folgen der napoleonischen Okkupationsgelüste im Wege.

An Stelle der ausgedehnten Lustreise durch das Land ihrer Träume nun also Streifzüge auf Schusters Rappen durch Murrhardts landschaftlich reizvolles Umland. Darüber hinaus begleitete Caroline ihren Mann nach Bayern. Die erste Station sei Tübingen gewesen, hielt sie im für Schwester Luise bestimmten Rückblick, ein treffliches Beispiel für ihren unnachahmlich amüsanten Erzählstil, fest, damit Schelling sich seinen alten Lehrern, »Karikaturen, die sich dort Professoren nennen«, zeigen könne – und ihr die Stätten seiner Jugend. »Ich habe da alles gesehn, wo er gelebt und gelitten, im Stipendium gewohnt, gegessen, wie er als Magister gekleidet gewesen, wie der Neckar unter seinen Fenstern vorbeygeflossen und die Flotzen [Flöße] darauf, und alle alte Geschichten, die er so hübsch erzählt; ich habe auch Bebenhausen besucht, wo er seine erste Kindheit zugebracht.« »Von Tübingen gingen wir über die sogenannte Würtembergische Alp nach Ulm …, von da nach dem prächtigen Augsburg …, von dort nach München.« Zuletzt »auf Chausséen, über welche die Wagen wie mit Flügeln rollen«, vermerkte dankbar die bis zur Unerträglichkeit durchgerüttelte Passagierin.[16]

Am 7. September 1803 trafen die Schellings in der bayerischen Haupt- und Residenzstadt ein. »Hier ist nun eine ganz andre Welt«, befand Caroline und meinte Münchens Lokalkolorit, »dergleichen ich noch nicht gesehn, nicht von Seiten der Natur, denn [München] liegt in einer unabsehlichen Ebne, und die Tyroler Gebirge zeigen sich nur von einer Seite [der südlichen] wie leichte blaue Schatten am Horizont, aber der Menschen, der Trachten usw. Das ist ein Blut und ein Fleisch und Bein! Die Mädchen wunderschön, goldne Mützen, vortreflichen Haarwuchs und dazu lange seidne Kleider für die eleganten, für die Philisterinnen Röcke mit hunderttausend Falten, lange Taillen, Kamisöler [Jacken] mit steifen Schößen, mit silbernen Ketten, das Brusttuch geschnürt, offne Busen und welche! Die Bauerweiber in [Biber]Pelzkappen und steifen bunten Corsetten wie ein Panzer, in dem sie nur so drin stecken. Ich habe schon alles Volk durcheinander gesehn, denn heut ist eben ein Feyertag [Mariä Geburt], und es gab eine Procession, der fast die ganze Bürgerschaft folgte. Solche dicke Andacht ist mir denn doch noch nicht vorgekommen, die Leute scheinen in ihrer derben Leiblichkeit doch gar nichts mehr von ihrem Leibe zu wissen, wenn sich der hochwürdige Leib naht. Ihre Rosenkränze nehmen kein Ende, die Kügle daran so dick wie welsche Nüsse und silberne Krucifixe von 1/4 Elle.«[17] Aber auch der vor wenigen Jahren gestaltete, öffentlich zugängliche »Park von großem Umfang … vor einem der Thore«[18] suchte ihrer Meinung nach seinesgleichen – »ein ganz ander Ding als der dürre Thiergarten vor Berlin«[19] übrigens. Worauf Caroline brieflich nicht hinwies: Bis zum Inkrafttreten des ›Toleranzgebots‹ im Jahre 1802 hatten Protestanten keine Chance, in Altbayern und damit auch in München das Bürgerrecht zu erlangen. Ansonsten verfolgte sie die politischen Entwicklungen mit gespannter Aufmerksamkeit. Drei Wochen reichten ihr aus, um die Stadt ins Herz zu schließen. Das

Großartigste an München aber war die »besondere Glorie«, mit der Schelling aufgenommen, so seine Frau, und die »Höflichkeiten«, so er selbst, mit der er am bayerischen Regierungssitz »überhäuft« worden war.[20] Schade nur, dass es in München keine Universität und somit auch keine zu besetzenden Lehrstühle gab.[21]

Trotzdem standen die Sterne, Bayern betreffend, zunächst günstig.

1803 gilt als das Schicksalsjahr des Heiligen Römischen Reiches. Länger schon hatte es in Agonie gelegen. Nun aber war sein Ende besiegelt, mit einem unter Napoleons Federführung aufgesetzten Dokument, das als ›Reichsdeputationshauptschluss‹ die Basis für die Neuordnung großer Teile Deutschlands bildete. In der Hauptsache ging es um Entschädigungen. Abfindungen für eben jene Regenten, die im zwei Jahre zuvor geschlossenen ›Frieden von Luneville‹ ihre linksrheinischen Herrschaftsgebiete an Frankreich verloren hatten. Grund und Boden ist bekanntlich nicht vermehrbar. Wie also zu Ausgleichsflächen kommen? Zum einen mittels Einzugs von Kirchengut. Ergo wurden im Verlauf eines ›Säkularisation‹ genannten Verfahrens geistliche Fürstentümer ausgelöscht sowie, im Gefolge eines als ›Mediatisierung‹ bezeichneten Prozesses, neben Klöstern und Abteien auch weltliche Territorien anderen weltlichen Territorien zugeschlagen. Von einem Tag auf den anderen verloren Landkarten ihre Gültigkeit. Bayern gehörte, vorerst unverdient, zu den Gebietsgewinnlern. Unter anderem kam es in den Besitz der Stadt und des Hochstifts Würzburg. Würzburg aber *war* ein attraktiver Universitätsstandort. Die Rechnung für die Großzügigkeit bekam Bayern, auf dem Papier noch immer Koalitionär der antifranzösischen Kriegsmächte Russland und Österreich, 1805 vorgelegt. Am liebsten hätte sich der Kurfürst in München um die Ratifizierung des nunmehr eingeforderten Schutz- und Trutzbündnisses mit Frankreich noch ein wenig länger gedrückt, holte die Gegenzeichnung jedoch schleunigst nach, als Napoleon ihm Würzburg wieder wegzunehmen drohte.

Noch aber schrieb man das Jahr 1803.

Max IV. Joseph, überzeugter Anhänger der Aufklärung, tolerant, pragmatisch und jovial, war beliebt bei seinen Untertanen. Gewisse Anforderungen an ranghöchste Entscheidungsträger wie die Fähigkeit zu konzentrierter Arbeit oder Entschlussfreudigkeit beispielsweise, gehörten eher nicht zu des bayerischen Kurfürsten Stärken. Zum Ausgleich hatte ihn die Natur mit kluger Selbsterkenntnis und einem gesunden Menschenverstand ausgestattet, weswegen er einen Mann von außergewöhnlichem staatspolitischem Talent an seine Seite gerufen und zu seinem Ersten Minister gemacht hatte. Mitte September war Schelling zum Diner bei Maximilian Freiherr[22] Joseph von Montgelas geladen. Mit dem Dessert, etwas überspitzt ausgedrückt, kam dessen Offerte auf den Tisch. »Es ist nun entschieden, liebe Luise«, frohlockte Caroline im Bericht für ihre Schwester, »Schelling ist in Würzburg auf seine selbst gewählten Bedingungen angesetzt.«[23] 1200 Gulden (an die 650 Taler) jährlich. Das war nicht gerade ein üppiges, aber auch kein schlechtes Gehalt in einer Zeit, da Kutschern, Gendarmen oder Handwerksgesellen nicht einmal ein Zwölftel des genannten Betrags zur Verfügung stand. Professoren mit Strahlkraft konnten überdies mit Verdoppelung ihres Fixeinkommens durch Hörergelder rechnen. Ferner war Schelling ein Reisekostenzuschuss sowie freies Logis in einem Universitätsnebengebäude, dem an der Schönthalerstraße[24] gelegenen Flügel, zugesichert worden.

Vor Wiederaufnahme des Murrhardter Ferienprogramms nahmen die Schellings den zukünftigen Wohnort in Augenschein. Das ihnen avisierte, bemerkenswert noble Domizil befand sich im Stadium grundlegender Renovierung. Caroline verließ Würzburg im irrigen Glauben an ungetrübten Genuss neuen Glücks fernab der Jenaer Irrungen und Wirrungen. Und war nicht die Stadt am Main, ihre Worte, »heiliger Boden« – »eine halbe Tagereise von Würzburg ruht Auguste«.[25]

Im November, unmittelbar vor Schellings Antrittsvorlesung

an der Julius-Maximilians-Universität, kehrten Caroline, ihr Mann und seine Schwester nach Würzburg zurück. Beate war zur vorübergehenden Unterstützung der Schwägerin und zur Vorbereitung auf den eigenen Ehestand mitgekommen. Das Schellingsche Heim stellte, obgleich seine bauliche Modernisierung noch immer nicht abgeschlossen war, alle bisherigen in den Schatten. Stolz zählte die Hausfrau die Besitztümer auf: »meine Zimmer für mich, deren 4, ein Schlafzimmer, ein Wohnzimmer und 2 große für Gesellschaft, in einer Reihe und durch Flügelthüren mit Glasscheiben verbunden«, dazu noch einmal vier Räume, alles verteilt auf zwei Etagen, eine davon mit direkter Verbindung zu Schellings Auditorium, »ein hübsch dekorirter Saal, ganz anders glänzend wie der Jenaische und noch stärker besetzt«.[26] Von insgesamt um die vierhundert Würzburger Studierenden lauschte mehr als ein Viertel fast andächtig den eindringlichen Worten des jungen, charismatischen Philosophen. Über dem Katheder hing ein Lüster, rechts und links waren Leuchter aufgestellt. Niemals ging Schelling ohne Kopfbedeckung und Mantel zu seinen Vorlesungen. Beim Eintritt in den Hörsaal nahm ein Bediensteter ihm Hut und Mantel ab, und beim Hinausgehen ließ er sie sich wieder reichen. Wie alle höher gestellten Bayerischen Staatsdiener trug Schelling Uniform, zusammengesetzt aus dem dunkelblauen Rock mit großen, goldenen Schulterstücken und veilchenblauen goldbestickten Aufschlägen, einer weißen Hose, dem Dreispitz mit gedrehten Schnüren sowie einem Degen mit goldener Quaste.

Wie wir uns Würzburg, die Stadt und ihre Menschen, um die Wende vom 18. ins 19. Jahrhundert vorzustellen haben? Eine Chronik spricht von etwas mehr als siebzehntausend Bewohnern, gemeinhin »eher groß als klein von Wuchs, mit offenen munteren Gesichtszügen und blühender, roter Gesichtsfarbe«. Die Männer »korpulent, stark, fleischig«, die Weiber »schlank, eher hager«, meistenteils hübsch anzusehen und nur noch selten in Landestracht gekleidet. Die Zahl der städtischen Gebäude wurde insgesamt mit knapp zweitausend angegeben. Wer aus dem Haus auf die Straße trat, musste auf Abflussrinnen achtgeben. Aus den Abwässern mit Beimengungen von Urin und Kot stieg zumeist ein bestialischer Gestank auf; vor allem in regenarmen Perioden und ganz besonders in den Sommermonaten bildeten sie stinkende Kloaken. Da nimmt es nicht wunder, dass epidemische Erkrankungen wie die Ruhr und der Typhus mit schlimmer Regelmäßigkeit unkontrollierbar rasch um sich griffen. Aber eigentlich überwog in Würzburg das Gute. Seit einem Jahrzehnt verfügte es über den Luxus von Straßenlaternen. Auch bestand das Stadtgebiet zu einem großen Teil aus Zier- und Gemüsegärten. Ringsum wurde, so weit das Auge reichte, Wein angebaut. An Bierbrauereien war ebenfalls kein Mangel. Kaufleute boten an, was das Herz begehrte. Handwerker aller Fachrichtungen standen zur Verfügung, und auch für kulinarische Vielfalt war gesorgt. Davon, dass in Würzburg das Seelenheil ebenfalls nicht zu kurz kam, kündeten katholische Kirchen, Kapellen und Klöster. Für Protestanten war und blieb die mainfränkische Metropole Diaspora. Und Würzburg in künstlerisch-literarischer Hinsicht? Die Residenz verfügte über eine Gemäldegalerie, nur büßte sie jetzt die »besseren Tableaus« zugunsten der Münchner Bestände ein. Des Weiteren gab es eine Schauspieltruppe, nur trat diese wechselweise in Würzburg und Bamberg auf. Zur Leihbibliothek am Ort, der Söllnerschen im Bronnbacher Hof, hatte sich ein Lesezirkel gesellt, der regelmäßig an die siebzig Zeitungen, Monats- und Wochenschriften in Umlauf brachte.

Zuletzt noch ein Blick aufs »immerwährende Getümmel«, das die Schellings von nun an wochentäglich umgab. Am lebhaftesten ging es auf dem Jaufenmarkt vorm Rathaus zu: »Mietkutscher, Schubkärrner, Holzhauer, Tagelöhner, welche Arbeit suchen, ein Schwall auf Erwerb sinnender Isrealskinder und ein bald ab- bald zunehmender Haufen nach Stadt- und Tagesneuigkeiten jagender Müßiggänger und anderer Kundschafter usw.

füllen stets den Platz und bilden ein buntes Gemisch; denkt man sich nun noch das unaufhörliche Hin- und Hergehen der Wasserholenden von dem großen Springbrunnen, der Spaziergänger, Reiter und Fuhrwerke und die da und dort auf der Straße sitzenden, mit Obst handelnden Personen, so hat man das Bild dieser Gegend der Stadt.«[27]

1804 war für Caroline und ihren Mann ein Jahr positiver und negativer Erfahrungen. Was allerdings die Erwähnung ihrer noch immer recht dürftigen Wohnungseinrichtung anbetraf, stapelte Caroline eindeutig zu tief. Denn von anderer Seite ist zu erfahren, wie geschmackvoll Madame Schelling ihr Zuhause ausgestattet hatte. Retrospektiv wird man die innovative Stilrichtung – jedes der neu angeschafften Möbelstücke war von ausgesucht schlichter Schönheit – Empire im Übergang zum Biedermeier nennen, das heraufziehende Zeitalter.

Anfang Februar hob Schelling brieflich die Schwierigkeiten der »hiesigen Lage« hervor: »Es sieht hier immer bunter, toller aus und die weinreiche Tiefe ist in der Tat ein verruchtes Nest.« Wie das? »Die geistliche Partei abhorrirt mich, und die jungen Kleriker, welche meine … Vorlesungen besuchen, sind mit der Excommunication bedroht. Das ist an sich zwar sehr gleichgültig, doch mir nicht, da ich hier an Ort und Stelle soviel möglich Frieden und Eintracht wünsche.«[28] Doch leider ließ der politisch entmachtete Würzburger Bischof seiner »Wuth«[29] über den wachsenden Einfluss aufgeklärter Freigeister, noch dazu falschen Glaubens, freien Lauf. Mit allen ihm als Kirchenmann zur Verfügung stehenden Mitteln ging er deshalb gegen Leute wie Schelling vor. Die Auflehnung beschränkte sich aber nicht nur auf die Kleriker. Caroline hatte bereits zu Jahresbeginn den aus der »Spannung zwischen der neuen Regierung, dem alten Adel, dem Klerus und der Philosophie« resultierenden Ärger vorausgesehen.[30] Außerdem sollten es die Schellings mit streitbaren Geistern aus ihrem früheren Leben zu tun bekommen: »Die Damen Hufeland und Paulus haben mir ihren Besuch gemacht, sind ganz charmant, ich gleichfalls, ohne allen Groll, ich weiß gar zu gut, wie viel – das heißt wie wenig, überhaupt der Haß und die Liebe von dergleichen Wesen werth ist, beides gilt mir keinen Kreutzer.« Auch dann noch, wenn Begegnungen mit dem unzweifelhaft streitbarsten der Paare schlechterdings unumgänglich waren? Denn: »Die Paulus wohnt in dem nehmlichen Gebäude mit mir.«[31] Mit Mann selbstverständlich und Kindern. Ja, auch Heinrich Eberhard Gottlob Paulus war, sehr zu Schellings Missvergnügen, an die Würzburger Universität berufen worden, gemeinsam mit dem Juristen Gottfried Hufeland übrigens und gefolgt vom Fachkollegen Friedrich Immanuel Niethammer samt Familien. Dass er sich an seiner neuen Wirkungsstätte nur mit diesen dreien und nicht, was zu befürchten gewesen war, mit noch anderem Jenaer Professoren-»Packzeug« – korrekt: Ferdinand Justus Christian Loder und Christian Gottfried Schütz – abgeben musste, beruhigte Schelling nur bedingt.[32] Äußerst bedenklich fanden er und seine Frau die Unterbringung auch Friedrich Wilhelm von Hovens in allernächster Nachbarschaft. Nicht nur mit den Paulus', sondern zudem mit Friedrich Schillers nibelungentreuem Jugendfreund, einem Arzt aus Ludwigsburg, und den Seinen unter einem Dach? Wie hätte das gut gehen sollen? Zumal dessen Frau ein Herz und eine Seele mit Charlotte Schiller war.

Schon im März hing im Würzburger Drei-Familien-Universitätstrakt der Haussegen irreparabel schief. Mehr als einen Überblick soll uns der zuweilen bis zum Unerträglichen ausgewalzte »Weiberkrieg« hingegen nicht wert sein.

Wir sehen da eine Caroline Schelling, die im Umgang mit einer Caroline Paulus oder Heinrika von Hoven das Fingerspitzengefühl vermissen lässt, die Expertin für Etikettefragen herauskehrt oder sich den Damen als Einrichtungs- und Modeberaterin aufdrängt. In dem unangenehmen Gefühl der Herabwürdigung zu hinterwäldlerischen Heimchen am Herd – ob berechtigt oder nicht, sei dahin gestellt – sannen die bald dick befreundeten Schwäbinnen – denn auch in Bezug auf ihren Dialekt redeten sie mit einer Zunge – auf Rache.

Nach Verbündeten im Kampf gegen Caroline Schelling musste das Zweigespann nicht lange suchen, stand es doch, bildlich gesprochen, Gewehr bei Fuß. Der jüngere Schlegel und seine Frau – am 6. April hatte er sich endlich das Jawort abgerungen – übernahmen erneut mit Freuden die Wortführerschaft.

Seine gewesene Schwägerin möge schleunigst zur Hölle fahren, pflichtete Friedrich der Paulus bei, »und zwar mit der gehörigen Feierlichkeit und Lärm nach Standesgebühr«; an Gestank werde es ohnehin nicht fehlen.[33] Dorothea empfahl der gleichen Adressatin, es mit Exorzismus zu probieren und, damit der fluchtartige Rückzug des Dämons namens Caroline wirklich gelänge, eine Kräuterrezeptsammlung aus der Hexenküche: »Das kräftigste unter allen, ist das sogenannte *Teufels-Geißelchen*, das die besondre Eigenschaft hat, den Satanas, wenn er sich auch in den schönsten Engel verkleidet habe, sobald er davon berührt werde, in seiner ursprünglichen Mißgestalt zu zeigen mit Klauen, Hörnern, Schwanz etc. Dies Büchelchen in einem eleganten Theezirkel, heimlich der Madame Luzifer unter den *Allerwertesten* geschoben, müßte von erfreulicher Wirkung sein. Sind auch in Würzburg die Kamine weit genug zu einer möglichst schnellen Retirade?«[34]

Schluss damit.

Caroline hielt es auch für unter ihrer Würde, in irgendeiner Form auf die von den schwäbischen Erinnyen in die Welt gesetzte Lüge einzugehen, Schelling führe sich bei empfänglichen Würzburgerinnen »als ein sehr tiefffühlender junger Mann« ein, derweil seine Frau den Avancen des »gar, gar liebenswürdigen« Arztes und Apothekers Karl Wilhelm Gottlieb Kastner Vorschub leiste.[35]

Tatsächlich gab es für sie Besseres zu tun.

Nach »vorzüglichen« Besprechungen »gewöhnlicher« Buchprodukte mussten Interessierte lange suchen. Als der Herausgeber der *neuen*[36] ›Jenaischen allgemeinen Literatur-Zeitung‹ Schelling um Mithilfe bei der Suche nach der seltenen Spezies begabter Romanbeurteiler bat, hatte er schon dieselbe Person im Kopf wie der Gefragte nach kurzer Bedenkzeit. »Wegen des Mitarbeiters im Fach der schönen Literatur«, erhielt Karl Abraham Eichstädt wie erhofft zur Antwort, »böte sich folgende Lösung an: Schicken Sie eine Anzahl Bücher aus diesem Fach hierher an mich. Sie erhalten davon Recensionen; finden Sie diese gut, so übernehme ich ein für allemal die Besorgung und kann für eine Anzahl Beyträge von derselben Hand [Carolines selbstverständlich] stehen.«[37] Scharfsinnigere, scharfzüngigere, launigere, unterhaltsamere Kritiken als solche aus der Feder seiner Frau waren auf dem Gebiete der Belletristik schwerlich zu bekommen, wenngleich auch er – denn darin eiferte Schelling Carolines Ex-Ehemann nach – ihre Autorschaft vorzugsweise im Geheimen hielt. Natürlich nahm Eichstädt Schellings Vorschlag mit Freuden an und: unterrichtete Goethe vom Gelingen des offenbar von diesem empfohlenen Vorstoßes.

Für die Zeit ihrer dritten Ehe können wir Caroline mit Bestimmtheit nur solche Kritiken zuordnen, die mit »Bss« unterzeichnet sind. Hinweisen in den nachgelassenen Akten der ›Jenaischen allgemeinen Literatur-Zeitung‹ zufolge steht das Kürzel für Böhmer-Schlegel-Schelling. Und ihr Mann schrieb ihr eine Besprechung von Varnhagens und Chamissos Almanach für das Jahr 1805 zu. Daneben existiert eine große Zahl entweder mit einem abweichenden Signum versehener oder aber gänzlich anonym veröffentlichter Beiträge, deren Duktus mit Carolines Ausdrucksweise auffällig übereinstimmt. Auf die ansonsten recht sichere Zuordnungsmethode Autographenvergleich ist in diesem Fall kein Verlass, da Schelling bekanntermaßen seiner Frau nur allzu gern das Kopieren seiner zuweilen schwer lesbaren Manuskripte überließ und auch manches von ihm ohne Namensnennung in den Druck ging. Für das erwähnte Journal zu arbeiten war äußerst lukrativ. Die von Eichstädt für jeden Bogen ausbezahlten 35 Gulden zirka lagen weit über den normalerweise gültigen Honorarsätzen. Auf den ähnlich großzügigen Verleger Cotta ging Schelling dann, im Stile eines Literaturagenten, von sich aus zu. Er verfüge über einen Schützling, wurde dem Herausgeber des ›Morgenblatts für die gebildeten Stände‹ vorgeschwärmt, der Rezensionen von ungeahnter Qualität, »welche die bisherigen um Vieles übertreffen«, abzuliefern in der Lage sei.[38]

Der Monat Mai des Jahres 1804 brachte ein Wiedersehen mit August Wilhelm. Schlegel kam als Begleiter einer vortrefflichen weiblichen Person nach Würzburg, zu deren aufsehenerregender Entourage noch ein berittener Kurier, zwei Kutscher und sechs livrierte Lakaien gehörten. Nur wenige Wochen zuvor war er bei einem Berliner Freund oder einer Berliner Freundin mit Anne Louise *Germaine* de Staël-Holstein erstmals ins Gespräch gekommen. »Ich habe hier jemand getroffen, der in der Literatur mehr Kenntnisse und Geist [»und eine unbegreifliche Begabung für fremde Sprachen«] besitzt, als irgend jemand, den ich kenne ... ich tue was ich kann, um ihn dazu zu bewegen, mit mir zu kommen«, hatte Madame danach ihrem Vater, einem in der Schweiz gebürtigen Finanzgenie, mitgeteilt.[39] Seit der Zeit des Pariser Salons ihrer Mutter mit den Ideen der Spätaufklärung vertraut und mit deren Hauptvertretern befreundet, war die Französin schon in jungen Jahren in die Sonderrolle einer Femme fatale hineingewachsen und genauso früh als Schriftstellerin hervorgetreten. Nunmehr Mitte dreißig und verwitwet, ließ sich die de Staël von niemandem und erst recht nicht von Männern Bange machen. Je berühmter ihr Gegenüber desto kecker ihr Auftritt. Gewohnheitsmäßigen Monologisierern respektlos das Wort abzuschneiden, bereitete ihr viel Vergnügen. Jüngst, in Weimar, hatte sie Goethe in die Flucht getrieben und Schiller ins Stottern gebracht. An August Wilhelm schätzte sie seine guten Manieren ebenso wie sein enzyklopädisches Wissen. Dem Äußeren nach war er nicht ihr Typ; bis auf die sprechenden dunklen Augen konnte sie nichts Hübsches an ihm entdecken.[40] Als Erzieher für ihre Kinder sowie als Helfer bei der Durchführung des Plans, die Franzosen mit deutscher Philosophie und deutscher Literatur vertraut zu machen, nahm sie Schlegel jedoch sehr gern in ihre Dienste. Ferner gab der ungeheuer sprachbegabte Perfektionist einen vorzüglichen Reisemarschall ab. Würzburg lag am Weg zu Madame de Staëls hochherrschaftlichem Landgut Coppet am Genfer See.

August Wilhelms zwei Besuche bei den Schellings, am Ankunftstag abends spät und am folgenden Abreisetag gegen Sonnenaufgang, beschränkten sich auf wenige Stunden. Caroline, befand er im Rückblick, habe erfreulich gesund ausgesehen, wisse sich noch immer vorteilhaft zu kleiden und ihre »Umgebungen« »zierlich einzurichten«. Beim Umschauen in der Schellingschen Wohnung seien im kleinen Salon seine Augen an Tischbeins Porträt der geliebten Ziehtochter hängen geblieben und im Gesellschaftszimmer an einem ihm bis dato unbekannten bildhauerischen Werk: die von Caroline in Auftrag gegebene und von Friedrich Tieck geschaffene marmorne Nachbildung Augustes war erst im März in Würzburg eingetroffen.[41] Immer, wenn der Blick der Mutter auf die Büste des Mädchens fiel, fühlte sie sich hin und her gerissen: »Sie ist ähnlich, so daß ein jeder sie erkennen muß, aber ihre Herrlichkeit ist nicht darinn. … Es fehlt das Schönste, er hat sich zu treu an die Zeichnungen gehalten und besonders nicht weggenommen, was Tischbein gleich fälschlich hinein gebracht hatte, gleichsam das Niedergesenkte des Geistes. Es ist etwas Krankes da, was mir das Herz mit Erinnerung zerreißt, doch kann ich es nicht mehr von meiner Seite lassen.«[42]

Der Abschied von Schlegel fiel ihr überraschend schwer.

Es würde nur noch ein Wiedersehen geben.

Carolines bis zur Überheblichkeit sicheres Auftreten nach außen hin stand, seit sie Schelling geheiratet hatte, in diametralem Gegensatz zu einer kaum je zuvor an ihr beobachteten Bereitschaft zur Selbstbeschränkung.

Ihre dritte Ehe war glücklich und schwierig zugleich.

Glücklich, weil sie auf Liebe und Vertrauen beruhte. Glücklich aber auch, weil Caroline das Scheitern dieser Partnerschaft um jeden Preis verhindern wollte. Selbst um einen so hohen Preis wie fast peinlich anmutender Verzicht auf eine eigene Meinung: »[Ich] habe einen Propheten zum Gefährten, der mir die Worte aus dem Munde Gottes mittheilt.«[43] Zeigt Stärke sich darin, dass ein Mensch sich treu bleibt, auch unter widrigen Umständen? Oder verbirgt sich hinter der Bereitschaft zur Entsagung die eigentliche Freiheit?

Schwierig war die Ehe, weil Schellings Hochmut sich im Grenzbereich zur Egomanie bewegte.

Und doch war ihm seine Frau unentbehrlich: nicht nur als Geliebte oder als Privatsekretärin.

Caroline ist, daran besteht kein Zweifel, aus der Geschichte der Philosophie nicht wegzudenken! Ihr Geist beflügelte Schellings Geist. Ihre Weltsicht erweiterte seinen Blickwinkel. Von ihr ging, folgt man dem Urteil Karl Jaspers, ein herrlicher und gefährlicher Zauber aus, durch den die den Schellingschen Reden und Schriften innewohnende Magie ergänzt, ja sogar gesteigert wurde. Die bedeutsamste Veränderung im Denken ihres Mannes fiel in die gemeinsame Zeit in Würzburg. Hier entfernte Schelling sich, Schritt für Schritt, von Fichtes System der Wissenschaftslehre als prinzipielle Begründung der gesamten Philosophie. Seit Jena reifte in ihm die Erkenntnis, der zufolge Kunst und Religion jene Punkte sind, an welchen der Hebel angesetzt werden müsse, wolle man die träge Masse Mensch bewegen.

Schelling braucht Caroline als psychische Stütze und – nicht minder dringend – als Besänftigerin. Sie habe ihn nicht gezähmt oder domestiziert, wie böse Zungen behaupteten, stellte sein Biograf Xavier Tilliette mit Entschiedenheit klar, sondern ihre Weisheit und ihren Gleichmut, gleichsam osmotisch, auf ihn übertragen.

Mehr als alles andere brachte Schelling fachlicher Widerspruch in Rage. Kam Opposition gar als Pressestimme daher, witterte er sofort Verschwörung und Verrat. Darum musste, wer gut Freund mit ihm werden oder bleiben wollte, über ein gerüttelt Maß an Nachsicht und Nachgiebigkeit verfügen. Doch wenn Schelling akademische Kollegen »völlige Nullen« nannte und ihnen Kleingeist vorwarf, nur weil sie einer gewagten philosophischen Konstruktion wie seiner Vorstellung von einer »Vernunftsewigkeit«[44] nicht zu folgen vermochten oder wenn er aus unbequemen Regierungsvertretern kurzerhand eine »Rotte von Schwachköpfen« machte, dann konnte das nicht ohne Konsequenzen bleiben.[45] Bei seinem Eintritt in bayerische Dienste wohlweislich darauf verpflichtet, sich »soviel [als] möglich der Polemik zu enthalten«, kündigte Schelling in einem 1805 verfassten Schreiben das Ende des Burgfriedens regelrecht an. Nicht die Spur selbstkritisch und kein bisschen diplomatisch, wurde Friedrich Karl Graf Thürheim, Generalkommissar des fränkisch-bayerischen Bezirks, mitgeteilt, »daß vom gegenwärtigen Augenblick an der Zustand der Ruhe ... aufgehoben ist«. Mit allen ihm vom Himmel verliehenen Kräften, drohte der Beschwerdeführer an, werde er von nun an darangehen, die »förmlich organisirten« gegnerischen Angriffspläne zu durchkreuzen.[46] Es sei denn, so Schellings Quintessenz: die Obrigkeit verbiete seinen Kritikern den Mund. Auch Thürheims Reskript ließ an Deutlichkeit nichts zu wünschen übrig. Mit dem Unterschied allerdings, dass dessen Rüffel exakt Max IV. Josephs Meinung wiedergaben. Die Eingabe, wurde Schelling mitgeteilt, habe Seiner Durchlaucht sehr missfallen. Zum einen sähe der Kurfürst die vom »Herrn Professor« an den Tag gelegte »Arroganz« als einen »überzeugenden Beweis« dafür an, »wie wenig die speculative Philosophie die Menschen vernünftiger und sittlicher mache«. Zum anderen fände der Regent die Gleichzeitigkeit von Schellings Inanspruchnahme des Rechts auf freie Meinungsäußerung und seinen Ruf nach Maulkörben für Andersdenkende, gelinde gesagt, befremdlich.[47] Vermutlich führte Caroline ihrem Mann die unabsehbaren Folgen fortgesetzter Großsprecherei vor Augen. Fakt ist, dass Schelling ausnahmsweise einen Rückzieher machte – seine Gegner aber nicht lockerließen. Auf Betreiben von Würzburger Klerikern wurde die Verbreitung der Schellingschen Lehren an höheren Schulen streng verboten. Und eines Tages prangte an der Tafel in Schellings Hörsaal ein Aufruf zur Abkehr von dem ketzerischsten aller ketzerischen Philosophen. Einige seiner Gegner machten es sich sogar zur Lebensaufgabe, ihn an den Pranger zu stellen.[48]

Trotz des spürbaren Gegenwindes schlossen die Schellings in Würzburg neue gewichtige Freundschaften. Drei Angestellte zählten nunmehr zum Schellingschen Haushalt, und so fiel es Caroline leicht, mit exzellenten Soupers zu glänzen. An Schellings dreißigstem Geburtstag am 27. Januar 1805 fand sich beispielsweise »eine recht hübsche Gesellschaft an großer table ronde« zusammen.[49] Die letzten Gäste gingen mit dem Erklingen der Morgenglocke gegen fünf Uhr in der Früh. Einer der Gratulanten dürfte Carl Caspar von Siebold[50] gewesen sein. Je länger sie in Würzburg lebte, desto häufiger erwähnte Caroline Einladungen ins Haus des Medizinprofessors. Nicht zuletzt von dem zielstrebigen ärztlichen Modernisierer beeinflusst, rückte Schelling allmählich vom ›Brownianismus‹ ab. Siebold machte als kenntnisreicher Anatom, Chirurg, Frauenheilkundler und Lehrbuchverfasser von sich reden. Sein Name stand aber auch für die Optimierung der praktischen medizinischen Ausbildung, die Einführung strenger Hygienemaßnahmen in der Krankenpflege sowie der Einrichtung vorbildlicher Operationssäle. Darüber hinaus setzte Siebold durch, dass jeder, der sich mit Messern und Scheren an menschlichen Leibern zu schaffen machte, über einen akademischen Nachweis seiner Befähigung verfügen musste.[51]

1805 war wiederum ein wechselvolles Jahr.

Von Carolines Reaktion auf den Tod des sechsundvierzigjährigen Friedrich Schiller am 9. Mai in Weimar verraten die uns vorliegenden Briefe nichts. Die Nachricht vom Ableben des achtundvierzigjährigen Georg Ernst Tatter am 16. April in St. Petersburg[52] hatte sie, denn darüber geben ihre Handschriften Auskunft, mit wehmütigem Bedauern zur Kenntnis genommen. Das Bemühen um Rückgabe ihrer an den einstmaligen Herzensfreund geschriebenen Briefe blieb allerdings erfolglos, da sie mit großer Sicherheit, gemeinsam mit allen anderen privaten Papieren Tatters,[53] noch in Russland dem Feuer übergeben worden waren.[54]

Im Spätsommer konzentrierte sich Carolines Aufmerksamkeit auf Ereignisse vor ihrer Haustür. Ende September rückte eine stattliche Anzahl französischer Soldaten in Würzburg ein. Ihre Präsenz stand mit jener bereits erwähnten napoleonischen Drohgebärde in Zusammenhang, die den Bayerischen Regenten zum zügigen Abschluss der Bündnisverhandlungen mit Frankreich zwingen würde. Offiziere auf der Suche nach Truppenverpflegung und Unterkünften durchstreiften bald pausenlos die Stadt. Auch sie befürchte Requirierung, schrieb Caroline halb verärgert und halb verängstigt an Julchen Gotter.[55] Letztlich kamen die Schellings glimpflich davon: »Was unsre eigne vortreffliche Personen betrifft, so haben wir unsre Wohnung ganz still behauptet. Eine Woche über die Lebensmittel theuer bezahlt, 3 Wochen lang 2 Mann im Quartier gehabt.«[56] Obwohl Caroline »dieser Napoleon« einen gewissen Respekt abnötigte – »weidet mit scharfen Zähnen ein Land nach dem andren ab, und wirft sie dann erst … den Regenten zu« –, wünschte sie dem »König der Könige« buchstäblich Hals- und Beinbruch.[57] In der Erwartung von Kampfhandlungen verschwanden viele Studenten aus Würzburg. Die schlagartige Entvölkerung der Auditorien betraf die Schellings auch insofern, als mit dem sprunghaften Anstieg der Lebenshaltungskosten die Halbierung der Einnahmen aus Hörergeldern einherging. Schon vorher hatte es – Erbschaft hin, Erbschaft her oder besser gesagt Erbschaft her, Erbschaft hin – sorgenvolle Blicke in die Haushaltskasse gegeben, da

Caroline und ihr Mann, genau genommen, über ihre Verhältnisse lebten.

Bayern hatte, um dieses Thema abzuschließen, den Bündnisvertrag mit Frankreich zwar nunmehr schnellstens unter Dach und Fach gebracht, sah sich aber trotzdem – als Folge eines Ringtausches sozusagen – zum Verzicht auf Würzburg gezwungen. Gemeinsam mit dem Ende des 3. Koalitionskriegs war das Ende der bayerischen Herrschaft über Hochstift und Stadt und die Umwandlung von beiden in ein Großherzogtum besiegelt worden, welches den Bestimmungen des am zweiten Weihnachtsfeiertag des Jahres 1805 geschlossenen ›Friedens von Preßburg‹ entsprechend auf den Österreicher Ferdinand III. aus der toskanischen Nebenlinie des Hauses Habsburg überging, das seinerseits die Grafschaften Tirol und Vorarlberg an die bayerischen Wittelsbacher weiterreichte, denen dieses Lehrstück in Sachen Beschwichtigungspolitik zudem die ursprünglich freie Reichsstadt Augsburg bescherte. Als Betrogener musste Kurfürst Max IV. Joseph sich schon deshalb nicht fühlen, weil er sich vom ersten Tag des Jahres 1806 an König Max I. Joseph von Bayern (von Napoleons Gnaden) nennen durfte. Ein wenig hatte seine Rangerhöhung aber auch mit der Eheschließung der dem Hochadel angehörenden Wittelsbach-Prinzessin Auguste, seiner ältesten Tochter, mit Eugène Beauharnais zu tun, dem in keiner Weise standesgemäßen Stief- und Adoptivsohn des Kaisers der Franzosen.[58]

Wer aus der Würzburger Professorenschaft Wert auf Beibehaltung seines Postens legte, musste, nachdem er der alten Obrigkeit abgeschworen hatte, einen schriftlichen Treueid auf die neuen Herren leisten. Schelling rührte diesbezüglich keinen Finger. Im Kopf hatten er und seine Frau den Abschied von Würzburg längst durchgespielt. Nichts wünschten sie sich augenblicklich sehnlicher, als Abstand vom nachbarschaftlichen »Kanaillenvolk«[59] zu gewinnen. Heidelberg war im Gespräch gewesen und sogar eine Rückkehr nach Jena erwogen worden, bevor München ins Zentrum der Überlegungen rückte. Caroline blieb ungern allein in Würzburg zurück, als Schelling Mitte April zu Sondierungsgesprächen dorthin reiste. Ungeduldig das Aufbruchsignal erwartend, schrieb sie alle Posttage an ihr »unsäglich liebstes Herz«: »Es wäre thöricht, wenn ich Dir erzählen wollte, wie ich Dich in Gedanken liebkose. Du weißt es wohl.« Und musste ihrerseits oft viel zu lange auf briefliche Streicheleinheiten wie »komme zu dem Freund, der mit der äußersten Sehnsucht Dich zu sich wünscht, du beste, liebste, ewige Freundin« warten.[60]

Mag sein, Caroline suchte deshalb ihren Mann eifersüchtig zu machen. Seit er nicht mehr in Würzburg sei, bekam Schelling zuerst, in mehrfach abgewandelter Form, zu lesen, mache Martin Heinrich Köhler mit Feuereifer für sie den »Cicisbeo«[61]. Der treue Verehrer besuche sie des Abends »mit zarter Assiduität [i. S. von Ausdauer oder Beharrlichkeit] …, aber nur bis halb 10 Uhr«, legte Caroline noch eins drauf, nachdem ihr Mann verdächtig gleichgültig geblieben war. Allerdings bedurfte es noch stärkeren Tobaks, bevor er endlich Flagge zeigte. Köhler als Reisebegleiter seiner Frau nach München? Was für eine Idee? Er bestehe darauf, dass sie sich den Herrn Extraordinarius für Zoologie und Materia medica gefälligst vom Leibe halte! Worauf Schelling sich verlassen konnte. Denn genau dazu wäre sie schon viel früher bereit gewesen, so die Quintessenz von Carolines Antwort: »Hätte ich nur eher ein Wort darüber von Dir gehabt …«[62]

Während der Wartezeit in Würzburg studierte sie eifrig Mietanzeigen, »ach wie viel hübsche Logis stehn im Münchner Blättchen«[63] und bereitete zugleich den Verkauf all ihrer Möbel vor: »in der bestimmtesten Gewißheit, daß ein gutes Theil Geld mehr, als die Schulden betragen, aus den Mobilien« herauszuschlagen sein wird.[64] Wie recht Caroline mit ihrer Prognose gehabt hatte, zeigte sich beim Versteigerungstermin am 17. Mai: »alle Zimmer sind leer und die Mobilien in Würzburg zerstreut«. »Es hat sich gut gemacht, selten weniger, oft über meine Taxe.«[65]

Reinerlös 1100 Gulden. Außerdem feilschte die geübte Umsiedlerin mit Fuhrmännern um die Höhe der Kosten für den Transport des restlichen Hab und Guts.

Am Pfingstsamstag des Jahres 1806 traf Caroline in München ein. Damals hätten sie einander, erinnerte Schelling später, versprochen, sich niemals mehr, und sei es nur für eine Nacht, zu trennen.[66]

KAPITEL 10

München

Perspektivenwechsel

Es läßt sich überhaupt dazu an, als würde sich hier ein Sammelplaz bilden, wie Jena war …[1]

Fahrzeuge und Fußgänger, die sich München von Westen her näherten, steuerten zwangsläufig auf das ›Carlsthor‹ zu. Von den meisten Neuankömmlingen wurde der in jüngster Vergangenheit umgestaltete Prospekt des wichtigsten und verkehrsreichsten Eingangs in die Stadt als eine willkommene Verbesserung angesehen: »Schön ist der Empfang, und eine Umarmung scheint dem Fremden entgegen zu kommen!« Mit Abschluss der Veränderungen des vorwiegend gewerblich genutzten Rondells und mit der Schließung der letzten Lücke in den Seitenflügeln waren auch die anfänglichen Skeptiker vom bedenklichen Wiegen ihrer Köpfe auf anerkennendes Nicken übergegangen.[2] Eingedenk des Wohnungsmangels in der Altstadt mussten sich die privaten Eigentümer der jeweils sieben in gerader Reihe errichteten Mietobjekte mit großen Toreinfahrten und Hauptfronten zum ehemaligen Festungsgelände vor den Mauern um Mangel an Nachfrage keine Sorgen machen. Das von den Schellings bezogene Eckhaus »N[r]. 7 im Neubau vorm Carlsthor Rechts. 2. Stok'« markierte den nördlichen Endpunkt des gesamten Gebäudekomplexes.[3]

»Ich lebe hier in der Hauptstadt, als wenn ich auf dem Lande lebte«, berichtete Caroline nach Gotha. »Wir haben ein logis, wo die Façe der Häuser auf einen freyen Platz vor der Stadt hinausgeht, und ich sehe die Tyrolergebirge aus dem Fenster.«[4] Im Vorjahr hätte sie von hier aus Napoleons I. triumphalen Einzug unter Glockengeläut in München miterleben können. Direkt vis-à-vis lag der Herzoggarten, ein Bild formalen Ordnungssinns, und schräg gegenüber der bei Arm und Reich sehr beliebte Stachusgarten (nach dem Wirt Eustachius Föderl), eine kunterbunte Mischung aus Gasthaus, Kegelbahn, Stallungen, Bretterbuden.

Schelling stimmte ein in den Lobgesang auf die Wahlheimat: »Was meinen hiesigen Wandel betrifft, so ist er um ein gut Theil freier und fröhlicher als der in Würzburg ... – Ich genieße einstweilen ein Gehalt von 1500 fl. [zirka 800 Talern] und bin zu einer Stelle in der Akademie der Wissenschaften designirt, obgleich noch nicht ernannt worden. Es wird aber diesen Sommer auch das Uebrige noch richtig werden, und so hätte ich mich denn aus dem Würzburger Schiffbruch in einen Hafen gerettet, nach dem ich lang mit sehnenden Augen hingeblickt habe.«[5]

Wenn Schelling der Sinn nach ein paar vergleichsweise kampffreien Jahren stand, die ihm »Ruhe und ein ungekränktes Leben« garantierten, dann standen sie ihm nunmehr bevor[6] – wenngleich auch die Königlich Bayerische Akademie der Wissenschaften als ein Hort ständiger Personalquerelen, Verdächtigungen, Anfeindungen und Kleinlichkeitskrämereien galt. Die Ernennung Schellings zu ihrem Mitglied im Juli 1806 war eine Verlegenheitslösung und mit keinerlei gezielten Anforderungen verbunden. Schelling kam mit der Unterforderung gut zurecht; ein »berühmter und geistvoller Mann«, merkte er einmal an, verdiene sein Geld allein »durch seine blose Gegenwart«.[7] Erzfeind Paulus war, am Rande notiert, zunächst als Kreisschulrat in Nürnberg gelandet.

Eine schlechte Angewohnheit teilte Caroline mit vielen ihrer Zeitgenossinnen: Nur ja jeden Eindruck von Genusssucht vermeiden. In Briefen aus München gab sie deshalb gern die eigenbrötlerische Hinterwäldlerin oder machte aus vielfältigen Amüsements lästige Pflichtübungen. Bezogen auf Visiten beim

München
Der Stich von Franz Thurn aus dem Jahre 1826 zeigt das Rondell und seine Anbauten mit Blick in die Stadt hinein. Somit müssen wir uns die Schellingsche Wohnung in dem am weitesten links liegenden Haus des linksseitigen Traktes denken. Es ist an seinem Zeltdach erkennbar.

zukünftigen Akademiepräsidenten, mag die Unbehaglichkeit tatsächlich überwogen haben – obwohl Schelling ganz sicherlich auch seine Frau vorgewarnt hatte. Uneingeschränkte Herrscherinnen im Salon von Friedrich Heinrich Jacobi waren nämlich die Schwestern des verwitweten Professors: »Die alten Jungfern sitzen dabei, wie zwei alte Katzen, die sich Gelehrte oft halten, und die nicht vom Sopha zu bringen sind … Die Älteste ist besonders vom Argen, sie schielt auf eine horrible Weise.«[8] Als Schellings und Jacobis wechselseitige Abneigung zutage getreten war, was nicht lange dauerte, nahmen solche irritierenden Hausbesuche ohnehin ein Ende.

An der Spitze der geselligen Ereignisse der kälteren Jahreszeit standen Maskenbälle. Für Caroline eine echte Überraschung im

Hinblick auf ein volksverbundenes Herrscherpaar ohne größere Berührungsängste: »Hieher darf nun alles kommen und kommt auch alles, der König und die Königinn samt dem Hofstaat, Minister usw. ... Dicht am Könige sitzt vielleicht irgend eine dicke Bierbrauersfrau mit goldner Haube und Ketten am Brustlatz.« Gemessen an bisherigen Lebensstationen, kam München ihr jedoch atavistisch vor, »wer noch nie so weit ins südliche Deutschland hinein wohnte, dem muß es fremd dünken«, »vor 10–20 Jahren hat es hier noch verwünscht barbarisch ausgesehn«.[9] Aber lugte da nicht die alte Göttingische Professorentochter-Überheblichkeit ums Eck?

Wenn jedoch Zeitungs- und Briefberichte von Kriegsverheerungen im übrigen Deutschland zu ihr drangen, fühlte Caroline sich in Bayern wie auf einer Insel der Seligen. Nachdem sie im Oktober 1806, nicht zuletzt durch Goethe, von den bösen Folgen der Doppelschlacht von Jena und Auerstedt – wo napoleonische Truppen die Preußen und ihre Verbündeten vernichtend geschlagen hatten – erfahren hatte, trauerte sie mit den von marodierenden Soldaten geschundenen und beraubten Freunden und Bekannten. Als das Brandschatzen, Verwüsten, Plündern und Drangsalieren in Jena endlich vorbei war, hatten viele Bewohner ihr gesamtes Hab und Gut und manche auch noch das Dach über dem Kopf verloren. Das Schicksal jener friedlichen Gegend, in der sie selbst so lange gelebt habe und alle Wege und Stege kenne, die jetzt mit Leiden und vergeblich vergossenem Blut gezeichnet seien, habe sie sehr bekümmert, schrieb Caroline im November an Luise Gotter. Bald darauf ließ sie einer besonders schlimm betroffenen Jenaer Familie ein Paket mit Weißwäsche schicken.[10]

Über die Aufteilung der territorialen Beute, meinte Caroline im Brief an ihre inzwischen mit Mutter und Familie von Braunschweig nach Kiel gezogene Schwester, zerbreche sie sich nicht den Kopf. »Was liegt auch daran, denn wahrlich um keinen von den Regenten ist es Schade, die jetzt zu Grund gehn.«[11] Noch nie zuvor hat Caroline den Krieg als Mittel der Politik mit solcher Entschiedenheit abgelehnt – »welche Unsumme von Elend, vernichteten Wohlstand, Schlechtigkeit – welcher gänzlicher Mangel an der gemeinsten Sicherheit … Wie mag den Menschen zu Muth seyn, die nun wirklich drinnen stecken mit ihren Geist und Gemüth, und nicht eine Atmosphäre um sich her ziehn können, in welche das alles nur scheinbar dringt. Wie viel lieber wollte ich in einem Dorf auf der Schlachtlinie von Jena gewohnt haben und in Staub mit getreten seyn, als mir die Seele anstecken lassen durch diese abscheuliche Verwirrung aller moralischen Dinge.«[12]

Die Nachricht von der ehelichen Verbindung Goethes mit seiner mutigen Schutzfrau Christiane Vulpius nahm Caroline, im Gegensatz zum Großteil der die beiden umgebenden Damenwelt, gelassen auf.

Eine Spitzenstellung im sich allmählich formierenden Zirkel, dem erst später so genannten Münchner Romantikerkreis, nahm Geheimrat Franz Xaver von Baader ein. Überaus gelehrt und unendlich gesprächig, vermochte der Mediziner, Chemiker und Bergbauingenieur auf verschiedenen Gebieten zu brillieren. Schelling fand in dem Liebhaber mystischer und theosophischer Schriften einen Gesprächspartner mit beinahe gleich stark entwickeltem Sendungsbewusstsein. Caroline bezeichnete den ungefähr Gleichaltrigen als »einen der herrlichsten Menschen und Köpfe«, derweil Baader ihr das Etikett »äußerst anstandsvolle … Frau von ausgezeichneten Eigenschaften und Talenten« anheftete.[13] Ohne sie als verbindendes Element hätte ihn Schellings anspruchsvolle Unverträglichkeit vielleicht abgestoßen.

Von Johann Wilhelm Ritter – dreißigjährig, ebenfalls Akademiemitglied –, dem dritten Mann im Freundschaftsbunde, hatte Caroline schon in Jena reden hören. Damals war der leidenschaftliche Naturwissenschaftler und Entdecker des ultravioletten Lichts unter anderem »mit einer Voltaischen *Batterie ambu-*

lante«[14] durch Thüringen gezogen. Seit Luigi Galvani, Professor der Anatomie in Bologna, erstmals beschrieben hatte, wie Froschschenkel, die mittels kupferner Häkchen an einem Geländer aufgehängt waren, zuckten, sobald sie die Eisenstange berührten, waren Versuche gleicher oder ähnlicher Art regelrecht in Mode gekommen. Der Glaube an die Existenz von »tierischer Elektrizität« erstarb erst, als feststand, dass die Beobachtung mit der Berührung beider Metalle in Zusammenhang stand. Nicht nur bei den thüringischen Kleinstaatsoberhäuptern und beim Dichterfürsten Goethe hatten Ritters spektakuläre Experimente bleibende Eindrücke hinterlassen. Sich selbst vernachlässigte er in seinem Forscherdrang – und in seiner Vorliebe für hochprozentige Getränke – in einem solchen Ausmaß, dass ekelerregender Körpergeruch, Krätze und Mundfäule noch die geringsten daraus resultierenden Übel waren. Aktuell machte Ritter in München die Wahrsagerei, die Wünschelrutengängerei und die Pendelmagie gesellschaftsfähig und bescherte der Stadt mit dem Bauernburschen Francesco Campetti, einem »Metall- und Quellenspürer« vom Gardasee, ein Meistermedium von schier unglaublichen Fähigkeiten. Bald wurde allüberall um die Wette gewahrsagt, gewünschelt, gependelt, beschworen und Teilnehmern an einem der esoterischen Frühstücke zum Beispiel das große Glück okkulter Phänomene beschert.

Man bedenke: Um 1800 war Deutschland auf dem Felde der Naturwissenschaften ein zurückgebliebenes Land. Zwar wurde der Fortschritt staatlicherseits propagiert, auch entstanden bedeutende Naturaliensammlungen. Die Leistungen der fortschrittlichen Bergakademie im sächsischen Freiberg und die mathematisch-astronomischen Forschungen eines Carl Friedrich Gauß in Göttingen fanden internationale Anerkennung, aber sie blieben Einzelerscheinungen. Deutschlands Beiträge zu aufregenden Neuentwicklungen hatten etwas Zufälliges. Über zwei bis drei Jahrzehnte hinweg wurden mit Hilfe romantisch-philosophischer Gegenkräfte manche Entwicklungen im Bereiche der modernen exakten Wissenschaften von den Widerständen gegen sie überlagert und ihr Siegeszug zurückgedrängt.

Doch nun zurück zu Francesco Campetti, welchen Ritter wie gesagt aus Norditalien angeschleppt hatte und mit dem er nun seine Wohnung teilte, die sich im Gebäude Vor dem Carlsthor Nummer 5 befand, nur zwei Haustüren entfernt von den Schellings. »Wir sind gegenwärtig hier alle mit höchst wundersamen Dingen beschäftigt«, notierte Carolines Ehemann. Zu den von Schelling näher beschriebenen mirakulösen Beschäftigungen gehörte Pendelschwingen über Schwefelkies oder Gold oder über dem stielseitigen Ende eines Apfels, um herauszufinden, dass in diesem Falle das Pendel sich »über den Nordpol« (genauer: von Südosten nach Nordwesten) bewegte und, legte man das Stück Obst mit der Blüte nach oben auf den Tisch »über den Südpol« (genauer: von Nordosten nach Südwesten). Mit dem Pendeln über dem spitzen oder stumpfen Ende eines Hühnereies hatte es, sehr zur Freude aller Teilnehmer an der wiederholt stattfindenden »Abendunterhaltung«,[15] die gleiche Bewandtnis. Am meisten konnte Schelling sich an der Einzigartigkeit eigener Erfahrungen mit der Wünschelrute berauschen: »Es ist dies eine wirkliche Magie des menschlichen Wesens, kein Thier vermag sie auszuüben. Der Mensch bricht wirklich als Sonne unter den übrigen Wesen, die alle [seine] Planeten sind, hervor.« In einem war Campetti freilich unschlagbar. Denn nur diesem gelang es, einzig mit seiner Gedanken Kraft und angeblich ohne einen Muskel zu bewegen, sowohl hauchzarte Staniolstreifen als auch schwere Eisenplatten auf der Kuppe seines Zeige- oder Mittelfingers zum Tanzen zu bringen: »Das Tieffste in der Sache«, hielt Schelling außerordentlich beeindruckt fest, »ist der unleugbare unmechanische magnetische Einfluss des Willens …«[16] Nun ja, auch Caroline regte Campettis spiritistisches Tun und Treiben zu seitenlangen Schilderungen an. Allerdings fand sie es, bei Lichte betrachtet, »nicht wunderbarer wie jede andre Naturoffenbarung«.[17] Außerdem entlarvten ihre unverkennbar spöttischen

Untertöne das Spektakel als das, was es in Wirklichkeit war, eine Massenhysterie respektive eine Spielerei: »Pendelschwingungen sind bey Hof und Stadt in Schwung gekommen. Brillant- und goldne Ringlein sind in Bewegung, nur wenige können nicht drehen machen, ZB. einige recht verstockte und schon stockig gewordne Hofleute … Es kommt mir dieses Schwingen vor wie die joujous de Normandie, und ich habe schon vorgeschlagen es joujous de Campetti zu nennen.«[18] Nicht mehr lange, und der Spuk war vorbei und das vermeintlich großartige Naturtalent nur noch ein kleiner Gauner.

Während Ritters Ruf durch die Campetti-Affäre dauerhaft Schaden nahm, aus Kummer trank er sich binnen dreier Jahre zu Tode, kam Schelling vergleichsweise glimpflich davon, was unter anderem mit dem enormen Eindruck zu erklären ist, den seine akademische Rede zur Namenstagsfeier von König Max I. Joseph im Oktober 1807 bei den Münchner Honoratioren hinterließ. Nur vereinzelt wurden ihre epische Breite und die Überdosis an Pathos beklagt. Caroline schwelgte in Superlativen in Anbetracht der »Würde« und »Begeisterung«, mit der ihr Mann der Aufgabe ›Über das Verhältnis der bildenden Künste zu der Natur‹ zu referieren gerecht geworden war. Sie selbst hatte ihm zwar lauschen, ihn aber nicht beobachten können, weil die anwesenden Damen, auf einer uneinsehbaren Galerie platziert, den anwesenden Herren nicht zu Gesicht kommen durften. Und umgekehrt.

Als vom Kronprinzen Ludwig die Nachricht kam, er wolle Kopf und Brust ihres Mannes »für seine marmorne Gesellschaft großer deutscher Männer« (»von der Akademie hat er sich aber Schelling allein ausersehn«) in Stein hauen lassen, schien Caroline beinahe vor Stolz zu platzen.[19] Und es dürfte wohl niemanden von Belang außerhalb der Stadt gegeben haben, dem sie die große Auszeichnung nicht schriftlich kundtat.

Aber musste Caroline, fragen wir uns, die wachsende allgemeine Wertschätzung ihres in München, mit Verlaub gesagt, prinzipiell ziemlich untätigen Mannes denn gleich zum Anlass nehmen, ihn wieder einmal zu ihrem Herrn und Meister hochzustilisieren? Fest steht, dass, je pfleglicher sie Schellings Ego behandelte, es sich desto leichter mit ihm leben ließ. Und: Dass uns Nachgeborenen das Sensorium für dergleichen Verhaltsmuster weitgehend abhanden gekommen ist. Für den Geschmack des Weggefährten Johann Wilhelm Ritters machte Schelling aus Liebe zu seiner Frau viel zu viel Aufhebens von *deren* Meinungen und Befähigungen.[20]

Außer im Umgang mit ihrem dritten Ehemann neigte Caroline bekanntlich nicht zu Bescheidenheit. Zwar stand die Münchner Gemäldesammlung hinter den Dresdner Exponaten zurück, doch tat das der publikumswirksamen Zurschaustellung von humanistischer Bildung hier wie da keinen Abbruch. Gemeinsam mit einer ins Bayerische eingewanderten verheirateten Enkelin der guten Mutter Schläger führte Caroline einer Gruppe Einheimischer, die, wie sie die Gotters wissen ließ, geistigen Früchte ihrer Gothaer Erziehung in der altbekannten Manier vor Augen: »An Fanny [Wiebeking] werde ich noch ein wenig von der ›Education von ma chère Mère‹ gewahr – Wir haben einen Kupferstich nach *Raphael* in großer Gesellschaft besehn, wo [Fanny] und ich allein wußten, was das für Leute waren, Platon, Diogènes, Epicure etc. in der Schule von Athen. Hier wissen sie nur von Jes Mari Josep!«[21]

Im Spätherbst 1807 stand ein Wohnungswechsel an. Heymann Chaim Salomon[22] Pappenheimer von Kerstorf hatte den Schellings sein Heim zur vorübergehenden Übernahme angeboten. Eine Mietzahlung lehnte der Bankier und Publizist kategorisch ab. Als er nach Ablauf der vereinbarten sechs Monate wieder selber einzog, dankte er seinen Gästen für die »Sorgfalt, womit Sie, während meiner Abwesenheit, für die Sicherheit meines Hauses wachten«.[23] Es hatte die Schellings unter anderem in die Lage versetzt, der de Staël und Schlegel bei deren einwöchigem Besuch gegen Jahresende 1807 ein wenig zu imponieren. August Wilhelm, dem Anschein nach »sehr gesund und heiter«,[24] war mit seiner anspruchsvollen Arbeitgeberin unterwegs nach Wien. Anders als in Würzburg kamen die vier in München des Öfteren zusammen. Aus verschiedenen Gründen sammelte Madame Pluspunkte bei Caroline. Am meisten imponierte dieser die unaufhörliche intellektuelle Regsamkeit der Besucherin und dazu deren ungewohnt offenes Bekenntnis zur Eigenliebe.[25] Dass die de Staël den schwierigen Schelling in ihr Herz schloss, gefiel Caroline ebenfalls.[26] Denn im Gegensatz zu Schlegel war er seiner Ehefrau absolut treu. Was Caroline vielleicht verborgen geblieben war: Die Französin machte auch die Erfahrungen mit ihrer Gastgeberin zum Bestandteil der Materialsammlung für ihr Werk ›De l'Allemagne‹ – nachzulesen in Kapitel drei, ›Deutsche Frauen‹: scharf im Urteil; den deutschen Männern im Allgemeinen überlegen; Gesprächsführung als Talent und nicht als Dienerin der Höflichkeit.

Das Scheidungsgebaren der Deutschen, an anderer Stelle erwähnt, versetzte die passionierte Informationssammlerin in ziemliches Erstaunen. Und ebenso das nacheheliche gute Verhältnis zwischen August Wilhelm Schlegel und seiner Exfrau. In diesem Lande scheine man, so die diesbezüglichen Anmerkungen der de Staël, den Gatten so friedlich und mit einer so eigentümlichen Ruhe zu wechseln, als ob es sich nur um das Arrangement der Nebenumstände zu einem Drama handele.

Im Februar 1808 erfuhr Caroline durch ihre Schwester vom Tod der Mutter in Kiel. Offenbar fühlte sie sich durch Luises Jammerton zum Widerspruch herausgefordert. Sie solle, statt das Ableben der fast Siebzigjährigen zu beklagen, die wieder gewonnene Unabhängigkeit genießen und sich des Einzugs bislang nie gekannten Friedens in ihre Familie freuen. Ihr selbst machte der Verlust des letzten Elternteils insofern zu schaffen, als sie sich plötzlich wie eine Nachrückerin in die Generation der Alten zu fühlen begann. Aber gleichzeitig voller Zuversicht in die Zukunft schaute!

Zuerst hieß es erneut die Wohnung wechseln.

Für die Zeit von April bis Ende September nisteten sich die Schellings, wiederum provisorisch, in Hofgartennähe beim Hofkonditor Dieterich ein. Die Adresse: Hinter der Galerie Nummer 63 3/4. Wenn Caroline also zu Beginn des laufenden Jahres unter anderem in einem Brief an ihre Schwester sagte: »Wir leben wie die Vögel auf den Zweigen«, dann verbarg sich hinter dieser Bemerkung nicht mehr als erstens der Hinweis auf die derzeitige innerörtliche Nichtsesshaftigkeit, zweitens die unsicheren politischen Verhältnisse und drittens das Bedauern über den ein weiteres Mal zwangsweise aufgeschobenen Aufbruch in italienische Gefilde. Folglich mussten die Schellings mit einer »allerliebsten« hochsommerlichen Erkundungsfahrt in den Nahraum Alpenvorland und »bayerische Gebürge« vorliebnehmen.[27] Kurz zuvor hatten sich mit Schellings Ernennung zum Generalsekretär der neu gegründeten Akademie der Bildenden Künste seine Fixbezüge mit einem Schlag verdoppelt; doch auch für das zusätzliche Staatsgehalt wurden von ihm keine nennenswerten Gegenleistungen erwartet. Durch ihre Anweisung für die Gotters, »Adressirt künftig die Briefe an Herrn Direktor Schelling«,[28] lässt Caroline uns wissen, wie sehr sie dem Herrn Professor nachgetrauert hatte. Sowie der Frau Professorin, denn Schelling forderte nun allseits in Bezug auf sie die Anrede »Frau Direktorin« ein.[29] Frau Autorin wäre ebenfalls in Frage gekommen, setzte Caroline doch in München ihre Arbeit für führende Journale munter fort. Nach wie vor als namenloses männliches Wesen angepriesen: »Wenn Sie Zeit haben«, forderte Schelling den Verleger Cotta beispielsweise auf, »sehen Sie in ›den beiden Jenaischen Literatur Zeitungen‹ [der alten und der neuen] eine Recension von *Varnhagens und Chamissos'* Allmanach[30] … Sie werden daraus beurtheilen können, welches Geistes Kind dieser Recensent ist. Ein solcher sollte im Morgenblatt das kritische Wort führen.«[31]

Das wichtigste Argument bei der Auswahl ihres vierten Münchner Domizils im Herbst 1808 war zweifelsfrei sein Raumangebot. Endlich stimmte die Anzahl der Zimmer mit Carolines Wunsch nach Rekonstruktion der, je weiter das Jahrzehnt fortschritt, desto schmerzlicher vermissten »Geisterfamilie« überein: »O wie sind die einst zu Jena in einem kleinen Kreis Versammelten nun über alle Welt zerstreut.« An flüchtigen Bekanntschaften bestand zurzeit kein Mangel, »aber das fehlt mir und Schelling auch, daß nun nicht mehr alle Abend die Thür aufgeht und ein paar bekannte Gesichter hereintreten«.[32] Gedanken an die Kurzlebigkeit und das bitterböse Ende des vormaligen Zirkels verscheuchte die leidenschaftliche Saloniere aus ihrem Kopf, so scheint es, wie lästige Plagegeister. Glücklicherweise kam die Fortentwicklung des ›neuen Münchens‹ ihrem Verlangen nach Gruppenbildung sehr entgegen. Nicht nur optisch stand die Stadt an einem Wendepunkt. Schrittweise entstand von nun an in der bayerischen Metropole jenes libertär-kreative Milieu, das geborene menschliche Paradiesvögel ebenso magisch anzog wie Normalbürger auf Urlaub vom Alltag. Bereits im November – in einem Einladungsbrief an die zweiundzwanzigjährige Pauline Gotter, kürzlich von Goethe in seine Altherrensammlung liebreizender Jungfrauen aufgenommen[33] – brachte Caroline ihr Entzücken über die Aussicht auf das Wiederauferstehen vergangener Freundschaftsherrlichkeit zum Ausdruck: »Du solst sehen, es wird sich bald alles nach München ziehn wie sonst nach Jena. … Es läßt sich überhaupt dazu an, als würde sich hier ein Sammelplaz bilden, wie Jena war; eine Menge Faden laufen hier wieder zusammen, theils sind sie wirklich schon angeknüpft, theils sehen wirs nur kommen. An wohlbekannten Gesichtern fehlt es schon seit einiger Zeit nicht.«[34]

Ihr privater Sammelplatz befand sich im Krottental. Schelling schrieb das Sträßchen »Grothental«. Heute trägt es den Namen Rosental und verbindet, nahe der Kirche St. Peter, den Rindermarkt mit dem Viktualienmarkt.

Selbstverständlich hatten der höhere Mietpreis, die Beschäftigung von jetzt zwei »Domestiquen« und die mit der steigenden

Gästezahl verbundenen Einkäufe Auswirkungen auf Carolines Ausgaben, denn *sie* regelte die Finanzen. In einzelnen Monaten machten die Rechnungen des Weinhändlers nahezu die Hälfte, meistenteils aber etwa ein Drittel des gesamten Budgets aus.[35] Auch das Darlehen vom Bruder schlug noch immer zu Buche; selbst die mit ihm vereinbarten Zinsen waren ein seit Jahren offener Posten.[36] Und aus dem mit Philipp Michaelis und Schwager Rudolf Wilhelm Wiedemann wegen des mütterlichen Erbes geführten Schriftwechsel geht hervor, dass von dieser Seite so bald kein Geldsegen zu erwarten war, auf den Caroline sich aber nicht vergeblich Hoffnung machte. Den Schellings liefen aus noch anderen Gründen die Kosten davon. Einerseits führte die von Napoleon über England und die freie Schifffahrt verhängte Kontinentalsperre zu einer erheblichen Verknappung und Verteuerung von Importwaren aus Übersee; Schmuggler lassen sich ihre Risikobereitschaft eben teuer bezahlen. Des Weiteren stand den Bayern ein militärischer Einmarsch der Österreicher bevor, die sich im 5. Koalitionskrieg an die Spitze der antinapoleonischen Liga stellten. »Alle äußersten Anzeichen des Krieges sind da«, so Caroline im März 1809. Die Aussicht auf Belagerung animiert zu Vorratskäufen, denen wiederum Preissteigerungen auf dem Fuße folgen. Vorbei die rosigen Zeiten, da Caroline von Bayern sagen konnte: »Wahrlich, wir sind so ziemlich das einzige Land, wo nicht Verwirrung und Noth an der Tagesordnung ist.«[37] Da lag es doch nahe, um sich herum eine private Gegenwelt aufzubauen.

Die Brüder im Geiste Baader und Ritter gehörten im Hause Schelling gleichsam zum lebenden Inventar; Letzterer war nicht nur ein unterhaltsamer Mensch, sondern außerdem ständig knapp bei Kasse und darüber hinaus ein gewiefter Geldeintreiber. Während Schelling sich, wenn auch zögerlich, Münze um Münze aus der Tasche ziehen ließ, blieb Caroline diesbezüglich beim konsequenten Nein, wusste sie doch von Ritters Ungezogenheit, seine Bettelbriefe andernorts vorzulesen und Wetten auf jeweilige Erfolge abzuschließen. Auch mit den Liebeskinds und mit den Niethammers,[38] allesamt aus dem Fränkischen nachgerückt, saßen Caroline und Schelling stundenlang plaudernd beisammen. Sofern er in der Nähe weilte, gesellte sich Wilhelm von Humboldt zu ihnen. Der junge August von Platen schrieb seiner Mutter aus München, er sei so gerne bei Madame Schelling, weil sie so schöne Bücher habe. Ihre Lektüren der Jahre 1808 und 1809 hielt Caroline in einem Schreibkalender fest. Kunst- und Geschichtsbände sowie Memoiren und Reisebeschreibungen standen offenbar besonders hoch im Kurs; Romantitel enthält die Auflistung nicht.[39]

Mit Carl Friedrich Ludwig Felix von Ruhmohr kreuzte ein sorgenfreier Genussmensch ihre Lebensbahn. Finanziell völlig unabhängig, strebte der junge Gutsbesitzersohn aus uraltem holsteinischem Adel nach höchster Kennerschaft auf dem Gebiete der Ästhetik sowie, rastlos reisend, von einem viel versprechenden Ort zum anderen. An Caroline lobte er ihr pädagogisches Geschick zu positiver Verstärkung. Am zweitliebsten zog er mit ihr und Schelling durch Galerien und Museen, am allerliebsten aber betätigte er sich als experimenteller Gourmet. Es sei schade, befand seine Ziehmutter in künstlerischen Dingen so treffend wie mokant, dass dem flatterhaften Baron die Unvernunft und Hanswurstigkeit nicht auszutreiben sei, »doch Einen Sinn hat ihm der Himmel gegeben, eben den für die Kunst, wo er reich an den feinsten, zugleich sinnlichsten Wahrnehmungen ist. Der Freßsinn ist eben so vortreflich bei ihm ausgebildet, es läßt sich gar nichts gegen seine Ansicht der Küche sagen, nur ist es abscheulich einen Menschen über einen Seekrebs eben so innig reden zu hören wie über einen kleinen Jesus.«[40]

Leider zeigte München im Winter 1808/1809 in bestimmten zwischenmenschlichen Bereichen mitunter kein sehr viel anderes Bild als Jena im Frühling 1800.

Kurz nachdem die Schellings nach Oberbayern übergesiedelt waren, hatte Bettine Brentano, damals einundzwanzig, obwohl recht neugierig auf das viel besprochene und beschriebene Paar, eine Zusammenkunft mit ihm hinausgezögert. Die Frau gereiche dem Manne nicht zur Zierde, und er allein sehe schon »fürchterlich« genug aus, wie ein »weißer Neger«; außerdem habe die umfängliche Beschäftigung mit der Schellingschen Philosophie im Vorjahr ihrer Gesundheit schwer geschadet.[41] Etwas später fühlte sie sich der Begegnung zwar gewachsen, sah ihre Vorurteile jedoch auf das Genaueste bestätigt. Weder der Gastgeber habe ihr zugesagt – »eine Spottgeburt an Dreck und Speck« – noch die Gastgeberin – »häßlich wie eine abgetragne Wildschur« (Bezeichnung für einen schweren Pelzmantel) –, wurde Goethe anschließend mitgeteilt.[42] Caroline wiederum fühlte sich zu lästerlicher Kritik an dem koboldartig überdrehten Ding und an seiner Herkunftsfamilie aufgerufen: »Bettine Brentano, die aussieht wie eine kleine Berlinerjüdin und sich auf den Kopf stellt um witzig zu seyn, nicht ohne Geist, *tout au contraire,* aber es ist ein Jammer, daß sie sich so verkehrt und verreckt und gespannt damit hat; alle die Brentanos sind höchst unnatürliche Naturen«, einschließlich »Clemens (Demens) Brentano«.[43]

Mehrmals reiste für längere Zeit Ludwig Tieck an, meistenteils begleitet von seiner Schwester – »Mad. Bernhardi, … die blasse, magere, Zahn- Augenbrau[e]n- und Haarlose Frau, die einen imperieusen, eigensinnigen, im Grunde bösen Charakter, aber Tiekische [literarische] Visionen hat«, »eine ganz verruchte Person, falsch wie eine Katze, treulos gegen jedermann, voller Lügen und Streiche«.[44] Caroline fand August Wilhelms ehemalige Geliebte also nach wie vor unausstehlich, vermochte aber nicht, sie wie geplant aus dem Haus zu ekeln. »Caroline wolte kalt und fremd sein, kont aber nicht zwei Minuten in der Fassung bleiben«, ließ die Unwillkommene sich vernehmen, »und so sind wir nun als währen wir immer die besten Freundinnen gewesen«.[45] Wenn sie sich da nur nicht täuschte.

Die Sache mit Ludwig Tieck lief genau entgegengesetzt. In seinem Falle sollte, wäre es nur nach Caroline gegangen, der einstige Zwist begraben und vergessen sein. Nie hätte sie »den König der Romantik«,[46] faszinierenden Rezitator und ruhmreichen Deklamator auf den bloßen Verdacht fortgesetzter subversiver Verunglimpfung hin von ihrem Münchner Zirkel ferngehalten. Es dauerte nur Wochen, bis die Realität sie auf den Boden der Tatsachen zurückgeholt hatte: »Ludwig Tieck«, resümierte Caroline letztlich, sei doch »nichts … als ein anmuthiger und würdiger Lump« mit »Tücken«. »Wir haben uns ziemlich zurückgezogen.«[47] Recht so. Denn dass er ihrer Zuneigung nicht würdig war, beweist ein Satz aus einem Brief, den Ludwig Tieck im April 1809 an August Wilhelm Schlegel schrieb: »Von den Freunden Hier sind Schellings von sehr schlechten Grundsätzen, immer noch die alten Fratzen im Kopf.«[48] Der Umgang mit Friedrich Tieck gestaltete sich hingegen angenehmer. Geduldig saß Schelling dem Bildhauer unter den Brüdern Modell für seine Büste – derweil Caroline, noch immer nicht sicher, welche Art Denkmal der verstorbenen Tochter am ehesten gerecht werden würde, die plastische Form verwarf und für ein Gemälde optierte, »das Kind, in die Arme der himmlischen Mutter flüchtend«.[49]

Im Februar/März 1809 deutete Caroline im schriftlichen Gespräch mit Schwester Luise an, dass sich an ihrem und Schellings derzeitigem Leben, gleichsam in den Tag hinein, einiges ändern müsse. Wenn sie eingedenk des militärischen Vormarsches der Österreicher einmal mehr auf Italien verzichten mussten, das Land, von dem sich ihr Mann einen Motivationsschub erhofft hatte, dann war das noch lange kein Grund, nicht trotzdem mit vereinten Kräften »etwas Ordentliches« zustande zu bringen – »denn die Zeit vergeht, und wer weiß, wie nahe mir mein Ende«.[50] Anlässlich von Augustes siebentem Todestag hatte Caroline an Luise Gotter geschrieben: »in meinem Innern zieht mich die Sehnsucht nach dem Verlornen alle Tage stärker an sich auf eine wunderbare Weise … Aber ich kann davon nicht reden.«[51] Daraus jedoch, wie so oft geschehen, Todessehnsucht abzuleiten, entspräche nicht im Mindesten ihrer tendenziell optimistischen

Erwartungshaltung. Ungeachtet gelegentlicher Unkenrufe reichte ihre Lebensplanung weit über das laufende Jahr 1809 hinaus. Während Caroline sich in München zumeist physischer blühender Gesundheit erfreute, bei ihr allezeit ein Zeichen auch psychischen Wohlbefindens, mündete der halbherzige Kampf ihres Mannes gegen Antriebsarmut in »allgemeiner körperlicher Missstimmung«.[52] Dass es Schelling gelang, seiner depressiven Hypochondrie zumindest zeitweilig zu entkommen, ja im Verlaufe des ersten Halbjahrs mit den ›Philosophischen Untersuchungen zur menschlichen Freiheit‹[53] – als Antwort auf die Frage nach dem Ursprung des Bösen und des Guten – sogar ein ordentliches Stück vorankam, ist fraglos Carolines therapeutischer Wirkung auf ihn zu danken.

Im Juli waren beide am Ende ihrer Kräfte. In diesem Monat vermeldeten sie unabhängig voneinander: Ich bin absolut urlaubsreif. Ungewöhnlich lang anhaltende Regenfälle verstärkten noch die Fluchtgedanken. Doch wohin sich wenden? Im Süden lauerten schlagkräftige kriegerische Feinde. Man hörte, wie befürchtet und vorhergesagt, von ersten Toten und Verwundeten.

Im Westen, hieß es jedoch, seien die Wege noch offen.

Warum also nicht das oftmals hinausgeschobene Wiedersehen mit Schellings Familie in die Tat umsetzen?

KAPITEL II

Maulbronn

Endzeit

… ich glaube, ich könnte diesmal – sterben.[1]

»Das ist ein verdrieslicher Sommer«, schrieb Caroline am 7. August 1809 nach Gotha. »Schlechtes Wetter …, theure Zeiten und um das Maaß voll zu machen Schelling krank seit 6 Wochen; doch nicht bedeutend muß ich gleich hinzusetzen. … Jetzt denken wir drauf in der vaterländischen Luft vollends ganz zu genesen und in 8 Tagen zu den Eltern ins Würtembergsche zu gehn, ziemlich nah an die französische Gränze, denn Schellings Vater ist jetzt Prälat zu Maulbronn.« Ende September seien sie zurück in München.[2]

Am 18. August verließen sie die Stadt. Ihr Reiseziel, eine ehemalige Zisterzienserabtei und Wohnort der älteren Schellings seit 1807, lag zu Füßen des Strombergs, welcher den Schwarzwald vom Odenwald trennt.

Zwischen Augsburg und Ulm kreuzten Kampftruppen in Bataillonsstärke den Weg der Reisenden und in Zusmarshausen »ein Zug von Blessirten«.[3]

Nach Beendigung der regenreichen Kutschfahrt standen Caroline und ihr Mann im Hof der mittelalterlich »melancholischen«[4] Klosteranlage. Kurz vor ihrer Ankunft hatte eine jener unaufhaltsamen Epidemien Maulbronn erreicht. Und obwohl in ihrer allernächsten Umgebung eine Frau[5] an der Ruhr erkrankt war, hielten die beiden am Plan einer dreitägigen Wanderung fest.

Am 2. September, da waren sie unterwegs, beging Caroline, ungewohnt schweigsam und erkennbar matt, ihren sechsundvierzigsten Geburtstag.

Am 3. September, wenige Stunden nach ihrer Heimkehr ins Haus der Schwiegereltern, litt sie an kolikartigen Leibschmerzen und »ersten Anfällen« »schnell auf einander folgender Ausleerungen«.[6] Zusätzlich geschwächt durch hohes Fieber, versetzte Caroline ihren Mann in panische Angst mit dem Satz: »Ich fühle die Destruction solche schnelle Forschritte machen, daß ich glaube, ich könnte diesmal – sterben!«[7]

Der Maulbronner Arzt wusste keinen Rat. Schellings Bruder Carl, ebenfalls Mediziner, mit Expressbrief aus Stuttgart herbeigerufen, kam zu spät, hätte aber wohl genauso wenig helfen können.

Wenn sie einmal die Augen schließe, werde »es in Frieden und Ruhe der innersten Seele seyn«, hatte Caroline Jahre zuvor ihr Wunschdenken in Worte gefasst.[8]

Am 7. September, einem Donnerstag, »morgens 3 Uhr«, riss der Tod sie »ohne Kampf« mitten aus dem Leben.[9]

Am 9. September, »nachmittags 4 Uhr«, wurde der Leichnam unter großer »allgemeiner Antheilnahme, … vornehmlich aber ihres Gatten« – »nahe an der Rückwand« der Klosterkirche – in die Erde gesenkt.[10] Früher waren auf dem sogenannten »Herrenkirchhof«, einem von wenigen Bäumen beschatteten Wiesenstück, die Mönche beigesetzt worden. Schellings zweiundsiebzigjähriger Vater hielt die Trauerrede.

Geraume Zeit außerstande, einen klaren Gedanken zu fassen, glaubte der Witwer den Verstand zu verlieren. Mühevoll um Fassung ringend und eng verwoben mit der Gefühlswelt der Romantiker beschrieb er am 24. September Luise Gotter »das Ende Ihrer – meiner Caroline«: »auch im Tode verließ sie die Anmuth nicht; als sie todt war, lag sie mit der lieblichsten Wendung des Hauptes, mit dem Ausdrucke der Heiterkeit und des herrlichsten Friedens auf dem Gesicht«. Bis ins letzte Detail glich ihr

Kloster Maulbronn
Wohnhaus von Schellings Eltern und Carolines Sterbehaus

Sterben dem Sterben von Auguste: »Welch' ein schrecklicher Kreis von Verhängnissen wird durch diesen Tod geschlossen! Vor 9 Jahren raffte die nämliche Krankheit auf der Reise die liebliche Tochter dahin …«[11]

Das Jahr ging bereits zur Neige, als Schelling Philipp Michaelis um Verständnis für sein Schweigen bis dahin bat. »Ach, Herz und Gefühl machen jede Berechnung zu Schanden …; es scheint, daß ein solcher Schmerz mit der Zeit eher zu- als abnimmt.« Und er setzte der Verstorbenen mit jenem Brief vom 29. November ein unvergleichliches sprachliches Denkmal. »Sie war ein eigenes, einziges Wesen, man mußte sie ganz oder gar nicht lieben … Wir waren durch die heiligsten Bande vereinigt, im höchsten Schmerz und im tieffsten Unglück einander treu geblieben – alle Wunden bluten neu, seitdem sie von meiner

Carolines Grabmal in Maulbronn
vormaliger Standort

Seite gerissen ist. Wäre sie mir nicht gewesen, was sie war, ich müßte als Mensch sie beweinen, trauern, daß dies Meisterstück der Geister nicht mehr ist, dieses seltne Weib von männlicher Seelengröße, von dem schärfsten Geist, mit der Weichheit des weiblichsten, zartesten, liebevollsten Herzens vereinigt. O etwas der Art kommt nie wieder!«[12]

Mehr denn je in dem Glauben an die Unsterblichkeit der Seele bestärkt und an die Erhebung der Toten »in eine höhere Welt«, wo sie ihren »Verklärungspunkt erreichen«, gab er mit der ›Clara‹ aus dem Trauergesang »über den Zusammenhang der Natur mit der Geisterwelt« seiner Caroline eine neue, unauflösliche Gestalt – »*wirklicher* als der Mensch in diesem Leben ist«.[13]

Für ihr Grab gab Schelling einen Obelisken in Auftrag; in drei der vier Seiten des Steins von rötlicher Farbe ließ er die Inschriften meißeln:

Hier ruht
CAROLINA
Dorothea
Albertina
SCHELLING
gebohrne
MICHAELIS
Das Grab
Der treuen Ewig
Geliebten
bezeichnet mit diesem
Stein
Ihr hinterbliebener Gatte
Fr. Wil. Joseph Schelling

Jedes fühlende Wesen
stehe mit Andacht hier
Wo die Hülle schlummert

die einst das
edelste Herz und
den schoensten Geist
umschloß.

Ruhe sanft du fromme
Seele bis zur ewigen
Wiedervereinigung
GOTT vor dem du bist
lohne in dir die Liebe und
Treue die staerker ist als der Tod

Sie starb
bei dem Besuch des aelterlichen Hauses zu
Maulbronn
am 7ten September
des 1809ten Jahrs
ergriffen von der
herrschenden Seuche
der Ruhr und des Nervenfiebers.

GOTT hat
Sie mir gegeben
der Tod kann
Sie mir nicht
rauben.

Erst im Oktober 1810 – mehr als ein Jahr war seit dem Tod der geliebten Frau vergangen – fand Schelling die Kraft, in München ohne sie zu existieren.

Nachlese

Um das Jahr 1850 erzwangen Friedhofsmodernisierer eine ›Verschönerung‹ der Grabanlagen des Maulbronner Klosterbezirks. Neben vielen anderen wurde Carolines letzte Ruhestätte dem Erdboden gleichgemacht und der formvollendete klassizistische Gedenkstein beiseitegerückt. 1922 musste er einem Kriegerdenkmal weichen. Ihren dritten Platz machte man der Stele in den frühen siebziger Jahren des 20. Jahrhunderts streitig. Seither ist sie an der Stützmauer einer Straßenböschung zu finden – umgeben von allerlei unattraktiven Dingen. Mehrfach wurden Stimmen laut, welche einem nochmaligen Standortwechsel das Wort redeten.[1] Mögen sie Gehör an zuständiger Stelle finden.

Im Jahre 1809 erregte Carolines plötzlicher Tod die Gemüter. Er sei ihr »doch ein Schrecken«, verkündete Dorothea Schlegel und ergänzte vermutlich ebenso heuchlerisch: »ich hoffe nun, sie wird Vergebung finden, wie ich ihr von ganzem Herzen vergeben habe«. Friedrich Schlegel wusste zunächst einmal nicht so recht, wie er auf die überraschende Nachricht vom Ableben der ehemaligen Schwägerin reagieren sollte: »Ich muss mich erst besinnen, was mir dies für einen Eindruck macht. Freilich mir war sie schon lange gestorben.«[2]

Hegel gehörte zu denjenigen, die sich einen Spaß aus der Vorstellung machten, kein anderer als der Teufel habe Madame Schelling alias Madame Lucifer in sein Reich geholt.[3]

Auch wenn ihr der Herzschmerz des verwaisten Ehepartners Schelling bekannt vorkam, gehörte Schillers hinterlassene Frau zum Kreise der Sorte Zeitgenossen, die offen begrüßten, dass der lästige Klotz an des Philosophen Bein endlich weg war; »für manche seiner Freunde ist es doch«, gab sie Cotta zu bedenken, »als wäre ein Gefesselter befreit«.[4]

Zwei Jahre und etliche Monate waren seit dem tragischen Septembertag in Maulbronn vergangen, als Therese Huber in der Gewissheit schnellstmöglicher Weiterverbreitung dem Klatsch-und-Tratsch-Spezialisten Karl August Böttiger die Fortsetzung einer »lustigen« Geschichte anvertraute: »Sie haben vielleicht gehört, daß Schelling nach [Carolines] Tod … ihr Zimmer unberührt ließ, bei Tisch für sie decken u. ihrem Nachtmantel gegenüber der über ihrem Stul hing, sein Rindfleisch aß?« Nun aber wolle der vermeintlich Untröstliche seine Köchin heiraten. Leute, die es genau wissen müssten, hätten es ihr geflüstert.[5]

Haushälterin Creszenz machte Schelling im Juni 1812 nicht zu seiner neuen Ehefrau, wohl aber Pauline Gotter. Persönlich lernte der jetzt Siebenunddreißigjährige die Mittzwanzigerin erst vierzehn Tage vor der Heirat kennen – das lange zurückliegende flüchtige Zusammentreffen mit der Kindheitsgespielin Auguste Böhmers nicht mitberechnet. Im Gegensatz zu ihren Schwestern, der umsichtigen Julie und der kapriziösen Cecilie (beide blieben ledig), hatte Pauline auf Caroline lange Zeit keinen besonderen Reiz ausgeübt. Erst seit Goethe der jungen Dame auf seine Art in Karlsbad die Cour gemacht hatte, war auch ihr Interesse an Luise Gotters Jüngster erwacht.

Pauline in puncto Streben nach der Gunst des Witwers Schelling Berechnung zu unterstellen, ist vielleicht ein wenig gewagt, wenngleich ihre dankbar aufgenommenen Briefe auf eine wohl durchdachte Doppelstrategie hindeuten. Ausgestattet mit einer gehörigen Portion jener Wesensart, die gemeinhin als weibliches Einfühlungsvermögen bezeichnet wird, gab sie zunächst die perfekte Trauerbegleiterin. In dieser Funktion bestärkte Pauline den Gramgebeugten in seinen ›Meine-unvergleichliche-Frau-und-ich-Reminiszenzen‹. Versah Schelling die

»edle Todte« mit einem Glorienschein, wurde dieser postwendend von der Trostspenderin – »im süßen Andenken unserer Verklärten« – noch ein bisschen aufpoliert.[6] Und damit sie aus seinen Gedankenreisen in die Gegenden der Anfänge seiner und Carolines Liebesgeschichte nicht ausgeschlossen blieb, nahm sie sogar – Teil zwei der denkbaren Taktik – die Mühen einer realen Inaugenscheinnahme *aller* Jenaer Gedenkstätten auf sich. Richtete der »edle Freund«[7] hernach seinen inneren Blick wieder einmal auf ein abgelegenes lauschiges Plätzchen »im reizenden Saalethal«, war auch Pauline im Bilde!

Sehnsucht nach Erlösung aus Einsamkeit macht süchtig nach Aufmerksamkeit und Anerkennung. Pauline hielt Mengen davon für Schelling bereit.

Im Dezember 1813 wurde ihnen ein Sohn geboren. Die erste Schwangerschaft der zweiten Frau Schelling war infolge einer Fehlgeburt jäh zu Ende gegangen. Um den passenden Termin für den Neustart nicht zu versäumen, überwachte der ungeduldige Vater in spe hernach mit pedantischer Genauigkeit Paulines Monatszyklus.

Obgleich Schelling seine Wiederverheiratung vom positiven Ergebnis einer gründlichen ärztlichen Untersuchung der Braut abhängig gemacht hatte, war Pauline nur begrenzt belastbar, sodass sich ihre Kraftvorräte in häuslichen Angelegenheiten nahezu erschöpften. Auf Sohn Paul folgte Fritz, dann die Töchter Caroline, Clara und Julie. Als letzter kam 1824 Hermann zur Welt. So freudig Schelling jeden seiner sechs Sprösslinge willkommen hieß, so hinderlich waren ihm die mit der wachsenden Kinderschar verbundenen Beeinträchtigungen. Durch Fluchten aufs Land gewann er Abstand von den familienbedingten Turbulenzen. Im Übrigen verfügte auch seine nunmehrige Münchner Wohnung über einen gewissen nostalgischen Wert; nur hatte Schelling nun im Haus *Nummer 9* rechts Vor dem Carlsthor Quartier bezogen.

In publizistischer Hinsicht kam er nicht besonders gut voran.

Verleger Cotta musste fortwährend vertröstet werden. Ein neues literarisches Projekt, ›Die Weltalter‹ überschrieben, wollte und wollte nicht über das Stadium eines Fragments hinauswachsen. Schellings Berufung als Hochschullehrer nach Jena wurde ausgerechnet von Goethe hintertrieben und: die Honorarprofessur in Erlangen auf eigenen Wunsch rasch wieder aufgegeben – gemeinsam mit der Stellung des Generalsekretärs der Bayerischen Akademie der Künste. Erst 1826 fühlte Schelling sich psychisch soweit wiederhergestellt, dass ihm die Übernahme einer ordentlichen Professur an der gerade gegründeten Münchner Universität zumutbar erschien. Zu Beginn der vierziger Jahre wechselte er in den preußischen Staatsdienst über. Während der Berliner Professorenzeit nahm seine rationale Philosophie Gestalt an.

Am 20. August 1854 starb er fast achtzigjährig, altersschwach und des Lebens müde, im schweizerischen Bad Ragaz – »schlummerte ohne alle Bewegung leise und unbemerkt in die Ewigkeit hinüber«.[8] Pauline folgte ihm im Dezember des gleichen Jahres nach.

Seit 1804 in Schloss Coppet am Genfer See daheim und schrecklich vernarrt in seine anspruchsvolle Chefin, musste August Wilhelm Schlegel als erstes von seinen Süchten Abschied nehmen: »Dem Opium habe ich ganz entsagt und denke mich auch der Liqueure zu entwöhnen.«[9] Anschließend brachte Anne Louise Germaine de Staël ihn zur Selbstaufgabe. Tapfer schluckte ihr Adlatus kleine und größere Kränkungen; besonders gern machte die Baronesse sich über seine Verschrobenheit lustig. Aber im Hinblick auf zwölftausend Franken Jahresgehalt und eine mehr als großzügige Pensionszusage lässt man sich eben einiges gefallen. Mitunter trug August Wilhelms Bereitschaft zur Unterwerfung masochistische Züge. »Hiermit erkläre ich«, schrieb er 1805 der »lieben anbetungswürdigen Freundin«, »daß Sie jedes Recht auf mich haben und ich keines auf Sie. Verfügen Sie über meine Person und mein Leben, befehlen und verbieten Sie – ich werde

Ihnen in allen Stücken gehorchen. Ich verzichte auf jedes weitere Glück als jenes, das Sie mir freiwillig schenken wollen … Ich bin gern bereit, an meinen eigenen Ruhm überhaupt nicht zu denken, ich will mich ausschließlich Ihnen widmen, mit allem, was ich an Kenntnissen und Talenten besitze. Ich bin stolz darauf, Ihnen zu eigen gehören zu dürfen.«[10] Wir wissen aber auch von Augenblicken des Bedauerns und des Heimwehs.

1818, im Vorjahr war die de Staël gestorben, schlug August Wilhelm Schlegel einen Ruf an die Universität zu Berlin zugunsten einer Professur in Bonn aus. Der Grund für die Ortswahl war eine beträchtliche Überraschung für fast alle, die ihn kannten. Der Einundfünfzigjährige hatte sich verlobt, und die Auserwählte fand Großstädte grässlich. Sophie Paulus, siebenundzwanzig und ein Mensch von schwierigem Charakter, war noch ein Kind gewesen, als ihre Eltern bei den Schlegels in Jena ihre Mittagessen eingenommen und bald darauf keine Gelegenheit ausgelassen hatten, der großzügigen Gastgeberin Caroline eins auszuwischen. Von der Erzfeindschaft ihres Vaters mit Schelling gar nicht erst zu reden. Nur eine Nacht hielt seine zweite Frau es nach der Hochzeit an August Wilhelms Seite aus. Sie verschwand auf Nimmerwiedersehen. Aus der Ferne warf sie ihm Impotenz vor. Selten hatte ein Skandal in Deutschland noch weitere Kreise gezogen.

Abgesondert, aber wohlhabend, ging der leidenschaftliche Geisteswissenschaftler forthin in seinen philologischen Studien sowie der Arbeit an der ›Indischen Bibliothek‹ zum Beispiel auf. Nur Reisen brachten ihn auf andere Gedanken.

Im Alter lebte er am Geist der Zeit vorbei. Intellektuelle Nachrücker nannten ihn abschätzig einen alten Gecken und seine rückwärts gewandten Monologe ekelhaftes Geschwätz. Heinrich Heine, Student, sah den unterdessen in den Adelsstand erhobenen August Wilhelm von Schlegel im Bonner Hörsaal: ganz nach der neuesten Pariser Mode gekleidet, parfümiert mit eau de mille fleurs. Auf dem Katheder stand ein Glas Zuckerwasser und neben dem Professor ein Bediensteter in freiherrlich Schlegelscher Hauslivree, der bei Bedarf die auf silbernen Armleuchtern brennenden Wachslichter putzte.

Mit fünfundsiebzig litt er unter Asthma. Weil seine Zähne nichts mehr taugten und sein Magen rebellierte, konnte August Wilhelm nur noch pürierte Speisen zu sich nehmen.

Mit siebenundsiebzig, der weiße Backenbart verbarg nur unzulänglich die hohlen Wangen, starb Schlegel nach längerem Siechtum am 12. Mai 1845 an Entkräftung. Wie im letzten Willen bestimmt, wurde sein nach allen Regeln der Kunst von Leichenfrauen präparierter Körper bis zur Beisetzung auf einem Paradebett ausgestellt.

Dorothea (auf dem Papier noch immer Brendel) Veit ließ sich am 6. April 1804 in Paris evangelisch taufen und verließ die Kirche als Dorothea Schlegel, da der Glaubenswechsel der Trauung unmittelbar vorausgegangen war. In der Annahme, dass der frischgebackene Gatte Friedrich in diese Heirat die Hoffnung gesetzt hatte, an Teile des klug vermehrten Vermögens der Mendelssohns heranzukommen, machten ihm seine jüdischen Schwäger schnellstens einen Strich durch die Rechnung. Hinsichtlich seiner Vision, Frankreichs bessere Gesellschaft habe nur auf ihn gewartet und nehme ihn sofort mit offenen Armen auf, war Friedrich ebenfalls einem Trugschluss erlegen. Einladungen zu Soireen erhielten die Schlegels in Paris so gut wie nie. Doch Dorothea besaß ja sowieso kein Abendkleid. Das machte aber nichts, solange ihr Mann nett zu ihr war. Und ein bisschen dankbarer als gewöhnlich, wenn sie ihm mit viel Fleiß zuarbeitete. Dafür kam die Fortsetzung ihres Romans ›Florentin‹ leider kaum von der Stelle. Möglicherweise wäre das Paar mangels Reisegeld in der französischen Hauptstadt hängen geblieben, hätten nicht zwei einflussreiche rheinische Geschäftsleute sie in ihre Heimat mitgenommen. Friedrichs Kölner Vorlesungen ausgenommen, brachte auch diese Stadt den Schlegels kein Glück. Obwohl seit jeher knapp bei Kasse und extrem hoch verschuldet, war die Armut noch nie so groß gewesen und: Friedrich war seine Frau – wie er es vorausgesehen hatte – zunehmend gleichgültiger geworden. Jeder ihrer Versuche, ihm in Köln eine feste Anstellung zu verschaffen, scheiterte an Schlegels Widerstand. Wann immer ihm danach war, packte er seine Siebensachen, um wochenlang von der Bildfläche zu verschwinden. Dorothea, mittellos zurückgelassen und krank vor Einsamkeit, hielt sich mit Arbeiten aller Art notdürftig über Wasser.

1808 wurden die Eheleute katholisch. Das komme vom romantisch überhöhten religiösen Mystizismus, lästerte Goethe: »zu viel Blut und Wunden«, nichts für aufgeklärte Freigeister wie ihn, dem das Heidentum fest in den Gliedern stecke.[11]

Den größeren Konvertiteneifer hatte bestimmt Dorothea entwickelt. Auf ihrer Abwanderung nach Österreich bestand hingegen Friedrich. Seiner Frau brachten allerdings die zwanzig Wiener Jahre ein erhebliches Plus an Wohlbefinden, weil sie ihr einen großen – rechtgläubigen – Freundeskreis bescherten. Die hochfliegenden beruflichen Pläne Schlegels erwiesen sich hier wie da als in die Luft gebaute Schlösser. Aus welchem Grund auch immer man ihn für einen famosen uniformierten Hofsekretär in der Armeehofkommission und einen fähigen Militärsprecher gehalten hatte: es handelte sich um einen Irrtum. Friedrich, notierte Dorothea ängstlich, sei fehl am Platz in Wien: ein Stein des Anstoßes, den man am liebsten entfernen, verleugnen, vergessen wolle. Zeitweilig stand er unter Polizeibeobachtung. Aber möglicherweise half ein Adelsprädikat weiter. Irgendwann beschlossen sie, sich nur noch Frau und Herr *von* Schlegel zu nennen. Seine Arbeit beim Wiener Kongress – im Auftrag des Staatskanzlers Fürst Metternich war Friedrich am Entwurf der künftigen deutschen Verfassung beteiligt – erledigte er tadellos. Das fand auch Papst Pius VII.; als Dank für die besondere Berücksichtigung der Interessen des Vatikans bekam Schlegel den Christusorden verliehen. Die kurze diplomatische Laufbahn des neu ernannten Legationsrats endete mit seiner Entsendung als Kulturattaché beim Frankfurter Bundestag. Hier wurde Friedrich seine Unfähigkeit, sich in Hierarchien einzupassen, ebenso zum Verhängnis wie seine Großmannssucht. Untauglich, lautete sinngemäß das Urteil des enttäuschten Gönners Metternich. Unabkömmlich, riefen unisono die Gläubiger. Die Wiener Wohnung war gekündigt. Derweil ihr Mann nach neuen, ahnungslosen Kreditgebern suchte, schlug Dorothea sich auf abenteuerlichen Wegen bis nach Rom durch, wo ihre mittlerweile erwachsenen Kinder lebten und sie selbst in den Märtyrer- und Muttergottesgemälden einer Nazarener genannten, mit ihrem Jüngsten, Philipp, verbundenen Künstlergruppe aufging. Allen, die an der süßlichen Malerei Kritik äußerten, rief sie böse Worte wie »Pöbel«, »Pack«, »Ungeziefer« oder »Mißgeburt« nach. In ihrem heiligen Zorn verlangte sie sogar, dass man ihnen eins »auf die Schnauze« gebe.[12] Friedrich warf seiner Frau von Frankfurt aus Pflichtvergessenheit vor, weil sie ihm die Nachreise willentlich erschwerte. 1819 kehrten beide nach Wien zurück.

In die letzten gemeinsamen Jahre des Paares fielen, um es kurz zu machen: die Annäherung an die Münchner romantische Schule um Schelling; der endgültige Bruch mit August Wilhelm; das Erscheinen der Vorlesungen Friedrichs über die ›Philosophie des Lebens‹ sowie der ›Philosophie der Geschichte‹; ein Wiedersehen mit Ludwig Tieck in Dresden. Dorthin war Friedrich allein gereist. Nach einem vergnügt verbrachten Tag, dem 11. Januar 1829, starb der Sechsundfünfzigjährige in der Nacht an einem Schlaganfall. Dorothea erfuhr vom Tod ihres Mannes erst drei Tage nach der Beerdigung. Da die Ehe kinderlos geblieben war und kein Testament existierte, fiel Friedrichs Nachlass zurück an seine zwei noch lebenden Brüder, die das Erbe – nichts als Schulden – eilends von sich wiesen. Von August Wilhelm kam zusätzlich die Anweisung, alle seine Briefe an Friedrich zu vernichten. Dessen späten Ruhm erlebte auch Dorothea nicht mehr.

Vor der Vierundsechzigjährigen lag noch ein verhältnismäßig sorgenfreies, aber weitgehend ereignisloses Jahrzehnt. Philipp, seit kurzem in Frankfurt ansässig, nahm die Mutter in seine Familie auf. Dort lehrte Dorothea ihre italienische Schwiegertochter das Fürchten, den einzigen Enkel Mannesstolz und die vier Enkelinnen handarbeiten.

Für Therese Huber hielt das Witwenleben noch eine veritable Frauenkarriere bereit, wenngleich es danach zunächst überhaupt nicht ausgesehen hatte. Aufgescheucht durch die Aussicht auf eine elendig niedrige Pension, zog sie 1805, in Begleitung von Luise und Viktor Aimé, den jüngsten der noch lebenden vier Kinder, zu ihrer Zweitgeborenen Claire und deren Ehemann, Forstinspektor zuerst in einem Weiler namens Stoffenried und danach in Günzburg. Da sehen wir sie hoch zu Ross mit dem Schwiegersohn bayerische beziehungsweise schwäbische Wälder durchstreifen oder, das Nähzeug weglegend, nach ihren Büchern greifen oder, der schulischen Vorbereitung des Sohnes auf den Übertritt in ein schweizerisches Erziehungsinstitut müde, ihrem Schreibtisch entgegenstreben.

Zwischen 1806 und 1810 stellte Therese ›L. F. Hubers' sämtliche Werke seit dem Jahr 1802, nebst seiner Biographie‹ zusammen. Eine Fortsetzung sollte folgen. Vom 1. Januar 1807 an, dem Erscheinungsdatum der ersten Nummer von Cottas ›Morgenblatt für gebildete Stände‹, arbeitete sie als dessen Beiträgerin. 1816 legte der Herausgeber des Journals die Gesamtverantwortung für die Kunst-Beilage in ihre Hände. Daraufhin verlegte Therese ihren Wohnsitz nach Stuttgart.[13] Im Folgejahr wurde sie, inzwischen dreiundfünfzig, gebeten, den ausscheidenden Chefredakteur des ›Morgenblatts‹ zu ersetzen. Zweifelsfrei machte *sie* in kürzester Zeit aus dem provinziellen Journal eines von nationaler Bedeutung. Wobei sie, wie es hieß, nicht gerade zimperlich vorging. Nebenbei fuhr die Schriftstellerin Therese Huber mit der Produktion gern und viel gelesener Romane fort.

Noch mehr als geschäftliche Misserfolge fürchtete Cotta Machtansprüche. Männliche, um ehrlich zu sein, nicht weniger als weibliche. Auch den letzten leitenden Mitarbeiter hatte er durch sein autoritäres Hineinreden respektive Hineinredigieren aus dem Verlagshaus getrieben. Ähnlich herrschsüchtig und unnachgiebig wie ihr Kontrahent (»Da schreibt er [Cotta] mir in einem billet«, so Therese 1821 an ihre Älteste, »warum befolgen Sie nicht meine Verordnung – das ist nun der erste Mensch auf Erden der mir eine Verordnung giebt. Ich habe kein Silbe geantwortet.«[14]) trat Madame Huber erst nach etlichen Jahren beständigen Kampfes den Rückzug an. Und starb bald darauf, 1829, nach kurzem Krankenlager. Ihr Todestag ist der 15. Juni.

Als Einzige von Carolines Geschwistern erreichte Luise Wiedemann ein hohes Alter. Philipp Michaelis wurde eine 1811 in Norddeutschland grassierende Ruhrepidemie zum Verhängnis. Die Ursache von Halbbruder Fritz' Tod im Jahre 1814 entzieht sich unserer Kenntnis. Bekannt ist hingegen, dass Schelling den »Verwandten« »Rechenschaft über den Nachlaß meiner sel. Frau Dorothe[a] Caroline Albertine« hatte ablegen müssen. An Sachwerten führte er auf: etwas Silberzeug, Hausrat und Kleidung. Sowohl Carolines als auch Augustes Porträt, bat er den jüngeren Schwager, möge man ihm lassen; »sie sind alles, was von den Beiden Lieben geblieben ist«. Aber auch Carolines »Tabouret [Sitzmöbel ohne Rückenlehne] mit Stickereiüberzug« wollte – und durfte – er für sich behalten. Was die finanzielle Hinterlassenschaft anbetraf, erhoben Philipp Michaelis und Luise Wiedemann berechtigterweise Anspruch auf den Restbestand aus mütterlichem Erbe; er belief sich auf eintausenddreihundert Taler. Schelling setzte Ratenzahlung durch, fünfundsechzig Taler per annum verteilt auf zwanzig Jahre.[15]

Dank

Keine Biografie Caroline Schlegel-Schellings kommt ohne ihre im Jahre 1913 von Erich Schmidt (nach Georg Waitz) in Auswahl herausgegebenen Briefe aus. Die Gesamtheit der Originale, ursprünglich im Besitz der Schelling-Erben, gilt als verschollen.

Bei meiner Recherche wurde ich auf vielfältige Weise unterstützt. Deshalb muss an die Stelle einer namentlichen Erwähnung aller hilfreichen Menschen eine exemplarische Auswahl treten.

Niemand hätte mir das historische Clausthal und die Lebensbedingungen im Oberharz im ausgehenden 18. Jahrhundert anschaulicher vor Augen führen können als der kenntnisreiche Chronist Helmut Radday. Durch seine Hinweise und die Rundgänge unter seiner Führung fand ich meine Zweifel am tradierten Negativbild bestätigt. Wie hätte ich dem in der Literatur allenfalls als ein Schemen durch Carolines erste Ehezeit geisternden Bergarzt Johann Friedrich Wilhelm Böhmer endlich Gerechtigkeit widerfahren lassen können, wenn nicht Axel Wellner seine mühevoll zusammengetragenen medizingeschichtlichen Forschungsergebnisse, eine selten großzügige Geste, buchstäblich vor mir ausgebreitet hätte.

Nur durch die freundliche Betreuung durch Grit Baum und die akribische Hinweissuche von Karin Lorenz, beide Thüringisches Staatsarchiv Altenburg, ist es mir gelungen, auf die Spur von Carolines Unterschlupf in Lucka zu kommen. Bei der Identifizierung des fraglichen Hauses war mir der Heimatkundler Eberhard Kläring eine große Hilfe.

In der Forschungsbibliothek Gotha legten Anette Gerlach

und Cornelia Hopf mir auf die Frage nach möglicherweise Caroline tangierenden Dokumenten mit einem Brief-Konvolut aus der Gotterfamilie handschriftliche Neuentdeckungen von unschätzbarem Wert vor.

Im Archiv der Berlin-Brandenburgischen Akademie der Wissenschaften erleichterten mir Heike-Fanny Braun und Wibke Witzel den Zugang zu biografischen Novitäten aus dem umfangreichen Schelling-Nachlass; und in der Handschriftensammlung der Sächsischen Landes- und Universitätsbibliothek Dresden suchte mir Undine Kirsten die Schlegelschen Shakespeare-Übersetzungen heraus.

In Bezug auf die letzte Münchner Wohnadresse des Ehepaares Schelling setzte Stadtgeograf Thomas Horst mich auf die richtige Fährte.

Prof. Dr. Walter E. Ehrhardt machte mich auf beachtenswerte Papiere im Bundesarchiv Berlin aufmerksam.

Helga Weinrich stellte mir ihr profundes Wissen über die Vorgänge und Nachwirkungen in Bocklet uneigennützig zur Verfügung und versorgte mich zusätzlich mit Bildmaterial. Darüber hinaus unternahm sie mit Sachkenntnis und größter Sorgfalt die Fehlersuche im Manuskript des Endstadiums.

In der Zeit seines Werdens und Wachsens und Wandelns war mir Dr. Michaela Röll eine zuverlässige Gesprächspartnerin und Ratgeberin. Auch die anregenden Zurufe und konstruktiv-kritischen Anmerkungen von Anne Friedmann, Jutta Groß, Marianne Jacobs, Heydrun Müller und Gerlinde Off trugen maßgeblich zum Gelingen des Werkes bei. Letztere nahm außerdem die Mühen der Übersetzung französischsprachigen Schrifttums ins Deutsche auf sich.

Mit Dr. Heike Specht hat mir Thomas Rathnow vom Siedler Verlag eine Lektorin an die Seite gestellt, deren literarische Partnerschaft in einer heutzutage nur mehr selten anzutreffenden Mischung aus kluger Sensibilität und unerlässlicher Präzision Ausdruck findet.

Mein innigster Dank aber gehört Bernd Roßbeck. Ohne seine ständige Ermutigung und liebevolle Toleranz wären meine biografischen Arbeiten nicht denkbar. Ihm ist dieses Buch gewidmet.

ANHANG

Anmerkungen

VORWORT

1 Ricarda Huch, Blütezeit der Romantik, 9.

KAPITEL I

1 C I, 12.
2 Der Name des Begleiters wird mit Frankenberg angegeben, Vorname unbekannt. Er war Hausgast bei Professor Michaelis.
3 Therese Heyne an Jugendfreundin Luise Mejer (später Boie), 1. u. 2. März 1783; Therese Heyne, Briefe I, 83.
Das Zitat geht folgendermaßen weiter: »Den Tag darauf sagt Poel [Piter Poel, 23, auch er Student in Göttingen] zu Frankenberg im Kolegium, ob er das Lied kenne es wär hüpsch und reicht ihm auf einen Zettel die Worte ›Es saßen drei Gänße im Haberstroh, die waren so lustig und waren so froh, da kamen drei Männer gegangen, und trugen so große Stangen ...« (Deutscher Gesellschaftskanon von 1669; korrekt: »da kam der Fuchs gegangen, mit einer langen Stangen«. Im Volksbrauch gelten Gänse als aphrodisische Vögel und verkörpern erotische Verlockungen, leichter erkennbar ist die zusätzliche Anspielung auf den männlichen Penis.)
Erschwerend kam hinzu, dass es im Normalfall Studenten strikt verboten war, mit Bürgerstöchtern engere Beziehungen einzugehen.
Seit dem beschriebenen Vorfall waren Studenten für Caroline generell unten durch: Sie »sind ein elend Packwesen zusammengenommen; ... sie schwazen und lästern ärger wie Gevatterinnen und Basen.« C I, 112.
4 Brief Ende Oktober 1781, C I, 55.
5 Vgl. Jürgen Behrens u.a. (Hrsg.): Clemens Brentano. Sämtliche Werke und Briefe, Bd. 31, 535.

6 Der kurhannoversche Landesherr Georg III. war auch König von Großbritannien, weil sein Urgroßvater Georg I., entsprechend dem Act of Settlement, der letzten Stuartkönigin Anna auf den Thron gefolgt war.

7 Der fünfzehn Monate nach Caroline geborene Bruder Julius Wilhelm Ernst wurde fast sieben Jahre alt.

8 Luise Wiedemann, Erinnerungen, 20 u. 85f.

9 C I, 15.

10 C I, 29. Brief August 1780 an Julie von Studnitz (im Original französisch).
Caroline und ihre Geschwister reisten gemeinsam mit einem Freund der Eltern nach Pyrmont. Ihre Mutter, ursprünglich mit von der Partie, hatte die Reise unterwegs entnervt – vielleicht aus Angst vor unliebsamen Beobachtungen in dem Badeort – abgebrochen.

11 C I, 27.

12 An Luise Stieler, Oktober 1778. C I, 7.

13 An Julie von Studnitz. C I, 12 (im Original französisch).

14 Am längsten hatte der Vater sich in den Niederlanden und in England aufgehalten. Zu Carolines Lebzeiten ging Johann David Michaelis' geografischer Aktionsradius über Pyrmont und Gotha nicht mehr hinaus.

15 So genannt nach dem damaligen Landesherrn, Georg II. August, König von Großbritannien und Kurfürst von Hannover. Offiziell wurde die Georgia Augusta 1737 eingeweiht. Sie sollte den Zielen der Aufklärung dienen. Ihre vorrangige Aufgabe: Heranbildung und Förderung einer leistungsbereiten, pflichtbewussten, herrschaftstreuen, qualifizierten und disziplinierten Beamtenschaft.

16 Dichtung und Wahrheit, II. Teil, 6. Buch.

17 Sequenz: Rudolf Smend, Johann David Michaelis, 10f.

18 C I, 15.

19 Rudolf Smend, Johann David Michaelis, 10f.

20 Albert Leitzmann (Hrsg.), Jugendbriefe Alexander von Humboldts an W. G. Wegener, 64f.

21 C I, 56.

22 Friederike Brun-Münter, Caroline lernte sie während ihrer Pensionszeit in Gotha kennen.

23 C I, 70. Brief vom 6. Februar 1783 an Luise Gotter.

24 De la Port nachweisbar 1751 – 1798, de la Pont 1765. Stadtarchiv Göttingen.

25 Anfang der siebziger Jahre veranlasste Johann David Michaelis seinen

Sohn Fritz, Robert Woods Essay über Homers Originalgenie ins Deutsche zu übersetzen. Der »Versuch« des Neunzehnjährigen erschien anonym.

26 Brief an Julie von Studnitz, Juni 1783. C I, 74 (im Original französisch).

27 Konrad F. Uden, Über die Erziehung der Töchter des Mittelstandes, 94f.

28 Der Name geht auf ein sehr angesehenes Gasthaus in Hannover zurück.

29 Heute: Prinzenstraße 21.

30 »Der Hausherr vermietete die Stuben nicht einzeln, sondern je eine Etage an einen Mieter, der dann seinerseits die Stuben an einzelne Kommilitonen untervermietete, die mit der Familie Michaelis nur ausnahmsweise in Berührung kamen.« Besondere Aufwärter übernahmen die persönliche Versorgung der Studenten. So war es möglich, dass sich im Jahre 1765 im Michaelisschen Hause der verbotene Studentenorden L'Innocence einnistete. In diesen Zusammenhang gehört das erwähnte Duell. Ida Hakemeyer, Kleines Universitätsmosaik, 24.
Einen Teil des Kellers seines Hauses verpachtete Michaelis an den Göttinger Kronenwirt.

31 Dorothea Schlözers Mathematiklehrer Kästner war, ein Beispiel, ihres Vaters Intimfeind.

32 Das harte Urteil stammte von H.A.O. Reichard.
M. Berbig, Caroline von Schelling und Therese Huber in ihren Beziehungen zu Gotha, 12.

33 C I, 7.

34 In Carolines Gothaer Bekanntenkreis nahm noch Wilhelmine Bertuch eine Sonderstellung ein.

35 Heute: Siebleberstraße. Der genaue Standort des Schlägerschen Hauses ist nicht bekannt. Wir vermuten es in der Nähe des – erhaltenen – Wohnsitzes des Gothaer Staatsministers Sylvius von Frankenstein, mit dessen Tochter Caroline bekannt war.

36 A. Klose: Gotha und die umliegende Gegend, S. 107.

37 A. Klose, Gotha und die umliegende Gegend, S. 107.

38 C I, 7.

39 C I, 16.

40 Zur Wahlmutter der Sechzehnjährigen wurde die Göttingerin Wilhelmine Leß, kinderlose Frau eines brustkranken Predigers.

41 Ilse Schreiber, Ich war wohl klug, daß ich dich fand, 38.

42 C I, 16.

43 C I, 15 f.

44 Caroline an Luise Gotter, C I, 27.

45 Sequenz: Luise Wiedemann, Erinnerungen, 86; C I,7, 20f., 58.

46 Zuvor war es Pedro Hokel (auch Hockel oder Hoquel) aber noch gelungen, die Geliebte in Gotha zu treffen, und Lotte hatte es geschafft, Madame Schläger auszutricksen. Aber da war Hokel eigentlich schon abgemeldet, denn kaum in der Verbannung angekommen, hatte Lotte sich dem literarisch noch unauffälligen August (von) Kotzebue zugewandt. Um 1790, im Alter von zirka dreißig Jahren, soll Hokel in einer Quarantäneanstalt in Marseille an einer pestartigen, vermutlich venerischen Krankheit gestorben sein.

47 C I, 58 u. 109.

48 Das Original gilt als verschollen.

49 Diese Beschreibung Carolines stammt von dem Maler Friedrich August Tischbein. C I, 741.

50 Therese Heyne geborene Weiß.

51 C I, 80.

52 Albert Leitzmann (Hrsg.), Jugendbriefe Alexander von Humboldts an W. G. Wegener, S. 64f.

53 C I, 4.

54 Therese Huber, Briefe I, 419f. (im Original französisch).

55 C I, 36 u. 132.

56 Sequenz: Rudolf Smend, Johann David Michaelis, 20f., und Karl Arndt u.a., Göttinger Gelehrte, Bd. 1, 16.

57 Es handelt sich um die Forster-Werke ›Fahrt nach den Südländern‹ und ›Reisenachrichten‹.

58 Georg Forsters Werke, Bd. 13, 334 und Bd. 14, 101.

59 Georg Forsters Werke, Bd. 13, 168.

60 Georg Forsters Werke, Bd. 14, 101.
Insgeheim blieb Forster noch eine Weile schwankend. Im Dezember 1781 schrieb er vertraulich an Friedrich Heinrich Jacobi: »Meine Heyrath [mit Therese Heyne] ist ein blosses Gerücht … Wer in Göttingen ein[en] Professor besucht, der eine mannbare Tochter hat, der muß gleich ein Auge auf die Tochter haben wollen, und die alten Weiber beiderley Geschlechts verkuppeln sie. Ich habe noch nicht das Weib gesehen, das ich heyrathen möchte.« Georg Forsters Werke, Bd. 13, 359.

61 C I, 9.

62 Details über die Person Wilhelm Linck waren nicht in Erfahrung zu bringen.

63 C I, 27 u. 34.

64 C I, 25 und F. Frensdorff, Die englischen Prinzen, S. 446.

65 C I, 25 und F. Frensdorff, Die englischen Prinzen, S. 446.

66 C II, 415.

67 Curt Zimmermann, F.L.W. Meyer, 13.
Schon als Jugendlicher hatte Meyer für Schröder, der damals noch mit der Ackermannschen Theaterkompanie in Norddeutschland auftrat, sehr geschwärmt.

68 »Er ist sehr introducible [i. S. v. vorzeigbar], weil er ein wahrer Weltmann ist, nur bei sehr viel mehr Kentnissen, als Weltmänner gemeiniglich besitzen«, schrieb Georg Christoph Lichtenberg im Mai 1786 einem Verwandten, der Meyer anderweitig empfehlen sollte. Wolfgang Promies, Georg Christoph Lichtenberg – Schriften und Briefe, Band 4, 673.

69 Georg Forsters Werke, Band 17, 140.

70 Curt Zimmermann: F.L.W. Meyer, 11f.

71 Gotter war in Jugendzeiten mit Goethe befreundet gewesen.

72 Sequenz: C I, 21, 26, 57, 674.

73 C I, 66.

74 Theodor Heuss, August Ludwig von Schlözer und seine Tochter, in: Schattenbeschwörungen, 64.

75 Luise Wiedemann, Erinnerungen, 78.

76 C I, 62.

77 Otto Mejer, Kulturgeschichtliche Bilder von Göttingen, 61.
Konzertabonnenten waren Herren, die pro Aufführung eine weibliche Begleitperson kostenlos mitbringen durften.

78 C I, 86f.

79 C I, 12f.

80 M. Eckardt, Briefe aus alter Zeit, 22.

81 Rose Unterberg, Die Goethe-Chronik, 96.

82 C I, 85.

KAPITEL 2

1 C I, 152.

2 Caroline an Julie von Studnitz (im Original französisch), C I, 77.

3 C I, 65.

4 Sophie von La Roche (Hrsg.), Lebensbeschreibung von Friederike Baldinger von ihr selbst verfaßt, 32.

5 Brief Georg Christoph Lichtenbergs an Johann Andreas Schernhagen,

3. März 1783. Wolfgang Promies, Georg Christoph Lichtenberg – Schriften und Briefe, 4. Band, 499.

6 Böhmers Curriculum vitae, im Original in elegantem Latein verfasst (und von Herrn OstR Bodo Sternberg, Clausthal-Zellerfeld, übersetzt), war Bestandteil seiner Promotionsunterlagen.

Vgl. Disputationes Solemnes Quatuor Dignissimorum Medicinae Candidatorum Summis In Medicina Honoribus …, Göttingen 1778.

7 Publiziert wurden unter Böhmers Namen die medizinischen Abhandlungen *De Nono Parte Nervorum Cerebri*, Göttingen, Dieterich 1777 (seine Doktorarbeit) und *Securam Hydropem Curandi Rationem Exponit Et Simul Praelectiones Suas*, Göttingen, Rosenbusch 1779. In seinem Nachlass befand sich ein weiteres Manuskript als Ergebnis seiner Forschungen zur Bleivergiftung, einer unter den Arbeitern in den Clausthaler Bergwerken weit verbreiteten Krankheit, da das Mineral Bleiglanz (PbS) ein wichtiger Silberträger war.

8 C I, 77.

Böhmers Berufung durch den Landesherrn nach Clausthal war am 7. Februar 1784 erfolgt und seine Vereidigung laut Bergamtsprotokoll am 21. des Monats. Archiv Oberbergamt Clausthal, Fach 583/6, Eid des Berg Medici.

Das Jahresgehalt des »Stadtphysikus« betrug 100 Taler jährlich zuzüglich 30 Talern als finanziellem Ausgleich für die ihm zustehende »Märzenbierzeit«. Wie viel ihm für seine Tätigkeit als »Bergphysikus« gezahlt wurde, entzieht sich unserer Kenntnis.

Johann Stephan Pütter, *Versuch einer academischen Gelehrten-Geschichte von der Georg-Augustus-Universität zu Göttingen,* Band 2, 106.

9 C I, 92f.

10 C I, 89. Der Brief wurde am 28. Mai 1784 geschrieben.

11 Luise Wiedemann, Erinnerungen, 76; C I, 88, 90 u. 681.

12 C I, 78.

13 Tagebucheintragungen Forsters vom 25. und 26. April – ›Reise von Cassel nach Wilna 1784‹ über seinen Aufenthalt in Zellerfeld und Clausthal: »Hier stieg ich im Hause des vortreflichen Viceberghauptmann von Trebra ab, und bald nachher kam er mit seiner liebenswürdigen Frau nach Hause, empfiengen mich aufs freundschaftlichste und liebreichste, nahmen mich hinauf, unterhielten mich sehr angenehm, lehrreich und setzten mich gleich vom ersten Augenblick an, durch ihre Leutseligkeit und Höflichkeit à mon aise; eine Kunst die so wenig Menschen verstehen! … hernach kam Dr. Böhmer und wir setzten uns an Tisch, und sprachen freundschaftlich, ungezwungen und

munter … und späterhin fuhr ich visite bey Fr. Berghauptmann von Reden, Hr. Berg Secretär von Falckenberg, Hr. Apotheker Ilsemann, Hr. Zehntner Heinemann, Hr. von Bülow, Hr. Münzdirektor Schlemm, Hr. Generalsuperintendent Dahm[e], Hr. Oberbergmeister Stelzner …«

Georg Forsters Werke, Zwölfter Band, Tagebücher, 23f.

14 C I, 90f.

15 Sie dienten als Reservoire für mit Wasserkraft betriebene, an hoch komplizierte Leitungssysteme angeschlossene technische Bergwerkseinrichtungen.

16 Georg Forster in seinem Tagebucheintrag vom 24. April 1784. Georg Forsters Werke, Zwölfter Band, Tagebücher, 23.

17 Zellerfeld gehörte noch bis zum Jahre 1788 zum Herzogtum Braunschweig, während Clausthal kurfürstlich hannoversches Besitztum war.

18 Der Grundstein für die Kirche wurde 1673 gelegt; das Gotteshaus der Bergleute ist das größte aus Holz erbaute Deutschlands und drittgrößte Europas.

19 Axel Wellner, Die Harzreise des Schriftstellers Carl Julius Weber im Jahre 1790, Teil 1, 184.

20 Heute: An der Marktkirche (zuvor Hindenburgplatz) 5.

Das Haus, in dem die Böhmers von 1784 bis 1788 eine Dienstwohnung hatten (zunächst im Parterre und später im ersten Stockwerk – »weit hübscher« »wie unten«, C I, 156), brannte 1844 ab. Seine ursprüngliche Größe stimmte wohl weitgehend mit der des Neubaues überein, da dieser auf den alten Fundamenten errichtet wurde.

21 In ihrer Mehrheit »genügsam und stets heiter«. Axel Wellner, Die Harzreise des Schriftstellers Carl Julius Weber im Jahre 1790, Teil 1, 184.

22 Das Selbstbewusstsein der Clausthaler Arbeiter- und Handwerkerfrauen fand Ausdruck auch in »Weiber-Titularien« wie »Frau Eisenhütten-Reiterin, Frau Vicehüttenreiterin, Frau Berg-Gegenprobirerin, Frau Obersteigerin, Frau Einfahrerin«. A.a.O.

23 Archiv Oberbergamt Clausthal, Fach 583/6, Eyd des Berg Medici.

24 Allgemeine Literatur Zeitung Nr. 53, 1788, Sp. 584.

25 C I, 131.

26 Dabei half ihr sowohl Böhmer, der sie schon in Göttingen in dieser Sprache vorangebracht hatte, als auch dessen in England geborene Cousine. Carolines Schwiegermutter Henriette Elisabeth Philippine Böhmer, geborene Mejer, war ebenfalls in London zur Welt gekom-

men. Eine ihrer Schwestern hatte dort den Hofrat Wilhelm Best geheiratet und deren Tochter wiederum Carolines Clausthaler Nachbarn, den Superintendenten Georg Christian Dahme.

27 Einem Clausthaler Stadt- und Bergphysikus waren nur kurze Absenzen gestattet.

28 Sequenz: C I, 98ff.

29 C I, 108.

30 C I, 100.

31 C I, 110.

32 Walter E. Ehrhardt, Goethe und Auguste Böhmer. War sie vielleicht Goethes natürliche Tochter?, 278.
Die Nachforschungen des Emeritus Walter E. Ehrhardt zu Goethes möglicher Vaterschaft stehen in Zusammenhang mit seiner Suche nach Nachweisen für eine eventuelle Umdatierung der Entstehungszeit von Schellings hinterlassenem Gespräch ›Clara oder über den Zusammenhang der Natur mit der Geisterwelt‹.

33 Blumenbach, Heyne, Lichtenberg …

34 C I, 145.

35 C I, 136f. u. 152.

36 Therese Huber, Briefe I, 218.
Professor Heyne hielt seiner Tochter einmal, sehr verärgert, notorisches Unruhe-Stiften vor, bezog sich dieses allerdings auf Caroline, hatte er im Allgemeinen nichts dagegen einzuwenden. Und ein Freund von ihr, der Schweizer Paul Usteri, attestierte Therese ein freches Mundwerk. Therese Huber, Briefe II, 52.

37 C I, 114. Caroline Böhmer war eine der Paten von Gustav Gotter.

38 Die Taufe fand am 13. Mai des Jahres statt. Beide Großmütter sind als Paten eingetragen. Bundesarchiv Berlin, N 2321.

39 C I, 116f.

40 C I, 120.

41 C I, 120f.

42 C I, 130. Carolines Brief an Luise Gotter vom 14. November 1785 enthält auch die folgende, nicht minder fragwürdige ›Spruchweisheit‹: »Die Zeit streut weiße Lilien ins schwarze Grab, sie haucht ans Aug und trocknet es geschwind, Verweht die Thränen in den weiten Wind!«

43 Eine Böhmer-Verwandte in Halle und Sarah Schläger aus Gotha sowie beide Großväter übernahmen für Therese die Patenschaft; die Taufe der zweiten Tochter fand, wie die von Auguste, an einem 13. Mai statt.

44 C I, 158.

45 C I, 55. An Verwertung ihrer reichen Kenntnisse, auf welche Art auch immer (nun ja, einige wenige Inkognito-Übersetzungen für den Vater

wurden ihr zugestanden), durfte Demoiselle Schlözer nicht denken. Die Eltern arrangierten stattdessen eine vermeintlich vorteilhafte Heirat mit einem weitaus älteren, reichen Lübecker Kaufmann ohne Interessen über Geschäft und Politik hinaus. Nicht erst nachdem Matthäus Rodde mit seinem Handelshaus in Konkurs gegangen war und damit seinen einzigen Reiz verloren hatte, nahm seine Frau sich einen jungen Intellektuellen ins Haus. Lobend wurde an Madame Rodde bald nur noch ihre Diskretion in Sachen Gelehrsamkeit hervorgehoben. So gut wie nie, hieß es, habe sie sich erlaubt, von ihr in der Öffentlichkeit Gebrauch zu machen. Bärbel Kern und Horst Kern, Madame Doctorin Schlözer, 164.

46 C I, 172f.

47 Allgemeine Literatur Zeitung Nr. 53, 1788, Sp. 584.
In den Annalen der Braunschweigisch-Lüneburgischen Churlande, 2. Jg. (1787), 2. Stück, 97, ist unter dem Datum 6. März 1788 zur Ursache von Böhmers Tod vermerkt: »Ein gallichtes Nervenfieber, das wahrscheinlich sein Beruf ihm zugezogen hatte, rieb ihn in wenigen Tagen auf.«

48 Der Friedhof ist heute aufgelassen; nur noch wenige Grabmäler sind erhalten. Niemand kennt mehr die Stelle, an der Johann Franz Wilhelm Böhmer beerdigt wurde.

49 Annalen der Braunschweigisch-Lüneburgischen Churlande, 2. Jahrgang, 1788, 2. St., 94ff.
Und so lautet der vom Clausthaler Generalsuperintendenten Dahme verfasste und vor allem im Hinblick auf Böhmers Persönlichkeit und auf sein Wirken sehr aufschlussreiche Nachruf in seinen weiteren wichtigen Passagen: »Nie kann auch ein Arzt sich seinen Kranken völliger widmen, aufopfern, als Er es that, und mit der allerherzlichsten Theilnehmung that, die indeß nie lästig oder niederschlagend wurde, sondern immer tröstend und ermunternd blieb; der Kranke freuete sich seines Anblicks, sein Anblick war dem Kranken oft schon Arzeney. Und er machte keinen Unterschied; der Niedrigere und Arme wurde von ihm eben so unabläßig besucht, eben so treu besorgt, als der Höhere und Wohlhabende: denn er war auch ganz entfernt von aller Eigennützigkeit; statt zu nehmen gab er sehr, sehr oft ungebeten, zuvorkommend mit innigstem Vergnügen, wie nun von so vielen gerühmt wird. Ueberhaupt hatte er einen sehr edlen, menschfreundlichen, angenehmen, gefälligen, ächttreuen Charakter: auch war er fast allezeit heiter und freudig, selbst dann noch, wenn sein immer saures Amt, einmal vorzüglich sauer wurde … Seine ächte Religiosität, sage

ich, machte ihn auch wissen, bei allem Gefühl der Größe seines irdischen Glücks und der Trauer, worin sein Tod seine zärtlichstgeliebte Gattin versetzen würde. Doch als er, unter christlicher Vorbereitung seine Gefahr erkannt, konnte man ihn mit dieser, – ja, selbst mit *dieser!* – von der Nähe seines Abschiedes, von der Schwangerschaft, von allem, was ihm zu sagen nötig schien, umständlich und mit einer Ruhe sprechen hören, die jeden der davon hörete, verwundern mußte, und die man beynahe für die Wirkung eines ausserordentlichen Beystandes Gottes halten sollte …«

50 C I, 170.

51 Luise Wiedemann, Erinnerungen, 20.

52 C I, 152 u. 160.

KAPITEL 3

1 C I, 231.

2 Georg Forsters Werke, Band 18, 248. Der Forster-Freund Samuel Thomas Sömmering ging bei der Versteigerung von Böhmers Büchern leer aus, was ihn sehr erstaunte. Er hatte das Limit auf zwei Drittel des Ladenpreises festgesetzt; die Gebote, besonders für die englischen Publikationen, gingen teils weit darüber hinaus. »Ist mir lieb für die Wittwe, und ich habe daher auch mancher gerathen, ihre Bücher dort [in Göttingen] versteigern zu lassen.« A.a.O., 258.

3 Caroline bezog nach dem Tod ihres Mannes das obligatorische, so genannte Gnadenquartal – ein Viertel des bisherigen Jahreseinkommens; und durch besondere Verfügung des Berghauptmanns von Reden wurde ihr eine zusätzliche Zahlung von 25 Talern aus der Stadtkasse sowie eine Beihilfe von 10 Talern zugestanden. Über die Höhe ihrer fortlaufenden Witwenpension ist nichts bekannt; nur, dass Caroline zukünftig über ein zwar geringes, aber sicheres Einkommen verfügte, verlautete aus ihrem Freundeskreis.

4 F. Frensdorff, Die Heimat Carolinens, 30f.

5 Luise Wiedemann, Erinnerungen, 66.

6 Caroline – sie ging frühestens im Herbst 1788 endgültig aus Clausthal weg – hatte sich also für eine Entbindung in Göttingen entschieden. Der Clausthaler Vizeberghauptmann von Trebra und Fritz Michaelis waren zwei von den vier Paten des Knaben.

7 C I, 175 u. Waldemar von Olshausen, Neues aus dem Schlegel-Kreis, 361.

8 Carolines Briefe an Tatter dürften Teil jener privaten Korrespondenz gewesen sein, die nach dessen Tod im Jahre 1805 in St. Petersburg den Flammen übergeben wurde. Carl Haase: Caroline Michaelis und Georg Ernst Tatter, 220.

9 C I, 177.

10 Therese Huber, Briefe I, 286.

11 Elise Campe: Zur Erinnerung an Friedrich Ludwig Wilhelm Meyer, 312 u. 318.

12 Hauptstaatsarchiv Hannover, Dep. 110 A, Nr. 403, 22f.

13 Ludwig von Wallmoden-Gimborn.

14 Adolphus Frederick (Adolph), später Duke of Cambridge; Augustus Frederick (August), später Duke of Sussex; Ernest Augustus (Ernst), später Duke of Cumberland.

15 Ursprünglich war das gesamte Wohnhaus von Carolines Eltern als Göttinger Aufenthaltsort der Prinzen im Gespräch. Es wurde sogar erwogen, es zu kaufen, hätte man sich mit Professor Michaelis über den Preis einigen können. Da dieser die Idee, sein geliebtes Domizil zum Wohl der nur auf Zeit in Göttingen weilenden jungen Herren und ihres Gefolges räumen zu sollen, absurd fand, hatte er dem Verlangen mit einer völlig überzogenen Forderung den Riegel vorgeschoben.

16 Luise Wiedemann, Erinnerungen, 66.
Luise Michaelis-Wiedemann hielt den Schriftwechsel mit Georg Ernst Tatter zeit seines Lebens aufrecht.

17 C I, 191.

18 Das schrieb Therese im Jahre 1803, im Original französisch, ihrer ältesten Tochter. Therese Huber, Briefe I, 419 f.

19 Im Januar 1792 schrieb Friedrich Schlegel seinem älteren Bruder August Wilhelm Schlegel: »Euer Bund ist ganz zu Ende, denn Deine Liebe zu ihr [Caroline] war nur Mittel zu einem hohen Zweck … Oder weißt Du etwa nicht daß Du in ihr Dein eignes Ideal der Größe liebtest?« KFSA 23, 38.

20 August Wilhelm Schlegels Zurückweisung im Hinblick auf eine Liebesbeziehung schloss jedoch nicht aus, dass er durch Caroline weiterhin in deren Elternhaus ein und aus ging. Aus seiner Feder stammt jenes ›Gebet an den Gott der Heilkunde von Augusta und Therese Böhmern‹, das die beiden kleinen Mädchen ihrem Großvater zu dessen Geburtstag am 27. Februar 1789 als Geschenk überreichten. C I, 182 u. 688.

21 C I, 179.

22 Tatter an Meyer im Dezember 1790. Elise Campe: Zur Erinnerung an Friedrich Ludwig Wilhelm Meyer, 315.
23 An Luise Gotter. C I, 179.
24 Im März 1789 an Meyer. C I, 176f.
25 C I, 83f.
26 Wolfgang Promies, Georg Christoph Lichtenberg – Schriften und Briefe, Band 4, 565.
27 Georg Forsters Werke, Band 14, 101.
Schon 1782 hatte Lichtenberg in Briefen an Johann Andreas Schernhagen sowie Samuel Thomas Sömmering mit der ihm eigenen Ironie zum Ausdruck gebracht, wie wenig er von Carolines Bruder hielt: »Daß der junge Michaelis Professor geworden ist, ist wohl nicht an dem, weil an *dem* nichts ist.« Wolfgang Promies, Georg Christoph Lichtenberg – Schriften und Briefe, Band 4, 483.
28 Erst 1794, nach Carolines Weggang, hielt Fritz Michaelis eine Heirat für unumgänglich. Die Ehe mit Friederike Sophie Charlotte von Breidenbach genannt Breidenstein (und nicht mit einer Frau von Malsburg, die von Caroline irrtümlich in einem Brief als Heiratskandidatin genannte wurde) blieb kinderlos.
29 Der Marburger Professor Johann-Heinrich Jung-Stilling.
30 C I, 183 u. 185.
Auch wenn Göttingen offiziell keine Freie Reichsstadt war, so konnte die Stadt sich dennoch eine bedeutende Selbständigkeit erkämpfen und wurde teilweise in Urkunden unter den Reichsstädten geführt und zu besonders wichtigen Reichstagen geladen.
31 C I, 208.
32 C I, 185 u. 195.
33 Caroline dazu in einem Brief aus späteren Jahren: »wie meine Therese in Marburg starb, klagte die Stadt meinen Bruder an, … schuldlos, und es brachte ihn … in Verzweiflung, daß ich genug zu thun hatte ihn zu trösten.« C II, 347.
34 Briefe Carolines an Philipp Michaelis, C I, 195–199 u. Brief an Friedrich Ludwig Wilhelm Meyer, C I, 209.
35 C I, 185.
36 Unter anderem bestickten sie Hüte. Caroline: »ich habe einen halb fertig, Weinlaub und Trauben …« C I, 193.
37 C I, 204.
38 Lotte Michaelis musste in Marburg den Tod ihrer kleinen Nichte miterleben. Die leidvolle Erfahrung überstieg ihre Kräfte, wie Caroline damals an Bruder Philipp schrieb: als »alles zitterte für das Leben des

theuren Lieblings« habe die Schwester »in einem heftigen Anfall von Schlucken und convulsivischen Bewegungen auf der Erde« gelegen. C I, 197.

39 Franz Wilhelm von La Roche starb 1791, dreiundzwanzigjährig.

40 C I, 189 u. 193.
Ihrem Berufskollegen Friedrich Heinrich Jacobi hatte Sophie von La Roche im Januar 1785 schriftlich eingestanden, sie finde ›Cabale und Liebe‹ abscheulich. C I, 689.

41 C I, 209.

42 C I, 190.

43 August Wilhelm Schlegels Schüler war Mogge Muilman, Sohn des Bankiers und Ratsherrn Hendrik Muilman vom Bankhaus Conseiller & Echevin. Schlegel hatte zur Aufgabe, den Jungen in die Geheimnisse der alten Sprachen und Klassiker einzuweihen. Die Tätigkeit war auf vier Jahre angelegt.

44 C I, 182ff.
In Bezug auf den Lebenswandel der Göttingerin Meta Forkel schrieb Meyer 1789 an Bürger: »Daß sie mehrere zugleich geliebt und genoßen hat, harmonirt sehr mit meinen Grundsäzen.« Adolf Strodtmann, Briefe von und an Gottfried August Bürger, Band 3, 225.

45 C I, 186.

46 Wenn in den letzten Jahrzehnten anderslautende Aussagen über Carolines gesellschaftspolitische Einstellungen gemacht wurden, lagen diesen wohl hauptsächlich ideologische Motive zugrunde. Während man Caroline in der Bundesrepublik Deutschland in die Rolle der Galionsfigur der Frauenbewegung drängte, wurde sie in der Deutschen Demokratischen Republik zur Revolutionärin und Freiheitskämpferin stilisiert.

47 C I, 194.

48 C I, 225.

49 Theo Stammen und Friedrich Eberle, Deutschland und die Französische Revolution, 129f.

50 C I, 223.

51 Gänzlich frei war auch Ludwig Ferdinand Huber nicht; erst als seine Liaison mit Therese Forster in ein ernsthaftes Stadium trat, trennte er sich von seiner Dauerverlobten Dora Stock. Die gehbehinderte Malerin war die Schwester von Minna Stock, verheiratet mit Christian Gottfried Körner. Diese drei in Gemeinschaft mit Huber hatten in Dresden monatelang Friedrich Schiller beherbergt und durchgefüttert.

52 C I, 185f.

53 C I, 187.

54 C I, 222f. u. 225.

August Wilhelm Schlegel hatte Caroline um die Zeit offenbar einen Heiratsantrag gemacht, ihr angeboten, Amsterdam zu verlassen und sich mit ihr in Mainz niederzulassen. Seine Pläne stießen auf wenig Gegenliebe.

55 C I, 226.

56 Möglicherweise wurden Carolines Briefe zensiert, als sie im Besitz der Schelling-Nachfahren waren. Zu diesen zählt auch ihr Erstherausgeber Georg Waitz, der mit einer Schelling-Tochter verheiratet war. Dass Erich Schmidt, dem die spätere Ergänzung mancher wichtiger fehlender Briefstellen zu danken ist, nun seinerseits andere Kürzungen vornahm, ist unwahrscheinlich.

57 Adolf Strodtmann: Briefe von und an Gottfried August Bürger, Band IV, 147.

58 Adolf Strodtmann: Briefe von und an Gottfried August Bürger, Band IV, 147.

59 Caroline im Juli 1792 an Luise Gotter: »... und ich habe dort nun keine Heymath mehr – mags auch nicht wiedersehn.« C I, 259.

Medizinprofessor Arnemann, der Erwerber, bezog es nie, ging nach Hamburg, meldete 1802 Konkurs an und starb durch Suizid. 1842 kaufte der Staat das Gebäude und führte es wechselnden akademischen Zwecken zu. Im Jahre 2005 gelangte es wieder in private Hände.

60 Schelling-Nachlass BBAdW/898.

61 Es ist anzunehmen, dass sie in Gotha unter anderem nach einem passenden Ehemann für ihre Schwester Luise, die mitgekommen war, Ausschau halten wollte, da in Göttingen so leicht keiner mehr zu finden war.

62 Löffler hatte zwei Kinder aus erster Ehe.

63 Auf ihn geht eine Freischule für bedürftige Kinder zurück, die auch Sonntagsschule für Handwerker war. Nach seinem Tod im Jahre 1816 wurde Löffler in Gotha ein Denkmal gesetzt. Heute steht im Schatten der St. Margarethenkirche ein »Löfflerhaus« Besuchern offen.

64 C I, 231. Caroline an Meyer, Oktober 1791.

1 C I, 282.
2 Sequenz: C I, 249f. u. 257.
3 Georg Forsters Werke, Band 17, 111f.
4 C I, 319 u. 256.
5 C I, 195.
6 Heute: Universitätsstraße 5 – 9. Reste der Häuserzeile sind erhalten.
7 C I, 250, 256 u. 260.
8 C I, 258.
9 Georg Forsters Werke, Band 17, 59 u. vgl. auch C I, 251f.
Korrekt wiedergegeben lautet der Titel: ›Lettres originales de Mirabeau, écrites du donjon de Vincennes (an Sophie de Monnier)‹, 2 Bände, 1792.
10 C I, 259.
11 Adolf Strodtmann, Briefe von und an Gottfried August Bürger, Band IV, 207.
12 C I, 252, 260 u. 265.
»Verfehlt« nannte ein Literaturwissenschafter unserer Tage dieses Goethe-Stück.
13 Caroline an Meyer am 12. August 1792. C I, 265.
Vergleiche Dirk Sangmeisters hilfreiche Beiträge zu diesem Thema: ›August Lafontaine oder Die Vergänglichkeit des Erfolges‹ sowie ›Der Lieblingsdichter der Nation … war zu Goethes Zeit natürlich nicht Goethe, sondern: August Lafontaine‹.
14 C I, 251.
15 C I, 250.
16 C I, 264 (erstes Zitat im Original französisch).
17 Caroline an Meyer. C I, 261.
18 C I, 276.
19 Genauer: Sophie Margarethe Dorothea Forkel.
20 Sie machte sich darin über einen kleinlichen Gelehrtenstreit zwischen Georg Christoph Lichtenberg und Johann Heinrich Voß lustig; allein das machte dieses Buch zu einem Verkaufserfolg. Dazu der erboste Erstgenannte: »Eine Gans unserer Stadt, die Frau des Music Direktors Forkel hat einen Roman in Leipzig drucken lassen.«
21 Der Schiedsspruch zögerte sich bis 1794 hinaus.
22 Friedrich Karl von Erthal.
23 Ganz abgesehen davon, dass Forster diese Arbeit der Forkel für sich selbst in Anspruch nahm.

24 Monika Siegel: ›Ich hatte einen Hang zur Schwärmerey …‹, 105.

25 Forster an Samuel Thomas Sömmering, Oktober 1792. Georg Forsters Werke, Band 17, 194.
Gerechterweise sei darauf hingewiesen, dass Fürstbischof von Erthal, ebenso wie sein designierter Nachfolger Carl Theodor von Dalberg, nicht zu den reaktionären Landesherren zählte. Erthal hatte eine Bildungsreform auf den Weg gebracht und aufgeklärte Gelehrte – wie Georg Forster – nach Mainz gerufen.

26 Hermann Hettner: Georg Forster's Briefwechsel, 611.

27 Der angesprochene Schriftwechsel zwischen Caroline und August Wilhelm Schlegel ist nicht erhalten. In kleinen, wichtigen Ausschnitten ist sein Inhalt den Briefen Friedrich Schlegels an den Bruder zu entnehmen.

28 C I, 281.

29 Hermann Hettner: Georg Forster's Briefwechsel, 608.

30 C I, 278.

31 Therese und Claire.

32 Im Februar 1794, einen Monat nach Forsters Tod, ging Therese in einem Brief an Caroline unter anderem auf den physischen Ekel vor ihrem Mann ein: »Er hat nie meine Liebe beseßen, nie meine Sinne … er war nie glücklich, und ich kannte nie Ruhe und Frieden … er war mir theuer und Werth in jeder Rücksicht, wo ich nicht sein Weib war, aber wo ich seine Sinne berührte, muste ich mit den Zähnen knirschen. Ich sah mich endlich vor eine Hündinn an, die das Männchen niederwirft … ich hatte einen Grad menschenhaßender, alles Gefühl verabscheuender Bitterkeit, die seinem guten Herzen wohl meistens entging.« C I, 324f.
Georg Christoph Lichtenberg hatte die Ehemisere gleich nach der Heirat und dem Aufbruch der Forsters nach Wilna kommen sehen: »Es freut mich, daß Therese sich so bald gefaßt hat, denn der Abschied soll, wie mir mein Georg [Forster] sagte, sehr betrübt gewesen sein. Ich glaube auch, dieses kleine Feuerschiff [Therese] wird ein ganz gutes Fischerboot werden, wenn nur Forster häufig genug an Bord angeht, den Haupt-Leck sorgfältig stopft und die Feuermaterialien über Bord wirft. Nur der Leck, der Leck!« Wolfgang Promies, Georg Christoph Lichtenberg – Briefe und Schriften, Band 4, 645.

33 Therese Huber, Briefe I, 267 u. 279: »Die Natur hat uns sinnlich nicht für Eheleute Geschaffen …« »Ich heirathete ohne Liebe, aber voll Schwärmerey.«
Als Caroline gegenüber Meyer behauptete, sie wisse nicht, warum

Therese nach Straßburg gegangen sei, und ihr auch keine Trennungspläne unterstellen wolle, war ihr nur zu gut bekannt, wie intensiv dessen Briefaustausch auch mit Therese war. C I, 278.

34 Forster hätte sogar in eine Ehe zu dritt eingewilligt, heißt es hier und da, nur um seine Frau nicht ganz an Huber zu verlieren. Aber könnte es nicht auch sein, dass er genauso den Gesichtsverlust fürchtete?

35 C I, 279.

36 Noch unverzeihlicher ist, dass Therese die bösartige Unterstellung in einem Rechtfertigungsbrief an die dann bereits erwachsene und wohl skeptisch gewordene älteste Forster-Tochter episch breit wiederholte, ohne Rücksicht auf die Beschädigung des bis dahin durchaus positiven Vaterbildes.

37 Georg Forsters Werke, Band 17, 213.

38 C I, 302.

39 C I, 277.

40 C I, 278f.

41 C I, 280.
Forster wollte die Zeitgenossen glauben machen, dass Caroline und auch Meta Forkel nur aus finanziellen Gründen auf eine frühzeitige Flucht verzichteten.

42 C I, 297.
Friedrich Schlegel referierte und kommentierte den fraglichen Briefinhalt in seinem Schreiben vom 24. November 1793 an August Wilhelm Schlegel. Am 23. Oktober 1793 hatte er dem Bruder mitgeteilt, Caroline habe ihm ihre (ebenfalls nicht mehr existenten) Briefe aus Mainz an Mutter und jüngste Schwester zu lesen gegeben. »Einen Brief nach dem Verlust von Frankfurt [Rückeroberung durch preußische Truppen], glühend von dem schönsten Unwillen, hat sie mir schenken müssen ... Diese Begeisterung für eine große öffentliche Sache macht trunken und thörigt ...«. KFSA, Bd. 23, 160f. u. 144.

43 Forster an Therese. Georg Forsters Werke, Band 17, 326.
Zur Erläuterung und zum besseren Verständnis noch dieser Hinweis: Sogar die untadelige Charlotte Schiller geborene von Lengefeld, adelsstolz sondergleichen, sympathisierte – wie ihr Mann – vorübergehend mit den Republikanern. Erst nach der Hinrichtung König Ludwigs XVI. verloren die Franzosen beim Ehepaar Schiller den Kredit, und auch die Art, wie sie die Rheingegenden zur Freiheit bekehren wollten, kam bei ihm nicht gut an.

44 Sequenz: Stadtarchiv Mainz.

Vgl. auch [Die neue] Mainzer Zeitung oder der Volksfreund, Nr. 29 vom 8. März 1793 und Nr. 31 vom 12. März 1793

45 Wolfgang Promies, Georg Christoph Lichtenberg – Schriften und Briefe, Bd. 4, 763f. u. 825.

46 Wolfgang Promies, Georg Christoph Lichtenberg – Schriften und Briefe, Bd. 4, 781.

47 Er umfasste das linksrheinische Gebiet etwa zwischen Landau und Bingen.

48 Kaiser Franz II. hatte die Reichsacht per Dekret verhängt; es stellte die Zusammenarbeit deutscher »Untertanen« mit der französischen Revolutionsregierung unter Strafe.

49 Vermutlich schlossen Caroline und ihre Begleiterinnen sich einem der langen Züge ausgewiesener Eidesverweigerer an. So würde man auch sie, wie sie hofften, auf preußischer Seite angekommen, für Franzosenfeinde halten.

50 Sequenz: C I, 282f. u. 296.

51 Caroline im Rückblick an Meyer, 15. Juni 1793, C I, 296.

Die Umstände der Verhaftung der Damen Böhmer, Forkel und Wedekind beschäftigten die Öffentlichkeit damals sehr. Dichtung und Wahrheit gingen dabei munter durcheinander. Den von Biografen meistenteils herangezogenen, in ihren Einzelheiten widersprüchlichen und in Teilen nur scheinbar authentischen Berichten Samuel Thomas Sömmerings vom 6. und 8. April 1793 an Christian Gottlob Heyne muss mit Vorsicht begegnet werden, da ihr Schreiber mitunter ein wichtigtuerischer Übertreiber und ganz bestimmt kein Freund Caroline Böhmers war. Hier nun seine Version des Geschehens: Allein die Böhmerin sei schuld, »daß sie zu Hattersheim Wache bekam und so hierher [nach Frankfurt] gebracht wurde. Ich sah sie vor und nach dem Verhöre, wo sie mir sich sehr unweiblich zu betragen schien, unter Anderem sagte sie in meiner Gegenwart zum General-Auditeur, er wäre ein trefflicher Redacteur, indem er Alles so schön kurz zu fassen gewußt hätte, worauf er ihr fortschreibend, ohne sie anzusehen, erwiderte, ›ich habe mich mit Fleiß nicht weitläufig einlassen mögen, um nicht Odiosa [Gerüchte] bemerken zu müssen.‹ – Sie kamen frei, doch sagte man ihnen, daß sie noch ein paar Tage verziehen [die Stadt nicht verlassen] möchten. Allein als Frau Forkel gestern anfragte, ob sie abreisen könnten, und ihr der General-Auditeur dieselbe Antwort gab, daß sie noch verziehen möchten, bis er Antwort aus dem Cabinet bekäme, so fragte sie, ›Was es dann zu sagen gehabt hätte, wenn sie doch abgereist wären?‹ worauf man nicht antwortete, sondern jeder

drei Mann Wache zuschickte; was ihr ferneres Schicksal sagen wird, muß die Zeit lehren …« Hermann Hettner, Georg Forster's Briefwechsel, 614f.
Zuvor hatte Sömmering die völlig aus der Luft gegriffene Nachricht verbreitet, Caroline wolle Georg Forster heiraten und trage somit die größte Schuld an dessen und Thereses Trennung.
Auch Carolines Schwester Luise Michaelis hielt brieflich fest, was ihr zu Ohren gekommen war. In Göttingen hieß es, Caroline, der Forkel und der Wedekind sei in Frankfurt, unter der Hand, empfohlen worden, den Stadtarrest zu ignorieren und sich schleunigst und unbemerkt aus dem Staub zu machen. Sie hätten diese Chance jedoch nicht genutzt, woraufhin man sie nach Königstein hätte bringen müssen.

52 Als die Franzosen im Oktober 1792 unter General Custine Mainz besetzt hatten, nahmen sie auch von Königstein Besitz. Im Dezember 1792 rückten wieder preußische Truppen in den Taunus ein. Nachdem die Übergabe der Festung von den Franzosen abgelehnt worden war, begannen die Preußen am 6. Dezember mit deren Beschießung, wodurch sie aber nur geringen Schaden erlitt. Am 8. März 1793, nach dreimonatiger Belagerung und einen Monat vor Carolines Inhaftierung, ergab sich die französische Besatzung. Im weiteren Verlauf der kriegerischen Auseinandersetzungen kam die Festung Königstein im Juli 1796 erneut in die Hände der Franzosen, die sie nach ihrem Abzug im August durch eine unkontrollierte Sprengung fast vollständig zerstörten.

53 Sequenz: C I, 290f.

54 Bayerisches Staatsarchiv Würzburg, MRA V, Klubisten 202.
Blisch, Bernd: »War das weibliche Verirrung?«. Die Göttinger »Universitätsmamsellen« und die Mainzer Republik, 74.
Viele wichtige Informationen zu den Haftbedingungen lieferte Johann Heinrich Liebeskind, der seiner Lebensgefährtin Meta Forkel nicht nur nach Frankfurt folgte, sondern auch zeitweilig freiwillig die Zelle in Königstein mit ihr teilte. Johann Heinrich Liebeskind: Rückerinnerungen, 28ff.
Samuel Thomas Sömmering erwähnte in einem Brief an Christian Gottlob Heyne einen Hofrat Böhmer »aus Werstatt«; dieser habe sich beim Festungskommandanten für Caroline verwandt. Seine Identifikation ist der Autorin, trotz einiger Bemühungen, leider nicht gelungen. Möglicherweise erkaufte dieser unbekannte Böhmer die teilweise Bevorzugung, so konnten Caroline und Auguste bald nach ihrer Ankunft in Königstein ein nicht gar so grauenvolles Gelass beziehen.

Sömmering war es auch, der im Zusammenhang mit der Überstellung Carolines, Augustes, Meta Forkels und Wilhelmine Sophie Magdalena Wedekinds nach Königstein eine Frau von Esebeck erwähnte; sie soll in einer dritten Kutsche am Ende des Gefangenenzuges gesessen haben und war vielleicht die Frau oder eher noch eine Verwandte des Staatsministers Ludwig Friedrich von Esebeck.

55 C I, 303.

Nach ihrer Haftentlassung schrieb Caroline an Meyer, sie habe auch aus Angst vor dem Verlust ihrer Pension die Schwangerschaft verschwiegen.

Mitunter in Zeiten allergrößter Not, vertraute sie Jahre später einem anderen Freunde an, sei es ihr nicht eingefallen, den himmlischen Vater um Hilfe anzuflehen. Dass, wie es von der Kanzel gepredigt werde, Schuld nur in Verbindung mit Sühne Vergebung finden könne, stünde ihrem Gottesbild entgegen: »Meinem innersten Glauben ist nichts mehr zuwider, als daß das Gute soll auf einer Bedingung beruhn – in so fern ist das Gute mein Gott, von dem ich eine unmittelbare Erkenntniß habe. Nun frag ich für mich nicht weiter nach einer Persönlichkeit – ich stoße sie auch nicht von mir und lasse sie mir gern erscheinen, besonders wenn ich glücklich bin.« Caroline an Gries im Juni 1799. C I, 548.

56 Luise Wiedemann: Erinnerungen, 106.

57 Das schrieb Goethe am 7. Juli 1793 an den mit Georg Forster eng befreundeten Philosophen und Schriftsteller Friedrich Heinrich Jacobi.

58 Georg Forsters Werke, Band 17, 353.

59 Bundesarchiv, Außenstelle Frankfurt, Nachlass Albini, F. 1/2 u. 1/6.

60 Dass sie an Abtreibung dachte, geht aus einem Brief Carolines an Meyer vom 30. Juli 1793 hervor. C I, 306.

61 C I, 297.

62 C I, 305f.

63 Es wäre nicht seine erste so genannte morganatische Ehe gewesen; es gab aber auch Stimmen, die behaupteten, dass Friedrich Wilhelm II. sich zugunsten Sophie Bethmann-Metzlers von seiner rechtmäßigen standesgemäßen Gattin Friederike Luise scheiden lassen wollte.

64 Luise Wiedemann, Erinnerungen, 81f.

Auch Samuel Thomas Sömmering und Therese Forster (Huber) nennen Sophie Bethmann-Metzler Carolines Befreierin. Hermann Hettner, Georg Forsters's Briefwechsel, 632 und Therese Huber, Briefe I, 423 (im Original französisch).

Ohne solch massive Unterstützung, kamen Carolines Mainzer Leidensgenossinnen erst etwa ein Jahr später frei.

65 August Wilhelm bedankte sich in seinen Briefen vom 19. Januar und 13. Februar 1794 aus Amsterdam bei Göschen für den Eifer, mit dem er behilflich gewesen war, und bat ihn, sich ein positives Bild von Caroline (deren Namen auch er noch immer nicht nennt) zu bewahren und alle Gerüchte unbeachtet zu lassen, die »meine Freundin« »unbarmherzig verdammen«. Msc. Dresd. e 90, XX, Teil 3, 23 – 31.

KAPITEL 5

1 C I, 331.

2 Thüringisches Staatsarchiv Altenburg, Heimatsammlung Johannes Haubner.

3 Heute: Hirtengasse 2. Der schmale Weg zweigt, im spitzen Winkel, von der Altenburger Straße ab. Vom ursprünglich umfangreicheren baulichen Ensemble ist ein Fachwerkhaus erhalten, und auch der Garten hat nicht mehr seine ursprüngliche Größe.

4 Thüringisches Staatsarchiv Altenburg, Karten- und Plansammlungen Nr. 2708, BK-Nr. 7/Flst. 8/Plan der Stadt Lucka um 1855. Um herauszufinden, bei wem und wo genau Caroline in Lucka wohnte, bedurfte es einer aufwendigen Sichtung der Brandkatasterverzeichnisse und Suche nach Querverweisen auf das um 1793/94 gültige Grundbuchblatt. Johann Heinrich Koenigsdörffer hatte Ende 1791/Anfang 1792 die Erlaubnis zur Führung einer medizinischen Praxis erhalten. Im März 1794 kaufte er von Johanna Sophia Wilhelmina Wismar Haus und Grundstück. Koenigsdörffer starb 1852 als hoch geachteter Medizinalrat, Hofmedikus, Gerichts- und Brunnenarzt in Ronneburg.

5 KFSA 23, 111.

6 Auf Wunsch August Wilhelm Schlegels wurden dessen Briefe an den Bruder von Friedrich Schlegels Witwe Dorothea Schlegel vernichtet. Von den ungezählt zahlreichen Briefen Carolines an August Wilhelm kam nur ein winziger Bruchteil auf die Nachwelt.

7 Sequenz: KFSA 23, 39, 58f. u. 76.

8 KFSA 23, 70f. u. 76.

9 Dem Vernehmen nach handelte es sich um eine Tochter des Leipziger Bankiers Haugk, die den Vornamen Laura trug.

10 Sequenz: Oskar F. Walzel, Friedrich Schlegels Briefe an seinen Bruder August Wilhelm, 18, 38 u. 71.

11 KFSA 23, 164 u. 175.
12 KFSA 23, 121.
13 KFSA 23, 326.
14 Friedrich Schlegel, Lucinde, 82.
Und weiter: »Überhaupt lag in ihrem Wesen jene Hoheit und jene Zierlichkeit, die der weiblichen Natur eigen sein kann, jede Gottähnlichkeit, und jede Unart, aber alles war fein, gebildet, und weiblich. Frei und kräftig entwickelte und äußerte sich jede einzelne Eigenheit, als sei sie nur für sich allein da, und dennoch war die reiche, kühne Mischung so ungleicher Dinge im Ganzen nicht verworren, denn ein Geist beseelte es, ein lebendiger Hauch von Harmonie und Liebe. Sie konnte in derselben Stunde irgendeine komische Albernheit mit dem Mutwillen und der Feinheit einer gebildeten Schauspielerin nachahmen, und ein erhabnes Gedicht vorlesen mit der hinreißenden Würde eines kunstlosen Gesanges. Bald wollte sie in Gesellschaft glänzen und tändeln, bald war sie ganz Begeisterung, und bald half sie mit Rat und Tat, ernst, bescheiden und freundlich wie eine zärtliche Mutter ... Alles umgab sie mit Gefühl und mit Witz, sie hatte Sinn für alles, und alles kam veredelt aus ihrer bildenden Hand und von ihren süß redenden Lippen. Nichts Gutes und Großes war zu heilig oder zu allgemein für ihre leidenschaftlichste Teilnahme.« Friedrich Schlegel, Lucinde, 84.
15 Friedrich Schlegel, Lucinde, 83 u. C I, 657f.
16 Sophie und Johann Friedrich August Tischbein hielten sich von Juli 1792 bis November 1794 in den Niederlanden auf, und nachweislich kannte August Wilhelm Schlegel »diese Leute sehr gut in Amsterdam«. C I, 376.
17 KFSA 23, 137.
18 KFSA 23, 222.
19 Norbert Oellers, Die Dame Lucifer zwischen Revolution und Literatur, 134.
20 KFSA 23, 124.
21 C I, 311. August Wilhelm fragte besorgt beim Bruder an, ob Caroline womöglich drauf und dran sei, ihre Zähne einzubüßen.
22 Normalerweise war das Geld von Hannover über Göttingen an sie gekommen.
23 C I, 315.
24 KFSA 23, 151.
25 C I, 298.
So hartherzig Carolines Reaktion erscheint, so prophetisch war sie.

Heinrich Friedrich Wilhelm Ludwig Dieterich, den Lotte neuneinhalb Monate vor ihrem Tod geheiratet hatte, betrieb das Verlagsgeschäft, anders als sein Vater, glücklos, vertat schließlich sein ganzes Vermögen (obwohl er 1799 in einer Lotterie sage und schreibe 20 000 Taler gewonnen hatte), verwahrloste zunehmend und endete, was das Unglück seiner zweiten Frau noch verstärkte, in geistiger Umnachtung.

26 KFSA 23, 150.

27 Das Zitat hält sich streng an den handschriftlichen Originaleintrag, wodurch sich gewisse Abweichungen zum in C I, 703 abgedruckten Text erklären.

28 C I, 312 u. 315.
Wer Julius in Pflege nahm, ist nicht bekannt. Möglicherweise nahm ihn die als Patin eingetragene Frau Kornschreiber, Schwägerin der Hausbesitzerin, bei sich auf.

29 Das geht aus den Antwortschreiben seines Bruders Friedrich hervor.

30 Georg Forsters Werke, Band 17, 496.

31 Therese Huber Briefe I, 288.

32 Sequenz: C I, 298f., 320, 331 u. 332.

33 C I, 318.

34 Als Caroline ihm in späteren Jahren, unter völlig veränderten Vorzeichen, noch einmal begegnete, fand sie, dass er nur wenig Ähnlichkeit mit dem Löffler ihrer Erinnerung hatte. Obwohl der Generalsuperintendent sich auf ein Gespräch einließ, war ihm »eine gewisse Spannung« anzumerken; die Bitte, Auguste auf ihre Konfirmation vorzubereiten, wurde unter Hinweis auf Zeitnot abgelehnt. C I, 493, 567 u. 575.

35 Erfurt war kurmainzisches Gebiet.

36 Therese Huber, Briefe I, 423 (im Original französisch).

37 Charlotte Ernst war mit dem königlich sächsischen Hofwirtschaftssekretär, später Hofmarschall, Ludwig Emmanuel Ernst verheiratet. Eingedenk dessen war es wirklich erstaunlich, wie gelassen sie auf die engen Beziehungen ihrer Brüder zu Caroline Böhmer reagierte.

38 Schuldnern, die Wechsel platzen ließen, drohte eine Gefängnisstrafe.

39 Friedrich Schlegel schrieb damals an seinen Bruder August Wilhelm, er habe die Schwester in das Geheimnis um Carolines Sohn Julius einweihen müssen, aber nicht mit ihrer verständnisvollen Reaktion gerechnet.

40 C I, 344. Die Absage beruhte auf speziellen Ministerbeschlüssen.

41 KFSA 23, 277.

42 KFSA 23, 187 u. 209.
43 Hervorhebung durch die Autorin.
44 KFSA 23, 234f.
45 Das reizende Mädchen, nach der Mutter Lotte genannt, starb noch im Kindesalter.
46 Lichtenberg notierte auf seinem Tagebuchblatt vom 16. Juli 1794: »Doktorin Böhmer bei Dieterich [Lottes Witwer]«. Wolfgang Promies, Georg Christoph Lichtenberg – Schriften und Briefe, Bd. 4, 811.
47 C I, 346 f.
48 Mit Dorothea Campe, Johann Heinrich Campes Ehefrau, stand Caroline noch Jahre später in Briefkontakt.
49 C I, 320.
50 Philipp Michaelis hatte der Schwester seine Begleitung angekündigt, war aber zu spät von daheim abgefahren.
51 Es steht zu vermuten, dass ins von Johann David Michaelis nachgelassene Vermögen eine größere Summe aus dem Nachlass seiner früh verstorbenen ersten Frau eingeflossen war, die dem Sohn aus dieser Ehe allein zustand.
52 Archiv der Berlin-Brandenburgischen Akademie der Wissenschaften Berlin, Nachlass Schelling, Sign. 5.
53 KFSA 23, 234.
54 Kirchenbuch Lucka, Sterberegister 1795, Nummer 24, Seite 246., und C I, 704.
55 Ein gutes Instrument, wie Caroline betonte. Weihnachten 1798 wurde es gegen ein noch besseres ausgetauscht.
56 C I, 362.
57 Das Geld stammte von ihrer Mutter. Archiv der Berlin-Brandenburgischen Akademie der Wissenschaften Berlin, Nachlass Schelling, Sign. 5.
58 Mehrmals besuchte August Wilhelm von Braunschweig aus seine in Hannover lebende Mutter. Frau Konsistorialrat Erdmuthe Schlegel hätte sich eine andere Schwiegertochter als Caroline gewünscht; »die Michaelisdamen«, meinte sie, »stünden in gar keinem guten Credit«.
59 Sequenz: C I, 367, 376 u. 379.
60 Schiller Nationalausgabe, Bd. 35, 301f. u. 412.
61 Die Ernennung zum Herzoglich Sächsischen Rath war am 28. Mai 1796 erfolgt, aber nicht, wie man annehmen könnte, durch Herzog Carl August von Sachsen-Weimar-Eisenach, sondern durch Fürst Ludwig Friedrich zu Schwarzburg-Rudolstadt.

62 So der Wortlaut der Annonce in den ›Braunschweigischen Anzeigen‹. C I, 712.
63 C II, 355.
64 C I, 159, 378 u. 608.

KAPITEL 6

1 J. M. Raich, Dorothea v. Schlegel, 27.
2 Philippine Elisabeth Böhmer hatte ihr Testament am 21. Dezember 1791 unterschrieben und ein »Minimum« von 1500 Goldtalern festgelegt. Zwar grenzte sie in einer vier Jahre später verfassten Ergänzung ihres letzten Willens Augustes Erbanspruch – die Enkelin war an die Stelle ihres verstorbenen Vaters getreten – insofern ein, als ihr Anteil bei etwaigen Geldverlusten (man hielt Kriegseinbußen für möglich) im gleichen Verhältnis wie der aller anderen Erben zu kürzen sei. Zu Augustes Vorteil hatten die Ersparnisse der alten Dame ihren Wert dann doch behalten, und es scheint sogar sehr wahrscheinlich, dass die angegebene Mindestsumme deutlich überschritten wurde. Berlin-Brandenburgische Akademie der Wissenschaften, Nachlass Schelling, Sign. 5.
3 Friedrich Georg Rebmann, Briefe über Jena, 53 u. J. M. Raich, Dorothea v. Schlegel und deren Söhne …, 36.
4 Vgl. Theodore Ziolkowski, Das Wunderjahr in Jena.
5 Eduard Böcking, August Wilhelm Schlegel. Sämtliche Werke, Bd. 11, 145.
»Romantisch« – der Begriff steht im Zusammenhang mit dem Wort »Roman«, das auf »in lingua romana« zurückgeht: das Schreiben in romanischer, französischer, Sprache.
6 Weil sie so sehr auf Anstand pochte, wurde Charlotte Schiller im Freundes- und Familienkreis häufig »die Dezenz« genannt.
7 Klaus Scheibe: Wielands Briefwechsel, Bd. 13/2, 337.
8 In Jena stellte die Versorgung mit Galanterie- und Modewaren übrigens kein Problem dar. Ein Händler namens Ambrosio Sivoni bot stets das Neueste aus aller Welt feil.
9 Kirsten Jüngling u. Brigitte Roßbeck, Schillers Doppelliebe, 13.
10 Konradine Luise Wilhelmine Hufeland.
11 C I, 614.
12 Nach ihrer Scheidung gab Sophie Friederike Mereau dem Werben von Clemens Brentano nach und war in ihrer zweiten Ehe, wenngleich aus

anderen Gründen, fast noch unglücklicher als in ihrer ersten. Sie starb im Alter von nur sechsunddreißig Jahren an Kindbettfieber.

13 C I, 392.

14 C I, 473.

15 C I, 390, 397 u. 418.

16 Von Mai 1796 bis kurz vor seiner Eheschließung am 1. Juli 1796 etwa hatte August Wilhelm Schlegel sich in Jena aufgehalten und beim Kaufmann Beyer am Markt gewohnt. Der Mietvertrag lief erst Ende September 1796 aus, sodass Friedrich Schlegel zunächst eine eigene Unterkunft zur Verfügung stand.

17 Das Haus hatte ursprünglich dem verstorbenen Theologen Johann Christoph Döderlein gehört; durch die Eheschließung seiner Witwe mit Friedrich Immanuel Niethammer kam es im Jahre 1797 in dessen Besitz. Das Rückgebäude lag zwischen Brüdergasse und Rathausgasse. Später wohnte in ihm der namhafte Mediziner und Naturforscher Lorenz Oken. 1945 ging das gesamte bauliche Ensemble im Bombenhagel unter.

18 Luise Gotter, im Frühsommer 1798 zu Gast bei Caroline, beschreibt in einem Brief an ihre Tochter Julie die damalige Wohnraumsituation. Berlin-Brandenburgische Akademie der Wissenschaften, Schelling-Nachlass, Sign. 936. Bisher wurden, fälschlicherweise, Dorothea Veits Angaben aus dem Spätherbst des Jahres 1799 auch für die Zeit davor als gültig angesehen.

19 C I, 441.

20 KFSA 24, 22.

21 C I, 414.

22 C I, 410. Umso enttäuschender Herders Frau Marie Caroline: »eine fehlgeschlagene Erwartung«.

23 C I, 411.

24 Literaturgeschichtlich haben die ›Xenien‹ ihren Ursprung im Titel des 13. Buches der Epigramme des römischen Dichters Martial (Marcus Valerius Martialis), der um 100 n. Chr. starb. Die 1797 erschienenen ›Xenien‹ lösten große Empörung und eine Flut von Gegendarstellungen aus. Vgl. Frieder von Ammon, Ungastliche Gaben.

25 C I, 458. Das Werk wurde im Oktober 1798 in Weimar uraufgeführt.

26 C I, 535f.

27 C I, 457.
Schiller selbst vertrat die Meinung, in einem Brief aus der fraglichen Zeit an Wilhelm von Humboldt kommt es zum Ausdruck, dass er poetisch ein kleines Licht im Vergleich zu Goethe sei.

28 Josef Körner, Briefe von und an August Wilhelm Schlegel, Bd. 1, 50.

29 Die Notiz über Johannes von Müllers ›Fragmente aus den Briefen eines jungen Gelehrten an seinen Freund [Bonstetten]‹ erschien in ›Athenaeum‹ II, 2. Stück, 313-316. Wir wissen davon aus einem Brief, den Schelling am 13. November 1812 an Pauline Gotter schrieb. »Im dritten Band des ATHENAEUMS«, heißt es dort außerdem, »sind keine Notizen mehr von ihr erschienen«. Plitt II, 271f.

30 Folgende Beiträge für die ›Horen‹ und fürs ›Athenäum‹ wurden mit dem erwähnten * versehen und damit nachträglich Caroline (ganz oder teilweise) zugeschrieben:
1797 – ›Iffland‹, ›Das Vermächtniß‹, ›Die Advokaten‹, ›Dienstpflicht‹, ›Romane und Erzählungen von Friedrich Schulz', ›Ueber Shak[e]speare's Romeo und Julia‹;
1798 – ›Mode-Romane‹, ›Lafontaine‹, ›Die Gemälde. Gespräch‹.
Hinsichtlich in der Jenaer ›Allgemeinen Literatur Zeitung‹ erschienener Besprechungen besteht nach wie vor Unsicherheit. Allerdings ist die Wahrscheinlichkeit recht groß, dass die nachstehend aufgezählten Rezensionen Carolines Handschrift tragen:
1797- ›Amaliens Feyerstunden‹, ›Meine Liebschaften von Chabanon‹, ›Herzensergießungen eines kunstliebenden Klosterbruders‹;
1798 – ›Entdeckungen im Reich der Weiber. Und er soll dein Herr sein‹, ›Die Nonne und Aebtissin im Wochenbett‹, ›Neubecks Gesundbrunnen‹ (Neuauflage); 1799 – ›Orlando der rasende. Eine Klatschgeschichte‹.

31 August Wilhelm Schlegel, Kritische Schriften, Inhaltsverzeichnisse Teile 1 u. 2.

32 NA 36, I, 247.

33 Nachdem auch Schelling, Brentano und E.T.A. Hoffmann beispielsweise in die Urheberdebatte geworfen worden waren, gilt inzwischen der Braunschweiger Dramatiker und Bühnenschriftsteller Ernst *August* Friedrich Klingemann als ihr Autor.

34 Ihre Verteilung auf die acht erschienenen Bände:
1. Band, Ostern 1797, ›Sommernachtstraum‹ und ›Romeo und Julia‹;
2. Band, 1797, ›Julius Cäsar‹ und ›Was ihr wollt‹;
3. Band, 1798, ›Sturm‹ und ›Hamlet‹;
4. und 5. Band, 1799, ›Kaufmann von Venedig‹, ›Wie es euch gefällt‹, ›König Johann‹, ›Richard III‹;
6. Band, 1800, beide Teile ›Heinrich IV‹;
7. und 8. Band, 1801, ›Heinrich V‹ und die drei Teile ›Heinrich VI‹.

35 Hansjürgen Blinn, Shakespeare-Rezeption, 41.

36 Die literarischen Manuskripte, Rechnungen, Notizen und Briefe, zu-

vor für verschollen gehalten, konnten bei Christie's in London ersteigert werden.

37 Den Handschriftenvergleich nahm die Autorin am Dresdner Aufbewahrungsort der Manuskripte vor. Am deutlichsten tritt Carolines Mitwirken an ›Romeo und Julia‹ zutage. Zahlreiche Korrekturen finden sich auch in den Übertragungen von ›Hamlet‹ und von ›Was ihr wollt‹. Alle übrigen erhalten gebliebenen Hefte, vierzehn insgesamt, tragen im Wesentlichen die Handschrift August Wilhelm Schlegels. Was nicht heißt, dass seine Frau unbeteiligt war. Zum letzten Mal zeigt sich der weibliche Schriftzug im Manuskript des ›Kaufmanns von Venedig«, übertragen in den letzten Monaten des Jahres 1798. Wenige Wochen zuvor war Friedrich Wilhelm Joseph Schelling, Carolines späterer dritter Ehemann, in den Jenaer Kreis eingetreten.

38 Msc. Dresd. e 90, XXI u. Shakespeare's dramatische Werke, übersetzt von August Wilhelm Schlegel, Theil 1, ›Romeo und Julia. Ein Sommernachtstraum‹, 170.

39 Dass aus Shakespeares »mouse of virtue« kein »Tugendmäuschen«, sondern ein »Engelstäubchen« wurde, ging ebenfalls aufs Konto der Frau an August Wilhelms Seite.
›Twelfth Night‹, 1. Akt, 5. Szene. Msc. Dresd. e 90, XXI.

40 C I, 427 u. vgl. August Wilhelm Schlegel, Über Shakespeares ›Romeo und Julia‹.

41 Das überlieferte Hausgenossin Dorothea Veit in einem schriftlichen Rückblick aus dem Jahre 1805. Rudolf Unger, Briefe von Dorothea Veit und Friedrich Schlegel an die Familie Paulus, 58.

42 C I, 424 u. 432.

43 Ludwig Tieck's Schriften, Bd. 23, 103f.

44 C I, 659.

45 Sonja Günther, Wir winden dir den Jungfernkranz, 41.
Die Berliner Universität wurde erst 1810 unter maßgeblicher Mitwirkung Wilhelm von Humboldts gegründet.

46 Alice Behrend, Die gute alte Zeit, 115f.

47 Friedrich Wilhelm III. folgte seinem Vater im Jahr 1797 auf den preußischen Thron. Er regierte bis 1840.

48 KFSA 24, XXXIX.

49 C I, 446.

50 C I, 449. u. Oskar Walzel, Friedrich Schlegels Briefe an seinen Bruder August Wilhelm, 385.

51 Oskar Walzel, Friedrich Schlegels Briefe an seinen Bruder August Wilhelm, 375 u. 377.

52 C I, 449.

53 C I., 439f. u. KFSA 24, 59f.

54 Zwischenzeitlich hatte Charlotte Schillers Schwester Caroline die Scheidung von Friedrich Wilhelm Ludwig von Beulwitz durchgesetzt und in zweiter Ehe Wilhelm von Wolzogen geheiratet.

55 NA, 29, 41.

56 Dass Caroline Schlegel von Friedrich Schiller das Etikett »Dame Lucifer« angeheftet bekam, ist anhand primärer Quellen nicht nachweisbar. Alle schriftlichen Erwähnungen finden sich in Briefen Dritter.
Besonders beachtenswert sind im Zusammenhang mit der auf den ersten Blick ehrabschneidenden Titulierung die folgenden Hinweise des Literaturwissenschaftlers Norbert Oellers (Die Dame Lucifer zwischen Revolution und Literatur, 130f.): »›Dame Lucifer‹ – das ist nicht nur absprechend, verächtlich, verletzend gemeint. Schiller, der seit seiner Tätigkeit als Geschichtsprofessor in Jena eine *Allgemeine Sammlung Historischer Memoires* herausgab, kannte in der Regel, was unter seinem Namen veröffentlicht wurde, so auch die *Geheimen Denkwürdigkeiten über die Regentschaft Philipps II., Herzog von Orleans.* Darin ist in dem Kapitel *Schilderung der Frau Herzogin von Orleans* zu lesen«, dass der Herzog seine Frau, wenn er von ihr sprach, nur Madame Lucifer nannte, was ihr selbst aber nicht missfiel. Ferner gibt Oellers zu bedenken: »Daß Lucifer der Beiname des Morgensterns, der Venus, ist, dürfte Schiller ebenso bekannt gewesen sein wie der Herzogin von Orleans.« Und er verweist zudem auf die 1797 und 1799 in überarbeiteter Fassung erschienenen Berichte des Konrad Engelbert Oelsner, ›Lucifer, oder gereinigte Beyträge zur Geschichte der Französischen Revolution‹ überschrieben. Oellers hält es für denkbar, »daß der Titel ihn [Schiller] zur Titulierung Carolines mit anregte«, und ist sich zudem sicher, dass der Autor des Werkes die Französische Revolution »keinesfalls in Mißkredit bringen wollte«.

57 NA 29, 81.

58 NA 37 I, 31f. u. C I, 420.
Die Unterstellung des Ehepaares Schiller fand Nahrung durch eine Mitteilung aus dem Hause Humboldt, wo man der Meinung war, dass die beiden Schlegel-Brüder an sich keine »gemeinen Naturen« wären, August Wilhelm aber »neuerlich durch seine Frau … verdorben worden« sei. Schiller NA 37 I, 36.

59 C I, 570.

60 C I, 433.

61 Bundesarchiv Berlin, N 2321, 52/576f.

62 Georg Dröscher, Unveröffentlichte Briefe von Albert Niemann und Caroline Schlegel, 118.
Später einmal, im Jahre 1805, wird Caroline der Konkurrentin Unzelmann (dann Bethmann) einen Sinnspruch zum Thema »Spiel mit der Wahrheit« ins Stammbuch schreiben. Archiv Freies Deutsches Hochstift Frankfurt, Stb. 70/19229.
63 C I, 452.
64 C II, 355.
65 Angeregt durch ein Bild seines Freundes Friedrich Schwedenstein, verwendete Novalis dieses Symbol erstmals in seinem Fragment gebliebenen romantischen Werk ›Heinrich von Ofterdingen‹, den er eines Abends über die Begegnung mit einem geheimnisvollen Fremden nachsinnen lässt: »Der Jüngling lag unruhig auf seinem Lager und gedachte des Fremden und seiner Erzählungen. Nicht die Schätze sind es, die ein so unaussprechliches Verlangen in mir geweckt haben, sagte er zu sich selbst; fern ab liegt mir alle Habsucht: aber die blaue Blume sehn' ich mich zu erblicken.«
66 Sein Vorname wird auch mit Henrik oder Heinrich angegeben. Vor seiner Zeit in Jena hatte er in Kiel Vorlesungen gehalten.
67 C II, 121.
68 Im Familienkreis wurde Schelling Fritz gerufen; Caroline gab zuweilen offenbar seinem dritten Vornamen Joseph den Vorzug.
69 Plitt I, 240.
70 Plitt I, 242f.
71 Als Friedrich August I. Kurfürst von Sachsen und als August II. König von Polen.
72 Als Friedrich August II. Kurfürst von Sachsen und als August III. König von Polen.
73 Lothar Müller, August Wilhelm Schlegel. Die Gemählde, 17.
74 Ludwig Urlichs, Charlotte von Schiller und ihre Freunde, Bd. 3, 25.
Dora Stock war, wie bereits gesagt, die Schwägerin des Schiller-Freundes Christian Gottfried Körner und mit Ferdinand Huber verlobt gewesen, bis Therese Forster ihn ihr weggeschnappt hatte.
75 C I, 723.
Jean Paul führte in Dresden ein ganzes Souper lang ein politisches Streitgespräch mit der »originellen Frau des Schlegel«, weil sie ihm als die ehemalige Gattin von Adam Philippe Comte de Custine, dem berüchtigten Kommandanten des französischen Okkupationsheers zu Mainz, angekündigt worden war. C I, 762.
76 Lothar Müller, August Wilhelm Schlegel. Die Gemählde, 60f.

77 Auch Schelling war an der Auseinandersetzung beteiligt.
78 Josef Körner, Krisenjahre der Frühromantik, Bd. 3, 13. Das stellte Friedrich Carl von Savigny fest, der im Sommer 1799 in einem Schlegelschen Kolleg hospitierte.
79 Heute Johannisplatz 22.
80 Xavier Tilliette, Schelling, 89f.
81 Damals ›Wallenstein‹ genannt, ohne den späteren Zusatz.
82 Henrich Steffens, Was ich erlebte, Bd. II, 107ff.
83 C I, 458f.
84 C I, 471.
85 C I, 557.
86 C I, 499.
87 Soweit bekannt, hatte August Wilhelm Sophie Tischbein schon zweimal in Dessau besucht. Zum ersten Mal, als Caroline mit dem Umzug innerhalb Jenas beschäftigt war, und dann von Dresden aus, während diese und Auguste, von Gries begleitet, direkt zurück nach Jena fuhren.
88 Zuvor hatten die Tischbein-Mädchen beim Weimarer Fabrikanten Bertuch gewohnt, ihre musikalische Ausbildung in der Musenstadt vervollkommnet, sich gegen die von der Mutter gewünschte praktische Unterweisung in Haushaltsführung jedoch erfolgreich gesperrt.
89 C I, 560.
90 Das von Caroline in die Ehe eingebrachte Essgeschirr reichte für eine mehr als hundertköpfige Tischgesellschaft aus.
91 Es scheint so, als sei spätestens jetzt auch Augustes Erbe aufgezehrt gewesen.
92 C I, 491.
93 C I, 566.
94 C I, 565.
95 Ein Ausrutscher ist allerdings bekannt. Im Mai 1809 schrieb August Wilhelm Schlegel an Karl von Hardenberg: »Dieser Mensch [Schelling] hat in allen andern Stücken ebenso schlechte Grundsätze als in der Philosophie, wozu ich freilich durch die Gesellschaft, die ich ihm beigegeben, das Meinige gethan haben mag.« C II, 659.
96 C I, 564.
97 C I, 570.
98 So sehr Dorothea ihren ersten Mann verkannte, so dankbar war sie ihm im Nachhinein. Lange nach ihrer Scheidung, gegen Ende seines Lebens, nannte sie Veit einen wahren Freund und bat ihn, ihr zu verzeihen.
99 C I, 478f.

100 Wortwörtlich schrieb er an Caroline: »Aber wenn es ihr [Dorothea] nicht länger anständig ist, meine Frau in diesem Sinne zu seyn, dann bin ich noch sehr jung, und werde, wenn ich mich auch ganz ohne Rücksichten wie ein Fremder beurtheile, eben so wenig ohne Frau leben als mich mit einer Gesellin begnügen können.« C I, 479.

101 Ernst Behler, Friedrich Schlegel mit Selbstzeugnissen ..., 56f.

102 Heinrich Meisner u. Erich Schmidt, Briefe von Dorothea Schlegel an Friedrich Schleiermacher, 8.

103 Die ursprüngliche Abmachung, nach der Philipp im Alter von zehn Jahren ins Haus des Vaters zurückzukehren habe, musste von ihr dann doch nicht so strikt eingehalten werden, wie Dorothea Veit befürchtet hatte.

104 Originalquelle in Biblioteka Jagiellonska Krakow – hier zitiert nach Norbert Oellers, Die Dame Lucifer, 129f.

105 J. M. Raich, Dorothea v. Schlegel geb. Mendelssohn und deren Söhne Johannes und Philipp Veit, 36.

106 C I, 529.

107 J. M. Raich, Dorothea v. Schlegel geb. Mendelssohn und deren Söhne Johannes und Philipp Veit, 50.

108 J. M. Raich, Dorothea v. Schlegel geb. Mendelssohn und deren Söhne Johannes und Philipp Veit, 27.

109 Ernst Wieneke: Caroline und Dorothea Schlegel in ihren Briefen, 299.

110 August Wilhelm Schlegel an Ludwig Tieck, Berlin, 28. April 1801: »Glaube mir, er [Friedrich] hat sich in dieser Sache auf eine auch mir zu nahe tretende Art indiscret eingemischt, und das zwar aus bloßer Empfindlichkeit, da er leider von diesen Kleinligkeiten nicht frey ist.« Edgar Lohner, Briefe Ludwig Tieck und die Brüder Schlegel, 65.

111 Novalis an Friedrich Schlegel, C I, 756.

112 E.R.A. Köpke, Ludwig Tieck. Erinnerungen aus dem Leben des Dichters, 270.
Aber auch an der »Bestie« Veit, »Lucinde in einer Brechpotenz«, ließ Ludwig Tieck bald kein gutes Haar mehr.

113 R. Lauth u. H. Gliwitzky, Johann Gottlieb Fichte: Briefwechsel 1799–1800, Fichte Gesamtausgabe Bd. II, 181.
Fichte hatte sich in besonderem Maße auf August Wilhelm eingeschossen. Mittlerweile war ihm der »ältere Schlegel wegen seiner arroganten Seichtigkeit ... verhaßt«. Edgar Lohner, August Schlegel, 140.

114 August Wilhelms Brief vom 13. September 1799 (5 Seiten lang) aus Jena wird im Deutschen Literatur Archiv zu Marbach irrtümlich unter der Empfängerin Elisa von der Recke geführt, dreizehn Jahre älter als

Schlegel. Dass das Schreiben tatsächlich für Elisabeth Wilhelmine van Nuys bestimmt war, geht aus Rudolf Schleidens ›Jugenderinnerungen eines Schleswig Holsteiners‹, Wiesbaden 1886, hervor. Der Autor, ihr Enkel, gab es dort in Teilen wieder.

115 Armin Strohmeyr, Die Frauen der Brentanos, 198.
Friedrich Schlegels wegen stellte Sophie Mereau ihre unglückliche Liebe zu Clemens Brentano vorerst zurück.

116 Rudolf Unger, Briefe von Dorothea und Friedrich Schlegel an die Familie Paulus, 112.

117 C I, 662.

118 Heinrich Meisner u. Erich Schmidt: Briefe von Dorothea Schlegel an Friedrich Schleiermacher, 35 u. 49.

119 Ein Hinweis am Rande: Die Vorstellung, Berlins Salonieren aus der jüdischen Oberschicht wären in den Häusern ihrer christlichen Besucher ebenso willkommen gewesen wie umgekehrt stimmt mit der Realität nicht überein. Beispielsweise wurden Henriette Herz und Rahel Levin nicht ein einziges Mal ins Tegeler Schloss der Brüder Wilhelm und Alexander von Humboldt eingeladen, obgleich diese ungezählte Male in den Genuss der inspirierenden Gastfreundschaft beider Frauen kamen. Außerdem gab es Zeitgenossen, welche lautstark ihre Stimmen im antisemitischen Kampf gegen die gesellschaftlichen Aktivitäten der aufstrebenden jüdischen Minderheit und auch gegen die »alles zerstörende, von Juden entfachte Vernunft« erhoben. In seiner Eröffnungsrede vor Mitgliedern der 1811 gegründeten ›Christlich deutschen [Gegen]Tischgesellschaft‹ sagte Clemens Brentano mit Blick auf die ausdrückliche Verbannung von Juden aus ihren Reihen, jeder könne »diese von den ägyptischen Plagen übriggebliebenen Fliegen in seiner Kammer mit alten Kleidern« oder »auf der Börse mit Pfandbriefen und überall mit Ekel und Humanität und Aufklärung, Hasenpelzen und Weißfischen genugsam einfangen«. Juden in Preußen. Ein Kapitel deutscher Geschichte, 158f.

120 Heinrich Meisner u. Erich Schmidt: Briefe von Dorothea Schlegel an Friedrich Schleiermacher, 49ff.
Schleiermacher riet Dorothea zu Mäßigung; noch hielt er große Stücke auf Caroline.

121 Ursprünglich ›Arthur‹ übertitelt. Das Buch erschien unter Friedrich Schlegels Namen.

122 C I, 662ff.

KAPITEL 7

1 C II, 35.
2 Carl Schüddekopf u. Oskar Walzel, Goethe und die Romantik. Briefe mit Erläuterungen, Bd. 13, 1. Teil, 70f.
3 C I, 753 u. Friedrich Wilhelm Joseph Schelling, Anhang zu dem voranstehenden Aufsatz, betreffend zwei naturphilosophische Recensionen …, 81.
4 Das Hauptwerk John Browns, ›Elementaria medicinae‹, erschien 1780 in Edinburgh und vierzehn Jahre später in deutscher Sprache.
5 Urban Wiesing, Der Tod der Auguste Böhmer, S. 275ff.
6 Ursprünglich hatte Schelling daran gedacht, an der Berliner Charité Anatomie zu studieren und auch einen Wechsel nach Wien in Erwägung gezogen.
7 Heinrich Meisner u. Erich Schmidt, Briefe von Dorothea Schlegel an Friedrich Schleiermacher, 55.
8 C I, 603.
9 Segebrecht, Wulf (Hrsg.): Romantische Liebe und romantischer Tod, 61.
10 Horst Fuhrmans, F. W. J. Schelling. Briefe und Dokumente, Bd. I, 194.
11 Heute Maxplatz.
12 Das beliebte französische Stück, Libretto Benoit-Joseph Marsollier des Vivetières, Musik Nicolas Dalayrac, gab es in drei deutschen Bearbeitungen.
13 C I, 598ff.
14 C I, 602.
15 Wulf Segebrecht, Romantische Liebe und romantischer Tod, 56.
16 Heute Von-Hutten-Str. 45.
17 Die schwache Schwefelquelle wurde nur wenig zum Trinken und gar nicht zum Baden benutzt.
18 Vgl. Wulf Segebrecht, Romantische Liebe und romantischer Tod, S. 132ff.
19 C I, 606.
20 »Verstorben ist die ehrenwerte Jungfrau Auguste Boehmer, protestantischen Bekenntnisses, geboren im Ort Klausthal auf dem Harz in Sachsen [sic!] im Alter von ungefähr 14 [15] Jahren: sie weilte dort mit ihrer Frau Mutter während der Zeit ihrer Kur.«
21 Erstmals abgedruckt im Almanach ›Urania‹ auf das Jahr 1834. Die Handlung ist jedoch auf das Jahr 1803 bezogen.
22 Er wurde inzwischen in Pfarrer-Anton-Uhl-Platz umbenannt.

23 Die Gipsnachbildung des Reliefs konnte auf Gesuch (im Februar 1941 an die Reichskanzlei gerichtet) einer Bockleterin mit Namen Weidlich rund zwei Jahre später in Bad Kissingen in Empfang genommen werden. Nach Bocklet gelangte der Abdruck erst nach Beendigung des Krieges. Die Umstände von Planung und Entstehung des in einem Kopenhagener Museum aufbewahrten, originalen Monuments sollten, da eine schier unendliche Geschichte daraus wurde, andernorts nachgelesen werden. Am besten bei Wulf Segebrecht, Romantische Liebe und romantischer Tod, Kapitel 8.3: ›Ein außerordentliches Grabmal für Auguste‹.

An dieser Stelle nur noch eine makabre Randnotiz: Goethe hielt es für keine gute Idee, das geplante Kunstwerk, für welches er auf Wunsch eine Inschrift entworfen hätte, in einem so »barbarischen Land« wie Deutschland unter freiem Himmel aufzustellen. Er empfahl den Schlegels stattdessen »ein Paar Urnen« »zu einem wehmüthigen Genuß in [der] eignen Wohnung aufzustellen«. Augustes Mutter konnte dem Vorschlag nichts abgewinnen.

24 Die Anregung von Professor Max Koch, die stark verwitterte Gravur wieder lesbar zu machen, und sein Vorschlag, den erwähnten Gedenkstein in Auftrag zu geben und neben dem Kirchenportal aufzustellen, konnten dank tatkräftiger Unterstützung des Bockleter Lehrers Franz Greul sowie des Badearztes Dr. Michael Werner in die Tat umgesetzt werden – auch weil die Weimarer Goethe-Gesellschaft Kostenübernahme zugesagt hatte.

25 Der Platz, an dem im Jahre 1800 Augustes sterbliche Überreste in den Schoß der Erde gebettet wurden, soll sich laut Dr. Werner, der sein 1883 in der Neuen Würzburger Zeitung veröffentlichtes Wissen von den älteren Einwohnern Bocklets hatte, rechts neben dem Kirchenportal befunden haben. Eine andere Quelle besagt, man habe so nahe an der katholischen Kirche kein evangelisches Begräbnis dulden wollen.

26 ›Erlebtes und Sagenhaftes in und um Bad Kissingen. Aus Tagebuchaufzeichnungen von Gräfin Jenny von Pappenheim, niedergeschrieben 1830, mitgeteilt von Baronin Gertrud von Gustedt [es soll sich um teils gefälschte Wiedergaben handeln]. Auf dem »Gottesacker« von Bad Bocklet: »… links vom Kirchlein, welches befestigt ist, wie in dieser Gegend so viele Gotteshäuser, schritt ein Bauer, einen Korb mit Maiblumen in der Hand. Er wollte das Grab von *Auguste Böhmer* schmücken, dem unser Besuch galt. Goethe hatte uns gebeten, der letzten Ruhestätte der so früh vollendeten Tochter von Karoline Michaelis

nicht zu vergessen. Diese mit Frühlingsblumen zu schmücken, kam uns der Mann zuvor. In seinem Hause hatte Auguste ihr junges Leben ausgehaucht. Er schritt uns voran zum Grab. Da der einfache Gedenkstein entfernt worden war – das Grab hatte sich gesenkt – beschlossen wir Weimaraner, ihr ein einfaches Kreuz zu setzen.« Die Beschreibung der damaligen Situation von Augustes Grab hat Frau von Gustedt hoffentlich nicht frei erfunden.

27 August Wilhelm schrieb an Ludwig Tieck, Caroline verbringe »halbe Nächte wach und weinend«. Edgar Lohner, Briefe Ludwig Tieck und die Brüder Schlegel, 45.

28 C II, 487f.

29 Caroline an Schelling im Oktober 1800. C II, 4f.

30 Caroline an Julie Gotter im Februar 1803. C II, 354.

31 C II, 7.

32 Edgar Lohner, Briefe Ludwig Tieck und die Brüder Schlegel, 46. Sieben von neun Gedichten aus dem ›Todten-Opfer‹-Zyklus widmete August Wilhelm Schlegel Auguste, die beiden zuletzt entstandenen sind dem 1801 verstorbenen Novalis zugeeignet.

33 C I, 758f. u. Edgar Lohner, Briefe Ludwig Tieck und die Brüder Schlegel, 45ff.

34 G. L. Plitt, Aus Schellings Leben, Bd. 2, 392.

35 Heinrich Meisner u. Erich Schmidt, Briefe von Dorothea Schlegel an Friedrich Schleiermacher, 85f.

36 C II, 183.

37 C II, 332.

38 Dorothea Veit, schrieb Clemens Brentano unter anderem, habe das Zeug zur Romanfigur vom Typ »Kaffeesatz-Pythagoras«. Jürgen Behrens, Clemens Brentano. Sämtliche Werke und Briefe, Bd. 29, 397, 400, 414 u. 548.

39 Am 10. November 1801, nachdem August Wilhelm von Braunschweig nach Berlin gegangen war, schrieb Schleiermacher an seine Schwester Charlotte: Die Schlegel mache ihren Mann zum Gespött der Leute. Wie dieser mit Schelling »in einer Art von vertrauter Freundschaft stehen« könne, sei ihm rätselhaft. Entweder fehle Schlegel der Mut oder die Lust zur Trennung; da er aber unter den »fatalen Verhältnissen« leide, hielte er es in der Nähe seiner Frau nicht aus. Heinrich Meisner, Schleiermacher als Mensch, Bd. I, 234f.

40 Dorothea Schlegel an August Wilhelm Schlegel, 1. Dezember 1807. Josef Körner, Krisenjahre der Frühromantik, Bd. 1, 485.

41 Der ›Experten‹streit wurde zwei Jahre nach Augustes Tod publizistisch

ausgetragen. Je mehr Zeit verstrich, desto weiter wichen die Behauptungen der Schellinggegner von der Wahrheit ab. Im Oktober 1802 erschien August Wilhelm Schlegels Schrift ›An das Publikum. Rüge einer Ehrenschändung‹ – eine noble Geste zu Zeiten seines und Carolines Scheidungsverfahrens.

42 Dass Schelling sich dezidiert gegen die Verordnungen des Mediziners Büchler ausgesprochen hat, meinte Caroline schon, notierte sie doch im Rückblick: »Ja, es war eben Schellings Eifer und sein Außer sich seyn über die bloße Möglichkeit der Gefahr, die ihn ungestüm machten, und, wie Marcus sich ausdrückt, die Badeweiber in Boklet, wozu der Wundarzt mit gerechnet werden muß, gegen ihn reizte.« C II, 346 u. C I, 757.
In unveröffentlichten Briefen, die Adalbert Friedrich Marcus in den Jahren 1801 und 1802 an Caroline schrieb, betonte der Brownianer noch einmal ausdrücklich, dass es keinerlei Zweifel an der Richtigkeit von Schellings Eingriff in Augustes Behandlung geben könne. Bundesarchiv Berlin, N 2321/52/576 u. 577.

43 Auch Johann Diederich Gries, jener junge Freund, der Caroline im Sommer 1798 nach Dresden begleitet hatte, kam in die Domstadt, um ihr in schwerer Zeit beizustehen.

44 Edgar Lohner, Briefe Ludwig Tieck und die Brüder Schlegel, 45ff.

45 Carl Haase, Caroline Michaelis und Georg Ernst Tatter, 217.

46 Nachweislich hielt sie sich vor dem 15. Oktober 1800 in Göttingen auf.

47 Die Verfügung schloss nur Caroline aus Göttingen aus, das Verbot galt nicht, »gleich anderen Gelehrten«, für den nach wie vor hoch geschätzten August Wilhelm Schlegel, wohl aber, prophylaktisch, für »den Bruder des Professors, den durch seine sittenverderblichen Schriften berüchtigten Friedrich Schlegel«. C II, 3.

48 Berlin-Brandenburgische Akademie der Wissenschaften, Schelling-Nachlass/898.
1803 ließ Caroline sich in Göttingen durch einen Rechtsberater vertreten. Zwei zeitlich etwas später liegende, an sie gerichtete Briefe aus dem Böhmerschen Familienkreis lassen keine Verstimmung erkennen.

49 C II, 8.

50 Luise Wiedemann, Lebenserinnerungen, 85.

51 C II, 15f. u. Horst Fuhrmans, F. W. J. Schelling, Briefe und Dokumente Bd. I, 237.

52 Es wurde im Coppeter Schloss von Madame de Staël gefunden.

53 Josef Körner, Krisenjahre der Frühromantik, Bd. I, 18.

54 C II, 540.

55 Josef Körner, Carolines Rivalin, 52.
56 C II, 4f.
57 Ein damals noch unbekannter, erst von Sigmund Freud geprägter Begriff.
58 C II, 5 u. 7.
59 C II, 60.
60 C II, 35.
61 C II, 62 u. 38.
62 C II, 19f.
63 C II, 6.
64 Xavier Tilliette, Schelling, 121.
65 Wie bereits erwähnt, wurde Schelling von Caroline gelegentlich Joseph genannt, obwohl er im Familienkreis Fritz gerufen wurde.
66 C II, 21f.
67 C II, 44.
68 Die Schriftstücke sind nicht erhalten. Ihr Inhalt geht jedoch aus Carolines Entgegnungen hervor.
69 C II, 90.

KAPITEL 8

1 C II, 353.
2 Vom Dienstmädchen Rose erfuhr Caroline, »die Veit habe immer das Essen durchaus auf den porcelan Tellern gewärmt haben wollen, und da wären sie gesprungen«. C II, 125.
3 Caroline an August Wilhelm Schlegel. C II, 107f., 112 u. 125.
4 C II, 126f.
5 Die in der Berlin-Brandenburgischen Akademie der Wissenschaften sowie in der Gothaer Forschungsbibliothek aufbewahrten Briefe Julie Gotters fanden bisher kaum Beachtung. Im Zusammenhang mit Carolines Lebensgeschichte wurden sie von der Autorin erstmals ausgewertet.
6 Forschungsbibliothek Gotha, Chart. A 2181.
7 BBAdW Schelling-Nachlass/931.
8 Im Frühjahr 1798 hatte Karl Friedrich Frommann seinen kleinen Verlag nach Jena verlegt. Seine Frau Johanna Charlotte kam Caroline besonders freundlich entgegen. Nach deren endgültigem Weggang aus Jena bedankte August Wilhelm Schlegel sich ausdrücklich für Madame Frommanns Unvoreingenommenheit.

9 Josef Körner, Briefe von und an August Wilhelm Schlegel, Bd. 3, 128.

10 BBAdW, Schelling-Nachlass/933. Das geringe Maß an Begeisterung könnte u.a. mit dem schlechten gesundheitlichen Befinden Carolines um diese Zeit in Verbindung gestanden haben.

11 Josef Körner, Krisenjahre der Frühromantik, Bd. I, 18.

12 Im Jahre 1803 heiratete Friederike Unzelmann, in zweiter Ehe, ihren Berufskollegen Eduard Heinrich Bethmann.

13 Streng genommen blieb die Paternität ungeklärt.

14 Aus Sophie Bernhardi-Tieck und Karl Gregor von Knorring wurde 1807 ein Ehepaar.

15 C II, 554.

16 C II, 335.

17 Heute: Fürstengraben/Lutherplatz.

18 Schelling an Hegel, 24. Mai 1802. Johannes Hoffmeister, Briefe von und an Hegel, Bd. 1, 67.

19 Am Kreuz 4 war seine spätere Adresse. Das Anwesen, in unmittelbarer Nachbarschaft zur St. Michaels-Kirche, ging im Jahre 1945 im Bombenhagel unter.

20 Sein dritter Doktortitel wurde Schelling von der medizinischen Fakultät der Universität zu Landshut verliehen.

21 C II, 271f.

22 BBAdW, Schelling-Nachlass/5 u. C II, 335.

23 C II, 335.

24 Erschienen in der Nr. 7 vom 16. Januar 1802. C II, 585.

25 Doch war damit der »schmerzliche Schlagabtausch« noch lange nicht abgeschlossen. Die Aufführung von Schlegels ›Ion‹ hatte schon im Vorfeld für einige Spekulationen gesorgt, weil der Verfasser – in weiser Voraussicht möglicherweise – hatte unbekannt bleiben wollen. Nicht wenige wussten trotzdem Bescheid. Karl August Böttiger, Weimars »Meister Ubique«, drohte nach der Uraufführung mit Verriss. Ihn konnte Goethe daran hindern. Andere Kritiker bestanden auf dem Urteil »Imitat«. In der ›Zeitung für die elegante Welt‹ Nr. 25 vom 27. Februar 1802 erschien eine mit »Sg.« [wohinter sich höchstwahrscheinlich Schlegel selbst verbarg] unterzeichnete Gegendarstellung. Eine weitere Rechtfertigung des Stückes, ohne Signum eingeschaltet in die Nr. 41, folgte im April d. J.

Obgleich von Schmidt in C II, 630f. als einen Beitrag Carolines oder Schellings ausgegeben, stammte dieser Aufsatz weder von ihr noch von ihm. Tatsächlich machte er oder sie Ende Juli in den Nrn. 90 bzw. 91 deutlich, wie gering sie den Schlegelschen ›Ion‹, genau genommen, schätzten. Schließlich erklärte Herausgeber Johann Gottlieb Karl Spazier, dass über das Stück nun wirklich genug geschrieben worden sei, zumal in den Nrn. 81, 82 und 83 auch noch über seine *Berliner* Aufführung [Caroline, Schelling und Schlegel besuchten sie gemeinsam] berichtet worden war. Trotzdem wurden Schlegel zwei weitere Stellungnahmen zu seiner Ehrenrettung gestattet, abgedruckt in den Augustheften 100 und 101. Horst Fuhrmans, F. W. J. Schelling. Briefe und Dokumente, Bd. II, 412 FN.

26 C II, 342.

27 Deutsches Literaturarchiv/Schillernationalmuseum Marbach am Neckar, Sign. 62.108. Teilweise abgedruckt in Werner Volke, Hölderlin. Ständige Ausstellung des Schiller-Nationalmuseums und des Deutschen Literaturarchivs, Marbacher Kataloge Nr. 33, 46f.
Der von Schmidt in seine Briefedition, C II, 342ff., aufgenommene Text stimmt mit dem hier zitierten Original von Carolines Hand nicht in allen Teilen überein.

28 G. L. Plitt, Aus Schellings Leben, Bd. I, 403f.

29 Der Geldsegen versetzt Caroline unter anderem in die Lage, ihrer Mutter mit kleinen Summen auszuhelfen – stets gegen Zinsen und Quittung, was damals auch bei der Vergabe von Darlehen innerhalb des Familienkreises durchaus gängige Praxis war.

KAPITEL 9

1 C II, 431.

2 Das heutige evangelische Pfarrhaus (Klosterhof 5), ein herrschaftliches Anwesen mit Wasserspeiern und einer ansprechend proportionierten Fassade, wurde 1770 errichtet.

3 C II, 363.

4 C II, 373.

5 Dass ihr Schwiegervater von einem unrichtigen Geburtsjahr ausging, ist aus der von ihm vorgenommenen Beurkundung von Carolines Tod ersichtlich.

6 Aufgrund der Verlegung der ›Allgemeinen Zeitung‹, für sie arbeitete Huber als Redakteur, von Stuttgart nach Ulm, stand ihm und seiner Familie gerade ein Ortswechsel bevor.

7 Therese Huber an Friedrich Ludwig Wilhelm Meyer, 5. Oktober 1804: »Da du meinen Willen mich nie als Schriftstellerin zu nennen auch ohne Gründe ehren wirst, so sage ich dir hiermit daß *alles* was

von Huber bekannt, und nicht *Geschichte,* heißt *Weltgeschichte* ist, von mir ist.« Andrea Hahn u. Bernhard Fischer: ›Alles ... von mir‹, 56.

8 Andrea Hahn u. Bernhard Fischer, Therese Huber. Die reinste Freiheitsliebe, die reinste Männerliebe, 30.

9 Therese Huber, Briefe I, 438f. u. Briefe II, 48.

10 Therese an Mariette von Hartmann. Andrea Hahn u. Bernhard Fischer, Therese Huber. Die reinste Freiheitsliebe, die reinste Männerliebe, 30.

11 Clémence, Thereses letztes, am 29. April 1803 geborenes Kind, lebte nur wenige Wochen.

12 Unter dem Eindruck dieses Verlustes schrieb Therese an Meyer: »Wilhelm ich bin Wittwe. Heute früh um 3 Uhr starb mein geliebter Mann. Kannst Du das faßen? Er litt 3 Wochen, die lezten nicht – Ich athme frei nun er dem Leiden entrißen ist, aber mein Dasein ist zerstört. Kannst du das faßen? ich bin Wittwe. Das Wesen mit dem ich 16 Jahr jedes Gefühl jeden Gedanken theilte, alles genoß – mit dem ich dachte, dichtete, las, schrieb, mit dem ich das Schicksal bekämpfte, mit dem ich sorgte – Sieh jezt ist meine Vergangenheit im Grabe ...« Andrea Hahn u. Bernhard Fischer, Therese Huber. Die reinste Freiheitsliebe, die reinste Männerliebe, 30.

13 Einmal waren die durchreisenden Liebeskinds dabei. Im Umgang mit jenen gelang Caroline die weitere Festigung der Freundschaft.

14 Sequenz: Therese Huber an ihre siebzehnjährige älteste Tochter Therese Forster (im Original französisch) an ihren Vater Christian Gottlob Heyne und an Schelling. Therese Huber, Briefe I, 424, 426f., 440, u. 754.

15 G. L. Plitt, Aus Schellings Leben, Bd. I, 468.

16 C II, 371f.

17 C II, 372.

18 C II, 373.

Der spätere Englische Garten geht auf eine Idee Sir Benjamin Thompsons, Graf von Rumford, amerikanischer Physiker sowie Generalleutnant der kurfürstlich-bayerischen Armee und Anhänger der Aufklärung, zurück. Kurfürst Karl Theodor, Vorgänger von Max IV. Joseph, griff den Vorschlag begeistert auf und beauftragte den Gartenarchitekten Ludwig von Sckell mit der Realisierung des Projekts. Neben botanische Attraktionen traten landwirtschaftliche Musterbetriebe wie Ackerbauschule, Baumschule, »Vieh-Arznei-Schule«, Schäferei und Schweizerei. 1792 wurde der damalige ›Theodor-Park‹ im Rahmen eines großen Volksfests eröffnet.

19 C II, 373.
20 C II, 373 u. Plitt I, 483.
21 Erst 1826, unter Ludwig I., fand die Hochschule ihren Weg von Landshut nach München.
22 Um diese Zeit führte Montgelas den Freiherrn im Namen, der Grafentitel wurde ihm erst 1809 verliehen.
23 C II, 374.
24 Heute Domschulstraße 16.
25 C II, 376.
26 C II, 379.
27 Sequenz vgl. Leo Günther, Würzburger Chronik, Bd. 3.
28 Plitt II, 9.
29 Plitt II, 9.
30 C II, 380.
31 C II, 380.
1805 zogen die Paulus' und von Hovens in einen anderen Universitätstrakt um, den so genannten Borgiabau. Obwohl sie ursprünglich ebenfalls dorthin wechseln wollten, blieben die Schellings, vor allem wegen der fortgesetzten Feindseligkeiten, in ihrer bisherigen Wohnung.
32 Plitt I, 481.
33 Rudolf Unger, Briefe von Dorothea und Friedrich Schlegel an die Familie Paulus, 15.
34 Rudolf Unger, Briefe von Dorothea und Friedrich Schlegel an die Familie Paulus, 60.
35 Jürgen Behrens, Clemens Brentano. Sämtliche Werke und Briefe, Bd. 31, 349 u. 552.
36 Das fast gleichnamige Vorgänger-Journal war mit Christian Gottfried Schütz nach Halle abgewandert.
37 Erich Frank, Rezensionen über schöne Literatur von Schelling und Caroline in der Neuen Jenaischen Literatur-Zeitung, 7 u. Plitt II, 44.
38 Horst Fuhrmans u. Liselotte Lohrer, Schelling und Cotta, 17.
Schelling an Cotta, 25. November 1807:
»Wenn Sie Einrichtung treffen können, wonach die neuesten ästhetischen Produkte in meine Hände (hieher) kommen: so stehe ich Ihnen für Anzeigen derselben, mit denen Sie zufrieden seyn und welche die bisherigen um Vieles übertreffen sollen.« Horst Fuhrmans u. Liselotte Lohrer, Schelling und Cotta, 23.
39 Othenin d'Haussonville, Mme de Staël et l'Allemagne, 198f. (im Original französisch).

Madame de Staëls Vater, Jacques Necker, war Bankier und zeitweilig auch französischer Finanz- und Premierminister.

40 Im Verlaufe dieser Reise traf August Wilhelm Schlegel mit Therese Huber zusammen. Diese zeigte sich über sein »Leichnamsgesicht« sehr erschrocken und meinte, an ihm den Geruch des Rauschmittels »Andromache«, ein stark wirksames Opiumpräparat, wahrgenommen zu haben: »welch ein betrübtes, zerstörtes Geschöpf«. Therese Huber, Briefe II, 44.
August Wilhelm Schlegel revanchierte sich, quasi, mit der Bemerkung, Therese, »zwar niemals hübsch«, sei vorzeitig gealtert und »zum Erschrecken ihrem häßlichen schielenden Vater ähnlich geworden«. Josef Körner, Krisenjahre der Frühromantik, Bd. I, 81.

41 Außerdem fielen August Wilhelm in Carolines Wohnung eine gipserne Goethe-Büste und zwei Orangenbäumchen auf.

42 An Julie Gotter. C II, 383.

43 An Julie Gotter. C II, 385.

44 Hierzu Xavier Tilliette, Schelling, 164: Mit seinen »bedeutungsschweren und riskanten Äußerungen« habe Schelling sagen wollen, es gäbe keine reale Endlichkeit, keine Endlichkeit an sich; im Absoluten sei das Reale des Idealen nicht endlich, sondern unendlich, nichts sei wirklich endlich, sondern alles absolut, alles vollkommen, alles gottgleich also. Das verstehe wer will.

45 Plitt I, 482 u. Plitt II, 29f.

46 Plitt II, 34.

47 Plitt II, 34 u. 36f.

48 »Schellings aggressivster und giftigster Feind« war, aus heutiger Sicht, der Münchner Gymnasialdirektor Kajetan Weiller; dessen »polemische, hinterhältige und verschlagene Schriften wiesen alle Boshaftigkeit auf, die fromme Seelen manchmal befallen kann«. Xavier Tilliette, Schelling, 143.

49 C II, 399.

50 Gemeint ist Carl Caspar von Siebold der Ältere (1736–1807).

51 Als Erster in Deutschland wendete Siebold bei Geburtsstillstand mit gutem Erfolg die Symphysiotomie an. In Zeiten, da der Kaiserschnitt als gängige gynäkologische Hilfsmaßnahme noch in weiter Ferne lag, ermöglichte einzig dieser mutige operative Eingriff die Rettung der Leben von Mutter und Kind. Caroline wusste nur zu gut, was andernfalls unabwendbar Schreckliches passierte. 1786, als sie noch in Clausthal wohnte, war auch Luise Boie, eine mit ihr sehr gut befreundete Cousine von Seiten der Böhmers, an der Unmöglichkeit, ihr

Kind zur Welt zu bringen, elendiglich zugrunde gegangen. Weder die Gebärende noch die Hebamme, noch der erst nach Tagen unbeschreiblicher Qual hinzugezogene Arzt hatten den zuerst noch lebenden und dann toten Knaben aus dem Körper der Mutter herausgebracht.

Aus der großen, weit verzweigten Würzburger Siebold-Familie gingen viele bedeutende Ärzte und anderweitige Gelehrte hervor. Darunter Josefa von Siebold (1771–1849), eine Eingeheiratete. Während ihr selbst als erster deutscher Frau die Ehrendoktorwürde der Entbindungskunst verliehen wurde, ging ihre Tochter Charlotte Heidenreich von Siebold (1788–1859) als erste »regulär« promovierte Frauenärztin in die Medizingeschichte ein.

52 1800 war Tatter nach St. Petersburg gegangen, wo er eine Zeitlang als rechte Hand von Graf Ernst zu Münster, hannoverscher Diplomat in englischen Diensten, beschäftigt war.

53 Mit Ausnahme fragmentarisch erhaltener Tagebücher.

54 Die Vernichtung wurde vom Nachlassverwalter veranlasst, der damit wohl einer testamentarischen Anweisung Tatters folgte.

55 C II, 418.

56 C II, 418.

57 C II, 423.

Zur Information: Die Redewendung »Hals- und Beinbruch« ist eine Umformung von hebräisch »halachah we barachah« = »Heil und Segen«.

Im August 1807 urteilte Caroline bereits weniger streng. Am 24. des Monats schrieb sie an Pauline Gotter, ihr komme »zuweilen der Wunsch«, Napoleon »doch auch einmal zu sehen, um ihn lieber zu gewinnen. Jedermann sagt, daß sein Anblick etwas versöhnendes habe. Für mich ist er immer nur noch das personnificirte Schicksal gewesen, das ich nicht hasse und nicht liebe, sondern abwarte, wohin es die Welt führt«, C II, 504.

58 1806, zum Zeitpunkt der Eheschließung, war Eugène Beauharnais italienischer Vizekönig. Nach dem Sturz Napoleon Bonapartes bekam er 1817 von seinem bayerischen Schwiegervater den Titel eines Herzogs von Leuchtenberg verliehen, die gleichnamige Landgrafschaft zugesprochen sowie das Fürstentum Eichstätt.

59 Xavier Tilliette, Schelling im Spiegel, 173.

60 C II, 431 u. Plitt II, 85.

61 Cicisbeo: italienisch für Hausfreund, Galan. C II, 451.

62 C II 430, 466 u. 470.

63 C II, 430.
64 C II, 435.
65 C II, 468.
66 »Die Trennung hatte uns beiden unerträglich geschienen, wir gaben uns das Wort, uns in keinem Falle wieder zu trennen.« Plitt II, 257.

KAPITEL 10

1 C II, 538.
2 Hans Lehmbruch, Ein neues München, 75.
3 Schelling am 21. August 1806 an Franz Xaver von Baader. Horst Fuhrmans, Schelling. Briefe und Dokumente III, 353.
Bei der Suche nach einem geeigneten Quartier war ihnen Meta Liebeskind, seit einiger Zeit in München beheimatet, behilflich gewesen. Schelling-Nachlass BBAdW/429.
4 Caroline am 28. November 1806 an Luise Gotter. C II, 477.
Freilich sah sie neben beziehungsweise vor den tirolerischen die bayerischen Alpen in Gestalt von Karwendel-, Wetterstein- und Zugspitzmassiv …
5 Plitt II, 98.
6 Plitt II, 99.
7 Plitt II, 142.
8 Plitt II, 86.
9 C II, 506 u. 489.
10 Johannes Hoffmeister, Briefe von und an Hegel, Bd. 1, 157.
11 C II, 480.
12 Caroline an Luise Gotter und deren Töchter. C II, 485f.
13 C II, 491f. u. Xavier Tilliette, Schelling im Spiegel, 203.
14 C II, 186.
15 C II, 495.
16 Sequenz Plitt II, 112ff.
17 C II, 492.
18 C II, 497.
19 C II, 543.
Der bei Regensburg hoch über der Donau errichtete, ›Walhalla‹ genannte ›Ruhmestempel‹ wurde erst 1841, in der Regierungszeit Ludwigs I., fertiggestellt und eingeweiht.
20 Horst Fuhrmans, Briefe und Dokumente III, 398.
21 C II, 487.

22 Ab 1817, nach seiner Konversion zum Katholizismus, trug er den Namen Heinrich Sigmund Friedrich Pappenheimer von Kerstorf.

23 Horst Fuhrmans, Schelling. Briefe und Dokumente III, 496f.

24 C II, 514.

25 Nur dass die de Staël sie optisch mitunter an eine Marketenderin erinnerte, fand Caroline gewöhnungsbedürftig.

26 C II, 514.

27 C II, 533.

28 C II, 535.

29 Horst Fuhrmans, Briefe und Dokumente I, 442f.

30 1805.

31 Horst Fuhrmans, Schelling und Cotta, 17.

32 C II, 484 u. 488.

33 Goethe hatte die »liebe gute Pauline« in Karlsbad, wohin die jüngste Gotter-Tochter als Gesellschafterin einer vermögenden Freundin gekommen war, auf Anhieb in sein Herz geschlossen und mit ihr als Begleiterin viele Spaziergänge unternommen. Zurück in Weimar respektive Gotha, tauschten er und sie Gedicht gegen Stickerei aus.

34 C II, 536 u. 538.

35 BBAdW, Nachlass Schelling/Sign. 35.

36 Im Februar 1808 stellte Caroline für die seit vier Jahren rückständigen Zinsen einen Schuldschein aus.

37 C II, 527.

Im April 1809 rückten die Österreicher tatsächlich in Bayern ein. Dem in Eilmärschen zu Hilfe gekommenen Napoleon gelang es, die feindliche Armee zurückzudrängen; sie wurde im Juli 1809 bei Wagram in Niederösterreich vernichtend geschlagen.

38 1807 war Friedrich Immanuel Niethammer als bayerischer Zentralschulrat nach München gerufen geworden. Seine Frau hatte sich in Würzburg aus der Fehde der drei verfeindeten Nachbarinnen – Paulus, von Hoven, Schelling – so weit es ihr möglich war herausgehalten.

39 BBAdW, Nachlass Schelling/Sign. 35.

40 C II, 533 f.

41 Im Januar 1805 war Bettine nach hohem Fieber und Kreislaufzusammenbruch lange Zeit bewusstlos gewesen; schuld daran war, ihrer Meinung nach, die Schellingsche Philosophie, mit der sie ihre augenkranke Freundin Karoline von Günderode auf deren Wunsch hin habe füttern müssen – »das hat mich ganz krank gemacht«. Max Preitz u. Doris Hopp, Karoline von Günderodes Studienbuch, 210.

42 Wilhelm Schellberg u. Friedrich Fuchs, Die Andacht zum Menschenbild, 88f. u. Xavier Tilliette, Schelling im Spiegel, 201.

43 Brief an Luise Wiedemann. C II, 541f.
Anfang März 1809, in einem Schreiben an Pauline Gotter, urteilte Caroline zwar ein wenig differenzierter, blieb aber generell bei ihrer Meinung, wenn sie schrieb: »Das will ich Dir sagen, wir haben hier eine Nebenbuhlerin von Dir, mit der ich Dich schon ein wenig ärgern muß, wie sie mit Dir. Da kürzlich in einem Allmanach eine Erzählung von Goethe unter der Benennung *die pilgernde Thörin* stand, glaubt ich, er könnte niemand anders damit gemeint haben als eben Deine Nebenbuhlerin, doch paßt die Geschichte gar nicht, aber jener Name paßt wie für *Bettine Brentano* erfunden. Hast Du noch nicht von ihr gehört? Es ist ein wunderliches kleines Wesen, eine wahre Bettine (aus den venetianischen Epigrammen) an körperlicher Schmieg- und Biegsamkeit, innerlich verständig, aber äußerlich ganz thöricht, anständig und doch über allen Anstand hinaus, alles aber, was sie ist und thut, ist nicht rein natürlich, und doch ist es ihr unmöglich anders zu seyn. Sie leidet an dem Brentanoischen Familienübel: einer zur Natur gewordnen Verschrobenheit, ist mir indessen lieber wie die andern.« C II, 544.

44 C II, 491 u. 546.

45 Josef Körner, Krisenjahre I, 437.
Als Frau von Nuys, eine andere ehemalige Geliebte August Wilhelm Schlegels, einen Besuch bei Schellings in München ankündigte, war Caroline fest entschlossen, sie dann »gewiß nicht zu mir zu lassen«. C II, 541.

46 So der Titel eines von Klaus Günzel herausgegebenen und kommentierten Buches mit dem Zusatz ›Das Leben des Dichters Ludwig Tieck in Briefen, Selbstzeugnissen und Berichten‹.

47 C II, 545 u. 547.

48 Josef Körner, Krisenjahre II, 32.

49 Horst Fuhrmans, Briefe und Dokumente I, 427.

50 Brief vom 21. Februar 1809. C II, 543.

51 C II, 500.

52 Plitt II, 147.

53 Eine Arbeit, die heutzutage als Schellings bedeutendstes, nachhaltig wirksamstes und meistgelesenes Werk gilt.

KAPITEL II

1 C II, 568f.

2 C II, 557.
Carolines anders lautende Bemerkung im Brief an Philipp Michaelis vom 16. August 1809 – »Ich hätte wohl Lust gar nicht zurückzukommen.« – hing vor allem mit ihrer Furcht vor einem Übergriff der kriegerischen Auseinandersetzungen zwischen Österreichern und Franzosen auch auf die Stadt München zusammen. C II, 559.

3 C II, 561.

4 Plitt II, 186.

5 Regina Justine Gottliebin Pauly, die Ehefrau eines Professors am Maulbronner evangelisch-theologischen Seminar, starb am 2. September.

6 Plitt II, 173.

7 C II, 568f.

8 C II, 347.

9 Plitt II, 174 u. Petra Plättner, »Jedes fühlende Wesen stehe mit Andacht hier«. Das Grab der Caroline Schelling in Maulbronn, 5.
Im Kirchenbuch ist ihr Alter, wie bereits erwähnt, mit »39 Jahr« angegeben.

10 Plitt II, 169 u. Petra Plättner: »Jedes fühlende Wesen stehe mit Andacht hier«. Das Grab der Caroline Schelling in Maulbronn, 5 u. 8.

11 Plitt II, 174f.

12 Plitt II, 184.

13 Jochen Kirchhof, Schelling, 129. u. 133.

NACHLESE

1 Vgl. Petra Plättner, »Jedes fühlende Wesen stehe mit Andacht hier«. Das Grab der Caroline Schelling in Maulbronn.

2 J. M. Raich, Dorothea v. Schlegel geb. Mendelssohn und deren Söhne Johannes und Philipp Veit, 388.

3 Johannes Hoffmeister, Briefe von und an Hegel, Bd. 1,297.

4 C II, 664.

5 Therese Huber, Briefe IV, 482.

6 Plitt II, 177 u. 214.

7 Plitt II, 183.

8 »Wenige Minuten vor seinem Tode«, auch das protokollierte sein Sohn

Fritz, habe er »als wollte Schelling die Welt noch einmal ansehen, auf die gegenüberliegenden Berge geblickt«. Carmen Kahn-Wallerstein, Schellings Frauen: Caroline und Pauline, 277.

9 Pauline von Pange, August Wilhelm Schlegel und Frau von Staël, 80.

10 Pauline von Pange, August Wilhelm Schlegel und Frau von Staël, 110.

11 Horst Fuhrmans, Briefe und Dokumente II, 359.

12 Carola Stern, ›Ich möchte mir Flügel wünschen‹, 284.

13 Als Cotta später seinen Verlag aus politischen Gründen von Stuttgart nach Augsburg verlegte, wechselte Therese erneut den Wohnort.

14 Andrea Hahn u. Bernhard Fischer, ›Alles von mir‹, 79.

15 Berlin-Brandenburgische Akademie der Wissenschaften, Nachlass Schelling, Sign. 5.

Archive und Fundstellen

Akademie der Wissenschaften, Schelling-Kommission, München
Archiv der Berlin-Brandenburgischen Akademie der Wissenschaften Berlin
Archiv im Landesamt für Bergbau, Energie und Geologie Clausthal-Zellerfeld
Bayerisches Staatsarchiv Würzburg
Bayerische Staatsbibliothek München
Bundesarchiv, Außenstelle Frankfurt
Bundesarchiv Berlin
Burg- und Stadtmuseum Königstein im Taunus
Deutsches Buch- und Schriftmuseum in der Deutschen Nationalbibliothek Leipzig
Evangelisches Pfarramt Maulbronn
Evangelisches Pfarramt Murrhardt
Forschungsbibliothek Gotha
Freies Deutsches Hochstift Frankfurt
Geschichts- und Museumsverein Clausthal-Zellerfeld
Goethe-Museum Düsseldorf
Hauptstaatsarchiv Hannover
Hauptstaatsarchiv Ludwigsburg
Hessisches Hauptstaatsarchiv Wiesbaden
Hessisches Landesamt für geschichtliche Landeskunde, Marburg an der Lahn
Hessisches Staatsarchiv Darmstadt
Hessisches Staatsarchiv Marburg
Institut für Bankhistorische Forschung e.V. Frankfurt
Landeskirchliches Archiv Stuttgart
Niedersächsische Staats- und Universitätsbibliothek Göttingen
Sächsische Landesbibliothek – Staats- und Universitätsbibliothek Dresden
Schiller-Nationalmuseum/Deutsches Literaturarchiv Marbach
Shakespeare-Forschungsbibliothek beim Institut für Englische Philologie der Universität München
Stiftung Weimarer Klassik, Goethe-Schiller Archiv Weimar
Stadtarchiv Braunschweig

Stadtarchiv Göttingen
Stadtarchiv Jena
Stadtarchiv Mainz
Stadtarchiv Maulbronn
Stadtarchiv München
Stadtarchiv Würzburg
Stadtmuseum München
Thüringisches Staatsarchiv Altenburg
Thüringische Universitäts- und Landesbibliothek Jena
Universitätsbibliothek Heidelberg
Universitätsarchiv Göttingen
Universitätsarchiv Würzburg
Zentrum für Literaturforschung Berlin

Quellen und bibliografische Auswahl

Zitate sind originalgetreu wiedergegeben, orthografische und grammatikalische Abweichungen gehen auf die jeweiligen handschriftlichen oder gedruckten Vorlagen zurück.

Alexander, Wolfgang: Caroline – eine Göttingerin, die ihre Zeitgenossen bezaubern und schockieren konnte, in: Göttinger Monatsblätter, 2/1980, S. 2–3

Ammon, Frieder von: Ungastliche Gaben. Die ›Xenien‹ Goethes und Schillers und ihre literarische Rezeption von 1796 bis in die Gegenwart, Tübingen 2005

Arndt, Andreas, u.a. (Hrsg.): Friedrich Schleiermacher. Kritische Gesamtausgabe, 5. Abteilung, Briefwechsel, Bd. 3–7, Berlin/New York 1992ff.

Arndt, Karl, u.a. (Hrsg.): Göttinger Gelehrte. Die Akademie der Wissenschaften zu Göttingen in Bildnissen und Würdigungen. 1751–2001, Bd. 1, Göttingen 2001

Assing, Ludmilla (Hrsg.): Varnhagens Tagebücher. Aus dem Nachlaß Varnhagen's von Ense, Leipzig 1861–1870

Athenaeum. Eine Zeitschrift, 3 Bände, Faksimile-Ausgabe mit einem Nachwort von Ernst Behler, Darmstadt 1960

Bäumer, Gertrud: Studien über Frauen, Berlin 1928

Baensch, Otto (Hrsg.): Friedrich Schelling. Gedichte, Jena 1917

Baus, Lothar (Hrsg.): ›Nachtwachen‹ von (des) Bonaventura alias Johann Wolfgang Goethe, Homburg/Saar 2001

Becker-Cantarino, Barbara (Hrsg.): Die Frau von der Reformation zur Romantik, Bonn 1980

Beets, Manfred (Hrsg.): Goethe: Sämtliche Werke nach Epochen seines Schaffens. Münchner Ausgabe, Bd. 8.1.: Briefwechsel zwischen Schiller und Goethe in den Jahren 1794–1805, München 1990

Behler, Ernst: Friedrich Schlegel mit Selbstzeugnissen und Bilddokumenten, Reinbek bei Hamburg, 1996

Behler, Ernst: Friedrich Schlegel, in: Benno von Wiese (Hrsg.): Deutsche Dichter der Romantik, Berlin 1983, 2. überarbeitete und vermehrte Auflage, S. 197–223

Behler, Ernst: Caroline Böhmer und Jean-Baptiste Dubois-Crancé. Textkritische Aufklärung einer Episode der Frühromantik, in Heimo Reinitzer (Hrsg.): Textkritik und Interpretation. Festschrift für Karl Konrad Polheim zum 60. Geburtstag. Bern u.a. 1987, S. 269–283

Behler, Ernst (Hrsg.): Kritische Friedrich-Schlegel-Ausgabe; Bd. 1: Studien des klassischen Altertums; Bd. 23, Abt. 1: Briefe von und an Friedrich und Dorothea Schlegel, Bd. 24, Abt. 1: Die Periode des Athenäums, Paderborn 1979, 1987 u. 1985

Behler, Ernst: Frühromantik, Berlin 1992

Behrend, Alice: Die gute alte Zeit, Hamburg 1962.

Behrens, Jürgen, u.a. (Hrsg.): Clemens Brentano. Sämtliche Werke und Briefe. Historisch kritische Ausgabe, Bd. 29–32 Briefe I u. III, Stuttgart u.a. 1988ff.

Berbig, Max: Caroline von Schelling und Therese Huber in ihren Beziehungen zu Gotha, in: Mitteilungen der Vereinigung für gothaische Geschichte und Altertumsforschung, Gotha 1925, S. 11–25

Bernays, Michael: Zur Entstehungsgeschichte des Schlegelschen Shakespeare, Leipzig 1872

Biedrzynski, Effi: Goethes Weimar. Das Lexikon der Personen und Schauplätze, Düsseldorf u. Zürich 1992

Biewend, Edith: Caroline reist nach Murrhardt, Heilbronn 1977

Blinn, Hansjürgen: Shakespeare-Rezeption. Die Diskussion um Shakespeare in Deutschland. II. Ausgewählte Texte von 1793 bis 1827, Berlin 1988

Blisch, Bernd: »War das weibliche Verirrung?« Die Göttinger »Universitätsmamsellen« und die Mainzer Republik, in: Mainzer Geschichtsblätter. Veröffentlichungen des Vereins für Sozialgeschichte Mainz e.V., Heft 8, Mainz 1993, S. 62–78

Blochmann, Elisabeth: Das ›Frauenzimmer‹ und die ›Gelehrsamkeit‹. Eine Studie über die Anfänge des Mädchenschulwesens in Deutschland, Heidelberg 1966

Blumenbach, Johann Friedrich (Hrsg.): Medizinische Bibliothek, Bd. 3, Göttingen 1795

Böcking, Eduard von (Hrsg.): August Wilhelm Schlegel. Sämtliche Werke, 16 Bde., Leipzig 1846

Böhme, Ernst, u.a. (Hrsg.): Göttingen. Geschichte einer Universitätsstadt. Bd. 2: Vom Dreißigjährigen Krieg bis zum Anschluss von Preußen – Der Wiederaufstieg als Universitätsstadt (1648–1866), Göttingen 2002

Böhme, Wolfgang (Hrsg.): Selbständigkeit und Hingabe. Frauen der Romantik. Herrenalber Texte 24, Karlsruhe 1980

Böhmer, Johann Franz Wilhelm: De Nono Parte Nervorum Cerebri, Dissertation, Göttingen 1777
Böhmer, Johann Franz Wilhelm: Securam Hydropem Curandi Rationem Exponit Et Simul Praelectiones Suas, Göttingen 1779
Bojanowski, P. v.: Auf dem Kirchhof von Bocklet, in: Westermanns Illustrierte Monatshefte 89 (1901), S. 515ff.
Bondy, B.: Caroline – unter anderem auch: Exempel einer Emanzipation, Süddeutsche Zeitung vom 5./6./7. Januar 1979
Borcherdt, Hans Heinrich (Hrsg.): Schiller und die Romantiker. Briefe und Dokumente, Stuttgart 1948
Brandes, Irma: Caroline. Lebensbild der Romantik. Ein biographischer Roman um Caroline Schlegel-Schelling, Frankfurt a. M. 1978
Brandes, Irma, u. Ursula Mauch: »Der Freiheit entgegen«. Frauen der Romantik, München 1986
Braun, Else: Als Dame Lucifer in Bocklet war, in: Beilage ›Die Frau‹ der Münchner Neuesten Nachrichten vom 17. November 1935
Braun, O. (Hrsg.): Schelling als Persönlichkeit, Briefe, Reden, Aufsätze, Leipzig 1908
Brentano, Bernard von: August Wilhelm Schlegel. Geschichte eines romantischen Geistes, Stuttgart 1949
Brüdermann, Stefan: Göttinger Studenten und akademische Gerichtsbarkeit im 18. Jahrhundert, Göttingen 1990
Bürger, Christa: Leben schreiben. Die Klassik, Die Romantik und der Ort der Frauen, Königstein/Taunus 2001
Bulling, Karl: Die Rezensenten der Jenaischen Allgemeinen Literatur-Zeitung im ersten Jahrzehnt ihres Bestehens 1804–1813. Claves Jenenses, Heft 11, Weimar 1962
Campe, Elise: Zur Erinnerung an Friedrich Ludwig Wilhelm Meyer, den Biographen Schröder's. Lebensskizze nebst Briefen, 2 Bde., Braunschweig 1847
Campe, Elisabeth: Aus dem Leben von Johann Diederich Gries. Nach seinen eigenen und den Briefen seiner Zeitgenossen, Leipzig 1855
Conrad, Hermann: Die Rechtsstellung der Ehefrau in der Privatgesetzgebung der Aufklärungszeit, in: Aus Mittelalter und Neuzeit, Festschrift zum 70. Geburtstag von Gerhard Kallen, hrsg. von J. Engel und H. Klinkenberg, Bonn 1957, S. 253–270
Dammköhler, G. (Hrsg.): Schellings Briefwechsel mit Niethammer vor seiner Berufung nach Jena. Nebst 46 unedierten Briefen Schellings aus den Jahren 1795–1798, Leipzig 1913
Dilk, Enrica Yvonne: Zwischen Kunsttheorie und Kunstempirie. Ru-

mohrs Briefe an Caroline und Friedrich Wilhelm Schelling, in: Dilk, Enrica Yvonne: Ein »practischer Aesthetiker«. Studien zum Leben und Werk Carl Friedrich von Rumohrs, Hildesheim u.a. 2000, 181 bis 215

Dilthey, Wilhelm, u. Ludwig Jonas: Aus Schleiermacher's Leben. In Briefen. Bd. 3: Schleiermacher's Briefwechsel mit Freunden bis zu seiner Uebersiedelung nach Halle, namentlich der mit Friedrich und August Wilhelm Schlegel, Berlin 1861 (Nachdruck Berlin/New York 1974)

Dischner, Gisela: Caroline und der Jenaer Kreis. Ein Leben zwischen bürgerlicher Vereinzelung und romantischer Geselligkeit, Berlin 1979

Dröscher, Georg (Hrsg.): Unveröffentlichte Briefe von Albert Niemann und Caroline Schlegel, Berlin 1931

Dumont, Franz: Das Ende der Mainzer Republik in der Belagerung, in: Mainzer Zeitschrift 75 (1980), S. 159–186

Dumont, Franz: Gelehrten-Alltag in der Goethezeit, in: Samuel Thomas Soemmerring und die Gelehrten der Goethezeit. Beiträge eines Symposiums in Mainz vom 19.–21. Mai 1983, hrsg. v. G. Mann u.a., Mainz 1985

Dumont, Franz: Die Mainzer Republik von 1792/93. Studien zur Revolutionierung in Rheinhessen und der Pfalz, Alzey 1993

Eberhard, Lieselotte J.: Von der berühmten gelehrten schönen und trefflichen Dorothea Schlözer Doctor der Philosophie verehelichte von Rodde in Lübeck, Kleine Hefte zur Stadtgeschichte, hrsg. vom Archiv der Hansestadt Lübeck, Heft 12, Lübeck 1995

Eckardt, M. (Hrsg.): Briefe aus alter Zeit. Wilhelmine Heyne-Heeren an Marianne Friederike Bürger 1794–1803 und ein Nachtrag, Hannover 1913

Ehrhardt, Walter E.: Goethes Clausthaler Tochter? – Auguste Böhmer starb vor 200 Jahren, in: Unser Harz 10/2000, S. 183–190

Ehrhardt, Walter E.: Goethe und Auguste Böhmer. War sie vielleicht Goethes natürliche Tochter?, in: Vernunft und Glauben. Ein philosophischer Dialog der Moderne mit dem Christentum. Père Xavier Tilliette SJ zum 85. Geburtstag, Berlin 2006, S. 277–294

Eibl, Karl, u.a. (Hrsg.) Goethe, Johann Wolfgang: Sämtliche Werke. Bd. 12 Johann Peter Eckermann im Gespräch mit Goethe, Frankfurt a.M. 1998

Eichner, Hans: Das Bild der Frau in der Frühromantik. Theorie und Wirklichkeit, in: Hartwig Schulz (Hrsg.): Salons der Romantik, Berlin 1997, S. 1–19

Elsas, M. J.: Umriss einer Geschichte der Preise und Löhne in Deutschland.

Vom ausgehenden Mittelalter bis zum Beginn des neunzehnten Jahrhunderts, 2 Bde., Leiden 1936 u. 1940

Fauser, Markus: Das Gespräch im 18. Jahrhundert. Rhetorik und Geselligkeit in Deutschland, Stuttgart 1991

Feilchenfeldt, Konrad, u.a. (Hrsg.): Rahel Varnhagen. Gesammelte Werke, 10 Bde., München 1983

Fester, Richard (Hrsg.): »Der Universitäts-Bereiser« Friedrich Gedike und sein Bericht an Friedrich Wilhelm II., Archiv für Kulturgeschichte. Ergänzungsheft 1, Berlin 1905

Feuerbach, Ludwig (Hrsg.): Anselm Feuerbachs Leben und Wirken. Briefe, Tagebücher, Bd. I, Leipzig 1852

Finke, Heinrich (Hrsg.): Briefe an Friedrich Schlegel, 3 Bde., Köln 1917 u. 1918, München 1923 *(Bd. II, 83 Urteil Dorothea Veits über die Ehe der Schlegels)*

[Johann Georg] Forster's Briefwechsel, hrsg. von Therese Huber, 2 Bde., Leipzig 1829

[Georg] Forsters Werke. Sämtliche Schriften, Tagebücher, Briefe, hrsg. von der Akademie der Wissenschaften der DDR unter Leitung von Gerhard Steiner, Bd. 12, Tagebücher; Bd. 13, Briefe bis 1783; Bd. 14, Briefe 1784–Juni 1787; Bd. 15, Briefe Juli 1781–1789; Bd. 16, Briefe 1790 bis 1791; Bd. 17, Briefe 1792 bis 1794 und Nachträge; Bd. 18, Briefe an Forster, Berlin

Frank, Erich: Rezensionen über schöne Literatur von Schelling und Caroline in der Neuen Jenaischen Literaturzeitung, in: Sitzungsberichte der Heidelberger Akademie der Wissenschaften, Philosophisch-historische Klasse, Bd. III, Heidelberg 1912

Frensdorff, F.: Die englischen Prinzen in Göttingen, in: Zeitschrift des Historischen Vereins für Niedersachsen, 1905, S. 421–481

Frensdorff, F.: Die Heimat Carolinens, in: Zeitschrift des Historischen Vereins für Niedersachsen, 1920, S. 2–82

Frommann, Friedrich Johannes: Das Frommannsche Haus und seine Freunde. 1792–1837, Jena 1870

Fuhrmans, Horst (Hrsg.): F. W. J. Schelling. Briefe und Dokumente, 3 Bde., Bonn 1962

Fuhrmans, Horst, u. Liselotte Lohrer (Hrsg.): Schelling und Cotta. Briefwechsel 1803–1849, Stuttgart 1965

Gebhardt, Peter A.: August Wilhelm Schlegels Shakespeare-Übersetzung. Untersuchungen zu seinem Übersetzungsverfahren am Beispiel des Hamlet, Göttingen 1970

Geiger, Ludwig: Dichter und Frauen. Vorträge und Abhandlungen, Berlin 1896

Geiger, Ludwig: Therese Huber. 1764–1829. Leben und Briefe einer deutschen Frau, Stuttgart 1901
Genée, Rudolph: A. W. Schlegel und Shakespeare. Ein Beitrag zur Würdigung der Schlegelschen Übersetzungen, Berlin 1903
Gerhard, Ute: Verhältnisse und Verhinderungen. Frauenarbeit, Familie und Rechte der Frauen im 19. Jahrhundert. Frankfurt a.M. 1978
Gerhardt, L. (Hrsg.): Karl August Böttiger und Georg Joachim Göschen im Briefwechsel, Leipzig 1911
Gersdorff, Dagmar von: ›Dich zu lieben kann ich nicht verlernen‹. Das Leben der Sophie Brentano-Mereau, Frankfurt a.M. 1990
[Johann Wolfgang] Goethes Werke, hrsg. im Auftrage der Großherzogin Sophie von Sachsen, IV. Abtheilung: Goethes Briefe, 15. Bd., 1800/1801, Weimar 1894 (Nachdruck München 1987)
Göttingen im 18. Jahrhundert. Eine Stadt verändert ihr Gesicht. Texte und Materialien zur Ausstellung im Städtischen Museum und im Stadtarchiv Göttingen. 26. April–30. August 1987, Göttingen 1987
Gottschall, R.: Die Coeurdame der romantischen Schule, in: Blätter für literarische Unterhaltung, No. 37, Leipzig 1871, S. 577–583
Graßl, Hans: Die Münchner Romantik. Zur Frage ihrer Grundlagen, in: Zeitschrift für Bayerische Landesgeschichte Heft 21 (1958), S. 110–129
Gravenkamp, Horst: Ein Mädchen, kaum zwölf Mo[n]den alt«, in: Lichtenberg-Jahrbuch 1889, Göttingen 1990, S. 161–175
Grosse, Carl: Memoiren des Marquis von G., Berlin 1792
Günther, Leo: Würzburger Chronik, Bd. III., Würzburg 1925
Günther, Sonja: Wir winden dir den Jungfernkranz. Eine kleine Chronik Berlins um 1800, München u. Berlin 2001
Günzel, Klaus (Hrsg.): König der Romantik. Das Leben des Dichters Ludwig Tieck in Briefen, Selbstzeugnissen und Berichten, Berlin 1981
Gulyga, Arsenij V.: Schelling, Stuttgart 1989
Gustedt, Gertrud von: Auf dem »Gottesacker« von Bad Bocklet, in: Amtliche Kurliste von Bad Kissingen, Nr. 44, vom 25. Juni 1936
Haase, Carl: Caroline Michaelis und Georg Ernst Tatter, in: Göttinger Jahrbuch 1981, S. 203–224
Haberstock, Monika: Sophie Tieck. Leben und Werk, München 2001
Hahn, Andrea, u. Bernhard Fischer (Hrsg.) Therese Huber. Die reinste Freiheitsliebe, die reinste Männerliebe. Ein Lebensbild in Briefen und Erzählungen zwischen Aufklärung und Romantik, Berlin 1989
Hahn, Andrea, und Bernhard Fischer: ›Alles … von mir! Therese Huber/ 1764–1829. Schriftstellerin, Redakteurin, Marbacher Magazin 65/1993

für die Ausstellung im Schiller-Nationalmuseum Marbach zwischen Oktober 1993 und Januar 1994
Hahn, Karl-Heinz (Hrsg.): Johann Gottfried Herder. Briefe. Gesamtausgabe, 7. Bd: Januar 1793 – Dezember 1798 u. 8. Bd.: Januar 1799 – November 1803, Weimar 1982 u. 1984
Hakemeyer, Ida: Kleines Universitätsmosaik, Göttingen 1960
Hakemeyer, Ida: Das Michaelis-Haus zu Göttingen. Göttinger Bauten und ihre Geschichte, in: Göttinger Monatsblätter, Hefte 11/1974, S. 2 – 3; 12/1974, S. 8 – 9; 1/1975, S. 5
Harpprecht, Klaus: Georg Forster oder Die Liebe zur Welt. Eine Biographie, Reinbek bei Hamburg 1990
Härtl, Heinz (Hrsg.): Ludwig Achim von Arnim. Werke und Briefwechsel, Bd. 30 Briefwechsel 1788 – 1801 u. Bd. 31 Briefwechsel 1802 – 1804, Tübingen 2000 u. 2004
Haussonville, Othenin d': Mme de Staël et l'Allemagne, Paris 1928
Haym, Rudolf: Die romantische Schule, Berlin 1870
Haym, Rudolf: Ein deutsches Frauenleben aus der Zeit unserer Literaturblüte, in: Gesammelte Aufsätze, Berlin 1903
Hedemann, von: [Georg Ernst] Tatter, in: Neues Hannoversches Magazin, 74tes Stück vom 14. September 1810, Spalten 1169 – 1178
Heinrich, Gerda: Autonomie der Liebe. Frühromantische Liebesauffassungen, in: Neue Deutsche Literatur, 28. Jahrgang, 1980, S. 83 – 110
Hennes, J. H.(Hrsg.): Fischenich und Charlotte von Schiller. Aus ihren Briefen und anderen Aufzeichnungen, Frankfurt a.M. 1875
Hermann, Ulrich: Erziehung und Schulunterricht für Mädchen im 18. Jahrhundert, in: Wolfenbütteler Studien zur Aufklärung, Bd. III, hrsg. von G. Schulz, Wolfenbüttel 1976, S. 101 – 117
Herrmann, Ulrich (Hrsg.): Geschichte des Erziehungs- und Bildungswesens in Deutschland, Bd. 1: »Das pädagogische Jahrhundert«. Volksaufklärung und Erziehung zur Armut im 18. Jahrhundert in Deutschland, Weinheim u. Basel 1981
Heßelmann, Peter: Unveröffentlichte Briefe von August Wilhelm Schlegel, in: Athenäum. Jahrbuch für Romantik, Vol. 5, 1995, S. 345 – 350
Hettner, Hermann (Hrsg.): Georg Forsters's Briefwechsel mit S. Th. Sömmering, Braunschweig 1877
Heuss, Theodor: August Ludwig von Schlözer und seine Tochter, in: Schattenbeschwörungen, Tübingen und Stuttgart 1950
Hillmann, Heinz: Ludwig Tieck, in: Benno von Wiese (Hrsg.): Deutsche Dichter der Romantik, Berlin 1983, 2. überarbeitete und vermehrte Auflage, S. 115 – 138

Hippel, Theodor Gottlieb von: Über die bürgerliche Verbesserung der Weiber, Berlin 1792
Hippel, Theodor Gottlieb von: Nachlaß über weibliche Bildung, Berlin 1801
Hochheimer, Carl Friedrich: Göttingen. Nach seiner eigentlichen Beschaffenheit zum Nutzen derer, die daselbst studieren wollen. Dargestellt von einem Unpartheyischen, Lausanne 1791
Hoffmann-Axthelm, Inge: ›Geisterfamilie‹. Studien zur Geselligkeit der Frühromantik, Frankfurt a.M. 1973
Hoffmeister, Johannes (Hrsg.): Briefe von und an Hegel, Bd. 1: 1785–1812, Hamburg 1960
Holtey, Karl von (Hrsg.): Briefe an Ludwig Tieck, 4 Bde., Breslau 1864
Horn, Gisela: Caroline Schelling in Maulbronn, in: Athenäum. Jahrbuch für Romantik, Heft 5 (1995), S. 341–344
Horn, Gisela: Romantische Frauen, Rudolstadt 1996
Huber, Therese: Briefe, hrsg. von Magdalena Heuser, 3 Bde., Tübingen 1999, 2001, 2003
Huch, Ricarda: Blütezeit der Romantik, Leipzig 1920
Huch, Ricarda: Ausbreitung und Verfall der Romantik, Leipzig 1920
Hummel, Friedrich: Das Grab von Caroline Schelling, in: Besondere Beilage des Staats-Anzeigers für Württemberg, Stuttgart, Heft 13/14 v. 11. September 1891, S. 210–219
Ignasiak, Detlev: Das literarische Jena. Von den Anfängen bis in die ersten Jahrzehnte unseres Jahrhunderts, Jena 1985
Janssen, Johannes: Zeit- und Lebensbilder, Freiburg 1876
Jaspers, Karl: Schelling, Stuttgart 1955
Journal des Luxus und der Moden, 1786–1825, 4 Bde., Leipzig 1967, 1968, 1969, 1970 (Nachdruck)
›Juden in Preußen‹. Ein Kapitel deutscher Geschichte. Offizieller Katalog der Ausstellung, hrsg. vom Bildarchiv Preußischer Kulturbesitz, Berlin 1981
Jüngling, Kirsten, u. Brigitte Roßbeck: Schillers Doppelliebe. Die Lengefeld-Schwestern Caroline und Charlotte, Berlin 2005
Kahn-Wallerstein, Carmen: Schellings Frauen: Caroline und Pauline, Bern 1959
Kamber, Urs Viktor (Hrsg.): *Farbige Träume aus den durchsichtigen Gedanken.* Romantik-Symposium 1994 in Mariastein, Solothurn 1996
Kemp, Friedhelm (Hrsg.): Rahel Varnhagen im Umgang mit ihren Freunden. Briefe 1793–1833, München 1967
Kern, Bärbel und Horst: Madame Doctorin Schlözer. Ein Frauenleben in den Widersprüchen der Aufklärung, München 1988
Kienle, Ilse: »Dame Luzifer«. Caroline Schlegel-Schellings Münchner Jahre.

Manuskript Bayerischer Rundfunk, Bayern Land und Leute, 11. Februar 1990
Klein, Karl: Georg Forster in Mainz 1788–1793. Nebst Nachträgen zu seinen Werken, Gotha 1863
Klein, Karl: Georg Forsters letzte Handlungen in Mainz oder die Beschlüsse des in Mainz tagenden Nationalkonvents März 1793, Mainz 1863
Kleßmann, Eckart: Universitätsmamsellen. Fünf aufgeklärte Frauen zwischen Rokoko, Revolution und Romantik, Frankfurt a. M. 2008
Kleßmann, Eckart: Caroline. Das Leben der Caroline Michaelis-Böhmer-Schlegel-Schelling 1763–1809, München 1975
Klose, A.: Gotha und die umliegende Gegend, Gotha 1796
Kluckhohn, Paul (Hrsg.): Weltanschauung der Frühromantik. Reihe Romantik, Bd. 5. Deutsche Literatur in Entwicklungsreihen, in: Gemeinschaft mit Walther Brecht und Dietrich Kralik, hrsg. von Heinz Kindermann, Darmstadt 1966
Kluckhohn, Paul, u.a. (Hrsg.): Novalis. Schriften. Die Werke Friedrich von Hardenbergs, ergänzte, erweiterte und verbesserte Auflage in vier Bänden und einem Begleitband; Bd. 3 u. 4, Stuttgart 1975 u. 1983
Koch, Herbert: Geschichte der Stadt Jena, Stuttgart 1992
Köpke, E. R. A.: Ludwig Tieck. Erinnerungen aus dem Leben des Dichters, Leipzig 1855
Körner, Josef: Carolines Rivalin [Sophie Bernhardi-Tieck], in: Preußische Jahrbücher, Bd. 197, Juli bis September 1924, S. 27–51
Körner, Josef, u. Ernst Wieneke (Hrsg.): August Wilhelm und Friedrich Schlegel im Briefwechsel mit Schiller und Goethe, Leipzig 1926
Körner, Josef (Hrsg.): Briefe aus frühen und späten Tagen der deutschen Romantik, Bd. 1, Briefe von und an Friedrich und Dorothea Schlegel, Berlin 1926
Körner, Josef (Hrsg.): Briefe von und an August Wilhelm Schlegel, 2 Bde., Zürich u. a. 1930
Körner, Josef (Hrsg.): Krisenjahre der Frühromantik. Briefe aus dem Schlegelkreis, 3 Bde., Wien/Leipzig/Bern 1936–1958 (bzw. Bern/München 1969)
Körner, Josef: Romantiker und Klassiker. Die Brüder Schlegel in ihren Beziehungen zu Schiller und Goethe, Darmstadt 1971
Kösling, Peer: Die Wohnungen der Gebrüder Schlegel in Jena, in: Athenäum. Jahrbuch der Romantik. 8. Jahrgang 1998, Paderborn u.a. 1998, S. 97–110
Kunz, Hans: Schellings Gedichte und dichterische Pläne. Diss., Zürich 1955

La Roche, Sophie von (Hrsg.): Lebensbeschreibung von Friderika Baldinger von ihr selbst verfaßt, Offenbach 1791
Lauth, R., H. Gliwitzky u.a. (Hrsg.): Johann Gottlieb Fichte: Briefwechsel 1799–1800, Fichte Gesamtausgabe Bd. III,4, Stuttgart/Bad Cannstatt 1973
Leitzmann, Albert (Hrsg.): Ein Bericht von Therese Heyne über Weimar und Jena 1783, in: Euphorion 1 (1894), S. 72–78.
Leitzmann, Albert (Hrsg.): Jugendbriefe Alexanders von Humboldt an W. G. Wegener, Leipzig 1896
Leitzmann, Albert (Hrsg.): Briefwechsel zwischen Wilhelm von Humboldt und August Wilhelm Schlegel, Halle 1908
Leitzmann, Albert (Hrsg.): Humboldt, Wilhelm von: Tagebücher, Berlin 1916
Leppin, Volker: Aufklärung auf der Gothaer Kanzel. Zum Wirken des Generalsuperintendenten Josias Friedrich Löffler (1752–1816), in: W. Greiling u.a.: Ernst II. von Sachsen-Gotha-Altenburg. Ein Herrscher im Zeitalter der Aufklärung (Veröffentlichungen der Historischen Kommission für Thüringen), Köln u.a. 2005, S. 361–370
Leuschner, Brigitte (Hrsg.): Der Briefwechsel zwischen Therese Huber (1764–1829) und Karoline von Woltmann (1782–1847). Ein Diskurs über Schreiben und Leben, Marburg 1999
Leuschner, Brigitte (Hrsg.): Schriftstellerinnen und Schwesterseelen. Der Briefwechsel zwischen Therese Huber (1764–1829) und Karoline Pichler (1769–1843), Marburg 2001
Liebeskind, Johann Heinrich: Rückerinnerungen von einer Reise durch einen Theil von Teutschland, Preussen, Kurland und Liefland, während des Aufenthaltes in Maynz und der Unruhen in Polen, Königsberg/Straßburg 1795
Lohner, Edgar (Hrsg.): Ludwig Tieck und die Brüder Schlegel. Briefe. Auf der Grundlage der von Henry Lüdeke besorgten Edition neu herausgegeben und kommentiert, München 1972
Lohner, Edgar: August Wilhelm Schlegel, in: Benno von Wiese (Hrsg.): Deutsche Dichter der Romantik, Berlin 1983, 2. überarbeitete und vermehrte Auflage, S. 139–167
Lüchow, Anette: »Eine Gans unserer Stadt«. Die Göttinger ›Universitätsmamsellen‹, in: Georg Christoph Lichtenberg 1742–1799. Wagnis der Aufklärung, München u. Wien 1992, S. 197–201
Lühe, Irmela von der, u. Anita Runge: Biographisches Erzählen, Stuttgart 2001
Mack, Claudia: Ein satanisches Verwirrspiel. Die Nachtwachen von Bonaventura, Magisterarbeit, Stuttgart 1996

Mähl, Hans-Joachim: Friedrich von Hardenberg (Novalis), in: Benno von Wiese (Hrsg.): Deutsche Dichter der Romantik, Berlin 1983, 2. überarbeitete und vermehrte Auflage, S. 224–259
[Die] Mainzer Republik. Der Rheinisch-Deutsche Nationalkonvent, hrsg. vom Landtag Rheinland-Pfalz, Redaktion von Doris M. Peckhaus, Mainz 1993
[Die neue] Mainzer Zeitung oder der Volksfreund, Nr. 29 vom 8. März 1793 und Nr. 31 vom 12. März 1793
[Die] Mainzer Klubbisten zu Königstein oder Die Weiber decken einander die Schanden auf. Ein tragikomisches Schauspiel in einem Aufzuge, o. O. 1793 [Nachdruck Leipzig 1907]
Manger, Klaus: Das Ereignis Weimar – Jena um 1800 aus literaturwissenschaftlicher Sicht. Sitzungsberichte der Sächsischen Akademie der Wissenschaften zu Leipzig. Philologisch-historische Klasse, Bd. 139, Heft 5, Stuttgart u. Leipzig 2005
Mangold, Elisabeth: Caroline. Ihr Leben, ihre Zeit, ihre Briefe, Kassel 1973
Meerheimb, Henriette von: Caroline. Ein Frauenleben zur Zeit der Frühromantik, Leipzig 1921
Meisner, Heinrich, u. Erich Schmidt (Hrsg.): Briefe von Dorothea Schlegel an Friedrich Schleiermacher. Mitteilungen aus dem Literaturarchive in Berlin, Berlin 1913
Meisner, Heinrich (Hrsg.): Schleiermacher als Mensch. Sein Werden und Wirken. Familien- und Freundesbriefe, 2 Bde., Gotha 1922 u. 1923
Mejer, Otto (Hrsg.): Kulturgeschichtliche Bilder aus Göttingen, Linden/Hannover 1889
Mench, Karl: Ein widerspruchsreiches Leben voll Heiterkeit und Souveränität, Göttinger Monatsblätter 1983, S. 20–22
Mench, Karl: Von Skandalen umwitterte Frauengestalt, in: Göttinger Monatsblätter 1982, S. 29–30
Meyer, Franziska: Avantgarde im Hinterland. Caroline Schlegel-Schelling in der DDR-Literatur, German Life and Civilization, Vol. 25, New York u.a. 1999
Meyer, Franziska: Die Konkurrenz der Biographen: der Fall Caroline Michaelis-Böhmer-Schlegel-Schelling, in: Irmela von der Lühe u. Anita Runge (Hrsg.): Biographisches Erzählen, Stuttgart 2001
Müller, Lothar (Hrsg.): August Wilhelm Schlegel. Die Gemählde. Gespräch, Dresden 1996
Murtfeld, Rudolf: Moderne Frau in revolutionärer Zeit, in: Abhandlungen zur Kunst-, Musik- und Literaturwissenschaft, 141/1973, S. 5–104

Nabert-Kläring, Andrea: Caroline in Lucka. Auf den Spuren einer bemerkenswerten Frau, in: Leipziger Blätter Heft 10/1987, S. 52–54
Newcomb, Christine Caroline: August Wilhelm Schlegel. poet, critic and translator, Diss., Seattle/Washington 2000
Oellers, Norbert: Caroline Schelling, in: Benno von Wiese (Hrsg.): Deutsche Dichter der Romantik, Berlin 1983, 2. überarbeitete und vermehrte Auflage, S. 168–196
Oellers, Norbert: Die Dame Lucifer zwischen Revolution und Literatur, in: Germanica Wratislaviensia 80 (1990), S. 121–135
Oellers, Norbert (Hrsg.): Friedrich Schiller – August Wilhelm Schlegel. Der Briefwechsel, Köln 2005
Olshausen, Waldemar von: Neues aus dem Schlegel-Kreis, in: Euphorion 28/1927, S. 350–362
Pange, Pauline von: August Wilhelm Schlegel und Frau von Staël. Eine schicksalhafte Begegnung, Hamburg 1949
Panke, Birgit: Caroline Schlegel, Therese Heyne, Dorothea Schlözer. Eine vergleichende sozialgeschichtliche Untersuchung, Göttingen 1978
Panke-Kochinke, Birgit: Göttinger Professorenfamilien. Strukturmerkmale weiblichen Lebenszusammenhangs im 18. und 19. Jahrhundert, Forum Frauengeschichte, Bd. 4, Pfaffenweiler 1993
Pikulik, Lothar: Frühromantik. Epoche – Werke – Wirkung, 2. Auflage, München 2000
Plättner, Petra: »Jedes fühlende Wesen stehe mit Andacht hier«. Das Grab der Caroline Schelling in Maulbronn, Spuren 21, hrgs. von der Schillergesellschaft Marbach a. N. 1993
Plitt, G. L. (Hrsg.): Aus Schellings Leben. In Briefen, 3 Bände, Reprint Hildesheim u. a. 2003 [Plitt I, II, III]
Poel, Piter (Hrsg.): Bilder aus vergangener Zeit. Nach unveröffentlichten Familienpapieren, Teil 1, Hamburg 1884
Preitz, Max (Hrsg.): Der Briefwechsel zwischen Friedrich Schlegel und Novalis, Darmstadt 1957
Preitz, Max, u. Doris Hopp (Hrsg.): Karoline von Günderodes Studienbuch, in: Jahrbuch Freies Deutsches Hochstift 1975, S. 223–323
Promies, Wolfgang (Hrsg.): Georg Christoph Lichtenberg – Schriften und Briefe, 6 Bde., Lizenzausgabe von Zweitausendeins nach der Ausgabe des Carl Hanser Verlages, München 1974
Pütter, Johann Stephan: Versuch einer academischen Gelehrten-Geschichte von der Georg-Augustus-Universität zu Göttingen, Bd. 2, Göttingen 1788

Radday, Helmut: Mit Haspel, Fahrkunst und Computer: Harzer Bergbau einst und jetzt, Clausthal-Zellerfeld 1988
Raich, J. M. (Hrsg.): Novalis. Briefwechsel mit Friedrich und August Wilhelm, Charlotte und Caroline Schlegel, Mainz/Kirchheim 1880
Raich, J. M. (Hrsg.): Dorothea v. Schlegel geb. Mendelssohn und deren Söhne Johannes und Philipp Veit. Briefwechsel im Auftrage der Familie, herausgegeben in zwei Teilen, Bd. 1, Mainz 1881
Rebmann, Friedrich Georg: Briefe über Jena, Frankfurt 1793; neu herausgegeben und eingeleitet von Werner Greiling, Jena 1984
Richter, Klaus: Das Leben des Physikers Johann Wilhelm Ritter, Weimar 2003
Richter, Werner: August Wilhelm Schlegel. Wanderer zwischen Weltpoesie und altdeutscher Dichtung. Rektoratsrede, Bonn 1954
Ritchie, Gisela F.: Caroline Schlegel-Schelling in Wahrheit und Dichtung, Abhandlungen zur Kunst-, Musik- und Literaturwissenschaft, Bd. 50, Bonn 1968
Rothert, W.: Festschrift zur 31. Jahresversammlung des Harzvereins für Geschichte und Altertumskunde am 25.–27. Juli 1898. Die leitenden Beamten der Bergstadt Clausthal von der ältesten Zeit bis zur Gegenwart, Clausthal 1898
Rothmund, Toni: Caroline Schlegel. Roman, Leipzig 1926
Safranski, Rüdiger: Romantik. Eine deutsche Affäre, München 2007
Samuel, Richard H. (Hrsg.): Novalis. Der handschriftliche Nachlaß des Dichters, Hildesheim 1973
Sangmeister, Dirk: August Lafontaine oder Die Vergänglichkeit des Erfolges. Leben und Werk eines Bestsellerautors der Spätaufklärung. Hallesche Beiträge zur Europäischen Aufklärung 6, Tübingen 1998
Sangmeister, Dirk: Der Lieblingsdichter der Nation … war zu Goethes Zeit natürlich nicht Goethe, sondern: August Lafontaine. Eine Richtigstellung aus gegebenem Anlass, in: DIE ZEIT Nr. 31 vom 29. Juli 1999, S. 66
Scheibe, Klaus (Hrsg.): Wielands Briefwechsel, Bd. 13,2, Berlin 2000
Schellberg, Wilhelm, u. Friedrich Fuchs (Hrsg.): Die Andacht zum Menschenbild. Unbekannte Briefe von Bettine Brentano, Jena 1942
Schelling, Friedrich Wilhelm Joseph: Anhang zu dem voranstehenden Aufsatz, betreffend zwei naturphilosophische Recensionen und die Jenaische Allgemeine Literaturzeitung vom Herausgeber, in: Zeitschrift für speculative Physik, 1. Band, 1. Heft, Jena und Leipzig 1800, S. 49–99
Schelling, Friedrich Wilhelm Joseph: Briefe und Dokumente, Bd. I:

1775–1809; Bd. II: 1775–1803 Zusatzband; Bd. III: 1803–1809 Zusatzband, hrsg. von Horst Fuhrmans, Bonn 1962–1975

Schelling, Friedrich Wilhelm Joseph: Historisch-kritische Ausgabe. Im Auftrag der Schelling-Kommission der Bayerischen Akademie der Wissenschaften hrsg. v. H. M. Baumgartner u.a., Bd. III,1: Briefe 1786 bis 1799, hrsg. v. I. Möller u. W. Schieche, Stuttgart-Bad Cannstatt 1998

[Friedrich] Schiller: Werke. Nationalausgabe. [NA] 1940 begr. von Julius Petersen. Fortgef. von Lieselotte Blumenthal, Benno von Wiese und Siegfried Seidel. Hrsg. im Auftrag der Stiftung Weimarer Klassik und des Schiller-Nationalmuseums in Marbach von Norbert Oellers, Weimar 1943ff.

Schirmer, Ruth: August Wilhelm Schlegel und seine Zeit. Ein Bonner Leben, Bonn 1986

[Caroline] Schlegel-Schelling. Die Kunst zu leben. [Briefe] mit einem Essay herausgegeben von Sigrid Damm, Frankfurt a.M. und Leipzig 1997

Schlegel, August Wilhelm [und Caroline Schlegel]: Beyträge zur Kritik der neuesten Literatur, in: Athenaeum, Berlin 1798 (Reprint 1960), Bd. I, 1. Stück, S. 141–177

Schlegel, August Wilhelm [und Caroline Schlegel]: Über Shakespeares Romeo und Julia, in: Die Horen, 1797 (Reprint 1959), 6. Stück, S. 18–48

Schlegel, August Wilhelm: An das Publicum. Rüge einer in der Jenaischen Allg. Literatur-Zeitung begangenen Ehrenschändung, Tübingen 1802

Schlegel, August Wilhelm: ›Kritische Schriften‹, 2 Theile, Berlin 1828

[Kritische Friedrich-]Schlegel-Ausgabe. [KFSA]

Bd. 23 Briefe von und an Friedrich und Dorothea Schlegel. Bis zur Begründung der romantischen Schule: 15. September 1788–15. Juli 1797, kommentiert und herausgegeben von Ernst Behler, Paderborn 1987

Bd. 24 Briefe von und an Friedrich und Dorothea Schlegel. Die Periode des Athenäums: 25. Juli 1797–Ende August 1799, eingeleitet, kommentiert und herausgegeben von Raymond Immerwahr, Paderborn 1987

Schlegel, Friedrich: Lucinde. Ein Roman, Frankfurt a.M. 1985

[Friedrich Daniel Ernst] Schleiermacher: Kritische Gesamtausgabe, hrsg. von Hans Joachim Birkner u.a., Berlin/New York 1980ff.

Schlösser, Rudolf: Friedrich Wilhelm Gotter. Sein Leben und seine Werke, Hamburg u. Leipzig 1894

Schlözer, Leopold von: Dorothea v. Schlözer. Ein deutsches Frauenleben um die Jahrhundertwende. 1770–1825, Stuttgart u.a. 1925

Schmidt, Erich (Hrsg.): Caroline. Briefe aus der Frühromantik, 2 Bde. nach Georg Waitz, Leipzig 1913 [C I u. II]
Schmidt, Traugott: Caroline Schlegels ästhetische Lebensform, Diss., Hamburg 1951
Schmitt, A. R.: Wielands Urteil über die Brüder Schlegel. Mit ungedruckten Briefen des Dichters an Carl August Böttiger, in: Journal of English and Germanic Philology, 65 (1966), S. 637–661
Schmitz, Walter, u. Sibylle von Steinsdorff (Hrsg.): Bettine von Arnim. Werke und Briefe in vier Bänden, Bd.: 2 Goethe's Briefwechsel mit einem Kinde u. Bd. 4: Bettine von Arnim. Briefe, Frankfurt a.M. 1992 u. 2004
Schrag, Johann Leonhard (Hrsg.): Biographie des Doctor Friedrich Wilhelm von Hoven, von ihm selbst geschrieben, Nürnberg 1840
Schreiber, Ilse (Hrsg.): Ich war wohl klug, daß ich Dich fand. Heinrich Christian Boies Briefwechsel mit Luise Mejer 1777–1785, München 1963
Schüddekopf, Carl, u. Oskar Walzel (Hrsg.): Goethe und die Romantik. Briefe mit Erläuterungen. Schriften der Goethe-Gesellschaft Bd. 13, 1. Teil, Weimar 1898
Schultz, Franz: Der Verfasser der ›Nachtwachen von Bonaventura‹, Berlin 1909
Schultz, Hartwig (Hrsg.): Salons der Romantik. Beiträge eines Wiepersdorfer Kolloquiums zu Theorie und Geschichte des Salons, Bd. 2 der Schriftenreihe, Berlin 1987
Schulz, Gerhard A.: Literaturkritik als Form der ästhetischen Erfahrung. Eine Untersuchung am Beispiel der literaturkritischen Versuche von Samuel Taylor Coleridge und A. W. Schlegel über das Shakespeare-Drama ›Romeo und Julia‹, Frankfurt a.M. u.a. 1984
Schwarz, Klaus (Hrsg.): Der romantische Aufbruch. Die Frühromantiker in Jena. Ein Museumsführer, Städtische Museen Jena, Romantikerhaus, 1991
Schwemer, Richard: Der Briefwechsel König Friedrich Wilhelms II. mit Sophie von Bethmann-Metzler. 1793–1796, Frankfurt a.M. 1929
Segebrecht, Wulf (Hrsg.): Ludwig Tieck, Wege der Forschung, Bd. CCCLXXXVI, Darmstadt 1976
Segebrecht, Wulf (Hrsg.): Romantische Liebe und romantischer Tod. Über den Bamberger Aufenthalt von Caroline Schlegel, Auguste Böhmer, August Wilhelm Schlegel und Friedrich Wilhelm Schelling im Jahre 1800, Bamberg 2001
Segebrecht, Wulf: Was Schillers Glocke geschlagen hat. Vom Nachklang und Widerhall des meistparodierten deutschen Gedichts, München 2005

Shakespeare's dramatische Werke, übersetzt von August Wilhelm Schlegel, Theil 1, Romeo und Julia. Ein Sommernachtstraum, Berlin 1797

Shorter, Edward: Der Wandel der Mutter-Kind-Beziehungen zu Beginn der Moderne, in: Geschichte und Gesellschaft 1, 1975, S. 256–287

Siegel, Monika: ›Ich hatte einen Hang zur Schwärmerey ...‹. Das Leben der Schriftstellerin und Übersetzerin Meta Forkel-Liebeskind im Spiegel ihrer Zeit, Diss., Darmstadt 2000

Simon-Kuhlendahl, Claudia: Das Frauenbild der Frühromantik. Übereinstimmung, Differenzen und Widersprüche in den Schriften von Friedrich Schlegel, Friedrich Daniel, Ernst Schleiermacher, Novalis und Ludwig Tieck, Diss., Kiel 1991

Smend, Rudolf: Johann David Michaelis. Festrede im Namen der Georg-Augustus-Universität zur Akademischen Preisvertheilung am VIII. Juni MDCCCXCVIII, Göttingen 1898

Stammen, Theo, u. Friedrich Eberle (Hrsg.): Deutschland und die Französische Revolution: 1789–1806, Darmstadt 1988

Steffens, Henrich: Was ich erlebte. Aus der Erinnerung niedergeschrieben, 10 Bde., Breslau 1840–1843, Nachdruck in 5 Bde., Stuttgart-Bad Cannstatt 1995

Steinberger, Julius (Hrsg.): Luise Wiedemann. Erinnerungen von der Schwester Carolinens, nebst Lebensabrissen ihrer Geschwister und Briefen Schellings und anderer, Göttingen 1929

Stephan, G.: Die häusliche Erziehung in Deutschland während des 18. Jahrhunderts, Wiesbaden 1891

Stoll, Adolf: Der Maler Johann Friedrich August Tischbein und seine Familie. Ein Lebensbild nach den Aufzeichnungen seiner Tochter Caroline, Stuttgart 1923

Strack, Friedrich (Hrsg.): Evolution des Geistes. Jena um 1800. Natur und Kunst, Philosophie und Wissenschaft im Spannungsfeld der Geschichte, Stuttgart 1994

Strodtmann, Adolf (Hrsg.): Briefe von und an Gottfried August Bürger. Ein Beitrag zur Literaturgeschichte seiner Zeit. Aus dem Nachlasse Bürger's und anderen, meist handschriftlichen Quellen. Bd. 3: Briefe von 1780–1789, Bd. 4: Briefe von 1790–1794, Bern 1970 (Neudrucke der Ausgaben Berlin 1874)

Strohmeyer, Armin: Die Frauen der Brentanos, Berlin 2006

Struzyk, Brigitte: Caroline unterm Freiheitsbaum. Ansichtssachen, Frankfurt a.M. 1991

Susman, Margarete: Frauen der Romantik, Frankfurt a.M. u. Leipzig, 1990 (1. Auflage Jena 1929)

Sydow, Anna von (Hrsg.): Wilhelm und Caroline von Humboldt in ihren Briefen, 7 Bde., Berlin 1906–1916
Tilliette, Xavier (Hrsg.): Schelling im Spiegel seiner Zeitgenossen, Turin 1974
Tilliette, Xavier: Schelling. Biographie, Stuttgart 2004
Träger, Claus (Hrsg.): Mainz zwischen Rot und Schwarz. Die Mainzer Revolution 1792–1793 in Schriften, Reden und Briefen, Berlin 1963
Uden, Konrad F.: Über die Erziehung der Töchter des Mittelstandes, Stendal 1783
Unger, Rudolf (Hrsg.): Briefe von Dorothea und Friedrich Schlegel an die Familie Paulus. Deutsche Literatur-Denkmale des 18. u. 19. Jahrhunderts, Nr. 146, 3. Folge Nr. 26, Berlin 1913
Unterberger, Rose: Die Goethe-Chronik, Frankfurt a.M. und Leipzig 2002
Urlichs, Ludwig (Hrsg.): Charlotte von Schiller und ihre Freunde, 3 Bde., Stuttgart 1860–1865
Volke, Werner: Hölderlin. Ständige Ausstellung des Schiller-Nationalmuseums und des Deutschen Literaturarchivs, Marbacher Kataloge, Nr. 33, Marbach 1980
Waitz, Eberhard: Goethe und Pauline Gotter, Hannover 1919
Walzel, Oskar F. (Hrsg.): Friedrich Schlegels Briefe an seinen Bruder August Wilhelm, Berlin 1890
Weber, Martin: Georg Christian Gottlieb Wedekind 1761–1831, Stuttgart u. New York 1988
Wellner, Axel: Die Harzreise des Schriftstellers Carl Julius Weber im Jahre 1790, in: Unser Harz 30 (1982) 10, S. 183–185; 30 (1982) 11, S. 209–211; 31 (1983) 1, S. 15
Wellner, Axel: Die Harzreise des Fränkischen Theologen K. L. F. Bauer im Jahr 1785, Teil I und II, in: HBK 1992, S. 112–119 u. HBK 1993, S. 115 bis 119
Wellner, Axel: Die ersten Ärzte im Harz, in: Unser Harz 41 (1993) 5, S. 93 bis 95
Werner, Michael: »Das Grab des Kurfräuleins«, in Neue Würzburger Zeitung vom 30. Mai 1883
Wieneke, Ernst (Hrsg.): Caroline und Dorothea Schlegel in Briefen, Weimar 1914
Wiese, Benno von (Hrsg.): Deutsche Dichter der Romantik, Berlin 1983, 2. überarbeitete und vermehrte Auflage
Wiesing, Urban: Der Tod der Auguste Böhmer. Chronik eines medizinischen Skandals, seine Hintergründe und seine historische Bedeutung in: Hist. Phil. Life Sci., 11, 1989, S. 275–295

Zehm, Edith (Hrsg.): Johann Wolfgang Goethe. Tagebücher, Bd. II u. III, Stuttgart u. Weimar 2004
Zeitung für die elegante Welt, Berlin:
– Ion, ein Schauspiel nach Euripides auf dem Hoftheater in Weimar, Nr. 7 v. 16.1.1802, Sp. 49–53
– Ion, neues Original-Schauspiel, Nr. 41 v. 6. April 1802, Sp. 322–325
– Über die Darstellung des Ion auf dem Berliner Theater, Nr. 81 v. 8. Juli 1802, Sp. 645–650
– Über die Darstellung des Ion auf dem Berliner Theater (Fortsetzung), Nr. 82 v. 10. Juli 1802
Zimmermann, Curt: F. L. W. Meyer. Sein Leben und seine schriftstellerische Wirksamkeit. Ein Beitrag zur Litteraturgeschichte des XVIII. und XIX. Jahrhunderts, Halle 1890
Zinke, Paul (Hrsg.): Georg Forsters Briefe an Christian Friedrich Voß, Dortmund 1915
Ziolkowski, Theodore: Das Amt der Poeten. Die deutsche Romantik und ihre Institutionen, Stuttgart 1992
Ziolkowski, Theodore: Das Wunderjahr in Jena. Geist und Gesellschaft 1794/75, Stuttgart 1998
Ziolkowski, Theodore: Berlin. Aufstieg einer Kulturmetropole um 1810, Stuttgart 2002

Personenverzeichnis

Bildnachweis

Privatarchiv Brigitte Roßbeck
S. 15, 23, 99, 101, 135, 190, 265
Ida Hakemeyer, Kleines Universitätsmosaik, Göttingen 1960
S. 16, 17, S. 60
Niedersächsische Staats- und Universitätsbibliothek Göttingen
S. 31 links
Ludwig Bechstein (Hrsg.), Zweihundert deutsche Männer, Leipzig 1834
S. 31 rechts
Museum für Völkerkunde, Frankfurt am Main
S. 32
Oberharzer Bergwerkmuseum
S. 53
Frankfurt Goethemuseum
S. 54
Archiv für Kunst und Geschichte
Frontispiz, S. 68, 157, 166, 266
Forschungsbibliothek Gotha
S. 82
Gustav Könnecke, Bildatlas zur Geschichte der deutschen Nationalliteratur, Marburg 1895
S. 107
Ernst Wieneke (Hrsg.), Caroline und Dorothea Schlegel in Briefen, Weimar 1914
S. 111, 171, 189
Stadtmuseum Jena
S. 140
Kunsthalle Bremen
S. 155
Hans Wahl und Anton Kippenberg, Goethe und seine Welt, Leipzig 1932
S. 159
Meyers Konversationslexikon 1906
S. 168

Privatarchiv Helga Weinrich

S. 187

Deutsches Literaturarchiv/Schillernationalmuseum Marbach am Neckar

S. 216/217

Ludwig Geiger, Therese Huber, Stuttgart 1901

S. 223

Münchner Stadtmuseum

S. 247

Scherenschnitte aus: Slg. Varnhagen 100, 2: Bl. 4, 15 u. 16. Staatsbibliothek zu Berlin – Preußischer Kulturbesitz, Handschriftenabteilung Referat Nachlässe und Autographen